نظريـــة الدولـــة
في الفكر الخلدوني

نظرية الدولة
في الفكر الخلدوني

تأليف
الدكتور علي سعد الله
أستاذ الفلسفة
جامعة قسنطينة

عمان - الأردن

الطبعة الأولى

١٤٢٤ هـ - ٢٠٠٣ م

رقم الإجازة المتسلسل لدى دائرة المطبوعات والنشر (١٠٥٦ / ٦ / ٢٠٠٣)
رقم الإيداع لدى دائرة المكتبة الوطنية (١٠٨٠ / ٦ / ٢٠٠٣)

٣٢٠.١

سعد اللـه علي

نظرية الدولة في الفكر الخلدوني / علي سعد اللـه . ـ عمان: دار مجدلاوي ، ٢٠٠٣

(٤٠٠) ص

ر. إ. : ١٠٨٠ / ٦ / ٢٠٠٣

الواصفات : / علم الاجتماع السياسي // الدولة /

* - تم اعداد بيانات الفهرسة الأولية من قبل دائرة المكتبة الوطنية

ISBN 9957 - 02 - 113 - 3 (ردمك)

دار مجدلاوي للنشر والتوزيع
عمان - الرمز البريدي: ١١١١٨ - الأردن
ص.ب: ١٨٤٢٥٧
تلفاكس: ٤٦١١٦٠٦-٤٦٢٢٨٨٤

Dar Majdalawi Pub. & Dis
Amman 11118 - Jordan
P.O.Box: 184257
Tel & Fax: 4611606-4622884

WWW.majdalawibooks.com
E-mail: customer@ majdalawibooks.com

الإهـــداء

- إلـى والدي، وأخي أبي القاسم سعد الـلـه.
- وإلى أساتذتي :
  - محمد الطاهر التليلي الأقماري،
  - والمرحوم الدكتور زكي نجيب محمود،
  - والمرحوم الدكتور حامد عبدالـلـه ربيع
  - والدكتور الحبيب الفقي،

أرفع هذا الكتاب، وفـاء، وعرفانا.

فهرس الموضوعات

الفصل الثاني : مفهوم الدولة في الفكر العربي

الفصل الرابع : وظائف الدولة

الفصل الخامس : وظيفة الدولة في المجتمع العربي

بسم الله الرحمن الرحيم

مقدمة

يعتبر ابن خلدون، في رأي أغلب الباحثين، مفكرا شموليا، وعالما موسوعيا، يضاهى في ذلك كبار مفكري الإنسانية.إذ تقرر (المقدمة) عالمية بحوثه، وتنفي إقليميتها، بما أنه بحث في جميع أصناف العلوم والمعارف، التي توصلت إليها البشرية، وعرفت في عصره، ودرس المجتمع البشري منذ نشوئه، وفسر الظواهر بمنهج عقلاني فريد، وأنشأ علم العمران، وأسس فلسفة التاريخ، وعلم الدولة.

إن المتفحص في الدراسات التي أنجزت حول الخلدونية -وخاصة منذ القرن التاسع عشر للميلاد- يلاحظ تعددها وتنوعها، كما وكيفا، وتشبه في مجملها، ما أنجز من دراسات، حول أرسطو وهيجل وماركس، مثلا، ومع ذلك فإن البحوث العلمية التي تم وضعها حول الخلدونية، لم تدرس -حسب إطلاعنا- محورين أساسيين، في فكر ابن خلدون السياسي:

الأول : نشأة الدولة.

الثاني : وظيفة الدولة.

ومن ثم، فإن هذا الكتاب، يدرس أساسا هذين المحورين.

١- فأما المحور الأول، فقد درسنا فيه التحديدات العامة لمفهوم الدولة ومعناها، ثم أبرزنا التحديدات الخلدونية لذلك المفهوم، من الجوانب المادية، والمعنوية، والحقوقية، بالرغم من قول البعض، أن ابن خلدون، لم يعرف الدولة[1] ولم يحدد مفهومها، أو -كما قيل- : << يتكلم عن الدولة، دون تحديد لها >>[2].

وفي هذا المحور أيضا، بحثنا مختلف النظريات في نشأة الدولة، وذلك تمهيدا لدراسة نظرية ابن خلدون في أصل نشوء السلطة السياسية، والدولة. فقسمنا نظريته إلى ثلاث شعب : تناول الأول بالبحث، الأسس المعنوية التي تنهض عليها الدولة، والتي تندرج

---

(١) أكد ذلك حامد عبد الله ربيع،في محاضراته، في فلسفة ابن خلدون السياسية، بقسم الفلسفة، كلية الآداب، جامعة القاهرة، في ٠٢ يونايـر١٩٦٢.

(٢) محمد الأنقر : نظرية الجماعة في علم الإجتماع،ص ٣١، تونس،١٩٧٤.

في نظرية العصبية. وتناول الثاني، الأسس المادية، التي تبدأ بفكرة التجمع البشري - حسب ابن خلدون -. أما الثالث، فقد تناول بالدراسة، الأسس المشتركة، بين ما هو مادي منها، وما هو معنوي، في أصل نشوء الدولة.

في هذا الصدد، لاحظنا أن البحوث التي درست نظرية العصبية، عند ابن خلدون، يشوبها الغموض، وعدم التفصيل، من حيث اقتصارها على تناول العموميات. لذلك حاولنا دراسة العصبية بصورة مغايرة عما دأب عليه الباحثون، وخلصنا -بعد ضبط المفاهيم- إلى أن الأسس الرئيسية المكونة للعصبية، والمؤسسة للدولة، عند ابن خلدون، تتشكل من عناصر مختلفة، منها ما هو عضوي أو مادي، كالمصاهرة، والنسب، وصلة الدم والرحم، ومنها ما هو معنوي أو سياسي، كالمناصرة والحلف، والولاء، والانتماء، وما في معنى ذلك.(٣)

ومما تجدر ملاحظته كذلك، أن دراسة موضوع نشوء الدولة عند ابن خلدون، قد أفضت إلى متابعة بحث لواحقه، من ذلك مثلا، دراسة ظاهرتين :

أ- تتعلق الأولى، بأنواع الدول، وأصنافها. وفي إطار ذلك، أدرجنا أيضا موضوع أشكال الحكم في الدولة، بوجه عام، الذي درسنا من خلاله، موقف ابن خلدون من تلك الأشكال، بوجه خاص.

ب- وتتعلق الظاهرة الثانية، بمفهوم الدولة.وقد تناولناه عل مستويين :

الأول، تمهيدي، عالجنا فيه آراء بعض المفكرين في العالم العربي، ممن سبق ابن خلدون. والثاني، عالجنا فيه موقف ابن خلدون، نفسه من ذلك المفهوم.

٢- وأما المحور الثاني، فقد خصص لدراسة الأنماط المختلفة لوظائف الدولة، وذلك من وجوه أربعة : فقد تناولنا في الوجه الأول، وظائف الدولة في رأي بعض المذاهب. وفي الثاني، الوظائف العامة في الدولة. وفي الثالث، وظائف الدولة في الإسلام. وأما الوجه الرابع، فقد ضمناه وجهة النظر الخلدونية، من تلك الوظائف: الخلافية منها، والسلطانية، وقارنا وجهة نظره بوظائف الدولة الحديثة.

ومن الملفت للانتباه،بهذا الخصوص،تجاهل دارسي الخلدونية،لمحور وظيفة الدولة(٤).

---

(٣) من الملاحظ، أن فكرة القومية، عند ابن خلدون، تندرج في هذا المعنى الأخير.

(٤) باستثناء صفحة و نصف من الحجم الصغير، كتبها صبحي محمصاني في كتابه :الجاهدون في الحق، عن وظيفة الدولة عند ابن خلدون(راجع:القسم الثالث عشر من هذا الكتاب، هامش ٢).

وغض طرفهم عن قيمته العلمية، والاجتماعية، والسياسية، وأيضا الأخلاقية (إذا نظر لوظيفة العدل، من هذا الجانب). سيما أن ابن خلدون -رغم عدم تخصيصه فصولا معينة لذلك- قد درس وظيفة الدولة، بطريقته الخاصة، وبشيء من الإسهاب، في أجزاء متعددة من (المقدمة)، التي تناولت ظاهرة الدولة، وطبيعة وظيفتها، في أكثر من نصفها.

وبقصد إستجلاء رأي ابن خلدون، في ظاهرة الخلافة في الإسلام -باعتبارها من أشكال الحكم- وبيان موقفه من شكل الحكم في الدولة المثلى، التي يفكر فيها، ومن النظام السياسي الذي يراه صالحا للحكم، عمدنا إلى تتبع تلك الظاهرة، منذ صدر الإسلام في يثرب، كما عمدنا إلى بعض المقارنات بين آراء ابن خلدون، حول ظاهرة الدولة ووظيفتها، بآراء غيره من المفكرين، كالفارابي وإخوان الصفاء، والماوردي، ثم بآراء بعض المتأخرين عنه، كالحال، مثلا، في مفهوم (القوة) عند هوبز وعلاقته بمفهوم ابن خلدون، وذلك عملا بقول من قال : (بضدها تعرف الأشياء) -ولعل الأشياء، تعرف بمثلها أيضا- وذلك حتى تتضح لدى القارئ صورة العلاقة بين آراء ابن خلدون، وآراء غيره من المفكرين.

وأخيرا، نشير إلى أنه كان في الحسبان، التعرض لحياة ابن خلدون للتعريف به، إلا أننا رأينا :

١- أن ذلك قد يكون من الكلام المعاد والممل، لأنه أشهر من أن يعرف، ولأن الكثيرين ممن درسوا ابن خلدون، تعرضوا، بشكل أو بآخر، إلى حياته، وبالتالي، فهي معروفة لدى جمهور المثقفين والقراء.

٢- كذلك فكرنا في دراسة جانب هام من حياته، لم يتعرض له الكثيرون بالدراسة والتحليل، وهو رحلاته وأسفاره، وما ألم به من نكبات، عصفت باستقراره وبسعادته، مما كان له عظيم الأثر في سلوكه وتفكيره وآرائه، إلا أننا عدلنا عن ذلك، أيضا، لأنه قد يشكل موضوعا آخر.

و الله ولي التوفيق

قسنطينة في ١٩٩٦/٠٨/٠٥

علي سعد الله

إشارات

نتبه القارئ إلى الإشارات الموظفة في هذا الكتاب، وهي كالآتي :

أولا : بخصوص (مقدمة) ابن خلدون : فقد وظفنا طبعتين :

١- طبعة مكتبة المدرسة، ودار الكتاب اللبناني، الطبعة الثانية، بيروت١٩٦١. وهذه الطبعة هي التي اعتمدنا عليها، بشكل أساسي.

٢- طبعة لجنة البيان العربي، تحقيق وشرح علي عبد الواحد وافي، - في أربعة أجـزاء، ط٢، القاهرة، ١٩٦٥، وحين وظفنا هذه الطبعة، أشرنا إليها بلفظ (البيان).

ثانيا : آثرنا تنظيم أرقام الهوامش على أساس استقلال كل قسم من الكتاب، بأرقام هوامشه.

ثالثا : يتكرر أحيانا عنـد التوثيـق، نفـس الـرقم، في المـتن وفي الهـامش، وللتفريـق بـين الـرقمين، وضعنا حرف (م)، الذي يعني (مكرر)، وهكذا يكون- مثلا - رقـم (١٢ م) في المـتن هـو نفسه (١٢ مكرر) في الهامش.

رابعا : لفظ:(نفسه)، في الهامش، يشير إلى: نفس المصدر، أو نفس المرجع، الذي قبله مباشرة؟

خامسا : أداة الاستفهام بين ظفرين : (؟)، في الهـامش، تشـير إلى أن المصـدر أو المرجـع : بـدون تاريخ أو مكان للطبع.

سادسا: حرف :(ط)، في الهامش، يشير إلى الطبعة.

سابعا: حرف (ج)، في الهامش، يشير إلى الجزء.

ثامنا: حرف (م)، في الهامش، يشير إلى المجلد.

الفصل الأول

نشوء الدولة

القسم الأول : تعريف الدولة.

القسم الثاني : نظريات نشأة الدولة.

القسم الثالث : نشأة الدولة عند ابن خلدون

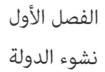

تعريف الدولة

توطئة :

-١-

الدولة ظاهرة اجتماعية، تنبت في المجتمع، ككل الظواهر التي يكون المجتمع مسرحا لها. فهي توجد بوجوده ولوجوده، وهو يوجد بوجودها ولوجودها أيضا، لأن: »المجتمع هو المنتظم التام للعلاقات البشرية«[1]، بما في ذلك، انتظام علاقة الدولة بمؤسسات المجتمع. فالدولة إذن، توجد بوجود المجتمع ـ بالمعنى الحضري للفظ ـ والمجتمع، باعتباره (منتظما) للعلاقات، لا يصبح كذلك، إلا بوجود الدولة فيه، من حيث أنها منوطة بالسهر على بقائه واستمراره. فالدولة، بهذا المعنى : » هي مؤسسة المؤسسات، وهي المؤسسة الواصلة، بين جميع المؤسسات الأخرى، القائمة في المجتمع القومي أو الدولي، فهي تشمل جميع المؤسسات، بدون أن تنضوي تحت أي منها«.[2]

يتضح من السياق السياسي، للفظي : مجتمع ودولة، بأنه لا يوجد مجتمع بدون دولة، كما لا توجد دولة بدون مجتمع. فالمجتمع والدولة، ظاهرتان متلازمتان، تلازم الظل للشجرة، والشجرة للظل. يفصح عن تلازم الظاهرتين وارتباطهما ببعضهما، تشابك العلاقات والمصالح بينهما، وارتباط مصير كل منهما بالآخر.

أول مظهر لتشابك تلك العلاقات، أن : » الدولة تنبثق من المجتمع«[3]، بمعنى أن المجتمع هو الذي ينشئ الدولة، من أجل حماية ذاته، وحماية كيانه ومصالحه. لذلك تعتبر الدولة، المؤسسة الأم للمجتمع، أو » المؤسسة الجسم«.[4]

---

(١) روبرت م. ماكيفر : تكوين الدولة، ترجمة حسن صعب، ص ٤١، بيروت ١٩٦٦.

(٢) حسن صعب :علم السياسة، ص ١٣٤، ط ٣، بيروت ١٩٧٢.

(٣) نفسه، ص ١٣٥.

(٤) نفسه، ص ١٣٤.

وثاني مظهر لتشابك العلاقات، أن الدولة تعتبر جهازا للمراقبة والحراسة، معا، بما أنها وجدت لبقاء المجتمع واستمراره. فهي لذلك، تراقب حركته في الداخل، وتحرس حدوده من الخارج. ولهذين السببين، تكون : » الدولة، هي التي تحرس مبدئيا وفعليا، سائر المؤسسات، وتصونها، ولذلك فإن سلطتها موجودة في كل مكان. وما دام الإنسان عاجزا، في الأحوال العادية، عن القيام بأعماله، وعن متابعة مطامحه، إلا في نطاق المؤسسات القائمة، فإنه يعتبر الدولة، والمؤسسات، شيئا واحدا« [٥].

يتبين مما سبق، أن من الوظائف الأساسية المحددة لمعنى الدولة، هي توفير (الأمن)، لكونها تراقب، وتحرس، ما يجري ويدور في المجتمع، من علاقات، سواء تلك التي تجري بين مؤسساته، باعتبار الدولة، أيضا : » منتظم لمؤسسات مترابطة« [٦]، أو تلك التي تجري بين أفراده، من أعمال ومبادلات ومصالح.

لكن معاني الدولة، ومميزاتها، لا تتوقف عند توفير الأمن، من خلال المراقبة والحراسة. فإن الطبيعة السياسية للدولة، وممارساتها السلطوية، تجعلها تتميز عن باقي مؤسسات المجتمع، بمميزات أخرى. منها، مثلا :

١ ـ السلطة. بمعنى : » القدرة على فرض الطاعة« [٧]، لأن الدولة لا تستطيع أن توفر الأمن للمحكومين، إلا إذا مارست نوعا من السلطة، لفرض طاعتها عليهم. ومن ثم، فمعنى الدولة، مرادف، لمعنى السلطة، والعكس صحيح. ف » الدولة لا تكون إلا حيث تكون لها سلطة مطاعة« [٨].

٢ ـ القوة. بمعنى القدرة على استعمال السلطة، استعمالا قسريا. فالقوة، هي سلطة قسرية، تستعملها الدولة لفرض نفوذها وسيادتها. وقد أشار ابن خلدون إلى (القوة)، ودعاها ب(القهر)، في قوله : » وأما الملك، فهو التغلب والحكم بالقهر« [٩]، أي : الحكم بالقوة. وابن خلدون، في مصطلحاته هذه :(الملك والتغلب والحكم بالقهر)، إنما

---

(٥) روبرت ماكيفر : تكوين الدولة، ترجمة حسن صعب، ص ص ٦٦ ـ٦٧.

(٦) حسن صعب :علم السياسة، ص ١٣٤.

(٧) روبرت ماكيفر : تكوين الدولة، ص ١٠٧.

(٨) حسن صعب :علم السياسة، ص ١٣٥.

(٩) ٢٤٤.

يعني الدولة ذاتها، باعتبارها (قوة)، تنبثق من صلب المجتمع.

بذلك تتضح الصورة العامة لمعنى الدولة، وبعض مميزاتها، وعلاقتها بالمجتمع..

أولا : تعريفات عامة

-٢-

أهتم المفكرون بالدولة، وقدموا لها تعريفات مختلفة، سواء في اللغة، أو في الاصطلاح.

١) الدولة في اللغة

١ ـ جاء في مختار الصحاح : » دول (الدولة) في الحرب أن تدال إحدى الفئتين على الأخرى(...) و(الدولة) بالضم في المال (...) و (الدولة) بالفتح. الفعل (...) و (أدالنا) الله من عدونا من الدولة. و (الإدالة) : الغلبة (...) و قال بعضهم : هما لغتان بمعنى واحد. وقال أبو عمر و بن العلاء : الدولة، بالضم في المال، وبالفتح، في الحرب. وقال عيسى بن عمر : كلتاهما تكون في المال والحرب سواء« [١٠].

٢ ـ وجاء في المصباح المنير : » الدولة، بالضم، في المال، وبالفتح، في الحرب« [١١].

٣ ـ وجاء في المعجم الوسيط : » دال الدهر، دولا ودولة : انتقل من حال إلى حال، ودالت الأيام دارت. والدولة : الاستيلاء والغلبة (...) والدولة : الغلبة. والدولة : الشيء المتداول، من مال، أو نحو ذلك« [١٢].

٤ ـ وجاء في الكشاف، في قوله تعالى : ﴿ كيلا يكون دولة بين الأغنياء منكم ﴾ [١٣] : »كيلا يكون الفيء الذي حقه أن يعطى الفقراء، ليكون لهم بلغة يعيشون بها جدا بين الأغنياء، يتكاثرون به. أو كيلا يكون دولة جاهلية بينهم، ومعنى الدولة الجاهلية أن

---

(١٠) محمد الرازي : مختار الصحاح، ترتيب محمد خاطر، ص ص ٢١٥ ـ ٢١٦، ط ٥، القاهرة،١٩٣٩.

(١١) أحمد المقري، المعروف بابن ظهير: المصباح المنير، تصحيح مصطفى السقا، ج ١، ص ٢١٨، القاهرة، ١٩٥٠.

(١٢) مجمع اللغة العربية (إخراج نخبة من الأساتذة) : المعجم الوسيط، ج ١، ص ٣٠٤، القاهرة، ١٩٦٠.

(١٣) الحشر / ٧.

الرؤساء منهم كانوا يستأثرون بالغنيمة، لأنهم أهل الرياسة والدولة والغلبة. «[١٤].

٥ ـ وجاء في التحرير والتنوير، في معنى (دولة) في الآية السابقة : »الدولة (بضم الدال) : ما يتداوله المتداولون، والتداول : التعاقب في التصرف في الشيء، وخصها الاستعمال، بتداول الأموال. والدولة (بفتح الدال) : النوبة في الغلبة والملك«[١٥].

يلاحظ أن هذه التعريفات اللغوية، تتفق كلها في المعاني التي يتضمنها لفظ (دولة)، سواء بضم الدال أو فتحه، وهي : المال (وهو قوة)، والحرب، والاستيلاء، والغلبة، والملك (وهو السلطة والحكم). لذلك يمكن تحديد كل هذه المعاني المختلفة في معنى لفظ واحد، لأنه يجمعها، وهو (القوة). فهذا اللفظ ينطوي على معاني : المال والحرب والاستيلاء والغلبة والسلطة. بصورة يصبح معنى لفظ (القوة)، هو المعبر عن معنى (الدولة)، في التعريف اللغوي، خاصة، وأن (القوة) ـ كما رأينا ـ من المعاني المعبرة عن (الدولة)، اجتماعيا وسياسيا. فيكون معنى (الدولة)، لغويا، مطابقا لمعناها اجتماعيا وسياسيا.

٢) الدولة في الاصطلاح

-٣-

الدولة، في الاصطلاح، يمكن أن تعرف على ضربين : تعريف حقوقي، وتعريف معنوي.

أ ـ التعريف الحقوقي :

يقصد بالتعريف الحقوقي، ذلك التعريف الذي يحدد البنى المادية التي تتكون منها، وتقوم عليها الدولة، باعتبارها كيان ينبثق من الواقع.

١- يعرف (المعجم الوسيط) الدولة، هكذا : » الدولة جمع من الناس، مستقرون في إقليم معين الحدود، مستقلون، وفق نظام خاص«[١٦].

---

(١٤) الإمام محمود الزمخشري : تفسير الكشاف، ج ٦، ص ص ٩٧ـ٩٨، القاهرة ١٩٧٧.

(١٥) الإمام محمد الطاهر بن عاشور: تفسير التحرير والتنوير، ج ٢٨، ص ص٨٥ـ٨٦، تونس ١٩٨٤.

(١٦) مجمع اللغة العربية : المعجم الوسيط، ج ١، ص ٣٠٤.

لقد حدد هذا التعريف أربعة عناصر، تقوم عليها الدولة، هـي علـى التوالي : جماعة السكان (المجتمع)، والإقليم (تملك أرض)، والنظام السياسي (سلطة)، والاستقلال (أي السيادة). والحق أن أغلب التعاريف الحقوقية، تذهب إلى أن قيام الدولة، يتم بتوفر العناصر الثلاثة الأولى. أما (السيادة)، فلا تعتبر عنصرا أساسيا في قيام الدولة، وإنما هـي مـن متممات طبيعتها. كمبدأ (الاعتراف الدولي)، مثلا. فضلا عن أن السيادة تندرج ضمن عنصر (السلطة)، لأن مـن معـاني السلطة، أن تكـون للدولـة : سيادة، في الـداخل، عـلى رعاياهـا، وسيادة في الخارج، بفرض سلطانها وهيبتها، على بقية الدول.

٢ ـ ويعرف مؤلفا (المدخل في علم السياسة)، الدولة، بأنها : » مجموعة من الأفراد، يقيمون بصفة دائمة، في إقليم معين، وتسيطر عليهم هيئة منظمة، استقر الناس على تسميتها الحكومة« [(١٧)].

يحدد هذا التعريف دعائم وجود الدولة، بالأفراد، والإقليم، والحكومة، وهي نفس الدعائم التي في التعريف السابق.

٣ ـ أما (معجم العلوم الاجتماعية)، فيعرف الدولة، على الوجه الآتي : » الدولة مجموع كبير من الناس، يقطن على وجه الدوام والاستقرار، إقليما معينا، ويتمتع بالشخصية المعنوية، والنظام والاستقلال.

وليس هناك حد أدنى لعدد السكان اللازم لتكوين الدولة، ولا قدر أقل لمساحة إقليمها، بل تتفاوت الدول في ذلك، تفاوتا شاسعا.

ثم إن الدولة تختلف أيضا من حيث تكوينها، ونظام الحكم فيها. فمنها الدول البسيطة، والدول المركبة، والدول الملكية، والدول الجمهورية، والدول الديمقراطية، والتي تأخذ بنظام الحكم المطلق« [(١٨)].

لا شك أن التعريف الحقوقي الأخير، يعتبر أكثر دقة وشمولا، بالنسبة لسابقيه، لأنه أكد جملة من العناصر الضرورية، في تحديد معنى الدولة. فهو يشير إلى عناصر

---

(١٧) بطرس غالي ومحمود خيري عيسى: المدخل في علم السياسة، ص ٣٦١، ط ١، القاهرة ١٩٥٩.

(١٨) نخبة من الأساتذة (إشراف إبراهيم مدكور): معجم العلوم الاجتماعية، ص ٢٦٨، القاهرة ١٩٧٥.

تكوين الدولة، وإلى أنواع الدول، وأنماط الحكم فيها، ثم إلى شخصية الدولة المعنوية. لذلك يعتبر تعريفا تاما، لتناوله العناصر الحقوقية، وتأكيده على العنصر المعنوي.

ب. التعريف المعنوي

-٤-

يقصد بالتعريف المعنوي، التعريف الذي يحدد صورة الدولة في الفكر أو (الوعي). فهو لا يعرف الدولة باعتبارها كيانا ينشأ في الواقع، ولكن باعتبار الدولة (فكرة) خلقية عقلية، تنشأ في الفكر أو (الوعي)، فتصبح فيه متمثلة، ومتجلية، وكأنها شخص معنوي.

فإذا كان التعريف الحقوقي، ينظر إلى الدولة، نظرة واقعية مادية، فإن التعريف المعنوي ينظر إليها، نظرة عقلية، مثالية.

يمثل التعريف المعنوي للدولة، مفكران، هما : أفلاطون وهيجل.

١ ـ فأما أفلاطون، فقد تصور ثلاثة نماذج للدولة، وهي :

أ ـ الدولة المثالية (المعنوية)، وهي دولة المدينة الفاضلة، التي رفض ابن خلدون، مشروعها.[١٩]

ب ـ الدولة الفطرية البسيطة، أو البدائية، التي نشأت خلال المراحل الأولى، للتجمعات البشرية.

ج ـ الدولة المترفة، التي نشأت نتيجة تطور الإنسان وانتقاله من مرحلة البداوة إلى مرحلة المدنية.[٢٠]

---

(١٩) راجع : ابن خلدون : المقدمة، ص ٥٤٠.

(٢٠) راجع : أفلاطون : الجمهورية، ترجمة ودراسة : فؤاد زكرياء، ص ١٢٧ وص ٢٣١ وما بعدها، القاهرة ١٩٨٥، وكذلك القسم الخامس من الفصل الثالث، من هذه الدراسة.

وأيضا : إبراهيم أباظه وعبد العزيز الغنام : تاريخ الفكر السياسي، ص ٣٤ وما بعدها، بيروت ١٩٧٣. ويلاحظ أن المؤلفين، تكلما على نمط رابع للدولة عند أفلاطون، أسمياه (دولة الفيلسوف). وسميا دولة المدينة الفاضلة، بالدولة (النقية). والحقيقة، فإن دولة الفيلسوف، هي ذاتها دولة المدينة الفاضلة، لأن دولة هاته المدينة، يرأسها الحكيم الفيلسوف. راجع رأي المؤلفين : ص ص ٢٩-٣١، في كتابهما المشار إليه.

يعتقد أفلاطون، في أن أصل الدولة، هو النموذج الأول المثالي، أو المعنوي، لأنه نموذج ثابت. أما النموذج الثاني والثالث، فهما صورتان للأول، ومتغيران، والمتغير لا يصلح أن يكون أصلا للأشياء.

هذا الاعتقاد عند أفلاطون، أساسه نظرية المثل. فإنه بناء على نظريته في المثل، تنتقل صورة النموذج الثابت المثالي، إلى الواقع المتغير: لـ» أن أفلاطون لا يتحدث عن دولة قائمة، وإنما عن دولة فرضية، مثالية، يستطيع أن يبنيها كما يشاء. «(٢١)

إذن، فصورة الدولة عند أفلاطون، هي في الأصل، صورة معنوية، وإن انتقل ظلها إلى الواقع.

٢ ـ وأما هيجل ـ الذي تأثر برؤية أفلاطون في الدولة ـ فقد اعتبر، هو الآخر، الدولة، شخصا معنويا، يعي، ويدرك، ويفكر، ويريد، ثم يقرر وينجز ما يفكر فيه، لأنه شخص واع، مريد، يدرك أنه كذلك.

هذا المعنى الهيجلي في الدولة، يظهر في تعريفه لها، حيث يقول :

"L'Etat est la réalité en acte de l' Idée morale objective, l'esprit moral comme volonté substantielle révélée, claire à soi-même, qui se connaît et se pense et acccomplit ce qu'elle sait et parce qu'elle sait".(22)

ويمكن ترجمة هذا التعريف، على الوجه الآتي :

(إن الدولة هي الواقع الفعلي، للفكرة الخلقية الموضوعية. إنها الروح الخلقية، بوصفها إرادة جوهرية، متجلية، بينة لذاتها، لأنها تدرك ذاتها، وتفكر فيها، وتقرر ما تفكر فيه، وتنجزه، لأن ما تفكر فيه، تقرره وتنجزه.)

× × ×

في سياق التعريفين السابقين : الحقوقي والمعنوي، تجدر الإشارة، إلى الملاحظات الآتية :

١ ـ للمقارنة، فإن التعريف الحقوقي، يؤسس نظرته للدولة، انطلاقا من قواعد مادية :

---

(٢١) أفلاطون : الجمهورية، ترجمة ودراسة : فؤاد زكرياء، ص ١٢٨.

(22) F. Hégel : Principes de la Philosophie du Droit. Gallimard (coll.Idées), p. 270. Paris 1968.

(إقليم وسكان وسلطة). أما التعريف المعنوي، فيؤسس نظرته للدولة، ابتداء من قواعد معنوية : (وعي وتفكير وإرادة).

٢ - رغم ما يبدو من اختلاف في الظاهر، بين التعريفين، فإنه توجد علاقة بينهما. وتتضح تلك العلاقة، في أن التعريف المعنوي، يقرر - في النموذج الثاني الأفلاطوني - وجود صورة للدولة، في الواقع العملي. وفي نفس الوقت، يعترف التعريف الحقوقي، بوجود (شخصية معنوية) للدولة - كما في التعريف الثالث الحقوقي - لذلك، لا ينبغي أن يفهم بأن التعريفين مختلفان تماما، أو متناقضان. وإنما الفارق الذي يظهر بينهما، يكمن في أن الحقوقي، يبدأ في تعريف الدولة، مما هو مرئي ومحسوس، بينما المعنوي، يبدأ في تعريفها، مما هو غير مرئي وغير محسوس. فإذا كان لكل شيء ظاهر وباطن، فإن التعريف الحقوقي، قد اعتمد على المظهر الخارجي للدولة، بينما التعريف المعنوي، قد اعتمد على حقيقتها الداخلية.

٣ - في الظاهر، سوف يبدو (تعريف) ابن خلدون للدولة، لا علاقة له بالتعريفين السابقين. ولكنه في واقع الأمر، سيجمع في تعريفه، بين معنيي الحقوقي والمعنوي - كما سنرى -

ثانيا : تعريف ابن خلدون للدولة

-٥-

مما يلفت النظر، ويثير الدهشة، أن لا يقدم ابن خلدون، أي تعريف للدولة، في مقدمته، بطريق مباشر.

فقد أهتم بتعريف بعض الظواهر، كالعمران، والعصبية، والترف، والخلافة، والملك، وأنواع الحكم، مثلا، لكنه أحجم عن تعريف الدولة مباشرة، مع أنه فقيه، والفقهاء يعتنون، عادة، بتعريف المسائل الفقهية، بكل دقة.

إضافة إلى ذلك، فقد شغل موضوع الدولة، حيزا كبيرا في بحوث ابن خلدون العلمية، ودراساته السياسية، ويعتبر مبحث الدولة من المباحث الكبرى التي تناولتها المقدمة بالدراسة.

رغم ذلك، يمكن التأكيد، بأن ابن خلدون، قد تطرق إلى تعريف الدولة، في كتاباته، ولكن بطريق غير مباشر - كما سنرى -

في الواقع، قد يعود عدم تقديمه تعريفا مباشرا للدولة، إلى سببين :

الأول :

إن ابن خلدون، غالبا ما يعبر، في لغته السياسية، عن الدولة، بلفظ (الملك). ف»إن في المقدمة، جملا وفقرات، أتت فيها كلمة (دولة)، مرادفة (للملك) «[٢٣]، بالإضافة إلى أن لفظ (الملك)، قد استعمله ابن خلدون في عدة معان، منها : الدولة والحكم والحاكم والسلطة، وغير ذلك. يقول مثلا :

أ ـ في الملك بمعنى الدولة : » إن العرب أبعد الأمم عن سياسة الملك«[٢٤].

ب ـ في الملك بمعنى الحكم أي السلطة أو التسلط : » وإنما الملك على الحقيقة لمن يستعبد الرعية«[٢٥].

ج ـ في الملك بمعنى الحاكم : » فيكون ذلك الوازع، واحدا منهم، يكون له عليهم الغلبة والسلطان واليد القاهرة، حتى لا يصل أحد إلى غيره بعدوان، وهذا هو معنى الملك«[٢٦].

د ـ في الملك بمعنى السلطة : » وأما الملك، فهو التغلب والحكم بالقهر«[٢٧].

هكذا ابن خلدون، يحمل اللفظ الواحد، أكثر من معنى، فيختلط ـ بسبب ذلك ـ معنى الدولة، بمعاني ألفاظ أخرى، مما يفضي إلى تعدد المعنى، واضطراب مصطلحه لأنه: » لم يستعمل في تعبيراته الإصطلاحية، لغة واضحة، أو مطردة، من حيث التعبير عن المبادئ الكلية، بألفاظ واحدة. فنجد مثلا، أن الظاهرة السياسية، يسميها : (الدولة العامة)، ثم يصفها بـ(الرئاسة)، و (السياسة). وفي مواضع أخرى، يعبر عنها (...) بكلمة (السلطان). وعدم الاستقرار، من وجهة التعبير عن المعاني الواحدة، باصطلاحات واحدة، مما يؤدي إلى الاضطراب، في ذهن من يحاول أن يتعرض لابن خلدون«[٢٨].

---

(٢٣) أحمد عبد السلام: دراسات في مصطلح السياسة عند العرب، ص٦٠، تونس، ١٩٨٥ .

(٢٤) ابن خلدون : المقدمة، ص ٢٦٧.

(٢٥) نفسه، ص ٣٣٣.

(٢٦) نفسه، ص ٧٢.

(٢٧) نفسه، ص ٢٤٤.

(٢٨) حامد عبد الله ربيع : من محاضرة له، عن : فلسفة ابن خلدون السياسية، بقسم الفلسفة، كلية الأداب، جامعة القاهرة، بتاريخ : ٢ يناير ١٩٦٢.

على أي حال، فإن هذا التداخل في معاني المصطلحات الخلدونية، يؤكد ـ على الأقل ـ مرادفة معنى (الملك)، لمعنى (الدولة).

الثاني :

كذلك، يطلق ابن خلدون، في بعض الأحيان، معنى (العصبية)، على معنى (الدولة)، خاصة، و» أن العصبية تقوم من نظريات ابن خلدون السياسية، مقام العمود الفقري، من جسد الإنسان«[٢٩]. إن العصبية، في رأيه، تسعى دائما إلى غاية، هي تكوين الملك السياسي، أي بناء الدولة. يقول : » إذا كان الملك غاية للعصبية، فهو غاية لفروعها، ومتمماتها، وهي الخلال «[٣٠]. و » إن الملك هو غاية العصبية «[٣١]، وأيضا: » فالتغلب الملكي غاية للعصبية «[٣٢].

وعلى أي حال، فقد حاول ابن خلدون، أن يعرف الدولة، بأسلوبه الخاص، عندما تعرض لعلاقتها بالعمران، مدرجا في ذلك علاقة النقل بالعقل، أيضا. فأكد أن الدولة، هي نتيجة للسياسة، سواء الشرعية منها، أو الوضعية ـ العقلية (الملكية)، حيث قال: » فالدولة دون العمران، لا تتصور، والعمران دون الدولة والملك، متعذر، بما في طباع البشري من العدوان، الداعي إلي الوازع، فتتعين السياسة لذلك. أما الشريعة، أو الملكية، وهو معنى الدولة. وإن كانا لا ينفكان، فاختلال أحدهما، مؤثر في اختلال الأخر، كما كان عدمه، مؤثرا في عدمه «[٣٣]. و » لأن الدولة بالحقيقة الفاعلة، في مادة العمران، إنما هي العصبية والشوكة. وهي مستمرة على أشخاص الدولة. فإذا ذهبت تلك العصبية، ودفعتها عصبية أخرى، مؤثرة في العمران، ذهب أهل الشوكة، وعظم الخلل«[٣٤].

---

(٢٩) أحمد عبد السلام : دراسات، مرجع سابق، ص ١٠٢.

(٣٠) ابن خلدون : المقدمة، ص ٢٥١.

(٣١) نفسه، ص ٢٤٦.

(٣٢) نفسه، ص ٢٤٥.

(٣٣) نفسه ص ٢٧٠.

(٣٤) نفسه، ج ٣، ص ٨٨٤ (البيان). وينبغي في هذا الصدد الملاحظة بأن هذا النص، تختلف صياغته في طبعة بيروت الثانية، ١٩٦١، ص ٦٧١، مع صياغة طبعة (البيان) القاهرية التي هي في رأينا أسلم وأصح معنى.

يتبين من ذلك، مدى التداخل بين معاني الدولة والملك والعصبية، في لغة ابن خلدون. فمن أجل البحث عن تعريف الدولة، في لغته السياسية، ينبغي البدء في ذلك، من معنى (الملك) و(العصبية).

-٦-

لا شك أن عدم تعريف ابن خلدون للدولة، تعريفا مباشرا، يثير بعض الصعوبات لمن يدرس فكره السياسي. وفي هذا الصدد، اقترح أحد الباحثين، تعريفا مباشرا للدولة، من وجهة نظر خلدونية. فأكد أن : » الدولة عند ابن خلدون، هي : (الامتداد المكاني والزماني، لحكم عصبية ما «(٣٥).

يؤكد هذا التعريف،على أن الدولة، هي:حكم العصبية. لكنه لم يعين،أية عصبية يعني ؟ لأن ابن خلدون، تكلم عن (عصبيات) بالجمع، لا عن عصبية واحدة، وأكد أن العصبية الكبرى، هي عصبية الدولة. يقول : » ثم إن القبيل الواحد، وإن كانت فيه بيوتات متفرقة، وعصبيات متعددة، فلا بد من عصبية، تكون أقوى من جميعها، تغلبها وتستتبعها، وتلتحم جميع العصبيات فيها، وتصير كأنها عصبية واحدة كبرى«(٣٦).

يتضح إذن، أن العصبية متعددة عند ابن خلدون، وأنه لا يقصد بعصبية الدولة، أية عصبية. ولتأكيد هذا الرأي، قدم ابن خلدون، وصفا دقيقا، لعصبية الدولة، وعين بعض وظائفها، وهي نفس وظائف الدولة ـ بالمعنى الحديث لكلمة وظيفة ـ وأكد أن تلك العصبية، لا تشبه بقية العصبيات. فقال : » وليس الملك لكل عصبية، وإنما الملك على الحقيقة، لمن يستعبد الرعية، ويجبي الأموال، ويبعث البعوث، ويحمي الثغور، ولا تكون فوق يده، يد قاهرة«(٣٧).

إضافة إلى ذلك، فإن التعريف السابق، لم يدرج في نصه، معنى العصبية التي تدل على الملك(أي الدولة)، وإنما أدرج فيه،معنى العصبية، التي تدل على الحكم، في الوقت الذي يوجد فيه فرق في معنى العصبيتين، عند ابن خلدون، كما سبقت الإشارة.(٣٨)

(٣٥) محمد عابد الجابري : فكر ابن خلدون، العصبية والدولة، ص ٣٢٠، ط ٣، بيروت ١٩٨٢.

(٣٦) ابن خلدون : المقدمة، ص ٢٤٥.

(٣٧) نفسه، ص ٣٣٣.

(٣٨) راجع : (أ) و(ب) في صفحة ٢٩ من هذا القسم.

في ضوء ما سبق، يمكن أيضا، اقتراح تعريف آخر، لعله يؤدي المعنى المقصود من الدولة، عند ابن خلدون، بحيث يشمل معنى عصبية الدولة والحكم معا، ويصاغ على الشكل الآتي : (الدولة، هي نتاج عصبية الملك السياسي، في مرحلة معينة، من مراحل التطور، لمجتمع بشري).

موقف ابن خلدون من التعريفين : الحقوقي والمعنوي :

-٧-

في سياق التعريفات السابقة : الحقوقية منها، والمعنوية، كيف يمكن تحديد موقف ابن خلدون ؟

يبدو للوهلة الأولى، أن التعريفين يلتقيان مع تعريف ابن خلدون، وهو أيضا يلتقي معهما، لأنه تطرق في المقدمة، إلى العناصر الحقوقية، والمعنوية، في تعريف الدولة، وإن لم يفصح عن ذلك، بمصطلحات العصر الحديث.

١ ـ موقفه من التعريف الحقوقي

يلتقي ابن خلدون، مع التعريف الحقوقي، من خلال العناصر الثلاث، التي حددها هذا التعريف، لمعنى الدولة، وهي : الإقليم والسكان، والسلطة السياسية.

يقول مستعرضا هذه العناصر، المشكلة للدولة :

١ ـ عنصر الإقليم : » لكل دولة، حصة من الأوطان، لا تزيد« (٣٩) و » أن كل دولة لها حصة من الممالك والعمالات لا تزيد عليها« (٤٠). و » إن كل أمة، لا بد لهم من وطن، هو منشؤهم، ومنه أولية ملكهم. « (٤١)

٢ ـ عنصر السكان : » فالسلطان من له رعية، والرعية من لها سلطان« (٤٢).

٣ ـ عنصر السلطة: » فحقيقة السلطان، أنه المالك للرعية، القائم في أمورهم، عليهم.« (٤٣)

---

(٣٩) ابن خلدون : المقدمة، ص ٢٨٥.

(٤٠) نفسه، ص ٥٢٧.

(٤١) نفسه، ص ٦٦٨.

(٤٢) نفسه، ص ٣٣٤.

(٤٣) نفس المصدر والصفحة.

لقد تطرق ابن خلدون، في هذه النصوص ـ بأسلوبه الخاص ـ إلى عناصر التعريف الحقوقي للدولة، هكذا : (الوطن)، بمعنى الإقليم، و(الرعية)، بمعنى السكان، و(المالك)، و(القائم)، بمعنى صاحب السلطة السياسية.

٢ ـ موقفه من التعريف المعنوي

-٨-

يلتقي ابن خلدون، أيضا، مع التعريف المعنوي، في محور (العصبية). فالعصبية، المؤسسة للدولة، تعتبر اللبنة الأولى في بناء تلك المؤسسة، وتعتبر العصبية أيضا، قوة طبيعية معنوية، كامنة في طبيعة الكائن البشري : « مفضية إلى إيجاد المزيج المركب »[٤٤]، الذي هو الدولة.

فإذا كانت الدولة، هكذا، مزيجا مركبا، فإن ذلك المزيج يتألف، بدون شك، من عناصر مادية ومعنوية[٤٥]، أي حقوقية، ونفسانية. صحيح، أنه لقيام الدولة ـ في رأي ابن خلدون ـ لا بد من توافر العناصر المادية الحقوقية : (أرض ورعية وسلطة) ولكن هذه العناصر، في رأيه، لا تلتئم، ولا تتجمع، لتصبح قوة فاعلة، إلا بفضل توافر عنصر معنوي، هو العصبية.

في هذا المعنى، بشبه ابن خلدون، جدلية الصراع التي تنشأ بين ظاهرة التجمع الإنساني، والعصبية، بمزاج الكائن البشري، على اعتبار العصبية، هي التي تقوم بدور التأليف والتركيب، لمزيج الدولة، ـ أي للعناصر الحقوقية ـ فقال في ذلك: «لأن الاجتماع والعصبية، بمثابة المزاج في المتكون. والمزاج في المتكون، لا يصلح إذا تكافأت العناصر، فلا بد من غلبة أحدها، وإلا لم يتم التكوين. فهذا هو سر اشتراط الغلبة في العصبية»[٤٦].

فكأن ابن خلدون، يعلن هنا، أن طبيعة العصبية، تضارع طبيعة المزاج البشري، الذي يتغير، وينتقل، من حال إلى حال، لأنه مركب من عناصر غير متكافئة، سالبة وموجبة. إلا أن عدم التكافؤ بين العناصر، سرعان ما يفضي إلى حالة من التصارع

---

(٤٤) أحمد عبد السلام : دراسات ، مرجع سابق، ص ٦٩.

(٤٥) راجع : نفس المرجع والصفحة.

(٤٦) ابن خلدون : المقدمة، ص ٢٣١.

والمغالبة بينها، مما ينتج عنه، في النهاية، ضرب من التأليف والتكوين، لتغلب عنصر على آخر.

بهذه الطريقة ـ في رأي ابن خلدون ـ ينشأ التأليف بين الأفراد والجماعات، ويتشكل المزيج المركب للدولة. لأن في أعماق طبيعة العصبية، تعشش جدلية الهدم والبناء، ـ في رأيه ـ

يعتقد ابن خلدون، أن للعصبية، جاذبية خاصة. فهي تجذب الأفراد، حول بعضهم بعضا، وحول نفسها، وتجمعهم في دائرتها بطريقة تلقائية ـ في الظاهر ـ إن العصبية، تشبه أيضا، المغناطيس. فإذا كان هذا المعدن، يقوم بجذب شتى أجزاء الحديد، جذبا تلقائيا، فيلف تلك الأجزاء حوله في كتلة متراصة، فإن العصبية، تقوم أيضا بنفس العملية، في جذب الأفراد، وجمعهم وتشكيلهم جماعة واحدة قوية أو جماعات، وذلك بواسطة ما أسماه ابن خلدون، بصلة الرحم، والنسب العام، والنسب الخاص[٤٧]، والولاء والحلف[٤٨].

لقد اجتهد ابن خلدون، في تصوير معنى العصبية. فوظف رصيده اللغوي، في محاولة للتعبير عن معناها، وللكشف عن حقيقتها. وذلك باستخدامه لطائفة من الألفاظ، طمعا في أن تؤدي إلى المعنى المراد، كلفظ : اللحمة، والالتحام، والصلة، والوصلة، والنعرة[٤٩]، وغير ذلك. ولا نخاله، قد توصل إلى مبتغاه، لاعتقاده في أن المعنى الحقيقي للعصبية، أعمق من أن تعبر عنه، دلالات تلك الألفاظ.

تعقيب

-٩-

تبدو نظرة ابن خلدون، في تعريف الدولة، نظرة خاصة، ومتميزة عن نظرة غيره من المفكرين، فهو يرى بأن الدولة، لا يكتمل وجودها، إلا من خلال وجود أربعة عناصر متكاملة، وهي : الجماعة ـ العصبية، والأرض والسلطة. لذلك نراه في النص

---

(٤٧) راجع نفس المصدر، ص ٢٣٠.

(٤٨) راجع نفس المصدر، ص ٢٢٦.

(٤٩) راجع نفس المصدر، ص ص ٢٢٥-٢٢٦، وص ٢٣٠، وص ٣٤٦.

السابق، يؤكد على ارتباط الجماعة بالعصبية، وكأنهما (مزاج) واحد. فقال : (لأن الاجتماع والعصبية، بمثابة المزاج في المتكون)، بمعنى أنه لا توجد عصبية الدولة، خارج نطاق الجماعة. وأن كل عصبية تدل على جماعة.

إن هذا التصور الخلدوني، لعلاقة الجماعة بالعصبية، يعتبر تأكيدا منه على أمرين:

١ ـ أن (الاجتماع) هو الجماعة المالكة لأرض ما، والتي يسود فيها نوع من الانسجام والنظام.

٢ ـ أن العصبية ـ في النص ـ هي عصبية الدولة، لأن ابن خلدون، هنا، يفرق بين نوعين ـ على الأقل ـ من العصبية :

أ ـ عصبية الرئاسة، أي العصبية الأم، أو الكبرى[٥٠] ـ بلغة ابن خلدون ـ وهي (خاصة) بتولي السلطة والقيادة في الدولة.

ب ـ عصبية المجتمع ـ الدولة، وهي (عامة)، وذات فروع وعصائب ثانوية[٥١].

من المؤكد أن ابن خلدون، لم يقتصر في تعريف الدولة، على العصبية فقط. فلو فعل ذلك، لظن أنه يدرج البدو، في تأسيس الدولة. إنه لا يؤمن بتكوين الدولة، في البادية، أو عند أهل البادية، كما آمن أفلاطون[٥٢]. صحيح، أن العصبية تنشأ عند البدو، لأنهم جماعات ـ كما سنرى ـ غير أن عصبيتهم ليست من عصبية الدولة، التي تتشكل من عناصر التعريف الحقوقي والمعنوي. وتفاديا، لهذا الالتباس المحتمل، أكد ابن خلدون ـ في النص السابق ـ تلازم كل من الاجتماع والعصبية، بمعنى التجمعات السكانية الحضرية، وعصبية الدولة، ليستثني بذلك عصبية البدو، من ظاهرة تكوين الدولة، لأن أهل البادية الرحل، لا يتجمعون في أرض معينة، وبالتالي، فهو لا يعنيهم بمصطلح (الاجتماع)، في النص. اللهم إلا في جيلهم الثالث[٥٣].

عندما يتركز اهتمام ابن خلدون، على العصبية، في تعريف الدولة، قد يخيل للبعض، أنه أهمل بقية العناصر، المشكلة للدولة، وأنه، بالتالي، من أنصار التعريف

---

(٥٠) راجع نفس المصدر، ص ٢٤٥.

(٥١) راجع نفس المصدر، ص ٢٣٠.

(٥٢) راجع : (ب) في متن الصفحة التي بها هامش (٢٠) من هذا القسم.

(٥٣) تعرضنا لأجيال البدو في البحث الذي نعده عن (نظرية الدولة عند ابن خلدون وهيجل).

المعنوي. لكن الحقيقة هي غير ذلك، لسببين :

الأول : لأنه، رغم تركيزه على العصبية ـ وهي عنصر معنوي ـ لم يهمل عناصر التعريف الحقوقي ـ كما رأينا ـ فالعصبية، في رأيه، لا تؤسس الدولة بدون أرض ورعية وسلطة.

الثاني : لأن العصبية عند ابن خلدون، مبحث قائم بذاته، فهي لذلك، أنواع مختلفة[٥٤]، ولها وظائف متعددة، في المجتمع، من بينها تأسيس الدولة.

يتميز ابن خلدون، بدون شك، بموقفه الخاص من تعريف الدولة. فهو يتميز عن أصحاب الاتجاه المعنوي : أفلاطون وهيجل، بتأكيده للعناصر الحقوقية، وعن أصحاب الاتجاه الحقوقي، بتأكيد للعنصر المعنوي.

في هذا الصدد، فإن موقف ابن خلدون، يشكل، في الحقيقة، اتجاها ثالثا، جديدا، في تعريف الدولة، هو الاتجاه الذي يعتقد أن معنى الدولة، تشكله عناصر معنوية وحقوقية، معا، لأن عصبية الدولة، باعتبارها (قوة) طبيعية، ترتبط دائما بالتجمعات السكانية، في أرض ما.

---

(٥٤) راجع : ابن خلدون : المقدمة، ص ٢٣٠، و ص ٢٤٥.

نظريات نشأة الدولة

توطئة :

-١٠-

أهتم المفكرون بظاهرة الدولة، وبحثوا في أصل نشأتها، وفي مراحل تطورها بكثير من العناية والتفصيل. ويعتبر أفلاطون وأرسطو من أوائل المفكرين، الذين بحثوا في أصل الدولة، وفي علمها، ومن الأوائل الذين نظروا في الفكر السياسي.

١) أفلاطون :

فقد ذهب أفلاطون إلى : » أن الدولة، تنشأ عن عجز الفرد، عن الاكتفاء بذاته وحاجته، إلى أشياء لا حصر لها (...). فما دامت حاجاتنا عديدة، وما دام من الضروري وجود أشخاص عديدين للوفاء بها، فإن المرء يستعين بشخص من أجل غرض من أغراضه، وبغيره، من أجل تحقيق غرض آخر، وهكذا. وعندما يتجمع أولئك الشركاء الذين يساعد بعضهم بعضا في إقليم واحد نسمي مجموع السكان، دولة «[١].

يتبين من هذا، أن أفلاطون، يعتقد : » أن الأساس الحقيقي، هو الحاجة «[٢] في نشأة الدولة. لكن إذا كانت : » الحاجة، هي العلة في وجود الدولة «[٣]، فما هي طبيعة تلك (الحاجة) ؟ هل هي حاجة مادية ؟ أم حاجة معنوية ؟ لو سئل أفلاطون، هذين السؤالين، لأجاب بأنه يعني الحاجتين معا :

١ ـ فأما الحاجة المادية، فيعني بها أفلاطون، ما يحتاجه المرء من ضروريات في حياته المعيشية، أي ما يستقيم به وجوده الطبيعي. ذلك : » أن أول الحاجات،

---

(١) أفلاطون : الجمهورية، ترجمة ودراسة : فؤاد زكريا ء، ص ٢٢٧، القاهرة، ١٩٨٥.

(٢) نفس المصدر والصفحة. وقارن أيضا قول ابن خلدون، في ظاهرة (تجمع) الإنسان : »ومنها الحاجة إلى الحكم الوازع والسلطان القاهر«. المقدمة، ص ٦٧.

(٣) محمد كامل ليله : النظم السياسية، الدول والحكومات، ص ٩٧، هامش ١، بيروت ١٩٦٩.

وأعظمها، هي الأكل، لأنه شرط الحياة والوجود (...). وثانيها، السكن، وثالثها الملبس، وما شابهه« [٤].

٢ ـ وأما الحاجة المعنوية، فيعني بها أفلاطون، تلك الكماليات التي تضفي على حياة المرء طابع الترف ـ بلغة ابن خلدون ـ يقول أفلاطون : » إذ أنني أعتقد أن هناك من لا يرضون عن هذه الحياة البسيطة [٥]، وإنما يودون إضافة الأرائك، والمناضد، وغيرها من الأثاث، والحلوى والعطور والبخور، والشطائر، وكل الأنواع الممكنة من هذه الكماليات. فهم لا يرون أن الضروريات تنحصر فيما أوضحته من مساكن، وملابس، وأحذية، وإنما يضيفون إليها اللوحات المرسومة، وكل أنواع الزخارف، واقتناء الحلي والعاج، وكل غال نفيس (...) ففي هذه الحالة، تحتشد المدينة، وتمتلىء بعدد وافر من الناس، لا يدعو إلى وجودهم فيها، سوى الحاجات السطحية، ومن أمثالهم، مختلف أنواع القناصة والصيادين، والمقلدون الذين يختص بعضهم بالأشكال والألوان، وبعضهم بالموسيقى، وهم الشعراء ومن يصاحبهم من المغنين، ومن الممثلين والراقصين ومنظمي المسارح (...). ولا أخالك تظن أننا لن نكون بحاجة إلى معلمين ومرضعات ومربيات، ووصيفات وحلاقين، وطباخين ورعاة للحيوان. وهم الذين لم نكن بحاجة إليهم، في دولتنا السابقة« [٦].

نقلنا هذا النص ـ على طوله ـ لنستدل به، على أربع قضايا :

١ ـ طبيعة تصور أفلاطون، لنشأة الدولة، وكونه يعتقد في أن أصلها يكمن في (حاجة) الإنسان، سواء كانت تلك الحاجة ضرورية، أو كمالية. فإن كانت تلك الحاجة ضرورية (مادية)، نشأ عنها نمط الدولة البسيطة، وإن كانت الحاجة كمالية (معنوية)، نشأ عنها نمط الدولة المترفة [٧].

---

(٤) أفلاطون : الجمهورية، مصدر سابق، ص ٢٢٧. ولاحظ أيضا، أن المذهب الشيوعي في العصر الحديث يؤكد على ضرورة هذا الثالوث في حياة الإنسان، وهو: الأكل والسكن والملبس، وما سوى ذلك يعتبره من الكماليات.

(٥) يشير أفلاطون، هنا، الى نمط الدولة البسيطة ـ كما سبقت الإشارة ـ

(٦) أفلاطون : الجمهورية، مصدر سابق، ص ص ٢٣٢ ـ ٢٣٣. وهو يشير أيضا في العبارة الأخيرة من النص، الى نمط الدولة البسيطة.

(٧) راجع : نفس المصدر، ص ١٢٧.

٢ ـ استعمال أفلاطون وابن خلدون لألفاظ سياسية واحدة. فلكي يعبر أفلاطون عن رأيه في أصل الدولة، وظف مصطلحي : (الضروريات والكماليات). وكذلك ابن خلدون، فلكي يبين الفروقات ـ وأيضا العلاقات ـ بين البدو والحضر، وظف نفس المصطلحين بالشكل الآتي : » إن البدو هم المقتصرون على الضروري في أحوالهم، العاجزون عما فوقه، وأن الحضر- المعتنون بحاجات الترف والكمال في أحوالهم وعوائدهم. ولا شك أن الضروري أقدم من الحاجي والكمالي[٨] وسابق عليه، لأن الضروري أصل، والكمالي فرع ناشيء عنه « [٩].

٣ ـ إن أفلاطون، يعبر بالضروري، عن نمط الحياة في الدولة البسيطة، البدائية، وبالكمالي، عن نمط الحياة في الدولة المترفة - كما أشرنا في التعريف المعنوي للدولة -. ويرى ابن خلدون كذلك أن الضروري من خصائص أهل البادية، والكمالي من خصائص أهل الحضر أو الأمصار. فيقول : » إلا أن حاجتهم (أهل البادية) إلى الأمصار، في الضروري، وحاجة أهل الأمصار إليهم في الحاجي والكمالي « [١٠].

٤ ـ يتصور أفلاطون، وجود دولة بدائية بسيطة، خارج المدن، قبل تكون دولة ـ المدينة[١١]. ويتصور ابن خلدون كذلك أن السلطة السياسية أو الدولة، إنما توجد في التجمعات الحضرية، قبل وجود المدن [١١م] .

---

(٨) يعبر ابن خلدون عن الكمالي، بالحاجي، حينا، وعن الكمالي، بالكمالي، أحيانا. أي : ترادف لفظ حاجي وكمالي، عنده.

(٩) ابن خلدون : المقدمة، ص ص ٢١٣ـ٢١٤. وراجع أيضا : ص ٢١٠.

(١٠) نفسه : ص ص ٢٦٩ـ٢٧٠.

(١١) إن عبارة أفلاطون، في النص السابق : » ففي هذه الحالة تحتشد المدينة، وتمتلىء، بعدد وافر من الناس، لا يدعو الى وجودهم فيها، سوى الحاجات البسيطة «، يفهم منها :

أ ـ تصوره لوجود دولة بدائية، في عهد وجود المدن.

ب ـ أن المدن في العهد القديم، لم تكن بها دولة.

ج ـ أن الدولة المترفة، نشأت بفعل انتقال أهل البادية الى المدينة (وهو رأي ابن خلدون أيضا).

د ـ أن نشأة الدولة المترفة، كانت بسبب إنفراض دولة البادية.

(١١ مكرر) : راجع ابن خلدون : المقدمة، الباب الرابع، الفصل الاول بعنوان (في أن الدول أقدم من المدن والأمصار). ص ص ٦٠٩ ـ ٦١١.

٢) أرسطو

أما أرسطو، فيرى في أصل نشأة الدولة، أنها انبثقت من المدينة وهو رأي يعارضه ابن خلدون [١٢] وذلك بتجمع عدد كاف من السكان في مكان، هو المدينة. فعندما وصل عدد الأفراد، بطريق التدرج في التكاثر العددي، حدا معينا، نشأت المدينة، وفي المدينة نشأت الدولة. فأصل الدولة، إذن، هو (المدينة)، لا (الحاجة) ــ كما ذهب أفلاطون ـ لأن أرسطو، لا يتصور وجود الدولة، خارج إطار المدينة.

وعلى الرغم من تصور أرسطو، السياسي، لتجمع عدد من الأسر، ثم لعدد من القرى، لتبرير تكوين المدينة ـ الدولة، فأن تصوره توقف عند هذه الوحدة السياسية الصغيرة، وهي (المدينة). بمعنى أنه لم يستطيع أن يتصور، مثلا، تجمع عدد من المدن، لتكوين وحدة سياسية أكبر من المدينة، أي تكوين دولة، توحد المدن، وتكون أكبر حجما من وحدة المدينة ـ الدولة. وفي معنى ذلك يقول أرسطو : » إننا نشاهد أن كل دولة، مجتمع« [١٣] يقصد بذلك، مجتمع المدينة الذي أصبح (دولة).

تجدر الإشارة هنا، إلى أن أرسطو، يفرق بين فكرتين، ـ يعتبرهما بعض الباحثين، فكرة واحدة ـ وهما فكرة التجمع، وفكرة المدينة :

الأولى : يرى أرسطو أن فكرة التجمع البشري، بدأت من (الأسرة). يقول : »فالائتلاف الذي ينشأ عن دافع طبيعي، هو الأسرة« [١٤]. ثم تطورت الأسرة، وتكاثر عددها، وتجمع عدد من الأسر، فنشأت القرية، لأن : » أول ائتلاف بيوت عدة، أقيم لصلات، غير الصلات اليومية، هو القرية« [١٥]. ثم حدث تطور آخر، في القرية، أدى إلى تكاثرها، وتجمع عدد من القرى، فنشأت عنه المدينة، أيضا. وفي المدينة انبثقت الدولة

---

(١٢) لأن ابن خلدون يرى أن الدولة، نشأت من تجمع الجيل الأول الحضري ـ المتبدي، قبل نشأة المدينة. يقول : » إن الدوال أقدم من المدن والأمصار « (المقدمة، ص ٦٠٩) بمعنى أن السلطة السياسية، تتكون قبل بناء المدن. راجع : (تجمعات أجيال الحضر) في القسم الثالث من هذا البحث.

(١٣) أرسطو: السياسيات، ترجمة الأب أوغسطينس بربارة البولسي، ص ٥، بيروت ١٩٥٧.

(١٤) نفسه، ص ٧.

(١٥) نفس المصدر والصفحة.

أو كما يقول أرسطو: » وأما الدولة الكاملة، فقد نشأت عن ائتلاف قرى كثيرة«[16]. بمعنى أن دولة ـ المدينة، يعتبرها أرسطو، هي أول وأعلى وحدة سياسية.

أن فكرة التجمع تنطلق ـ في نظر أرسطوـ من هذا التصور الطبيعي والاجتماعي، معا. فالإنسان لا يستطيع أن يعيش بمفرده، بل في جماعة[17]، لأن الطبيعة تفرض عليه الزواج، مثلا، وتكوين أسرة، تلبية للحاجة الغريزية. والضرورة ـ أو المصلحة ـ الاجتماعية، تفرض عليه العيش في جماعة، لتبادل المصالح، ومن ثم فظاهرة التجمع، ظاهرة طبيعية، واجتماعية، أيضا.

الثانية : بالنسبة لفكرة الدولة، يرى أرسطو، أنها نشأت أصلا، من فكرة التجمع في المدينة. لكن إذا كان تجمع المدينة، قد سبقه تجمع الأسرة، ثم تجمع القرية ـ في رأيه ـ فإنه بالتالي قد خلق رابطة سببية بين ثلاثة أصناف من التجمعات، هي على التوالي : الأسرة، القرية، والمدينة. وإذا كان كذلك، فإن تلك التجمعات، هي الأسس التي انبثقت منها الدولة : فقد انبثقت من الأسرة، والقرية، بطريق غير مباشر، وانبثقت من المدينة، بطريق مباشر. يقول أرسطو: » فميل الجميع إذن، إلى الاجتماع المدني، هو أمر طبيعي«[18]، لأن » الدولة، غاية تلك الجماعات «[19]. وفي هذا المعنى الأخير ـ تقريبا ـ يقول ابن خلدون : » إن الملك غاية طبيعية للعصبية «[20].

لكن مع ذلك، تبقى الأسرة ـ في نظر أرسطوـ تعبر عن أول تجمع للإنسان، فهي تعبير عن فكرة التجمع، في حالة الكثافة العددية الدنيا. كما تبقى المدينة، تعبر عن أكبر وآخر تجمع للإنسان ـ في تصوره ـ فهي أيضا تعبير عن فكرة التجمع، في حالة الكثافة العددية القصوى. ولكبر حجم التجمع في المدينة، أعتبرها ممثلة للدولة، ولم يعتبر الأسرة، أو القرية، كذلك، لصغر حجمهما. وفي ضوء (طبيعية) الأسرة، والتجمع،

---

(١٦) أرسطو: السياسيات، مصدر سابق، ص ٨.

(١٧) راجع : محمد كامل ليله : النظم السياسية، الدول والحكومات، ص ٩٦، هامش (١)، بيروت ١٩٦٩.

(١٨) أرسطو: السياسيات، مصدر سابق، ص ١٠.

(١٩) نفسه، ص ٨.

(٢٠) ابن خلدون : المقدمة، ص ٣٥٨.

اعتبر أرسطو الدولة، ظاهرة طبيعية : » فالدولة، إذن، طبيعية، إذا ما كانت الجماعات السابقة، طبيعية«[٢١] أي أن طبيعية الدولة، مستمدة من طبيعية التجمعات : في الأسرة، والقرية، وفي المدينة.

مما تجدر الإشارة إليه في هذا الصدد، أمران :

الأول : معارضة أرسطو، لأفلاطون، في وجود نظام السياسي عند البدائيين، أي في وجود دولة بدائية بسيطة ـ كما سبق القول ـ يتضح ذلك، من قول أرسطو: » ولذا قد كانت الدول، أولا ممالك، على ما هي الآن الشعوب [الأعجمية]، لأن الدول الأولى[٢٢]، تكونت من عناصر تخضع لسلطة ملكية، إذ كل بيت كان يملك عليه كبيره«[٢٣].

فأرسطو يعتقد في وجود أنظمة سياسية، قبل نشأة المدينة ـ الدولة، لكنها ليست أنظمة بدائية ـ كما اعتقد أفلاطون ـ وإنما هي أنظمة، تمثل شكلا من أشكال الحكم الملكي أي حكم البيوتات الكبيرة، التي لم ترق إلى خلق نظام سياسي، كنظام الدولة ـ المدينة، بالمفهوم اليوناني.

الثاني : خطأ القائلين، بأن الدولة عند أرسطو، تبدأ من الأسرة. كالقول، مثلا، أن : » أساس الدولة ـ طبقا لهذه النظرية ـ[٢٤]، هو الأسرة، وأساس سلطة الحاكم، هو سلطة رب الأسرة «[٢٥]. وكالقول أيضا، على لسان جان بودان : » إن الأسرة، هي المصدر الصحيح، لكل دولة، فضلا عن أنها أهم عضو فيها «[٢٦].

والحق أنه إذا كانت الأسرة، والقرية، عند أرسطو، سابقتين في الوجود، عن المدينة، وعن الدولة، فكيف يصح القول، بأن : » أساس الدولة (...) هو الأسرة « ؟ ـ

---

(٢١) أرسطو: السياسيات، مصدر سابق، ص ٨.

(٢٢) يقصد الدول، والأنظمة السياسية، التي وجدت قبل نظام دولة ـ المدينة. ولا يقصد نظام الدولة البدائية، الذي تصوره أفلاطون.

(٢٣) نفسه، ص ٨.

(٢٤) إشارة الى نظرية نشأة الدولة، عند أرسطو.

(٢٥) محمد كامل ليله : النظم السياسية، مرجع سابق، ص ٩٦.

(٢٦) نفس المرجع والصفحة.

اللهم إلا إذا اعتبرنا ذلك من باب المجاز، أو بطريق غير مباشر، كما سبقت الإشـارة ـ أي إذا اعتبرنا الأسرة، مصدرا لنمو التجمعـات البشريـة، التـي تفضي ـ بشـكل أو بـأخر ـ إلى نشـأة الدولة. لأن أرسطو يميز، في الحقيقة، بين الأسرة والدولة. فالأسرة ـ في نظره ـ هي أصـل التجمـع البشري، أما الدولة، فأصلها المدينة. ولذلك، نعت أرسـطو، الدولـة، بدولـة ـ المدينـة، ولم ينعتهـا بدولة ـ الأسرة.

* * *

تلك هي بعض آراء أفلاطون وأرسطو، التي مهدت طريق، البحـث والتفكـير، في ظـاهرة الدولـة. ثـم تشـعبت آراء المفكـرين، وتعـددت نظريـاتهم المفسرـة لأصـل الدولـة، ونشـأتها. وسنستعرض تلك النظريات ـ التي أسس بعضها أفلاطون وأرسطو، بشيء من الإيجاز.

أولا : النظرية التاريخية.

ـ ١٢ ـ

من النظريات المفسرة لنشأة الدولة، النظرية التاريخية، وتـدعى أيضـا : نظريـة التطـور الاجتماعي، أو التاريخي. وتتشكل هذه النظريـة، في الحقيقـة، مـن عـدة نظريـات. ومـن أشـد أنصارها ابـن خلـدون، وفي العصرـ الحـديث، ليـون ديجـي[٢٧]. ومـؤدى النظريـة التاريخيـة، أن الدولة، لا تنشأ من عامل واحد، وإنما تنشأ نتيجة لعـدة عوامـل تاريخيـة، واجتماعيـة. وأهمهـا ثلاثة :

أ ـ علاقة الدم أو (صلة الرحم) :

وعلاقة الدم، علاقة تنشأ من علاقة الرجل بالمرأة، أي من الرابطة الزوجيـة، أو العائليـة، التي يمثلها الأب والأم. فمن هذه الرابطة، تتكون التجمعات البشرية والعصبيات المختلفة، مـن (صلة الرحم)، كالعشائر والقبائل والبطون.

وتعتقد النظرية التاريخية، في أن لرابطة الزوجية، نوع من السلطة ـ ولو كانت

---

(٢٧) ليـون ديجـي ـ Léon DUGUIT ـ فقيـه فرنسي معـاصر (١٨٥٩ـ١٩٢٨). أهـم مؤلفاتـه : (بحـث في القـانون الدستوري). بخصوص نظريته في نشأة الدولة، راجع : محمد كامل ليله : النظم السياسية، مرجع سـابق، ص ١٠٥ وما بعدها.

محدودة بالمحيط العائلي ـ تتمثل في سلطة الأب، وسلطة الأم. وقد اعتبر البعض[٢٨] أن سلطة الأب، كانت خلال التاريخ، أقوى من سلطة الأم. ولذلك اعتبرت سلطة الأب، ونفوذه على أفراد العائلة، أقرب إلى سلطة الدولة، وشبيهة بها، في نفوذها على أفراد المجتمع، لأن أفراد العائلة، قديما ـ وحتى حديثا ـ مهما تعددوا، كانوا يخضعون دائما : »لسلطة رب العائلة «[٢٩].

وعلى عكس من ذلك، أكد البعض أن سلطة الأم، كانت أقوى من سلطة الأب، نظرا إلى أن الأم : »كانت العامل الأساسي، في تكوين المجتمع«[٣٠]، أي من حيث إنجابها للأطفال، ورعايتها وتربيتها لهم. بدليل أن في التاريخ شواهد، على أن كثيرا من العائلات، كانت مترابطة، بسبب انتمائها إلى أم واحدة. وفي هذا الاتجاه، المؤكد لعلاقات الدم، وصلة الأرحام، يسود الاعتقاد بأن فكرة الدولة ـ وسلطتها ونفوذها ـ نشأت من مبدأ سلطة الأبوين، ونفوذهما على الأبناء، أي : من طبيعة السلطة في العائلة.

ومهما يكن من أمر، فإن رابطة الدم، التي عبر عنها ابن خلدون، بصلة الرحم، واللحمة، والنسب ـ أي رابطة العصبية، المكونة للدولة ـ كانت، ولا زالت، من أشد الروابط بين الأفراد، والقبائل، والجماعات، والأمم، ومن أقوى العوامل، في ظهور فكرة الدولة، وفي بلورتها وتطورها.

ب ـ الدين :

للدين أيضا، أثر كبير في نشأة الروابط والعلاقات البشرية، وفي قيام الدول واستقرارها، لأن الدين يعضد الدولة، ويدعم مركزها معنويا. وقد لاحظ ذلك ابن خلدون، وأكد : » أن الدعوة الدينية، تزيد الدولة، في أصلها قوة، على قوة العصبية«[٣١]. مما يستخلص منه، أن العقيدة، من الدعائم التي تساعد على قيام الدولة.

---

(٢٨) راجع بطرس بطرس غالي، ومحمود خيري عيسى: المدخل في علم السياسة، ص ٣٨٨، ط ١، القاهرة ١٩٥٩.

(٢٩) نفس المرجع والصفحة.

(٣٠) نفسه، ص ٣٨٩.

(٣١) ابن خلدون : المقدمة، ص ٢٧٨.

ج ـ الوعي السياسي :

تقرر النظرية التاريخية، كذلك، أن الوعي السياسي[٣٢]، من العوامل الأساسية، التي ساهمت، في نمو فكرة الدولة. بما أن الوعي السياسي، يعني تطور تفكير الأفراد والجماعات، في كيفية التنظيم الذاتي، تحت ظل نظام العشائر، والقبائل، والعصبيات، والتجمعات الكبيرة. كما أن من معاني الوعي السياسي، أيضا، تفكير الأفراد في كيفية حماية أنفسهم من الخطر، وحماية ممتلكاتهم من الهلاك، الأمر الذي يدعوهم ـ بداهة ـ إلى التفكير في الدولة، كقوة تحميهم وتوفر لهم الأمن. وعلى هذا، فالوعي السياسي، يساعد على تبلور فكرة النظام، في ذهن الأفراد، ويؤكد لهم ضرورة وجود الدولة.

ثانيا : نظرية تطور الأسرة.

ـ ١٣ ـ

تعتبر نظرية تطور الأسرة ـ في الأصل ـ فرعا من النظرية التاريخية، لأن تطور الأسرة، يكمل في الحقيقة، عامل صلة الرحم، لا من الناحية التاريخية، وحسب، وإنما من ناحية المضمون أيضا. فقد رأينا كيف اعتمدت النظرية التاريخية، على عوامل، من بينها، الروابط العائلية، التي تنشأ بين الزوج والزوجة، والأب والأم، أو ما أطلق عليه: علاقة الدم، وصلة الرحم. ولعل لهذا السبب، أدرج بعض الكتاب، الفرع في الأصل، ولم يتعرضوا، فيما كتبوا، للأسرة، كنظرية قائمة بذاتها، في نشأة الدولة.

على أن النظرية الأسرية، تعتمد في تفسيرها لنشأة الدولة، على آراء أفلاطون، وأرسطو، بالدرجة الأولى، فهي تقوم على أساس وجود تشابه بين الأسرة والدولة، من ناحيتين :

أ ـ وجود سلطة في كل من الدولة والأسرة : ففي الدولة، توجد سلطة على الأفراد، في المجتمع. وفي الأسرة، توجد سلطة قوية للأب، على أعضائها. ومن ثم، فسلطة الأب على أعضاء الأسرة، تشبه سلطة الحاكم في الدولة، على رعاياه، حتى كأن سلطة الأسرة، أصل لسلطة الدولة. وفي هذا المعنى يقول أرسطو: » كأنما لا فرق

---

(٣٢) راجع : بطرس غالي، ومحمود عيسى : المدخل في علم السياسة، مرجع سابق،ص ص ٣٩٣ـ٣٩٤.

بين أسرة كبيرة، ودولة صغيرة«[٣٣].

ب ـ وجود شعور (فطري ومكتسب) متشابه، بين أعضاء الأسرة، والأفراد في الدولة. ففي الأسرة، يسود بين الأعضاء، شعور بالتماسك والتضامن والنصرة، والعصبية ـ بلغة ابن خلدون ـ وفي الدولة، كذلك، يسود بين رعاياها، شعور جمعي مشترك، بالروابط الوطنية المختلفة.

وهكذا، وفي ضوء ما سبق، فإن الدولة ـ حسب نظرية الأسرة ـ ليست إلا امتدادا، لتطور الأسرة، أي نتيجة غير مباشرة لنموها وتكاثرها، الأمر الذي يفضي إلى تكوين تجمعات أكبر منها، كالعشيرة، والقبيلة، والبطن، والدولة.

ومما يجدر ذكره، في هذا الصدد، رأيان، أحدهما لأفلاطون، والثاني لأرسطو:

الأول : يعتقد أفلاطون، في نظامه التربوي، في المدينة الفاضلة، ضرورة ذوبان شخصية الفرد، في شخصية الدولة، وذلك تفاديا للتعارض الذي قد يحدث، بين كيان الفرد، وكيان الدولة، وتحقيقا لمبدأي : الوحدة والانسجام[٣٤] بينهما. لكنه في سبيل تأكيد ذلك، اصطدم بعقبتين، هما : الأسرة، والملكية الخاصة.[٣٥]

١ ـ فأما عقبة الأسرة، فتتمثل في كونها تعبر عن روابط متعددة، يصعب فكها. منها الروابط العاطفية، والعقدية، والإنتمائية، ومنها الإقتداء، والعوائد، والمألوفات، وصلات الأرحام. فهذه الروابط، تجعل الفرد، يذود ويدافع عن شخصيته، وكيانه الأسري، ومصالحه الشخصية، دون أن يبالي بمصالح المجتمع والدولة. ومن أجل تخطي هذه العقبة، وعلاج هذا المشكل، رأى أفلاطون، ضرورة إلغاء الأسرة، وذلك بإلغاء الزواج، على أن تقوم الدولة، بالتكفل بتنظيم النسل، وتربية الأطفال.

٢ ـ وأما عقبة الملكية الخاصة، فتعود إلى أن غريزة التملك في الإنسان، تدفعه إلى السعي المستمر، لتملك أكبر قدر ممكن من الثروات، مما ينجر عنه، تفاوت الناس في الثروة، والملكية الخاصة، وتكوين الطبقات، وظهور الفوارق ونشوء الأحقاد والعداوات،

---

(٣٣) أرسطو: السياسيات، مصدر سابق، ص ٥.

(٣٤) راجع أفلاطون : الجمهورية، ترجمة ودراسة : فؤاد زكريا ء، ص ١١٧ وما بعدها، القاهرة ١٩٨٥.

(٣٥) راجع : ١ ـ محمد كامل ليله : النظم السياسية، ص ص ٩٦ ـ ٩٨، هامش (١).

٢ ـ أفلاطون : الجمهورية، مصدر سابق، ص ١٢٦، وما بعدها.

وتفشي المظالم واللامساواة بين الأفراد. وبذلك تضعف وحدة الدولة، ويختل نظامها. فيكون من واجبها، إزالة هذه العقبة من المجتمع. لأن من وظائف الدولة الأساسية ـ في رأيه ـ تحقيق العدل والمساواة بين الأفراد[٣٦]. لأن : » هذا المبدأ، هو عنده قوام العدالة، وهو بالتالي، الأساس الأول في بناء الدولة «[٣٧]. لأجل ذلك، عالج أفلاطون، مشكلة الملكية الخاصة، بأن اقترح إلغاءها، بالنسبة لطبقتي الحكام والحراس، حتى لا يفسد المال أفراد الطبقتين.

بذلك يؤكد أفلاطون، النظام الشيوعي في الأسرة، وفي الملكية الخاصة.

الثاني : أما أرسطو، فإنه يرى بأن الأسرة، تعبر عن أول تجمع بشري ـ كما سبقت الإشارة ـ ومن ثم فهي أول خلية لتكوين المجتمع. كما يرى أيضا، أن الأسرة، باعتبارها كذلك، لا يمكن أن تنشىء الدولة، وإنما نموها وتطورها، من حيث التكاثر الكمي، في عدد الأطفال والأفراد، هو الذي خلق ظاهرة التجمعات البشرية، التي تبدأ من الأسرة، ثم القرية، ثم المدينة، وفي المدينة، تنبثق الدولة.

بهذا يكون أرسطو، من رواد نظرية تطور الأسرة، وارتباطها بتكون ظاهرتي : المجتمع والدولة.

تعقيب

ـ ١٤ ـ

لقد حاول الفكر اليوناني، وفكر ابن خلدون، تفسير أصل ظاهرة (التجمع) البشري، باعتبار هذه الظاهرة، هي علة تكون المجتمع والدولة، معا، وباعتبارها أيضا، تبدأ من القلة، في عدد الأفراد، ثم تتدرج في النمو نحو الكثرة، لتنتهي إلى نشأة الدولة. إلا أن وجهات النظر، قد اختلفت في طبيعة نشأة ظاهرة (التجمع)، عند كل من أفلاطون، وأرسطو، وابن خلدون. فالأول، يرى أنها تبدأ من دافع (الحاجة)، والثاني، من ائتلاف (الأسرة)، والثالث، من مبدأ (الضرورة) الطبيعية ـ كما سنرى ـ

في هذا السياق، تعتبر رؤية أفلاطون وابن خلدون، لأصل نشأة ظاهرة التجمع :

---

(٣٦) راجع : نفس المصدر، ص ٨٣.

(٣٧) نفس المصدر، ص ٨٤.

أ ـ رؤية متقاربة. لأن لفظ (الحاجة)، ولفظ (الضرورة)، لا تفصل بينهما مسافات طويلة، في المعنى ـ إن صح القول ـ

ب ـ وهي أيضا، أبعد نظرا، وأكثر عمقا، من رؤية أرسطو، لأن أفلاطون وابن خلدون، تصورا (الإنسان)، قبل أن يجتمع بغيره من بين جنسه، أي قبل أن يكون أسرة. بينما أرسطو، اقتصر في تصوره على الأسرة، التي تعتبر في حد ذاتها، شكلا من أشكال التجمع.

ثالثا : نظرية الحق الإلهي.

ـ ١٥ ـ

مؤدى هذه النظرية، أن الدولة ليست من صنع الإنسان، وإنما هي من صنع اللـه تعالى، وخلقه. إذ أن اللـه، هو الذي يصطفي من عباده، من يشاء للحكم، أي يختاره بإرادته، التي هي فوق إرادة البشر.

من هذا المنطلق، يتحتم على الرعية، الطاعة والانصياع، لأوامر الملوك، الذين اختارهم اللـه تعالى، واصطفاهم على العالمين، للسلطة والحكم، لأن عدم طاعة أوامرهم، يعني عصيان إرادة اللـه وقضائه.

لقد سادت هذه النظرية، لدى بعض الشعوب القديمة، وخاصة لدى الشعب

اليهودي. إذ أشارت التوراة، إلى : » أن الديانة اليهودية، نظرت إلى اللـه، على أنه منشىء السلطة الملكية، و اللـه هو الذي ينتخب الملوك ؛ وهو الذي يمنحهم السلطة، وهو الذي ينتزعها منهم. فكأن الملك في نظر الديانة اليهودية، هو وكيل اللـه، وأنه لا يسأل إلا أمامه. ولم يكن لشعب اليهود، أية إرادة في انتخاب الملك، وإنما كان عليهم أن يطيعوه طاعة عمياء « [٣٨].

وقد استغلت هذه النظرية، في أوربا، في العصور الوسطى[٣٩]، وخاصة في القرنين: السابع عشر، والثامن عشر، من طرف الكنيسة، والملوك، وذلك لتدعيم

---

(٣٨) بطرس غالي، ومحمود عيسى : المدخل في علم السياسة، مرجع سابق، ص ص ٣٨٠ ـ ٣٨١.

(٣٩) ربما لا تزال آثار نظرية الحق الإلهي، شائعة ـ بشكل من الأشكال ـ لدى بعض الحكام المعاصرين. كأولئك الذين يزعمون أن أصولهم النسبية، تعود الى أصول بعض الأنبياء والرسل.

سيطرة الكنيسة، على الحياة السياسية، وتوجيهها، من جهة، ولتبرير الملوك لحكمهم المطلق، من جهة أخرى. حتى قال أحدهم[٤٠] ـ وكان متأثرا بفكرة الأصل الإلهي للسلطة السياسية: » أنا الدولة «[٤١].

ويرى أحد الباحثين، أن نظرية الحق الإلهي، قد استغلت أيضا، من طرف الخلفاء والسلاطين، في تاريخ الدولة العربية. فيقول : » حتى أفهموا[٤٢] الناس، أن طاعة الأئمة، من طاعة الله، وعصيانهم، من عصيان الله، ثم ما كان الخلفاء، ليكتفوا بذلك، ولا ليرضوا بما رضي أبو بكر، ولا ليغضبوا مما غضب منه، بل جعلوا السلطان، خليفة الله في أرضه، وظله الممدود على عباده «[٤٣]. وفي هذا المعنى، قال المنصور، في خطبته المأثورة بمكة : » إنما أنا سلطان الله في أرضه «[٤٤].

وفي هذا الصدد، يقول الملك الظاهر برقوق، عن نفسه، في رسالة وجهها إلى أبي العباس، سلطان تونس، يرجوه فيها إرسال أسرة ابن خلدون إلى مصر، أنه : « خادم الحرمين الشريفين، ظل الله في أرضه، القائم بسنته وفرضه، سلطان البسيطة، مؤمن الأرض المحيطة »[٤٤ م ١]. ومن الملفت للنظر، أن كاتبا معاصرا، استدل بهذا النص، على أن ابن خلدون، أخذ من فكر العصور الوسطى السائد في عصره، مبدأ حق الملوك الإلهي، الذي: « انتقل من أوربا، إلى بعض أجزاء العالم الإسلامي، ومنها مصر، مثلا»[٤٤ م ٢]. وبما يكون لهذا الرأي ما يبرره، لأن ابن خلدون يؤمن بالنظام الوراثي في الحكم ـ كما سنرىـ

ونتيجة لمعارضة المفكرين والكتاب، لنظرية الحق الإلهي، حاولت أن تغير مظهرها الخارجي، فأصبحت تدعى نظرية (العناية الإلهية). وبمقتضى ذلك، أمست إرادة الله، لا

---

(٤٠) هو لويس الرابع عشر، الفرنسي.

(٤١) محمد كامل ليله : النظم السياسية، مرجع سابق، ص ٨٤.

(٤٢) يقصد الخلفاء والسلاطين.

(٤٣) علي عبد الرازق : الإسلام وأصول الحكم، ص ص ١٩٩ ـ ٢٠٠، بيروت ١٩٦٦.

(٤٤) نفسه، ص ١٨، و ص ٢٩.

(٤٤ م ١) ابن خلدون : التعريف، تحقيق محمد بن تاويت الطنجي، ص ٢٥٠، ط ١، القاهرة ١٩٥١.

(٤٤ م ٢) لويس عوض : دراسات في النقد والأدب، ص ١٨٥، ط ١، بيروت ١٩٦٣.

تختار الملوك، بطريق مباشر، وإنما بطريق تدبيره وعنايته تعالى للحوادث، وتوجيهه إياها، وفي نفس الوقت، توجيهه لإرادة الأفراد في الأمة، نحو اختيار الشخص الحاكم[٤٥]. فكأن العناية الإلهية، قد حكمت على الأفراد، أن يختاروا، من يختارون للحكم، بطريق القسر والإكراه.

بذلك انتقلت النظرية، من مفهوم جبري مطلق، أي صنع الله تعالى للدولة، واصطفائه لمن يقودها ويحكمها، إلى مفهوم جبري آخر، في صيغة : العناية الإلهية، التي تدفع الناس، وتوجههم، إلى الاختيار القسري للحكام.

رابعا : نظرية القوة والغلبة.

- ١٦ -

تعني هذه النظرية، أن الدولة، تكونت نتيجة للعنف والقوة المادية. فإذا كان المجتمع نفسه، قد تأسس : » نتيجة خضوع الضعيف للقوي«[٤٦]، أي نتيجة استعمال القوة، فإن الدولة أيضا، التي تنبثق عن المجتمع، إنما تكون مثله، وليدة العنف والقوة.

لكن إذا كانت القوة، هي العامل الأساسي، في تكوين الدولة، وكانت الدولة، في حد ذاتها، قوة، فهل معنى ذلك، أن القوة لا تولد إلا القوة ؟ يبدو ذلك ممكنا، خاصة، وأن من المعاني السياسية للدولة، أنها أداة لاستعمال القوة. تستعملها في داخل المجتمع، وفي خارجه، إما لردع عصيان، أو دفع عدوان، أي : إما بغرض الدفاع عن ذاتها وكيانها، وإما بغرض توفير الأمن والإستقرار، مما يستخلص منه، أن استعمال القوة، مصاحب لوجود الإنسان والدولة، على الدوام.

إن مبدأ القوة المادية، ليس شائعا في نطاق الدولة، وحسب، بل هو شائع أيضا، بين الكائنات الحية ـ شيوع عدوانيتها. فقد كان مبدأ القوة، سائدا في العصور الأولى للإنسان، ولا زال كذلك. فقد استعمله الأفراد الأقوياء، جسديا، لاستعباد الضعفاء. واستعملته الجماعات، والعشائر والقبائل، ضد بعضها بعضا، والأمم والدول، في حروبها. ولذلك يبدو، وكأن مبدأ القوة، مبدأ طبيعي، في الكون، وضروري للإنسان.

---

(٤٥) راجع : محمد كامل ليله : النظم السياسية، مرجع سابق، ص ٨٣.

(٤٦) راجع : بطرس غالي، ومحمود عيسى : المدخل في علم السياسة، مرجع سابق، ص ٣٨٤.

فمما لا شك فيه، أن من مظاهر القوة، ومن وظائفها، أنها وسيلة لفض التنازع في الطبيعة، أي بين الكائنات الطبيعية. لأن : » من ضرورة الاجتماع، التنازع، لازدحام الأغراض« [٤٧].

في هذا المعنى، وتأكيدا له، يظهر أيضا، أن القوة، في ذاتها، مبدأ مقرر في أصل الخليقة، لحفظ النوع، واستمراره. قال تعالى : ﴿ ولولا دفع الله الناس، بعضهم ببعض، لفسدت الأرض ﴾ [٤٨]. ففي لفظ (الدفع)، معنى (قوة الدفع)، أي : اعتبار تلك القوة، وسيلة لاستمرار التنازع والصراع بين الكائنات، وإلا فسدت الأرض: » أي : من على الأرض، واختل نظام ما عليها « [٤٩].

ومهما يكن من أمر، فإن نظرية القوة والغلبة، تبدو ذات وجهين :

١ ـ وجه إيجابي. يؤكد أن مبدأ العنف والقوة، كان، ولا يزال إلى اليوم، وسيلة لإقامة الملك، ونشأة الدول، وخاصة عن طريق الثورات والحروب. ولا يزال المبدأ، كذلك، أداة لفض المنازعات، سواء تلك التي تحدث بين الأفراد، أو تلك التي تحدث بين الجماعات والأمم.كما لا يزال وسيلة لفرض السيطرة والسلطة، والحكم والنظام. على أن ابن خلدون ـ الذي يعد نصيرا لمبدأ القوة المعنوية ـ يقرر أن الملك السياسي، أو (الدولة)، لا يمكن إقامته، إلا باستخدام السلطة القسرية، أي بطريق القوة المعنوية، كالتغلب والتحكم وفرض النظام. حيث يقول : » وأما الملك، فهو التغلب، والحكم بالقهر « [٥٠].

٢ ـ وجه سلبي. لأن إقامة الدول، على أساس مبدأ القوة المادية، وحده ـ كما تقرر نظرية القوة ـ فيه شيء من سوء التقدير. فليس كل الدول، تنشأ على أساس (القوة)، بل منها ما ينشأ على أساس الرضى، والاتفاق، والاعتراف، ـ كما سنرى ـ

---

(٤٧) ابن خلدون : المقدمة، ص ٣٤٠. وراجع أيضا : ص ٢٤٥.

(٤٨) البقرة / ٢٥١.

(٤٩) محمد الطاهر بن عاشور : تفسير التحرير والتنوير، ج ٢، ص ص ٥٠٠ـ٥٠١، تونس ١٩٨٤.

(٥٠) ابن خلدون : المقدمة، ص ٢٤٤. وراجع أيضا : الموضع الثالث من الفقرة (٢٣) من هذا البحث.

خامسا : نظرية العقد الاجتماعي.

ـ ١٧ ـ

تفسر نظرية العقد الاجتماعي، نشأة الدولة، على أساس أمرين : اتفاق، ثم عقد. بمعنى وجود (اتفاق)، وقع بين أعضاء الجماعة، أو المجتمع، تلاه (عقد)، أبرمه أعضاء تلك الجماعة، توجوا به اتفاقهم، على إنشاء الدولة. وعلى هذا، تعتبر الدولة، قد أنشئت، بمجرد إبرام ذلك العقد.

على أن إنشاء الدولة، على هذا النحو، يثير في الحقيقة، ثلاث قضايا :

الأولى : إن الاتفاق الذي توج بالعقد، لا يتم إلا برضاء الأطراف، أي بإرادتهم المشتركة. لذلك، فإن : » أصل الدولة يرجع إلى (الإرادة) المشتركة، لأفراد الجماعة. أي: أن الأفراد اجتمعوا، واتفقوا، على إنشاء مجتمع سياسي، يخضع لسلطة عليا. ومعنى ذلك، أنهم اتفقوا على إنشاء دولة. فالدولة، وجدت نتيجة عقد أبرمته الجماعة«(٥١).

الثانية : أن فكرة (العقد)، الذي بموجبه نشأت الدولة، يتضمن، في الحقيقة، معنى (التنازل). أي : » تنازل الأفراد عن جزء من حقوقهم الطبيعية، مقابل التمتع بمميزات المجتمع السياسي« (٥٢).

الثالثة : أن نظرية العقد الاجتماعي ـ مثلها مثل مدينة أفلاطون الفاضلة ـ إنما قامت على أساس الافتراض، لا الحقيقة :

أ ـ افتراض حالة، هي حالة الطبيعة ـ أو الفطرة الأولى ـ عاشها الإنسان، قبل نشأة الدولة. فقد ذهب رواد نظرية العقد، إلى أن الحياة ـ في تلك الحالة ـ كانت منظمة بواسطة القانون الطبيعي ـ لعدم وجود قانون وضعي، وقتئذ ـ وهنا اختلفت وجهات نظر أولئك الرواد، في طبيعة حياة الإنسان، في مجتمع الفطرة الأولى :

١ ـ فقائل : إن تلك الحياة، كانت حياة صراع بين الأفراد، لا يتحكم فيها، إلا قانون الغاب، وهو رأي هوبز.

---

(٥١) محمد كامل ليله : النظم السياسية، مرجع سابق، ص ٨٥.

(٥٢) بطرس غالي، ومحمود عيسى : المدخل في علم السياسة، مرجع سابق، ص ٣٦٩.

٢ ـ وقائل : بأن تلك الحياة، كانت تعتمد على تبادل المنافع، وأن أهلها، تمتعوا بالحقوق والحريات، في ظل القانون الطبيعي. وهو رأي لوك.

٣ ـ وقائل : بأنها حياة، كانت تسودها الفضيلة والسعادة، وأن المدنية، هي التي أفسدت تلك الحياة. وهو رأي روسو.

على أن افتراض هذه الحالة الطبيعية، لا يدعم وجودها في الواقع، أي دليل علمي.

ب ـ افتراض عقد. فإن العقد المدعى به، من طرف النظرية، كان ذا طبيعة افتراضية، ولم يكن حقيقيا. فلم يجتمع الأفراد، في أي مكان من الأمكنة، ولا في أي وقت من الأوقات. وبالتالي، فلم يتفقوا مطلقا، على إبرام عقد. وإذن، فقد قام (العقد الاجتماعي)، على مجرد الافتراض المحض. فهو عقد افتراضي، لا يقوم على أي أساس تاريخي، ولا يبرره الواقع، اللهم إلا ذلك الواقع السياسي والاجتماعي الأوربي، الذي عاشه رواد نظرية العقد.

وطالما أن نظرية العقد الاجتماعي، قد قامت على أساس آراء هوبز، ولوك، وروسو، فإنه من المنطق، أن نستعرض أراءهم، ولو بإيجاز، غير مخل.

١) رأي هوبز :

يرى هوبز، بأن حالة الطبيعة الأولى، كانت حالة وحشية، يسودها شرع الغاب، وسلطان القوة، والصراع الدائم، بين الأفراد، فالكل، ضد الكل، في حرب مستمرة، وذلك نتيجة لطبيعة الإنسان العدوانية ـ كما أكد ابن خلدون ـ أي : نتيجة لطبيعته الشريرة، وأيضا لأنانيته. حيث : » كان الفرد، ذئبا على الفرد «[٥٣]. لكن بدافع المحافظة على النفس ـ وبدافع المصلحة أيضا ـ اضطر الأفراد، مكرهين، للخضوع إلى القانون الطبيعي، الذي أوجب عليهم، إنهاء هذه الحالة. فاتفقوا على إبرام عقد، تم بموجبه إنشاء الدولة. فوجود الدولة، إذن، يبرره سببان ـ في نظره ـ :

---

(٥٣) إبراهيم دسوقي أباظه وعبد العزيز الغنام : تاريخ الفكر السياسي، ص ٢٠٠، بيروت ١٩٧٣.

١ ـ الخوف الطبيعي، من الهلاك والموت. وهو خوف كامن في طبيعة الإنسان ـ مصدره غريزة حب البقاء ـ يدفعه إلى البحث عن الأمن والسلم، للمحافظة على نفسه.

٢ ـ » وازع الحاجة «[٥٤]. أي رغبة الإنسان في المحافظة على مصالحه. وهي الرغبة، التي تدفعه أيضا، إلى التفكير في وضع قواعد للتفاهم مع بني جنسه. الأمر الذي يفضي ـ به، إلى إبرام العقد، وتكوين (الرجل المصطنع)، أي الدولة : » إن العاطفة والعقل، إذن، هما القوتان الدافعتان للأفراد الطبيعيين، في سبيل خلق الرجل المصطنع، الذي يسمو عليهم بقوته، ويحميهم، ويدافع عنهم. وهذا الرجل المصطنع، ليس سوى الدولة، أي: الشيء العام «[٥٥].

ويرى هوبز، كذلك، أن العقد المبرم من طرف الأفراد، يقضي ـ بتنازلهم، عن جميع حقوقهم الطبيعية، للشخص الحاكم ـ أو لهيئة ـ كما يقضي ـ العقد، أيضا، بتخويل: » السيد المطلق «[٥٦] ـ أي الطرف الثالث الحاكم ـ سلطة مطلقة : » وبتفويضه في التعبير عن إرادتهم «[٥٧]، وحماية حقوقهم. أما أطراف العقد، المنشئ للدولة، فهم أفراد الجماعة، ولم يكن الحاكم ـ الذي اختاروه ـ طرفا فيه، ومن ثم، فهو غير ملزم بنصوص العقد. لذلك، فالحاكم غير مسؤول، أمام الأفراد، عن تصرفاته، التي يجب أن تقابل بالطاعة من قبلهم. وفي هذا المعنى، يقول هوبز : » إن الشعب، لا حق له في مقاومة الحاكم، بل يجب عليه، أن يطيعه دائما «[٥٨].

إن هوبز، بهذا، يكون قد أكد نشأة الدولة، بطريق العقد، وأيد ـ في نفس الوقت ـ نظام الحكم الاستبدادي ـ الذي رفضه ابن خلدون[٥٩] ـ وذلك في إطار السيادة القانونية، على حساب السيادة السياسية، التي هي من حق أفراد المجتمع.

---

(٥٤) إبراهيم دسوقي أباظه وعبد العزيز الغنام : تاريخ الفكر السياسي، ص ٢٠٣.

(٥٥) نفسه، ص ٢٠١.

(٥٦) نفسه، ص ٢٠٣.

(٥٧) نفسه، ص ٢٠٢.

(٥٨) أورده : بطرس غالي، ومحمود عيسى في : المدخل في علم السياسة، ص ٣٧٢.

(٥٩) راجع : ابن خلدون : المقدمة، ص ٣٣٦،و ص ٥٤٠ وما بعدها. وأيضا : التصنيف الوصفي (أشكال الحكم)، في القسم الرابع، من هذا البحث.

٢) رأي لوك :

- ١٩ -

أما لوك، فلم ير في حالة الطبيعة الأولى، أنها كانت حالة حرب الجميع، ضد الجميع، أو حالة بؤس وشقاء. وإنما هي ـ في رأيه ـ : حالة، كان فيها الإنسان، يتمتع : »بكامل حريته، في ظل القانون الطبيعي «[٦٠]، وبكامل حقوقه في الملكية الخاصة.

على أن لوك، يعود فيؤكد، بأن تلك الحالة الطبيعية ـ رغم هدوئها ونعومتها ـ كانت تنطوي على نقائص مختلفة. منها :

أ ـ تعارض مصالح الأفراد، بسبب تكاثرهم، واختلاف منازعهم ومشاربهم.

ب ـ شعور الأفراد بمساواتهم لبعضهم بعضا، مما جعلهم يأخذون حقوقهم بأنفسهم، ويفتكونها من الآخرين. أي أنهم يندفعون وراء مصالحهم الخاصة، لتحقيقها على حساب مصالح بقية الأفراد. فيتجاوزون بذلك، حدود المساواة الطبيعية.

ج ـ الغموض الذي تنطوي عليه أحكام القانون الطبيعي.

د ـ عدم وجود من يفصل في منازعات الأفراد.

إن هذه النقائص في حالة الطبيعة الأولى ـ كما يتصورها لوك ـ هي عبارة عن أسباب أو عوامل، أفضت إلى أن يفكر الأفراد، في الخروج من تلك الحالة، أي في الانتقال من الحالة الطبيعية، إلى الحالة المدنية ـ الاجتماعية، وذلك على أساس من التعاون والتراضي، والخضوع لحاكم رادع وعادل.

وحتى تتحقق غاية الأفراد، في الانتقال من تلك الحالة، لجأوا إلى الاجتماع طواعية، واتفقوا على إبرام عقد، تم بموجبه، تكوين الدولة. كما تم اختيار حاكم منهم، كان طرفا في العقد. ـ على عكس ما رآه هوبز ـ

وهكذا يكون العقد، المنشىء للدولة، قد تم إبرامه، ـ في نظر لوك ـ على أساسين إثنين :

الأول : تنازل الأفراد عن جزء فقط من حقوقهم، للحاكم، واحتفاظهم بالجزء

---

(٦٠) محمد كامل ليله : النظم السياسية، مرجع سابق، ص ٨٧.

الباقي، وهو المتعلق، ب: » الحريات العامة، والحقوق الأساسية للأفـراد« [٦١]. بمعنـى أن الجزء المحتفظ به، ـ من قبل الأفراد ـ لا يمكن للحاكم، المس به، أو التصرف فيه.

الثاني : رضاء جميع الأفراد، على العقد المنشىء للدولة، وعلى شروطه، بما في ذلـك، رضـاء الحاكم، الذي كان طرفا فيه.

من ذلك، يتبين أن لوك، قد أيد هوبز في نشأة الدولة، بطريق العقد، لكنـه رفض نظـام الحكم الإستبدادي ـ الذي دعا إليه هوبز ـ وأيد نظام الحكم التمثيلي، الذي تكون السلطة فيه، مقيدة برأي الأغلبية.

٣) رأي روسو :

ـ ٢٠ ـ

تصور روسو، حالة الطبيعة الأولى ـ التي سبقت نشأة الدولـة ـ علـى أنهـا حالـة مثاليـة، سعيدة، تمتع فيها الإنسان بكامل حرياته وإستقلاله. حتى أنه راح يتأسف على خـروج الإنسـان من تلك الحالة، وانتقاله منها، في عبارة له مأثورة، يقول فيها :

»L'homme est né libre, et partout il est dans les fers « [٦٢] وتعريبها كالآتي : » ولـد الإنسـان حرا، ومع ذلك، فهو مقيد بالأغلال، في كل مكان « [٦٣].

إلا أن الإنسان ـ حسب روسو ـ قد اضطرته جملة من الأسباب، أو العوامل، للخروج من الحالة الطبيعية السعيدة، وتكوين نظام سياسي ـ مدني. ومن بين تلك الأسباب والعوامل :

١ ـ ظهور الميول الشريرة لدى الأفراد.

٢ ـ ظهور نزعة السيطرة، في الإنسان.

٣ ـ تعدد مصالح الأفراد، واختلافها.

٤ ـ تعارض تلك المصالح، بسبب المنافسة.

٥ ـ رغبة الأفراد في التملك والثراء.

---

(٦١) محمد كامل ليله : النظم السياسية، مرجع سابق، ص ٨٨.

(62) J.J. Rousseau : Du contrat social, Coll. Classiques Larousse, p. 16, Paris 1953.

(٦٣) راجع : جان جاك روسو: العقد الاجتماعي، ترجمة : بولس غانم، مجموعة (روائع الإنسانية)، ص١١، بيروت ١٩٧٢.

وبناء على هاته العوامل، رأى الأفراد، ضرورة إنشاء نظام سياسي، بطريق (التعاقد) الاجتماعي. على أن يخضع ذلك النظام، لسلطة عليا، تدعى (الدولة)، وأن يكفل للأفراد الأمن، ويحقق لهم العدالة.

أما طبيعة العقد،المبرم بين الأفراد،وشروطه،فقد حددها روسو،في العناصر الآتية:

١ ـ يعتبر العقد، هو أصل الدولة، ومصدرها، أي : مصدر السلطة العامة فيها.

٢ ـ إبرام العقد، تم بين الأفراد، من جهة، والإرادة العامة، المعبرة عن المجموع، من جهة أخرى. فالعقد، هو: » عبارة عن التزام اجتماعي، تم الاتفاق عليه، عن طريق الاختيار، لا القوة (...)، وهو اتفاق بين الفرد ونفسه، يربط الفرد به نفسه، بمحض إرادته. وتأتي شرعية هذا التحالف الاجتماعي، من الموافقة المطلقة لكل فرد عليه«.[٦٤]

٣ ـ الحاكم، ليس طرفا في العقد، ولكنه (وكيل) عن الأمة. فهو لا يحكم وفق إرادته، ولكن وفق إرادة موكله، أي وفق إرادة الأمة. ومن ثم، يمكن للأمة، عزل الحاكم، متى رأت أنه أخل بشروط (الوكالة).

٤ ـ خلال التعاقد، تم تنازل الأفراد عن حقوقهم وحرياتهم للجماعة. وبموجب ذلك التنازل، تم إنشاء الدولة، وفي نفس الوقت، إنشاء ما أسماه روسو: (بالإرادة العامة)، التي تعتبر الدولة معبرا عنها. ومن ثم، يجب على الأفراد، وعلى الحاكم، الخضوع للإرادة العامة. حيث يقضي العقد : » بأن يضع كل فرد إرادته الخاصة، تحت تصرف الإرادة العامة «[٦٥] صاحبة السلطة على جميع الأفراد.

٥ ـ تنازل الأفراد عن حقوقهم وحرياتهم الطبيعية للجماعة، مشروط بحصولهم على حريات مدنية، في ظل نظام الدولة الجديد.

٦ ـ طالما أن حريات الأفراد الطبيعية، قد استعيض عنها ـ بموجب العقد ـ بالحريات المدنية، فمن واجب المجتمع، أن يضمن حماية تلك الحريات، بأن يتكفل بتقريرها، وبتحقيق المساواة فيها بين الأفراد.

---

(٦٤) ابراهيم دسوقي أباظه وعبد العزيز الغنام : تاريخ الفكر السياسي، ص ص ٢٤٣ ـ ٢٤٤.

(٦٥) نفسه، ص ٢٤٤.

٧ ـ الإرادة العامة، هي المعبرة عن سيادة الأمة، والأمة، لا تملك حق التنازل عن سيادتها، لأن الإرادة العامة ـ التي تحولت إلى سيادة ـ لا تعني : » مجموع إرادات الأفراد، أو إرادة الجميع «[٦٦]، وإنما تعني إرادة الكل، أي : المجتمع[٦٧].

ومهما يكن، فإنه يمكن القول، بأن رأي روسو في نشأة السلطة والدولة، يقوم على ثلاثة أسس :

١ ـ تأييده لهوبز ولوك، في نشأة الدولة بطريق العقد. ورفضه مبدأ (القوة)، لأنه كما يقول، فـ :"إن القوة، لا تخلق الحق"[٦٨].

٢ ـ تردده بين ترجيح نظام حكم الأغلبية ـ الديمقراطي ـ ونظام الحكم الملكي[٦٩].

٣ ـ توفيقه بين حقوق الأفراد، وحقوق السلطة العامة، في الدولة. فقد حاول: » أن يوفق بين السلطة المطلقة للسيادة، وبين الحق المطلق للأفراد في الحرية. وكان يرمي إلى إيجاد نظام اجتماعي، تستخدم فيه (السلطة الجماعية)، لحماية الفرد، وأملاكه. ويرمي كذلك، إلى بيان أن الفرد، يستطيع أن يتحد مع الآخرين، دون أن يفقد حريته الشخصية «[٧٠].

سادسا : النظرية القانونية (الحقوقية)

ـ ٢١ ـ

تستند النظرية القانونية، في نشأة الدولة، إلى أساسين :

الأساس الأول :

تؤكد فيه النظرية، أن الدولة تنشأ وفقا لقواعد القانون الدولي. أي : باكتمال

---

(٦٦) نفس المرجع والصفحة.

(٦٧) يميز روسو بين إرادتين :

١ ـ إرادة خاصة بالفرد ـ باعتباره كذلك ـ تعبر عن ميوله الشخصية. وتتجه نحو تحقيق مصالحه الخاصة.

٢ ـ إرادة عامة، تعبر عن ميول الفرد باعتباره مواطنا، أي بدخوله طرفا في العقد الاجتماعي. وتتجه هذه الإرادة، نحو تحقيق الصالح العام.

(٦٨) أورده : محمد بكير خليل : دراسات في السياسة والحكم، ص ١٦، ط١، القاهرة ١٩٥٧.

(٦٩) راجع : ابراهيم أباظه وعبد العزيز الغنام : تاريخ الفكر السياسي، ص ص ٢٤٩ ـ ٢٥٠.

(٧٠) بطرس غالي، ومحمود عيسى : المدخل في علم السياسة، مرجع سابق، ص ٣٧٤.

العناصر الخمس الآتية :

أ ـ عناصر التعريف الحقوقي للدولة ـ كما رأينا[٧١] ـ وهي ثلاثة : الإقليم، والسكان، والسلطة [٧٢].

ب ـ والرابع، هو عنصر (السيادة)، الذي يعني : » القوة العليا للدولة « [٧٣]. فقد أكدت النظرية القانونية الحديثة، على أن السيادة، عنصر أساسي في نشأة الدولة. باعتبار هذه الأخيرة، تتميز بالسيادة، سواء في الداخل، على رعاياها، أو في الخارج، باستقلالها السياسي عن الدول الأخرى، أي : بقوتها.

والواقع أنه بالتأمل في هذا الرأي، يتبين أن عنصر (السيادة)، يندرج، في الحقيقة، ضمن العناصر الآتية :

١ ـ (القوة)، كما هي في نظرية : القوة والغلبة.

٢ ـ (السلطة)، كما هي في التعريف الحقوقي للدولة.

٣ ـ (الاعتراف)، ـ الآتي بيانه ـ

وعلى هذا الأساس، يمكن عدم اعتبار (السيادة)، عنصرا من بين عناصر تكوين الدولة.

ج ـ أما خامس العناصر، فهو: (الاعتراف الدولي). أي : » اعتراف بقية دول المجتمع الدولي، بهذه الدولة « [٧٤]. أي أنه بدون اعتراف دول العالم، بقانونية وسيادة الدولة الناشئة، ـ كما ترى النظرية القانونية ـ لا يمكن لهذه الأخيرة، أن يستقيم وجودها. ومن ثم، فمبدأ (الاعتراف)، يكون أساسيا، في نشأة الدولة.

من منطلقات هذا الأساس الأول، يبدو أن النظرية القانونية، تعارض النظريات السابقة، المفسرة لأصل نشأة الدولة. وترى في ذلك :

---

(٧١) راجع : القسم الأول، من هذا البحث.

(٧٢) راجع : ممدوح حقي، في تعليقه على كتاب : علي عبد الرازق : الإسلام وأصول الحكم، ص١٥٩، بيروت ١٩٦٦.

(٧٣) محمد علي محمد : أصول الاجتماع السياسي، ج ٢، ص ١٢٧، الإسكندرية ١٩٨٥.

(٧٤) بطرس غالي ومحمود عيسى : المدخل في علم السياسة، مرجع سابق، ص ٣٩٥.

١ ـ إن تفسيرات تلك النظريات، لم تتوصل إلى الكشف عن الأسس الحقيقية التي تقوم عليها الدولة.

٢ ـ إن تلك النظريات، أيضا ـ لم تتفطن إلى عناصر : الإقليم، والسلطة السياسية، والسيادة، والاعتراف. وهي عناصر أساسية، ـ في رأيها ـ في إقامة الدولة.

لذلك جاءت النظرية القانونية، وكأنها تسعى إلى إكمال، أو تصحيح ما فات تلك النظريات التي سبقتها.

الأساس الثاني :

تؤكد فيه النظرية القانونية إمكانية قيام الدولة، على أسس أخرى، غير تلك التي رأيناها في الأساس الأول. مثال ذلك :

أ ـ يمكن أن تنشأ الدولة، بسبب هجرة مجموعة من الأفراد، إلى إقليم، ما، غير مسكون. فتستقر المجموعة فيه، وتمتلكه، وتقيم عليه، نظاما سياسيا، في شكل دولة جديدة : » كنشأة جمهورية ليبيريا، على الشاطئ الغربي من إفريقيا، سنة ١٨٢١، التي تكونت من أرقاء، تحرروا ونقلوا من الولايات المتحدة، تحت رعاية جمعية أمريكية، قامت لتحرير العبيد. وكنشأة جمهورية الترنسفال، في جنوبي إفريقيا، سنة ١٨٣٧، حين استوطنها أحفاد المستعمرين الهولنديين، الذين وفدوا من مستعمرة الكاب «[٧٥].

على أن قيام الدولة، بهذا الشكل، لم يعد ممكنا الآن، نظرا إلى أن أقاليم المعمورة، ـ باستثناء تلك التي تستحيل الحياة فيها ـ قد أصبحت كلها، مأهولة بالدول ـ إن صح القول ـ

ب ـ ويمكن أيضا، أن تنشأ الدولة، نتيجة (انفصال) جماعات قديمة، عن دولة قائمة، آلت إلى التفكك، والانحلال، أو إلى الانقسام والانحسار ـ كما أكد ذلك ابن خلدون ـ [٧٦].

إن نشأة الدول، على هذا النمط ، هو الشائع ، وخاصة في العصر الحديث.

---

(٧٥) نفسه، ص ٣٩٥.

(٧٦) راجع ابن خلدون:المقدمة، الباب الثالث، فصل ٤٥ بعنوان:(في انفسام الدولة الواحدة، بدولتين)، ص ص ٥١٧ ـ ٥٢٠، وأيضا الفصول : ٤٧ و ٤٨ و ٤٩، من نفس الباب، ص ص ٥٢١ ـ ٥٣٧.

كنشأة الولايات المتحدة الأمريكية، سنة ١٧٧٦، بانفصالها عن بريطانيا. والبرازيل، بانفصالها عن البرتغال، سنة ١٨٢٢. وانفصال جمهوريات أمريكا اللاتينية، عن اسبانيا، في القرن التاسع عشر. وكذلك الأمر بالنسبة لتشيكوسلوفاكيا، ويوغسلافيا، مع الإمبراطورية النمساوية ـ المجرية. » كما نشأت كل من فنلندا، واستوانيا، ولتوانيا، ولاتفيا، بعد انفصالها من الإمبراطورية الروسية القيصرية «[٧٧]. وأيضا، انفصال بنغلاداش عن باكستان، والبوسنة والهرسك، وكرواتيا، عن يوغسلافيا، وغير ذلك.

ج ـ كما يمكن أن تنشأ الدولة، أيضا، بطريق (الاتحاد). سواء كان ذلك، باتفاق الأطراف، أو بالعنف. وذلك بأن تنضم دولة، إلى دولة أخرى، وتتحد معها، أو انضمام مجموعة من الدول، إلى بعضها البعض، وتكوين دولة اتحادية. كما هو الحال، في وحدة اليمن الجنوبي والشمالي، ووحدة ألمانيا الشرقية والغربية. ووحدة الدول الثمانية الإيطالية، ووحدة : » الدويلات، والإمارات، الألمانية، التي زاد عددها في أواخر القرن الثامن عشر، عن ثلثمائة دويلة وإمارة «[٧٨].

تعقيب

ـ ٢٢ ـ

تعقيبا على نظريات نشأة الدولة ـ التي ظهر أغلبها بعد عصر ابن خلدون ـ وتحديدا لموقفها من آرائه ـ وموقفه منها ـ والتعليق عليها، يمكن أن نؤكد اتجاهين :

الاتجاه الأول :

يتعلق ببيان موقف تلك النظريات، من آراء ابن خلدون، وموقفه من (العقد). وفي هذا الاتجاه، يبدو أنه بطريق مواجهة الآراء، ومقارنتها ببعضها، يبرز موقفان مختلفان ـ على الأقل ـ :

١ ـ موقف الاتفاق ـ أو التطابق ـ في وجهات النظر، بين بعض آراء تلك النظريات في أصل نشأة الدولة، وآراء ابن خلدون. وفي هذه الحالة، لا نستبعد تأثر تلك النظريات،

---

(٧٧) بطرس غالي، ومحمود عيسى : المدخل في علم السياسة، مرجع سابق، ص ٣٩٦.

(٧٨) نفسه، ص ٣٩٧.

بالآراء الخلدونية، وخاصة آراء النظرية التاريخية،والقوة والغلبة،والعقد الاجتماعي [٧٨ م] والنظرية القانونية.

٢ ـ موقف الاختلاف بين وجهة نظر ابن خلدون، في أصل نشأة الدولة، ووجهات نظر بعض تلك النظريات، وخاصة ما تعلق منها بآراء نظريتي : الأسرة، والحق الإلهي.

وبما أن الموقفين السابقين، ينطويان على جملة من العناصر ـ أو الآراء ـ فسوف نتناولهما، بشيء من الإيجاز.

١) موقف الاتفاق :

ـ ٢٣ ـ

أولا : تتفق النظرية التاريخية، مع رأي ابن خلدون، في مبدأين، -على الأقل- وهما :

١ ـ مبدأ العصبية، حيث أكد ابن خلدون، صلة (الرحم)، ورابطة (النسب)، في نشأة الدولة. وفي نفس هذا المعنى الخلدوني، أكدت النظرية التاريخية، ما أسمته، بـ(علاقة الدم)، في تكوين سلطة الدولة.

٢ ـ مبدأ العقيدة. فقد أكد ابن خلدون، دور الدعوة الدينية، في بناء الدولة. فجاءت النظرية التاريخية، تؤكد ما قرره ابن خلدون، وذلك عندما أكدت، هي الأخرى، على: » أهمية الدين في تكوين الدولة « [٧٩]. أي اعتبار العقيدة، من عوامل تكوينها.

ثانيا : تتفق نظرية القوة والغلبة، مع رأي ابن خلدون، الذي يقرر أن من أسس نشأة الدولة، أو الملك السياسي : الشوكة، والقوة. أو كما يقول : » وأما الملك، فهو التغلب، والحكم بالقهر « [٨٠].

ثالثا : تتفق نظرية العقد الاجتماعي، مع آراء ابن خلدون، في الأوجه الآتية :

(٧٨ مكرر) بخصوص أثر ابن خلدون في تشكيل أساس نظرية العقد الاجتماعي، راجع : لويس عوض : دراسات في النقد والأدب، ص ص ١٩٢ - ١٩٤، وما بعدها، ط ١، بيروت ١٩٦٣.

(٧٩) نفسه، ص ٣٩٣.

(٨٠) ابن خلدون : المقدمة، ص ٢٤٤.

الوجه الأول: في مفهوم (العقد). فإذا كانت نظرية العقد الاجتماعي، ترى أن نشأة الدولة، تتم بطريق التعاقد، فإن ابن خلدون، سبق له وأن تصور فكرة العقد. فهو يقول في هذه النصوص :

١ ـ » ثم إن هذا الاجتماع، إذا حصل للبشر، كما قررناه، وتم عمران العالم بهم، فلا بد من وازع، يدفع بعضهم عن بعض (...)، فيكون ذلك الوازع، واحدا منهم [٨١]، يكون له عليهم الغلبة والسلطان، واليد القاهرة، حتى لا يصل أحد إلى غيره بعدوان. وهذا هو معنى الملك «[٨٢].

٢ ـ » واحتاجوا من أجل ذلك، إلى الوازع، وهو الحاكم عليهم، وهو بمقتضى الطبيعة البشرية، الملك (بكسر اللام) القاهر المتحكم «[٨٣].

٣ ـ » فهو (أي: الإنسان) محتاج إلى المعاونة، في جميع حاجاته أبدا بطبعه. وتلك المعاونة، لا بد فيها من المفاوضة، أولا، ثم المشاركة، وما بعدها «[٨٤].

٤ ـ » وهو لا يحاول في استبداده، انتزاع الملك ظاهرا، وإنما يحاول انتزاع ثمراته، من الأمر والنهي، والحل والعقد، والإبرام والنقض (...) ولم يقنع بما قنع به أبوه وأخوه، من الاستبداد بالحل والعقد، والمراسم المتتابعة «[٨٥].

٥ ـ » لأن الملك، إنما يحصل بالتغلب، والتغلب إنما يكون بالعصبية واتفاق الأهواء على المطالبة «[٨٦].

لا شك أن من معاني هذه النصوص، التي مرت، دلالتها على أن تجمع الأفراد، يفضي بالضرورة - في رأي ابن خلدون - إلى حالة سياسية، أو وضع سياسي، لم يكن موجودا من قبل، لدى الأفراد. يعني أن الأفراد، دعتهم (الحاجة)

---

(٨١) بمعنى : أن الحاكم طرفا في الجماعة المبرمة للعقد. وهو رأي لوك أيضا ـ كما سبقت الإشارة ـ

(٨٢) ابن خلدون : المقدمة، ص ص ٧١ ـ ٧٢.

(٨٣) نفسه، ص ٣٣٣.

(٨٤) نفسه، ص ٨٤١.

(٨٥) نفسه، ص ٣٣٢.

(٨٦) نفسه، ص ٢٧٧.

إلى التجمع، وإلى التعــاون. وأن هــذا التعاون، أفضي، بالضرورة أيضـا، إلى (التفـاوض) والتشاور، ثم الاتفاق على تعيين حاكم وازع، يكون منهم[٨٧]، و(له عليهم الغلبة). فينشأ بـذلك، الملك السياسي، الذي هو الدولة. فهناك إذن، ـ في تصور ابـن خلـدون ـ تـدرج في كيفيـة نشـأة المجتمع السياسي، بحيث ينشأ ذلك المجتمع، على مراحل ثلاث، بالترتيب :

١ ـ تجمع الأفراد، بدافع الخوف، لاحتياج : » كل واحد مـنهم أيضـا، في الـدفاع عـن نفسـه، إلى الاستعانة بأبناء جنسه«[٨٨]. وإذا ما تم لهم ذلك، فـإنهم يكونـون جماعـات وعصـائب ـ أو العصبيات[٨٩] ـ مما يعني خروجهم من حالة الطبيعـة الأولى ـ بتعبـير نظريـة العقـد ـ أو من حالة التجمع الطبيعي ـ كما سنرى عند ابن خلدون[٩٠] ـ

٢ ـ دخـول الأفـراد، في حالـة سياسـية، يـتم فيهـا (التعـاون) فـيما بيـنهم، بطريـق المشـاورة و(المفاوضة)، و(المشاركة) ـ إراديا ـ على تكوين الملك السياسي.

٣ ـ اتفاق الأفراد، أي : » اتفاق الأهواء على المطالبـة « ـ كـما جـاء في الـنص الخـامس ـ بمعنـى اتفاق أفراد العصبية القوية، على الأقل ـ على تعيين حاكم وازع : » يكون له علـيهم الغلبـة والسلطان، واليد القاهرة، حتى لا يصل أحد إلى غيره بعـدوان. وهـذا هـو معنـى الملـك « ـ كما سبق في النص الأول ـ أي : بذلك ينشأ الملك السـياسي، وهـو الدولـة. وفي هـذا المعنـى، يقول ابن خلدون : » إن تمهيد الدولة، وتأسيسها، كما قلناه، إنما يكون بالعصبية، وأنه لا بد من عصبية كبرى جامعة للعصائب، مستتبعة لها، وهي عصبية صاحب الدولة الخاصة، من عشيرة وقبيلة «[٩١]. فإن عملية جمع العصائب، واستتباعها للعصـبية الكـبرى، لا بـد فيـه ـ بأي شكل من الأشكال ـ من (المفاوضة)، ثـم (الاتفـاق). وهـو معنـى تصـور ابـن خلـدون، لفكرة (العقد)، في بناء الدولة.

---

(٨٧) راجع قبله : هامش (٨١).

(٨٨) نفسه، ص ٧٠، وأيضا : ص ٧١.

(٨٩) بخصوص تأسيس الملك على العصبية، وتعدد العصبيات، راجع: ابن خلدون: المقدمة، ص ٣٣٣.

(٩٠) راجع : موضوع (نشأة التجمع البشري)، في القسم الثالث، من هذا البحث.

(٩١) ابن خلدون : المقدمة، ص ٥٢٢.

ومما يؤكده ابن خلدون، أيضا، في هذا السياق، أن من مكونات العصبية ـ فضلا عن صلة الرحم، والنسب ـ الولاء، والحلف. يقول : » ومن هذا الباب، الولاء والحلف، إذ نعرة كل أحد، على أهل ولائه وحلفه، للألفة التي تلحق النفس من إهتضام جارها، أو قريبها، أو نسيبها، بوجه من وجوه النسب، وذلك لأجل اللحمة الحاصلة من الولاء، مثل لحمة النسب، أو قريبا منها «[٩٢]. فمعنى الولاء والحلف، في النص، هو (الترابط)، الذي لا يكون تلقائيا ـ كالترابط الذي ينشأ من صلة الرحم، والنسب ـ وإنما يكون بالمفاوضة، والرضى والاتفاق.

إضافة إلى ذلك، فإن ابن خلدون، لا يمكن أن يجهل طبيعة العقد السياسي، في الإسلام، الذي يبنى على الرضى والاتفاق[٩٣]. وكذلك عقود البيع والزواج، وغير ذلك. فمثلا : » إن طريق ثبوت الإمامة، هو الاختيار والاتفاق (...) وأن الإمامة عقد «[٩٤]. وهو : » عقد حقيقي (...) مبني على الرضا «[٩٥].

وحسب نفس التصور الخلدوني، في النصوص السابقة، لطبيعة تشكيل المجتمع، ومفهومي : العصبية والعقد، فإنه يلاحظ، أن تجمع الأفراد، في العهد الطبيعي الأول، هو تجمع غير سياسي، لأن ذلك التجمع إنما ينشأ بدافع الضرورة الطبيعية ـ كما سنرى[٩٦] ـ وليس بدافع سياسي. ثم إنه بحكم تضارب مصالح الأفراد، وعدوانيتهم أيضا، يضطرهم التجمع، إلى التطور والانتقال إلى عهد سياسي، يتسيسون فيه،ويبحثون عمن يحكمهم. وفي هذه المرحلة (السياسية)، ينشأ بين أفراد العصبيات، ضرب من التفاوض والتفاهم والاتفاق، يتوج بـ(صفقة) سياسية ـ إن صح القول ـ أو بـ(عقد) ـ بلغة نظرية العقد ـ بمقتضاه يتولى الأمر عليهم، وازع حاكم، يكون واحدا من

---

(٩٢) نفس المصدر، ص ٢٢٦. وراجع أيضا : ص ٢٢٥.

(٩٣) راجع : محمد ضياء الدين الريس : النظريات السياسية الإسلامية، الفصل السادس، ص ٢١٢ وما بعدها، ط ٧، القاهرة ١٩٧٩.

(٩٤) نفس المرجع، ص ٢١٢. وراجع أيضا : محمد بن عبد الكريم الشهرستاني : الملل والنحل، تحقيق محمد كيلاني، ج ١، ص ٢٨، بيروت ١٩٨٠.

(٩٥) نفس المرجع (نقلا عن عبد الرزاق السنهوري)، ص ص ٢١٢ ـ ٢١٣.

(٩٦) راجع : مصطفى الخنشاب: علم الاجتماع ومدارسه، الكتاب الأول، ص ١٣٨، القاهرة ١٩٧٥ وأيضا : القسم الثالث، من هذا البحث.

عصبية كبرى، ذات قوة وشوكة[٩٧]، تستتبعها بقية العصائب. وبذلك، تنبثق السلطة السياسية، في التجمع أو المجتمع.

فإذا كان الأمر كذلك، فإن ابن خلدون، يكون قد تصور فكرة التعاقد[٩٨]. إلا أن تصوره لها، كان لاحقا، من حيث الزمان، عن فكرة العصبية. بمعنى أن العصبية، أسبق في الظهور، عنده، من فكرة الاتفاق أو التعاقد[٩٩]. ذلك أن التعاقد، الذي يعني عند ابن خلدون، التفاهم والاتفاق، لا يمكن أن يتم بين الأفراد، باعتبارهم كذلك[١٠٠]، وإنما بين: » القبائل والعصائب واستئلافهم «[١٠١]، بالمفاوضة، والمشاركة، أي : بالتعاون. وهذا أمر طبيعي، لأنه لا يمكن، بداهة، التفاهم والاتفاق بين الأفراد، قبل ظهور (الجماعة)، أي ظهور العصبية، التي تمثل الأفراد.

ومن وجه آخر، فإنه إذا كانت العصبية، تقوم عند ابن خلدون على أساس صلة الرحم، والنسب، وأيضا على أساس الولاء والحلف، وكان الولاء والحلف، يعبران عن شكل من أشكال (التفاهم) و(الاتفاق)، فإنه يمكن القول، بأن العصبية تقوم أيضا على أساس من التعاقد، على الأقل في جزء من مكوناتها، وهو الولاء والحلف.

في هذا المعنى، يمكن التأكيد، على أن مفهوم (التعاقد) عند ابن خلدون، يستند على العصبية، في أساسين :

أ ـ في أساس العصبية، باعتبارها تعبير عن شكل من أشكال التجمع، المعبر بدوره عن

---

(٩٧) راجع : ابن خلدون : المقدمة، ص ٥٢١.

(٩٨) في هذا الخصوص، أشار (مونييه، Mounier) الى أن ابن خلدون يعتقد في : » أن المجتمع، نوع من التعاقد«. راجع ذلك في : مصطفى الخنشاب : علم الاجتماع ومدارسه، الكتاب الأول، ص ١٣٩، القاهرة ١٩٧٥.

(٩٩) راجع : هامش(١٠٢) الموالي.

(١٠٠) لأن ابن خلدون لا يرى الأفراد، في التجمع البدوي، وفي التجمع الحضري ـ كما سنرى في القسم الثالث من هذا البحث ـ إلا في جماعات وعصائب، بناء على نظريته في العصبية. وهذا ما يميز تصوره لسلوك الأفراد السياسي والاجتماعي، بشكل جلي، عن تصور نظرية العقد، لذلك السلوك، حيث ترى أن الأفراد، قبل أو أثناء اجتماعهم (المفترض)، وإبرامهم العقد، لم يشكلوا تكتلات معينة. فابن خلدون ينطلق من معنى (الإنسان الاجتماعي)، بينما تنطلق نظرية العقد، من معنى (الإنسان غير الاجتماعي).

(١٠١) ابن خلدون : المقدمة، ص ٤٢٢.

ضرب من الاتفاق بين الأفراد[١٠٢].

ب ـ في أساس الولاء والحلف، باعتبارهما يعبران عن معنى من معاني الاتفاق، أيضا.

الوجه الثاني : في مبدأ (القوة)، الذي تقوم الدولة، على مقتضاه، عند هوبز. حيث : » تظل الكلمة العليا للقوة، في عهد المجتمع المنظم، كما كانت كذلك في عهد الفطرة «[١٠٣]. فقد أكد ابن خلدون ـ قبل هوبز ـ هذا المبدأ عندما اعتبر الملك السياسي،

---

(١٠٢) في هذا الخصوص، يلاحظ أن العصبية، تنبثق من أساسين:

أ ـ مادي (أو عضوي)، وهو: صلة الرحم والنسب.

ب ـ معنوي، وهو: الولاء والحلف وما في معناهما كالتناصر والانتماء، مثلا، وكون العصبية، في ذاتها، أمر معنوي، اعتباري، لا يمكن معاينته، إلا في نتائجه. فالعصبية، في أساسها المعنوي، أشبه ما تكون بفكرة الدولة، التي يؤكد هيجل، والحقوقيون، بأنها (شخص معنوي). ولمقارنة مفهوم العصبية، بمفهوم التعاقد، نبدي الملاحظات الآتية :

١ ـ الاتفاق على التعاقد، في المعنى المادي الخلدوني، أي : في الولاء والحلف، يتم بين العصائب بينما في معنى نظرية العقد، يتم بين جميع الأفراد، الذين لا تربطهم تكتلات معينة.

٢ ـ اتفاق التعاقد، عند ابن خلدون، يقوم على أساس واقعي ـ كما أشرنا في الأساس المادي فهو إذن، تعاقد حقيقي (قارن : ص ص ٥٥ـ٥٦)، بينما يقوم اتفاق التعاقد، في نظرية العقد، على مجرد الافتراض، كافتراض المدينة الفاضلة، عند أفلاطون، مثلا.

٣ ـ علاقة الحاكم باتفاق التعاقد، تختلف فيها الآراء. فبينما ابن خلدون، يتصور الحاكم طرفا في اتفاق التعاقد، طالما أن الحاكم الوازع، يمثل العصبية الكبرى ـ التي ستصبح عصبية الدولة ـ والتي يكون أفرادها قد اتفقوا فيما بينهم، أو اتفقوا مع بقية العصائب، بطريق الولاء أو الحلف ـ أو بين أفراد العصبية، والعصائب، معا ـ على نصب الحاكم الوازع أو كما يقول » فيكون ذلك الوازع واحدا منهم « (المقدمة ص ٧٢). فإن هوبز،يرى أن الحاكم ليس طرفا في اتفاق التعاقد. ولوك، يرى أن السلطة الحاكمة، طرفا فيه. وروسو، يرى في الحاكم، مجرد وكيل، وأن اتفاق التعاقد، قد تم بين الأفراد، والإرادة العامة.

٤ ـ ظهور العصبية، أسبق من ظهور فكرة التعاقد، عند ابن خلدون. وذلك إذا نظرنا الى العصبية، من جهة مكوناتها الأولى، وهي صلة الرحم، والنسب ـ دون الولاء والحلف، اللذين يظهران في مرحلة لاحقة ـ لإتصال تلك المكونات، ببدايات ظهور العلاقات العائلية، عند الإنسان، في عهوده الأولى. وفي معنى نشوء الملك السياسي، من تغلب جماعة على جماعة، وقيام التغلب على العصبية والاتفاق، وأسبقية الأولى على الثاني، يقول ابن خلدون : » لأن الملك إنما يحصل بالتغلب، والتغلب إنما يكون بالعصبية واتفاق الأهواء على المطالبة « (المقدمة، ص ٢٧٧).

(١٠٣) حسن كيرة : المدخل الى القانون، ص ١٠٩، الإسكندرية ١٩٧٤.

يقوم على أساس : » التغلب والحكم بالقهر «[١٠٤]، و» الشوكة والعصبية«[١٠٥].

على أن القوة التي يعنيها هوبز في قيام الدولة، هي القوة المادية[١٠٦]، بينما القوة التي يقصدها ابن خلدون هي القوة المعنوية ـ كما سيأتي بيانه في الفقرة اللاحقة ـ.

الوجه الثالث : في مبدأ (عدوانية الإنسان الطبيعية). فقد اعتبرت نظرية الوازع الخلدونية، أن حياة الناس، لا يمكن أن تستقيم، إلا بالوازع، الذي : » يدفع بعضهم عن بعض، لما في طباعهم الحيوانية، من العدوان والظلم«[١٠٧] و»لما في الطبيعة الحيوانية، من الظلم والعدوان، بعضهم على بعض«[١٠٨]. فجاء هوبز، وأكد هذا المبدأ ـ تقريبا ـ عندما اعتبر : » أن الإنسان أناني بطبعه«[١٠٩]، ولذلك كان في عهد الفطرة الأولى: »وحيدا، فقيرا، متوحشا، شريرا«[١١٠]، وكانت الصراعات والحروب بين الأفراد، قبل وجود الدولة : » مبعثها الأنانية، والشرور المتأصلة في نفوس البشر، وحب السيطرة، والتسلط«[١١١]. فالإنسان -كما يقول : » لا ينفك عن العدوان على أخيه«[١١٢]، و» الفرد ذئب على الفرد : Homo homini lupus «[١١٣]. لذلك أخضع نفسه، لقوة تحميه، هي قوة الدولة. فالدولة، ـ كما يؤكد أيضا ـ هي : » إله الأرض، الذي نعتبر مدينين له بالسلم والإستقرار، في ظل الخضوع للإله الأعلى «[١١٤].

---

(١٠٤) ابن خلدون : المقدمة، ص ٢٤٤.

(١٠٥) نفسه، ص ٥٢١.

(١٠٦) بخصوص النزعة المادية عند هوبز، راجع :

أ ـ زكي نجيب محمود وأحمد أمين: قصة الفلسفة الحديثة، ج ١، ص ص ٩٠-٩٢، ط٤. القاهرة ١٩٥٩.

ب ـ جورج سباين : تطور الفكر السياسي، ترجمة راشد البراوي ، ج ٣، ص ٦٢٠ وما بعدها، القاهرة ١٩٧١.

(١٠٧) نفسه، ص ٧١.

(١٠٨) نفسه، ص ٣٣٢.

(١٠٩) راجع : بطرس غالي ومحمود عيسى : المدخل في علم السياسة، ص ٢٥٠، وص ٢٥٢.

(١١٠) نفسه، ص ٢٥١.

(١١١) محمد كامل ليله : النظم السياسية، مرجع سابق، ص ٨٥.

(١١٢) أورده : محمد بكير خليل : دراسات في السياسة والحكم، ص ١٦، ط ١، القاهرة ١٩٥٧.

(١١٣) ابراهيم دسوقي أباظة، وعبد العزيز الغنام : تاريخ الفكر السياسي، ص ٢٠٠، بيروت ١٩٧٣.

(١١٤) أورده : محمد بكير خليل : دراسات في السياسة والحكم، ص ١٦.

الوجـه الرابـع : في مبـدأ (الإرادة). فمـن المؤكـد أن نظريـة العقـد، تسـتند إلى الرضـا، والاختيار الحر، أي إلى (الإرادة)، في اتفاق الأفراد، على إبرام (العقـد الاجتماعـي). ومـن المؤكـد أيضا، أن ابن خلدون، أثبت ذلك وأكده، بطريقته الخاصة، قبل ظهور نظريـة العقـد، في أوربـا. فقد استخدم، للتعبير عن مفهوم (الإرادة)، مصطلح (التعاون)، بمعنى تعاون الإنسان، مـع بنـي جنسه، بمحض إرادته.

يقول ابن خلدون، في هذا المعنى : » فلا بد في ذلك كله، من التعاون عليه بأبناء جنسه، وما لم يكن هذا التعاون، فلا يحصل له قوت، ولا غذاء، ولا تـتم حياتـه «[115]. وأيضـا : » لمـا في طباعهم من التعاون على المعاش «[116]. لأن الإنسان : » محتاج إلى المعاونة، في جميع حاجاتـه أبدا بطبعه. وتلك المعاونة، لا بد فيها من المفاوضة، أولا، ثم المشاركة، وما بعدها «[117].

في هذه النصوص، يؤكد ابن خلدون، مبدأ (التعاون الإرادي) بين الأفراد[118] ويشير لفظ (وما بعدها) ـ في النص الأخير ـ إلى تصوره، وتلويحه، بأن (مشاركة) الأفراد في (المفاوضة)، لأجل التعاون، تفضي بالضرورة، إلى جملة من النتائج، تتوج مفاوضاتهم. ولا تعني تلك النتائج، عنده، سوى نشأة روابط وعلاقات و(اتفاقـات)، مختلفـة، تجمـع بـين الأفـراد، وتـربطهم ببعضـهم، في جميع المجالات، وخاصة : الأمنية، منها، والسياسية، والاقتصادية. وهذه المجالات الـثلاث، تعتـبر من الدعائم الأساسية، التي تتأسس من أجلها الدولة، قديما وحديثا.

كذلك، فمن البديهي، أن معنـى (التعـاون)، ذاتـه، لا يسـتقيم، إلا إذا تـم بطريـق إرادة المتعاونين، الحرة. أي أنه لن يتم بطريق الضغط والإكراه، أو بالقوة، وإلا فقد (التعاون) معنـاه، كلية.

رابعـا : تتفق النظرية القانونية، في نشأة الدولة، مع رأي ابن خلدون ـ كما سبقت

---

(١١٥) ابن خلدون : المقدمة، ص ٧١، وراجع أيضا، ص ٧٠.

(١١٦) نفسه، ص ٦٧.

(١١٧) نفسه، ص ٨٤١.

(١١٨) راجع : مصطفى الخشاب : علم الاجتماع ومدارسه، الكتاب الأول،مرجع سابق ص ١٣٩.

الإشارة[١١٩] ـ في القول بأنه لقيام الدولة، ينبغي توفر عناصر ثلاثة مادية، هي : الوطن، والرعية، والحاكم الوازع ـ بلغة ابن خلدون ـ أو الإقليم، والسكان، والسلطة السياسية الحاكمة، ـ بلغة النظرية القانونية ـ

٢) موقف الاختلاف :

ـ ٢٤ ـ

على أن ما سبق عرضه، ومناقشته، لا يؤكد الإدعاء بتطابق آراء نظريات نشأة الدولة، مع آراء ابن خلدون، تطابقا تاما. فمن المؤكد، أن بين تلك النظريات، والنظرية الخلدونية، اختلافات يمكن حصر بعضها، في أربعة مواضيع :

الأول : تختلف نظرية تطور الأسرة، مع نظرية ابن خلدون، في أصل نشأة الدولة، اختلافا نسبيا ـ أو جزئيا ـ يتحدد، بشكل خاص، في تصور النظريتين، لطبيعة (التجمع) الإنساني الأول ـ كما سنرى[١٢٠] ـ فنظرية تطور الأسرة، ترى أن أساس الدولة، هو الأسرة، من حيث :

أ ـ تشابه الروح العائلي، الجامع بين أفراد الأسرة، والروح القومي، الرابط بين الأفراد، في الدولة.

ب ـ تشابه السلطة الأبوية في الأسرة، والسلطة السياسية في الدولة. فكأن سلطة الأسرة، هي : » النواة الطبيعية، لسلطة الحاكم في الدولة «[١٢١].

ج ـ أن نمو الأسرة، وتكاثرها العددي، يفضي ـ إلى تكون القرى، والعشائر والقبائل، والمدن، والتجمعات الكبرى، التي على أساسها، تنشأ الدولة ـ كما ذهب أرسطو[١٢٢] ـ

فإذا تأملنا موقف نظرية تطور الأسرة، هذا، في ضوء نظرية ابن خلدون، يتضح لنا رأيان متعارضان :

---

(١١٩) راجع : التعريف الحقوقي، والتعريف الخلدوني، للدولة، في القسم الأول، من هذا البحث.

(١٢٠) راجع : القسم الثالث، من هذا البحث.

(١٢١) محمد كامل ليله : النظم السياسية، مرجع سابق، ص ٩٥.

(١٢٢) راجع نفس المرجع : ص ٩٦، هامش (١).

١ ـ تتفق فيه نظرية الأسرة، مع ابن خلدون، لأنه لم ينف رابطة الأسرة، أو مبدأ (التزاوج) في الكون، الذي أقره القرآن[١٢٣]. بدليل تأكيده لصلة الرحم، والنسب، في نشأة العصبية، المؤسسة للدولة.

٢ ـ تختلف فيه، نظرية الأسرة، مع ابن خلدون، لكونه لا يرى تشابها بين الأسرة والدولة، لا من حيث الروح، ولا من حيث السلطة، المدعى بهما، ولا كذلك، من حيث النمو العددي للأسرة، المفضي إلى نشأة القرى والمدن والدول ـ كما سبقت الإشارة ـ وإنما يرى في رابطة العصبية، وتكون العصبيات بين الأفراد، بديلا عن رابطة الأسرة، في نشأة الدولة.

على هذا الأساس من التضارب في الرأي، يمكن ضبط رأي ابن خلدون، على النحو الآتي :

أ ـ اعتقاده في أن التشابه، موجود بين العصبية والدولة، لا بين الأسرة والدولة.

ب ـ اعتقاده كذلك، في أن التشابه، موجود بين سلطة العصبية، وسلطة الدولة، لا بين سلطة الأسرة، وسلطة الدولة. ربما لأن سلطة العصبية، أكبر قوة من سلطة الأسرة، وأكثر تمثيلا لسلطة الدولة.

ج ـ النمو العددي للأفراد، من شأنه أن ينشىء العصبيات، الجامعة للأسر، التي بدورها تنشىء الدولة.

د ـ تنشأ الدولة، إذن، على أساس العصبية، لا على أساس الأسرة. رغم اعتقاده في أن العصبية، تتشكل من الأسر، أي من صلة الرحم، والنسب، وأيضا من الولاء والحلف[١٢٤].

<u>الثاني</u> : تختلف نظرية الحق الإلهي، أو العناية الإلهية، مع ابن خلدون، لأنه لا يرى أن الدولة، ينشئها الله تعالى. وإنما يرى أن الدين[١٢٥]، والدعوة الدينية[١٢٦]،

---

(١٢٣) قال تعالى: ﴿ سبحان الذي خلق الأزواج كلها، مما تنبت الأرض، ومن أنفسهم، ومما لا يعلمون ﴾ يس/٣٦. وقال أيضا: ﴿ وأنه خلق الزوجين الذكر والأنثى ﴾ . النجم/ ٤٥ واللفظ كذلك، في : القيامة / ٣٩.

(١٢٤) راجع : ابن خلدون : المقدمة، ص ص ٢٢٥ ـ ٢٢٦.

(١٢٥) راجع : نفس المصدر، ص ٢٧٧.

(١٢٦) راجع : نفس المصدر، ص ٢٧٨.

يعضدان الدولة، ويزيدانها قوة. بمعنى أنهما، من العناصر المساعدة في تشكيل الدولة، وفي استقرارها. لأن : » الصبغة الدينية تذهب بالتنافس والتحاسد الذي في أهل العصبية«[127]. وأيضا، لـ» أن القلوب إذا تداعت إلى أهواء الباطل، والميل إلى الدنيا، حصل التنافس، وفشا الخلاف ؛ وإذا انصرفت إلى الحق، ورفضت الدنيا والباطل، وأقبلت على الله، اتحدت وجهتها، فذهب التنافس، وقل الخلاف، وحسن التعاون والتعاضد، واتسع نطاق الكلمة لذلك، فعظمت الدولة «[128].

معنى ذلك، أن ابن خلدون، لا يؤكد الأصل الإلهي للدولة، وإنما يؤكد دور الضمير الديني ـ أو الصبغة الدينية ـ في تعبئة وتوجيه المجتمع. أي أنه يعتقد في أن للضمير الديني، وظيفة سياسية، تتمثل في توحيد الناس، وتأليف قلوبهم، وتوجيههم نحو الخير والفضيلة. وهذه الوظيفة، تحتاج إليها الدولة، في جمع الكلمة، ووحدة الصف، ولم الشمل حولها، حتى تزداد بذلك قوة وعظمة، » على قوة العصبية «[129].

ثم إنه إذا كانت العصبية عند ابن خلدون، هي المنشئة للدولة، وكانت العقيدة الدينية، نفسها، لا تتم : » من غير عصبية «[130]، فإنه يتبين، أن الدين، عنده، لا يخلق الدولة، ولكنه من عوامل وحدتها وقوتها واستقرارها.

<u>الثالث</u> : لئن أكدت نظرية القوة والغلبة، قيام الدولة على أساس القوة المادية، فإن ابن خلدون، يختلف معها في مفهوم القوة المصاحبة لوجود الدولة.

إن ابن خلدون يفرق في معنى القوة، بين القوة المعنوية، والقوة المادية. فيؤكد الأولى، المتمثلة في المغالبة والتحكم وفرض النظام، ولا يقرر الثانية، المتمثلة في التقاتل والعنف المادي. ذلك أنه يعتقد في مبدأ التنازع في الكون ([131]) والمغالبة، والصراع بين الجماعات، وفي قوة العصبية، والضمير الديني، وفي قوة اتفاق الأفراد، وفي ضرورة

---

(١٢٧) نفس المرجع والصفحة.

(١٢٨) نفسه، ص ٢٧٧.

(١٢٩) نفسه، ص ٢٧٨.

(١٣٠) نفسه، ص ٢٧٩.

(١٣١) راجع : ابن خلدون : المقدمة، ص ٢٤٥، و ص ٣٤٠.

السيطرة والتحكم والإنضباط، لفرض الأمن والنظام. لكنه لا يؤمن بالقوة المادية المفضية إلى التقاتل، والإستبداد، كأداة لفرض الحق [١٣٢]. يقول في هذا المعنى : » وأما الملك فهو التغلب والحكم بالقهر « [١٣٣]. » لأن الملك إنما يحصل بالتغلب، والتغلب إنما يكون بالعصبية، واتفاق الأهواء على المطالبة « [١٣٤]. فالتغلب في النصين، إنما يعني به التحكم، وفرض الطاعة والنظام. بدليل تأكيده على أن التغلب لا يتم بالعصبية وحدها، وإنما يتم أيضا، باتفاق أهواء الأفراد. لأنه يعتبر اتفاقهم، قوة لتكوين الملك السياسي. وكذلك عبارة (الحكم بالقهر) فإنه لا يعني بها الاستبداد الأعمى، أو العنف المادي لذاته، فلو قصد منها ذلك، لما أكد (المغالبة) و (اتفاق الأهواء) في النص. ومن ثم، فالحكم بالقهر، إنما يعني به: » السلطة القسرية « [١٣٥]، التي تفرض النظام العام، بدل الفوضى.

أما نظرية القوة والغلبة، فقد قررت عكس ما قرره ابن خلدون، فأكدت مبدأ (القوة المادية) كوسيلة لقيام الدولة، مع ما في ذلك من سوء التقدير ـ كما سبقت الإشارة ـ

الرابع : تختلف النظرية القانونية، مع ابن خلدون، في مبدأ (الاعتراف)، الذي يعتبره الحقوقيون، مشكلا لطبيعة الدولة.

والحق، فإن هذا المبدأ ـ الذي لم يشر إليه ابن خلدون، صراحة ـ لا يعتبر جوهريا في قيام الدولة، وإنما مكملا لشكلها. بدليل أنه لم يكن شائعا في المحافل السياسية الدولية، في عصر ابن خلدون [١٣٦]، كما هو شائع في العصر الحديث.

كذلك، فإن مبدأ الاعتراف، هو في الحقيقة، وليد القانون الدولي العام، الذي ظهر في عصر النهضة في أوربا، بعد عصر ابن خلدون، مباشرتا. فقد نشأ ذلك القانون،

---

(١٣٢) لأن القوة المادية في رأيه، لا تخلق الحق، كما أكد روسو ذلك بعده (راجع : نهاية فقرة ١٩ من هذه الدراسة).

(١٣٣) ابن خلدون : المقدمة، ص ٢٤٤.

(١٣٤) نفسه ص ٢٧٧.

(١٣٥) حسن صعب :علم السياسة، ص ١٣٧، ط ٣، بيروت ١٩٧٢.

(١٣٦) ربما كانت السفارات، والبعوث، والهدايا، التي كان يتبادلها الملوك ورؤساء الدول، حتى عصر ابن خلدون، بديلة عن مبدأ الاعتراف السياسي بينها، وخاصة في صوره وصيغه الحديثة.

على أساس إحياء مبادئ القانون الطبيعي، التي دافع عنها غروتيوس (١٣٧)، وحاول ـ بناء على تلك المبادئ ـ إيجاد قواعد عامة، تفض النزاعات المستعرة، بسبب الحدود الجغرافية، بين دول أوربا، وتنظم علاقاتها السياسية. وبذلك، ظهر مبدأ الاعتراف السياسي بين الدول، في العصور الحديثة.

الاتجاه الثاني :

ـ ٢٥ ـ

نتناول في هذا الاتجاه، بعض التعقيبات العامة، المتعلقة بنظريات نشأة الدولة، وذلك على الوجه الآتي :

<u>أولا</u> : باستثناء النظرية الخلدونية، والنظرية القانونية الحديثة، اللتين درستا مختلف أسباب نشأة الدولة، فإن أغلب مفكري النظريات السابقة، قد عالجوا تلك الأسباب، وكأن كل مفكر كان يعتقد أنه لا يوجد، في المجتمع البشري، إلا سبب واحد، تنشأ بمقتضاه الدولة. بمعنى أن المفكر، لا يتصور إلا نموذجا لدولة واحدة، تنشأ من سبب محدد. وعلى هذا الأساس، لم نر تلك النظريات، تتوسع في البحث عن الأسباب المختلفة، المفضية إلى نشأة الدول.

مثال ذلك، نظرية العقد الاجتماعي، التي لا ترى ـ رغم تعدد روادها ـ إلا (العقد) منشئا للدولة. فلم تبحث النظرية، في أسباب أخرى، غير العقد، كالهجرة، مثلا، والتفكك، والحرب، إلى غير ذلك من الأسباب، التي تناولتها النظرية الخلدونية، والنظرية القانونية. مما يعطي الانطباع، بأن نظرية العقد، لم تكن في الحقيقة، تبحث في أصل نشأة الدولة، وإنما كانت تبحث في كيفية تبرير أو مساندة نظام سياسي معين ـ كما فعل هوبز (١٣٨) ـ أو في كيفية الإطاحة بأنظمة سياسية، كانت تراها مستبدة، واستبدالها

---

(١٣٧) غروتيوس، (ويعرف ب : هيجو دي غروت) ـ Hugo de Groot, dit Grotius ـ مشرع، وسياسي هولاندي، ولد في دلف ـ Delft ـ (١٥٨٣ ـ ١٦٤٥). مؤلف كتاب : قانون الحرب والسلام Voir : Petit Larousse, p. 1402, Paris 1967.

وراجع أيضا : جون هرمان راندال : تكوين العقل الحديث، ترجمة جورج طعمه، ج ٢، ص ٢٩٦ وما بعدها، بيروت ١٩٥٨.

(١٣٨) راجع : ابراهيم دسوقي أباظة وعبد العزيز الغنام : تاريخ الفكر السياسي، ص ١٩٦.

بأنظمة أخرى ـ كما فعل لوك، وروسو[١٣٩] ـ بدليل أن الدولة، التي تدعي نظرية العقد، البحث في أصلها، كانت قائمة فعلا، على أصل غير العقد. وربما كان الأصل في قيامها، العصبية، أو السيف، أو الانفصال، وما إلى ذلك.

ثانيا : كذلك فباستثناء أرسطو وابن خلدون، يلاحظ عدم تمييز نظريات نشأة الدولة، بين ظاهرتي : (التجمع)، و(الدولة)، واعتبارهما ظاهرة واحدة.

فمن المؤكد، أن علاقة التجمع بالدولة، علاقة مزدوجة، ويظهر ذلك من وجهين، على الأقل :

١ ـ الاختلاف. وذلك في حالة تجمع اللادولة، الذي لا يفضي إلى تكوين الدولة. لأن التجمع، لا يعبر عن الدولة في كل الأحوال، كالتجمع الطبيعي الأول، والتجمع المتبدي، وخاصة في جيليه : الأول والثاني، عند ابن خلدون[١٤٠].

٢ ـ التداخل. وذلك في حالة التجمع المفضي إلى نشوء الدولة، أي : التجمع الذي أصبح (مجتمعا). ففي هذه الحالة، تكمل الظاهرتان، إحداهما الأخرى. بمعنى عندما يصبح التجمع، علة للدولة، لأنه لا دولة، بدون تجمع بشري، أي : مجتمع : » فالدولة دون العمران، لا تتصور، والعمران دون الدولة والملك، متعذر «[١٤١] وفي هذا المعنى، يؤكد ابن خلدون أيضا : » أن الدول، أقدم من المدن والأنصار«[١٤٢]. أي أن نشأة التجمعات البشرية، والسلطة السياسية، أسبق من نشأة المدن. لـ»أن الملك يدعو إلى نزول الأنصار «[١٤٣]. بمعنى أن الدولة، أو السلطة السياسية، إنما تنشأ عند الجماعات، قبل بناء المدن، من طرف تلك الجماعات. فهو إذن، لا يرى نشوء الدولة في المدينة. وبذلك يخالف ابن خلدون، أرسطو، الذي يرى أن السلطة السياسية، أي الدولة، تنشأ فقط في المدينة ـ كما سبقت الإشارة ـ

في ضوء ما سبق، فإننا نلحظ منهجين، في معالجة العلاقة بين ظاهرتي:التجمع، والدولة.

---

(١٣٩) راجع : نفس المرجع، ص ص ٢١١ ـ ٢١٣، و ص ٢٤٢ وما بعدها.

(١٤٠) راجع : القسم الثالث، من هذا البحث.

(١٤١) ابن خلدون : المقدمة، ص ٦٧٠.

(١٤٢) نفسه، ص ٦٠٩.

(١٤٣) نفسه، ص ٦١١.

المنهج الأول : منهج أرسطو، وابن خلدون، وهو الذي درس الظاهرتين، في حالة الاختلاف، وفي حالة التداخل، معا. فقد تناول أرسطو، بالدراسة، أولا، ظاهرة نشأة التجمع، باعتبارها كذلك، متمثلة في الأسرة، ثم في القرية، ثم في المدينة. ثم انتقل، ثانية، فبحث ظاهرة الدولة، وكيف تنشأ في تجمع المدينة. وكذلك ابن خلدون، فقد درس، أولا، ظاهرة نشأة التجمع الإنساني، وكيف تتكون الجماعات والعصائب، في مراحل ثلاث : طبيعية، وبدوية، وحضرية ـ كما سنرى [144] ـ ثم انتقل، ثانية، فبحث كيف تنشأ ظاهرة الدولة، على أساس من العصبية، في تجمع الجيل الأول : الحضري ـ المتبدي [145].

المنهج الثاني : منهج بقية نظريات نشأة الدولة ـ وبخاصة نظرية العقد، والنظرية القانونية ـ وهو الذي درس ظاهرتي: التجمع والدولة،في حالة التداخل فقط، واعتبرهما ظاهرة واحدة، باعتبار كل تجمع يعبر عن الدولة. وذلك رغم تعدد الفروق الاجتماعية، والسياسية، الفاصلة بين الظاهرتين، على الأقل، في مستوى الحجم والسلطة.

فمثلا، نظرية العقد الاجتماعي، فإنها لم تبحث في ظاهرة تجمع اللادولة، الطبيعي، من الناحية الاجتماعية أو الاقتصادية ـ كما فعل ابن خلدون ـ بل اعتبرته قطعانا من الأفراد، لا تجمعا، بالمعنى الاجتماعي. فلم تميز فيه، إلا الخوف، وضياع الحقوق، وعدم النظام، والاضطرار إلى الاجتماع والاتفاق، لإبرام عقد إنشاء الدولة. باستثناء ما وصفت به الحالة الطبيعية الأولى، من أوصاف، وما أضفت عليها من نعوت، هي أقرب إلى الخيال، منها إلى الحقيقة والواقع.

أيضا، فإن النظرية القانونية، التي أكدت عنصر (السكان) في قيام الدولة، لم تتناول بالتحديد، حجم السكان، الذي ينشىء الدولة : هل هو في حجم الأسرة، أم في حجم المدينة، أم العصبية ؟ [146]. وإذا كانت النظرية تعتقد أن حجم السكان، يتناسب

---

(١٤٤) راجع : أطوار نشأة التجمعات البشرية، في القسم الثالث، من هذه الدراسة.

(١٤٥) راجع : تجمعات أجيال الحضر، في القسم الثالث، من هذه الدراسة.

(١٤٦) العصبية، عند ابن خلدون، تعبير عن (تجمع) بشري، ويشترط في تكوينها للدولة، أن تكون قوية وكبرى، تستتبعها بقية العصائب ـ كما سبق القول ـ

وحجم الإقليم ـ وهو العنصر الثاني في تكوين الدولة ـ فإن حجم الإقليم، أي : مساحته، في حاجة أيضا، إلى تحديد، من حيث الصغر والكبر، والصلاحية للحياة، لأنه ليس كل إقليم، من أقاليم الأرض، صالحا لقيام الدولة.

وهكذا يمكن القول، أن المنهج الأول، يؤكد على أنه ليس كل تجمع، يعبر بالضرورة عن الدولة، إلا أنه لقيام الدولة، لا بد من تجمع، أو مجتمع. أما المنهج الثاني، فيؤكد تداخل الظاهرتين، ويعتبر كل تجمع، يعبر عن الدولة. ومن الواضح، أن دقة المنهج الأول، لا تقارن بغموض المنهج الثاني.

ثالثا : تؤكد النظرية القانونية، في الأساس الثاني، إمكانية قيام الدول، بسبب الهجرة، من إقليم لآخر، أو بسبب الانفصال، أو الاتحاد. لكن بالتأمل في هذه الأسباب في نشأة الدولة ـ وخاصة الاتحاد ـ يتضح ما يلي :

١ ـ إن الاتحاد، يتضمن معنى (الاتفاق)، لأنه يتم، في الغالب، نتيجة لاتفاق الأطراف. وبما أن الاتفاق، أكدته نظرية العقد، في نشأة الدولة، فإن النظرية القانونية، لم تضف جديدا، في أساسها الثاني، سوى أنها كررت، بلفظ مرادف، ما قررته نظرية العقد.

٢ ـ إن ابن خلدون، قد تعرض، قبل ظهور النظرية القانونية، إلى إمكانية تكوين الدولة، على أساس الإنقسام، والتفكك والانفصال. يقول : » وربما انقسمت الدولة، عند ذلك، بدولتين أو ثلاث، على قدر قوتها في الأصل«[١٤٧]، » وصارت الدولة العربية، ثلاث دول «[١٤٨].

رابعا : بالتأمل في عوامل نشأة الدولة، التي تناولتها النظريات السابقة، يلاحظ عدم تعرضها لعامل (العرق) أو السلالة، أو ما اصطلح عليه بـ(العرقية)، كأحد العوامل الفاعلة، في قيام الدولة. إذ أن أغلب المجتمعات في المعمورة، هي مجتمعات مختلطة

---

(١٤٧) نفسه، ص ٥٢٣. وراجع أيضا، ص ٥٣١ وما بعدها.

(١٤٨) ابن خلدون : المقدمة، ص ٥١٨، وأيضا، ص ٥١٧ (فصل : في إنقسام الدولة الواحدة، بدولتين).

الأعراق والسلالات، تضم أقليات عرقية مختلفة، تعمل سرا، أو علنا، من أجل تكوين دولة قومية، ممثلة لها، والانسلاخ عن الدولة الأم. كحال أقلية السيخ في الهند، والأكراد، في الشرق الأوسط، وسكان جنوب السودان، وأرتيريا، والجبل الأسود، في يوغسلافيا، والباسك في إسبانيا وفرنسا، والهنود الحمر، في أمريكا، وغير ذلك. فلا شك في اعتزاز تلك الأقليات، بأصولها الدموية، وبأعراقها وبهويتها التاريخية والثقافية وبلهجاتها الخاصة وربما بعقيدتها أيضا، كالحال عند السيخ وسكان أرتيريا.

ومن الواضح، أن العرقية، إذا ما نجحت في إقامة الدولة، ـ كأرتيريا، مثلا ـ فإنما يعزى نجاحها، في الغالب، وحسب الظاهر، إلى العنف. إلا أن الأسباب الحقيقية، المحركة للعنف، إنما تكمن في ديمومة الشعور بالهوية العرقية ـ إن صح القول ـ أي بالتميز عن أغلبية المجتمع القائم، وبرفضها المطلق لسلطته عليها. ولذلك، فإن عامل (العرق)، يكون من بين عوامل نشأة الدولة.

تعقيب

ـ ٢٦ ـ

في هذا الصدد، وبالرجوع إلى ما قررته النظرية الخلدونية، من آراء وأفكار، نرجح أن تكون النزعات المعاصرة : كالعرقية والإقليمية والحزبية ـ وربما القومية والوطنية أيضا[١٤٩] ـ وما في معناه، جزءا من العصبية، أي من فروعها، أو على الأقل، تكون تلك النزعات على علاقة بالعصبية بشكل من الأشكال.

١ـ فإذا كانت العرقية، تعني لغة : امتداد الأصول ([١٥٠])، أي : تجذرها، فإنها اصطلاحا، لا نرى أنها تتزحزح عن هذا المعنى، وهو: تجذر الإحساس والشعور بالأصل، ونبض العرق بالصلة، أي بروابط الدم واللحمة والنسب، وما في معناه. بمعنى أن النزعة العرقية، تندرج ضمن صلة الرحم والنسب، وهما من المكونات الأساسية،

---

(١٤٩) بخصوص فكرة الوطنية عند ابن خلدون، راجع : ناصيف نصار : مفهوم الأمة بين الدين والتاريخ، ص ص ١٢٣ـ١٢٤، ط ١، بيروت ١٩٧٨.

(١٥٠) راجع : مجمع اللغة العربية : المعجم الوسيط، ج ٢، ص ٦٠٢، القاهرة ١٩٦١.

للعصبية الخلدونية [151]. يقول ابن خلدون، في هذا المعنى : » فإذا كانت هـذه الولايـة، بين القبيل، وبين أوليائهم [152] قبل حصول الملك لهـم، كانـت عروقهـا أوشـج، وعقائـدها أصـح، ونسبها أصرح « [153].

ثم إذا حملنا لفظ (القبيل) في النص على معنى الجماعـة أو الأمـة ـ حسـب تصـور ابـن خلدون ـ فإن : » مفهوم الأمة ينتج عنها، ابتعاد النظـر عـن الوجهـة الاجتماعيـة، واقترابـه مـن الوجهة البيولوجية. ولذا لـيس غريبـا أن يلتـبس مفهـوم الأمـة، بمفهـوم القبيلـة، أو أن يسـتند تصورها الى تصور العرق« [154] أي أن العصبية التي تقوم عليها القبيلة، والتي يقوم عليها أيضـا، تآلف الأفراد في الأمة، تستند الى مفهوم عرقي.

٢ ـ أما الإقليمية أو الجهوية، المشتقتان مـن (الإقلـيم) ومـن (الجهـة) الجغرافيـة، فإنمـا تندرجان ضمن عنصر (الولاء) المكون للعصـبية أيضـا [155]. لأن الأصـل في الـولاء أنـه يـدل عـلى القرابة والنصرة، والمحبة [156]، والنعرة، والألفة، وما في معنـاه. وفي ذلـك يؤكـد ابـن خلـدون مـا يفهم منه، أن ظـاهرة الإقليميـة أو الجهويـة تظهـر عنـد الإنسـان، بسـبب الـروابط الإنتمائيـة، والعلاقات الوجدانية، وعلاقات الجيرة، والنزعات النفسية، فيقول: » وما جعـل اللــه في قلـوب عباده، من الشفقة، والنعرة، على ذوي أرحامهم وقربائهم، موجودة في الطبـائع البشرـية، وبهـا يكون التعاضد والتناصر، وتعظم رهبة العدو لهم « [157] ويضيف : » إذ نعرة كل أحد على أهل ولائه وحلفه، للألفة التي تلحق النفس من إهتضـام جارهـا، أو قريبهـا، أو نسـيبها، بوجـه مـن وجوه النسب، وذلك لأجل اللحمة الحاصلة من الولاء، مثل لحمة النسب، أو قريبا منها « [158].

---

(١٥١) راجع : ابن خلدون : المقدمة، صفحات ٢٢٤، ٢٢٥، ٢٢٦.

(١٥٢) القبيل : الأنصار والشيعة، أو الجماعة. والأولياء : المسؤولون.

(١٥٣) : ابن خلدون : المقدمة، ص ٣٢٧.

(١٥٤) ناصيف نصار : مفهوم الأمة، مرجع سابق، ص ١١٩

(١٥٥) راجع نفس المرجع والصفحة.

(١٥٦) راجع : مجمع اللغة العربية : المعجم الوسيط، ج ٢، ص ١٠٧٠.

(١٥٧) ابن خلدون : المقدمة، ص ٢٢٤.

(١٥٨) نفسه ص ٢٢٦.

وعند تعرض ابن خلدون إلى »العلاقة السببية بين المناخ الحار، اللون الأسود«[159] أشار الى : » مقاييس التمييز بين الأمم. فيذكر النسب والجهة والسمة والعوائد والشعار، ويترك اللائحة مفتوحة«[160]. ويستفاد من طرح ابن خلدون لهاته المقاييس، تأكيده لفكرتين :

أ ـ فكرة ارتباط الجماعة بالأرض، وهي الفكرة التي تعبر عن مفهوم الوطن عنده. إذ: »أن كل أمة لا بد لهم من وطن، هو منشؤهم، ومنه أولية ملكهم «[161].

ب ـ فكرة انتماء الإنسان، باعتباره كذلك، الى الإقليم أم الجهة أو البيئة التي عاش فيها، وتعلق بها.

ومهما يكن من أمر، فـ : » مقولة الجهة التي تتعلق بها مقولة السمة، فإنها تلعب دورا مهما في تحليلات ابن خلدون. وهي بالنسبة الى الأمة، تحمل النظر على الالتزام بالوجهة الجغرافية. وما يعنيه ابن خلدون بالجهة، نعبر عنه اليوم بلفظة البيئة «[162].

وسواء عبر ابن خلدون عن البيئة بالجهة، أو بالإقليم، فإنه يمكن تأكيد على أن النزعة الجهوية أو الإقليمية، هي أحد الروافد التي يعود أصلها الى نظرية العصبية.

٣. وأما الحزبية فلأنها أساسا انتماء فكري، أي تعصب وولاء لعقدية ما. وبعبارة أخرى، فالحزبية هي شكل من أشكال العصبية، ما دامت تعبر عن عقدية فكرية معينة. فإذا كان من وظائف العصبية، عند ابن خلدون، انها تقوم بعملية تماسك الأفراد، وترابطهم ووحدتهم[163] فإن انتماء الأعضاء في حزب ما، الى أفكار ونزعات سياسية وعقدية، يفضي- بدوره الى نمط من التماسك والوحدة، بين أولئك الأعضاء، في إطار نظام ذلك الحزب، أي انه يفضي- الى تعاونهم وتعاضدهم وتناصرهم، كما تفضي الى

---

(١٥٩) ناصيف نصار : مفهوم الأمة، مرجع سابق، ص ١١٨. وراجع أيضا ابن خلدون : المقدمة (المقدمة الثالثة)، ص ١٤١ وما بعدها.

(١٦٠) ناصيف نصار : مفهوم الأمة، مرجع سابق، ص ١١٨.

(١٦١) ابن خلدون : المقدمة، ص ٦٦٨. وراجع أيضا، ص ٢٢٨ حيث يتكلم عن (الإنتماء الى المواطن) في صدر الإسلام.

(١٦٢) ناصيف نصار : مفهوم الأمة، مرجع سابق، ص ١١٩.

(١٦٣) راجع ابن خلدون : المقدمة، ص ٢٢٥ و ص ٣٢٦ وما بعدها.

ذلك العصبية. ومن ثم فالإنتمائية الحزبية ـ إن صح القول ـ هي تعبير عن عصبية معينة. فكما أن: » صفاء الدم، ونقاوة الجنس، شرطان أساسيان، لا يمكن لقبيلة أن تنال القوة، أو تستبقي العصبية دونهما «[١٦٤]، فإن الخلوص في الانتماء الفكري، والتفاني في الولاء العقدي، شرطان أساسيان أيضا في قيام النزعة التحزبية، أي في قيام عصبية الانتماء الحزبي. ولعله بسبب عصبية (الانتماء المطلق)، غدت : » عضوية الحزب ـ إذن ـ امتياز (...) وهذا الامتياز هو الذي يجعل (الحزب) فوق الحكومة، والدولة، وفوق النقد والتجريح«[١٦٥]، لأن الانتماء الخالص للحزب، والولاء الكامل له، في المجتمع المعاصر ـ وخاصة في مجتمعات العالم الثالث ـ قد تحولا الى عصبية جامعة ـ بلغة ابن خلدون ـ لجميع الأفراد والهيئات والمؤسسات، في الدولة. بمعنى أن الحزبية المعاصرة، أصبحت نسخة طبق الأصل من العصبية المؤسسة على الولاء والانتماء، وتعبيرا عن عصبية الدولة، أو ـ بتعبير ابن خلدون نفسه ـ عن » عصابة الدولة«[١٦٦]، وعن » عصبية الرئيس«[١٦٧]، وعن »عصبية صاحب الدولة«[١٦٨].

في هذا السياق، لاحظ أحد الباحثين، إمكانية الاستعاضة عن العصبية القائمة على صلة الدم أو الرحم، بالعصبية القائمة على صلة الفكر، في العصر الحديث. فقال : »لقد رأى الأساس المتين الذي تقوم عليه الدولة، وهو العصبية، ونظريته فيها تفسر لنا تفسيرا مرضيا قيام الدولة ورسوخها وزوالها بالنسبة الى الأزمنة القديمة، ولا سيما المجتمعات البدوية. لكن هذه النظرة تظل صادقة في العصر الحديث، إذا استبدلنا بالعصبية القائمة على قرابة الدم، العصبية القائمة على قرابة الفكر والنزعة، أي إذا استبدلنا بالعصبية، الحزب السياسي. فشيء من التأمل يرينا ان علاقة أفراد الحزب السياسي بحزبهم في الدول الحديثة، شبيهة بعلاقة أبناء العصبية، بصاحب العصبية في الدول القديمة. وما الفرق بينهما إلا في تبلور بعض الأفكار السياسية، كالحرية والعدالة، مثلا،

---

(١٦٤) محمد لطفي جمعة : تاريخ فلاسفة الإسلام في المشرق والمغرب، ص ٢٣٦، القاهرة ١٩٢٧.

(١٦٥) محمد البهي : الفكر الإسلامي، والمجتمع المعاصر، ص ٢٥٨، بيروت ١٩٨٢.

(١٦٦) ابن خلدون : المقدمة، ص ٢٨٥.

(١٦٧) نفسه، ص ٢٣١.

(١٦٨) نفسه، س ٥٢٢.

وهما فكرتان لم تكونا واضحتين في عصر ـ ابـن خلـدون، تماما، نظـرا لطبيعـة الحكـم في الدول الشرقية، ولأن هاتين الفكرتين، نتيجة تطورات سياسية واجتماعية مرت بها بعض الـدول، ولا سيما في الغرب« [١٦٩].

على الرغم من أن الباحث، قد رام في هذا الرأي، التأكيد على استمرارية فكـرة العصبية الخلدونية، في العصر الحديث، وتغلغلها في الحقول العقدية، والحزبية والسياسـية، ـ وهـو أمـر تشهد به التجربة ويؤكده الواقع ـ إلا أنه في جزء من رأيـه، قـد جانـب الصـواب، وابتعـد عنـه، حيث أنه بدلا من أن يقارن المتماثل، بمثله، كأن يقارن بين المعنوي، والمعنوي، أو بـين العصبية القائمة على (الولاء) والإنتماء، بتلك القائمة على (الفكر) والنزوع، فإنه راح يقارن المتقابل بمثلـه، فقارن بين العصبية القائمة على قرابة الدم، بتلك القائمة على قرابة (الفكر)، أي أنه قارن ما هـو مادي، بما هو معنوي، وهو أمـر غـير مستسـاغ. فكـان الباحـث يعتقـد ان العصـبية، عنـد ابـن خلدون، لا تقوم إلا على أساس رابطة الدم والنسب، مع أن رابطـة النسـب، مؤقتـة أو وهميـة، ومع أن العصبية تقوم أيضا عـلى الـولاء والحلـف، ومـا في معنـاه : كـالرق، والعشرـة والمدافقـة والممارسة والصحبة والرضـاع. يقـول : » والولايـة والمخالطـة بـالرق أو بـالحلف، تتنـزل منزلـة ذلك [١٧٠]؛ لأن أمر النسب، وإن كان طبيعيا، فإنما هو وهمي، والمعنى الذي كان به الالتحام، إنما هو العشرة والمدافعة، وطول الممارسة، والصحبة بالمربى، والرضاع، وسائر أحوال الموت والحيـاة. وإذا حصل الالتحام بذلك، جاءت النعرة والتناصر [١٧١] وهذا مشاهد بين الناس. « [١٧٢]

يتضح من هذا، أن العصبية الخلدونية، لا تتأسـس فقـط عـلى رابطـة الـدم والنسـب أو الولاء والحلف، وإنما تتأسس أيضا على جميع الروابط والعلاقات النفسية،

---

(١٦٩) تيسير شيخ الأرض : علم الاجتماع عند ابن خلدون. مقال في مجلـة "الجامعـة الإسـلامية "، السـنة الثانيـة، العدد الثالث، ص ١٧١، لندن، تموز ـ أبلول، ١٩٩٥.

(١٧٠) أي منزلة النسب.

(١٧١) النعرة والتناصر، هنا، بمعنى الانتماء. لأنهما نتيجة للالتحـام بـين الأفـراد، الـذي يفضيـ الى انـتماء بعضـهم لبعض.

(١٧٢) ابن خلدون : المقدمة، ص ص ٣٢٦ـ٣٢٧.

والاجتماعية والسياسية، التي تنشأ بين الأفراد، والتي تقوم - في ذات الوقت - بوظيفة زرع مكونات (الالتحام) بينهم.

٤ - وإذ قد تبين، أن النزعات المعاصرة : كالعرقية والإقليمية، والحزبية يندرج معناها جميعا، في المعنى الخلدوني للعصبية، فإن أحد النقاد المعاصرين، ذهب الى أبعد من هذا، ففسر العصبية بالقومية، وحمل معنى الأولى، على الثانية، أو كما يقول: » إن عامل بناء الدولة هو العصبية، أو ما نسمي اليوم بالقومية (...) إن ابن خلدون يجعل القومية، مؤسسة الدولة والمجتمع المدني (...) أو باختصار، إن عند ابن خلدون، أن الدين يدعم الدولة، ولكن القومية أساس في مجد الدولة والدين جميعا. «[١٧٣]

غير أن تفسير العصبية، بالمعنى المعاصر للقومية، فيه تجاوز لمعاني العصبية، كما حددها ابن خلدون، وتجاوزا لمعاني القومية، كما حددها القوميون. وعلى الرغم من أن مناقشة العلاقة بين العصبية والقومية، لا تسمح بها وحدة هذا البحث الآن، فإنه يمكن الإشارة الى أن علاقة القومية بالعصبية، ليست مطلقة، فإنما قد تظهر تلك العلاقة فقط، في رابطة (الولاء)، وما في معناها من الروابط المعنوية للعصبية، ولا تكاد تظهر في الروابط المادية، التي تقوم عليها العصبية، كصلة الرحم والنسب أو العرق، إلا نادرا، لأن القومية، في جوهرها، تقوم على » وحدة الفكر واللغة والأهداف«[١٧٤]، فضلا عن الوعي السياسي، المعبر عن تطلعات الأفراد. ولأمر ما : » أهمل ابن خلدون ذكر اللسان كمميز بين الأمم«[١٧٥]، وقد أشار فقط الى : » أن لغات أهل الأمصار، إنما تكون بلسان الأمة، أو الجيل الغالبين عليها، أو المختلطين لها «[١٧٦]. وهذه الإشارة لا تدلل على أنه يجعل من اللغة رابطة تقوم عليها العصبية، أو القومية، على السواء.

---

(١٧٣) لويس عوض : دراسات في النقد والأدب، ص ص ١٨٧ـ١٨٨، ط ١، بيروت ١٩٦٣.

(١٧٤) نخبة من الأساتذة : معجم العلوم الاجتماعية، ص ٤٧١، القاهرة ١٩٧٥.

(١٧٥) ناصيف نصار : مفهوم الأمة بين الدين والتاريخ، ص ١١٨.

(١٧٦) ابن خلدون : المقدمة، ص ٦٧٥، و ج ٣، ص ٨٨٨ (البيان)

نشأة الدولة عند ابن خلدون

- ٢٧ -

توطئة

سبقت الإشارة إلى أن الدولة، تنبثق من المجتمع، وأن المجتمع والدولة توأمان لا ينفكان عن بعضهما البعض. لكن إذا كان ابن خلدون، قد اهتدى في بحثه إلى وجود ثلاثة أنماط من التجمعات البشرية، وهي المعبر عنها، بالتجمع الطبيعي، والتجمع البدوي، والتجمع الحضري - كما سنشير إلى ذلك، في غير هذا البحث - ففي أي تلك التجمعات، تنشأ الدولة ؟ ثم أيهما أسبق في النشوء من الآخر- في رأي ابن خلدون - المجتمع أم الدولة؟

أولا : بالنسبة لمجتمع الدولة، يعتقد ابن خلدون، أن التجمع الحضري - أو المجتمع المدني في المصطلح الحديث - هو الذي تتكون الدولة فيه. أما التجمع الطبيعي، والتجمع البدوي، فيتعذر تكون الدولة فيهما. للسببين الآتيين :

أ - فالتجمع الطبيعي، لا ينشىء الدولة، بما أنه تجمع يسود فيه عدم النظام - أو المشاعية المطلقة - بمعنى أنه يفتقد للعصبية، التي هي الأصل في تكون الدولة، باعتبار: «الملك غاية طبيعية للعصبية»[١].

ب - أما التجمع البدوي، وهو التجمع الذي يسود فيه نظام المشاعية المنظمة، ويتميز بالظعن والترحال، وعدم الاستقرار، فرغم نشأة العصبية فيه - لأن: « البداوة هي شعار العصبية»[٢] - إلا أن نشوء الدولة، متعذر أيضا في هذا التجمع، لسببين أيضا :

---

(١) ابن خلدون : المقدمة، ص ٣٥٨.

(٢) نفسه، ص ٥١٤.

١ ـ أنه يعتبر طور انتقال من الطور الطبيعي، إلى الطور الحضري، أو المدني، أي أنه تجمع غير مستقر في إقليم معين، والدولة يستلزم وجودها، تجمعا بشريا مستقرا في إقليم ما. فلا يمكن، والحال هكذا، تصور دولة تنتقل من مكان لآخر، في الجماعات المتبدية.

٢ ـ أن عصبية أجيال البدو، وتجمعاتهم، لا زالت في طور التكون والنمو، فهي عبارة عن عصبيات، متفاوتة القوى، ومتفرقة بين جماعات البدو، ولم تلتئم عناصرها بعد، لتصبح (قوة) فاعلة. بمعنى أن عصبية البادية، لم تتحول بعد إلى عصبية كبرى، من شأنها أن تخلق أو تنشىء الدولة. وهذا بالضبط، معنى قول ابن خلدون: « وليس الملك لكل عصبية »[٣]. « فلا بد من عصبية تكون أقوى من جميعها تغلبها، وتستتبعها، وتلتحم جميع العصبيات فيها، وتصير كأنها عصبية واحدة كبرى »[٤].

إن عملية التحام العصبيات (المتبدية) ووحدتها، لا تتم في رأي ابن خلدون، إلا بعد تحول البدو إلى حضر تدريجيا، وذلك في الطور الثالث من التجمع البشري، وهو طور التجمع الحضري، الذي فيه تتأسس الدولة.

ثانيا : أما أسبقية نشأة المجتمع، على نشأة الدولة، أو العكس، فإنه من البديهي، والمنطقي، أن ينشأ المجتمع قبل الدولة ـ في رأي ابن خلدون ـ لأن الدولة، هي نتيجة لوجود المجتمع (الحضري)، وليس العكس. بدليل :

أ ـ إن العصبية، التي يتم بها تجمع الأفراد، وتأليف الجماعات، إنما تظهر في التجمع البدوي، قبل نشأة الدولة في التجمع الحضري.

ب ـ إن الدولة لا تنشأ في التجمع الطبيعي، ولا في البدوي ـ كما سبقت الإشارة ـ وبعبارة أخرى، فإن عملية تأليف الجماعات في تجمعات، تسبق نشوء الدولة.

ج ـ لا تنشأ الدولة، في أي تجمع، وإنما تنشأ فقط في التجمع الحضري، الذي تنضج وتكتمل فيه العصبية، المؤسسة للدولة.

---

(٣) نفسه، ص ٣٣٣.

(٤) نفسه، ص ٢٤٥.

منشأ الدولة :

- ٢٨ -

لو اختصرنا القول في موضوع نشوء الدولة عند ابن خلدون، لأمكن التأكيد عموما بأنها تنشأ من عناصر التعريف الحقوقي، والتعريف المعنوي، السابقين(٥)، وهي العناصر التي ألمعنا إلى أن ابن خلدون يلتقي معها ويؤكدها جميعا في تعريفه للدولة. لكن مع ذلك، يمكن تناول موضوع نشأة الدولة، عنده، بطريقة أخرى، وببعض التفصيل.

تنشأ الدولة، في رأي ابن خلدون، من تسعة عناصر أساسية، تتوزع إلى : معنوية، ومادية، وأخرى مشتركة. على أن الأصل في تلك العناصر، المنشئة للدولة، يكمن في مبدأ تنازع الخليقة في الكون (٦)، وفي ضرورة تنظيم ذلك التنازع - بواسطة الدولة - حتى لا يفضي- إلى انقطاع النوع. وهو التنازع الذي يعبر عنه :

أ - العدوان، من جهة : « لما في طباعهم الحيوانية من العدوان والظلم»(٧).

ب - والغزو، من جهة أخرى، باعتباره : « مبدأ تكوين المجموعات الإنسانية الكبيرة»(٨).

أما تفصيل تلك العناصر المشكلة للدولة، فهو على الوجه الآتي :

أولا : العناصر المعنوية

- ٢٩ -

يمكن تحديد العناصر المعنوية، المنشئة للدولة، في رأي ابن خلدون، في ثلاثة أنواع - أو عناصر - هي على التوالي : العصبية، والإكراه والاقتناع، وكذلك الوازع الديني.

١ - عصبية الجماعة

العصبية : « هي صلة رحم طبيعية في البشر- يحصل بها بين أبناء النسب القريب، التناصر والاتحاد والالتحام » (٩). فالعصبية بهذا المعنى، تعبر في الظاهر عن (جماعة) من

---

(٥) راجع فقرة (٣) و(٤) من هذا البحث.

(٦) راجع : علي الوردي : منطق ابن خلدون في ضوء حضارته وشخصيته، ص ٢٧٨، تونس ١٩٧٧.

(٧) ابن خلدون : المقدمة، ص ٧١.

(٨) حسن صعب :علم السياسة، ص ١٦٢، ط ٣، بيروت ١٩٧٢.

(٩) نفس المرجع : ص ٣١٩.

الناس، وفي جوهرها، تعبر عن (رابطة)تربط أعضاء تلك الجماعة، وتصل بعضهم ببعض بصلات متعددة ومختلفة، منها صلة الدم، والنسب، والقرابة، والحلف والولاء، والانتماء،وغير ذلك من أشكال الترابط بين الأفراد والجماعات. بالإضافة إلى أن العصبية، في ذاتها، تعتبر عنصرا عضويا ومعنويا، في ذات الوقت. فهي عنصر عضوي، لكونها تتأسس من صلة الرحم، ومن النسب، وغير ذلك من أشكال القرابة، المنتجة للعلاقات الارتباطية. وهي كذلك عنصر ـ معنوي، لأنها ليست أمرا محسوسا. إذ لا يمكن معاينة العصبية، إلا في نتائجها.

في هذا السياق، يرى ابن خلدون، أن العصبية، قوة طبيعية [١٠]، متعددة الحدود والوظائف. فهي أداة لتأليف الأفراد وتجميعهم، وأداة للتغلب على العصائب والجماعات، وأداة للمطالبة والمقاومة، والمدافعة والحماية، وأخيرا، أداة لتأسيس المجتمع والدولة. ولتحقيق كل ذلك، تتخذ العصبية، عدة طرق، منها على الخصوص :

أ ـ تقوم العصبية بعملية تأليف وتجميع للأفراد والجماعات، منذ ظهورها في الطور البدوي. وتستمر في النمو والتطور التدريجي داخل الجماعات، ثم تنزع إلى التغلب على العصائب، بهدف جمعها والسيطرة عليها، فـ : « إذا حصل التغلب بتلك العصبية، على قومها، طلبت بطبعها التغلب على أهل عصبية أخرى، بعيدة عنها»[١١]. مما يدل ـ في هذا المعنى الخلدوني ـ على ميلاد (ظاهرة السلطة السياسية) في العصبية، فهذه الظاهرة، تنشأ قبل المدينة، لأن : « الدول أقدم من المدن والأمصار»[١٢]. ويدل كذلك، على أن هذا المولود الجديد ـ أي ظاهرة السلطة ـ قد بدأ يوجه العصبية، نحو تأسيس الدولة. لـ : « أن تمهيد الدولة وتأسيسها، كما قلناه، إنما يكون بالعصبية، وأنه لا بد من عصبية كبرى جامعة للعصائب، مستتبعة لها، وهي عصبية صاحب الدولة الخاصة، من عشيرة وقبيلة »[١٣].

ب ـ ثم تتجه العصبية إلى القيام بوظيفة أخرى، وهي المطالبة بالتوسع، لمد سلطانها،

---

(١٠) راجع : أحمد عبد السلام : دراسات في مصطلح السياسة عند العرب، مرجع سابق، ص ٦٨.

(١١) ابن خلدون : المقدمة، ص ٢٤٥.

(١٢) نفسه، ص ٦٠٩.

(١٣) نفسه، ص ٥٢٢.

وبسط نفوذها على العصائب الأخرى، ومقاومة كل معارضة من القبائل التي يمكن أن تقف في طريقها. فـ« إن المطالبات كلها، والمدافعات، لا تتم إلا بالعصبية»[١٤].

ج ـ وفي لحظة أخرى، تتجه العصبية إلى تحقيق غايتها الأساسية، وهي : تحقيق الملك، وبناء الدولة. لأن : « الملك غاية طبيعية للعصبية»[١٥]. و: « التغلب الملكي غاية للعصبية »[١٦].

وهكذا، إذن، فإن العصبية، هي المحور الأساسي : « لقيام الدولة ونشوئها »[١٧]. لأن الظاهر، أن ابن خلدون، يعتقد في أن العصبية، هي الأصل المادي والمعنوي الذي يؤسس المجتمع والدولة، على السواء : « وكل أمر يجتمع عليه »[١٨]. وبهذا المعنى، يمكن القول، بأن : « الدولة عند ابن خلدون، مركب (...) يتم وجوده بقوة طبيعية، هي العصبية »[١٩].

٢ ـ الإكراه والإقناع

تبدو مقولة الإكراه والإقناع الإرادي، من العناصر المكونة والمعضدة للدولة، عند ابن خلدون. ويظهر ذلك خاصة في علاقة عمران البوادي، بعمران الحواضر. فالأول، يحتاج إلى الثاني، في الضروري. والثاني يحتاج إلى الأول، في الكمالي. ومن الطبيعي أن يكون الذي يحتاج إلى الكمالي، أقوى وأكمل من الذي يحتاج إلى الضروري، لذلك نجد أهل البادية ـ لعجزهم عن الكمالي ـ مغلوبون لأهل الحواضر.

وقد يحدث، أن يكون في المصر أو الإقليم، ملك أو رئيس، يروم تقوية سلطته وسلطانه. فيسعى إلى استدراج أهل البادية إلى طاعته، ويحملهم على ذلك، إما اختيارا واقتناعا، وإما اضطرارا وإكراها : « وذلك الرئيس يحملهم على طاعته، والسعي في

---

(١٤) نفسه، ص ٣٣٣، وراجع أيضا، ص ٢٤٩.

(١٥) نفسه، ص ٣٥٨.

(١٦) نفسه، ص ٢٤٥.

(١٧) وجيه كوثراني : نظرية ابن خلدون في الدولة. محاضرة في : (أعمال الملتقى الدولي الثاني عن ابن خلدون)، ص ٢٩٢، فرندة، الجزائر، ١ ـ ٤ يوليو١٩٨٦.

(١٨) ابن خلدون : المقدمة، ص ٢٤٤.

(١٩) أحمد عبد السلام : دراسات في مصطلح السياسة عند العرب، مرجع سابق، ص ٦٨.

مصالحه، إما طوعا، ببذل المال لهم، ثم يبذل لهم ما يحتاجون إليه من الضروريات في مصره، فيستقيم عمرانهم. وإما كرها، إن تمت قدرته على ذلك، ولو بالتفريق بينهم، حتى يحصل له جانب منهم، يغالب به الباقين. فيضطر الباقون إلى طاعته، بما يتوقعون لذلك، من فساد عمرانهم »[٢٠].

فتأسيس الدولة، يتطلب إذن، حمل الناس، على التعاون، في سبيل بنائها. إما بطريق الاختيار الإرادي، وإما بطريق الإكراه القسرى، في حالة الامتناع عن المعاونة على ذلك. وفي هذا المعنى، يؤكد ابن خلدون : « ثم إن هذا التعاون، لا يحصل إلا بالإكراه عليه، لجهلهم في الأكثر بمصالح النوع، ولما جعل الله لهم من الاختيار، وأن أفعالهم، إنما تصدر بالفكر والروية، لا بالطبع. وقد يمتنع من المعاونة، فيتعين حمله عليها، فلا بد من حامل يكره أبناء النوع على مصالحهم، لتتم الحكمة الإلهية في بقاء هذا النوع »[٢١].

إن (الحامل) الذي يكره الناس على التعاون، هو عينه الوازع الحاكم، عند ابن خلدون ـ كما سيأتي بعد قليل ـ وإكراه (الحامل) لهم على تأسيس الدولة، والتعاون، هو أمر ضروري لتنظيم الحياة البشرية، واستقامتها، لا في سبيل بناء الدولة، ووحدة السلطة السياسية، فحسب، وإنما في سبيل تعميم الخدمات الاجتماعية الضرورية، وفي سبيل ازدهار العمران، أيضا : « فالمدن والأمصار (...) موضوعة للعموم، لا للخصوص، فتحتاج إلى اجتماع الأيدي، وكثرة التعاون، وليست من الأمور الضرورية للناس، التي تعم بها البلوى، حتى يكون نزوعهم إليها اضطرارا، بل لا بد من إكراههم على ذلك، وسوقهم إليه (التعاون) مضطهدين بعصا الملك، ومرغبين في الثواب والأجر الذي لايفي بكثرته إلا الملك والدولة »[٢٢].

إن ابن خلدون، يرى أن تأسيس الدولة، يتم انطلاقا من مبدأ ضرورة حفظ النوع الإنساني، من جهة ـ فكأنه هنا يفكر في أن أصل الدولة، إلهي، بما أن الغاية منها، هو حفظ النوع ـ وأن حفظ النوع، لا يتحقق إلا بالتعاون بين الأفراد، طوعا أو كرها، ومن جهة أخرى، لأن التعاون في ذاته فعل إنساني، غايته تحقيق مصالح النوع، جملة، لا

---

(٢٠) ابن خلدون : المقدمة، ص ٢٧٠.

(٢١) نفسه، ص ص ٦٩٥ ـ ٦٩٦.

(٢٢) نفسه، ص ٦٠٩.

مصالح الفرد، باعتباره كذلك. ومن ثم، فـ : « إن التعاون في سبيل الإنتاج الحضاري، هـو الأصل في طبيعة الدولة »[٢٣].

يبدو مـن منطـق ابـن خلـدون، ومـن تفكـيره الجـدلي، تصـوره لسلسـلة مـن الظـواهر السياسية والاجتماعية، مترابطة الحلقات. فكل ظاهرة، هي علة لظاهرة جديـدة، تليهـا، وتنشـأ عنها بالضرورة. وتبدأ تلك السلسلة، بظاهرة التنازع والعدوان ثم بظاهرة التطور والارتقـاء[م23] من أجل السيطرة والتحكم، ومن أجل البقاء للأصلح. ويعتقد ابن خلـدون أن التنـازع والتطـور والسيطرة، كلهـا نزعـات كائنـة في طبيعـة الإنسـان، لـذلك فهـو يؤكـد مـثلا : « لما في الطبيعـة الحيوانية من الظلم والعدوان، بعضهـم عـلى بعـض (...) فيقـع التنـازع، المفضي إلى المقاتلـــة »[٢٤]. ويؤكد أيضـا : « ومن ضرورة الاجتماع، التنازع لازدحام الأغراض »[٢٥]. وعـلى ذلـك، فإنـه نتيجة لغريزة الخوف، وغريزة حب البقاء ـ وأيضا، ضرورة حفظ النـوع، كـما سـبقت الإشـارة ـ تنشأ ظاهرة الاجتماع، أو التجمع، ونتيجة للتجمع، تنشأ ظاهرة التعاون (طوعا أو كرها). ومـن التعاون، تنشأ ظاهرة المجتمع، التي تفضي، بدورها، إلى نشـأة ظـاهرة الدولـة. فالدولـة، في رأي ابن خلدون، هي التعبير السياسي والحضاري، عن إنسانية الإنسان، لكنه ذلـك الإنسـان المـزيج، أي : المركب بطبعه من العدوانية، والمدنية، أو، بتعبير آخر، مـن ثنائيـة الشر والخير، في نفـس الآن.

لكن تلك الجدلية الصاعدة، في رؤى ابن خلدون، وفي تفكيره، سرعان ما تغير

---

(٢٣) علي الوردي : منطق ابن خلدون، مرجع سابق، ص ٢٨١.

(م23) راجع ابن خلدون : المقدمة، تحقيق علي وافي، ج١، ص ص ٥٠٩ - ٥١١، هامش ٢٨٧ (البيان). حيث يشـير المحقـق إلى أسـبقية ابـن خلـدون عـلى داروين والإرتقـائيين بـالقول بنظريـة ارتقـاء الكائنـات وتطورهـا، واستحالتها إلى كائنات أخرى من الناحية العضوية والحيوية. فقد قال ابن خلدون في هذا المعنى: « وانتهـى في تدريج التكوين إلى الإنسان صاحب الفكر والروية، ترفع اليه مـن عـالم القـردة» (ج١، ص ٥٠٩ - البيـان) وقوله« نشاهد هذا العالم بما فيه من المخلوقـات كلهـا عـلى هيئـة مـن الترتيـب والإحكـام، وربـط الأسـباب بالمسببات، واتصال الأكوان بالأكوان، واستحالة بعض الموجودات إلى بعض (...) وكل واحد منهـا مسـتعد إلى أن يستحيل إلى ما يليه، صاعدا أو هابطا، ويستحيل بعض الأوقـات». (المقدمـة، ص ١٦٦) وغـير ذلـك مـن النصوص الخلدونية في هذا الموضوع.

(٢٤) ابن خلدون : المقدمة، ص ص ٣٣٢ ـ ٣٣٣.

(٢٥) نفسه، ص ٣٤٠.

اتجاهها، فتصبح نازلة. وذلك نتيجة لظاهرة (التنازع) ذاتها، وأيضا، نتيجة تطور طبيعة العصبيات، وتفاعل التركيبات الداخلية للجماعات. حيث تطرأ العوائق - في وجه التطور الصاعد - المفضية إلى الخلل في هياكل المجتمع والدولة على السواء. فيبدأ كل منهما في التفكك والانحلال، ثم الاضمحلال والتلاشي، شيئا فشيئا، حتى ترى الدولة نفسها : «وهي تتلاشى، إلى أن تضمحل، كالذبال في السراج، إذا فني زيته وطفئ »[٢٦]، وحتى تعود الدولة، إلى نقطة الصفر، لتلد دولة أخرى، على أنقاضها، في شكل جديد. وهكذا دواليك.

في هذا السياق، ألا تكون نظرية هيجل في جدلية الفكر، «la dialectique» قد تأثرت بنظرية ابن خلدون الجدلية، في (التعاقب الدوري) ؟ خاصة وأن أجزاء من (المقدمة) الخلدونية، قد ترجمت إلى الفرنسية، والألمانية، في بداية القرن التاسع عشر (في ١٨٠٦ و١٨١٢)، قبل وفاة هيجل، بنحو خمس وعشرين سنة. وربما قبل هذا التاريخ وخاصة إذا أخذنا بعين الاعتبار، ترجمة بيار فاتيه (Pierre VATTIER) لكتاب : (عجائب المقدور في أخبار تيمور) لأحمد ابن عربشاه، إلى الفرنسية، سنة ١٦٥٨، وهو الكتاب الذي تكلم عن ابن خلدون، وأيضا، ترجمة نفس الكتاب : « إلى اللاتينية سنة ١٧٦٧ على يد مانجر «Samuel MANGER»[٢٧]. ثم المقالة التي حررها دربلو D'HERBELOT عن ابن خلدون، « في مكتبته الشرقية، التي نشرت سنة ١٦٩٧»[٢٨].

٣ - الوازع الديني

يقرر ابن خلدون : « أن الدول العامة الاستيلاء، العظيمة الملك، أصلها الدين، إما من نبوة أو دعوة حق »[٢٩]. ومعنى ذلك أنه يعتقد في أن الدين من العناصر المعنوية، أو الأخلاقية، التي تساهم في إنشاء الدولة. لكن دون أن يستطيع الدين، تسييرها وقيادتها، لقوله : « والدولة إن كان قيامها بالدين، فإنه بعيد عن منازع الملك »[٣٠].

---

(٢٦) نفسه، ص ٥٢٧.

(٢٧) ساطع الحصري : دراسات عن مقدمة ابن خلدون، ص ٦١١، القاهرة ١٩٦١.

(٢٨) نفس المرجع والصفحة.

(٢٩) ابن خلدون : المقدمة، ص ٢٧٧.

(٣٠) نفسه، ص ٥١٤.

ويعلل ابن خلدون، رأيه هذا بقوله : « إن الملك، إنما يحصل بالتغلب، والتغلب، إنما يكون بالعصبية، واتفاق الأهواء على المطالبة، وجمع القلوب وتأليفها، إنما يكون بمعونة من الله في إقامة دينه. قال تعالى : ﴿ لو أنفقت ما في الأرض جميعا، ما ألفت بين قلوبهم ﴾ [٣١]. وسره أن القلوب إذا تداعت إلى أهواء الباطل، والميل إلى الدنيا، حصل التنافس، وفشا الخلاف، وإذا انصرفت إلى الحق، ورفضت الدنيا والباطل، وأقبلت على الله، اتحدت وجهتها، فذهب التنافس، وقل الخلاف، وحسن التعاون والتعاضد، واتسع نطاق الكلمة لذلك، فعظمت الدولة » [٣٢].

وبعبارة أخرى، فإذا كان دور الوازع الديني، هو تأليف القلوب، وجمع الأفراد، فإن ذلك من شأنه أن يساعد العصبية في تأسيس الدولة، لأن بالعصبية يحصل التغلب، المفضي- إلى تحقيق غايتها، وهي إقامة الملك والدولة.

في هذا الصدد، يقرر دي بور، أن : « الدين لا يؤثر في آرائه العلمية » [٣٣]، إلا أن ذلك قد يجانب الصواب، وقد يخالف الواقع. إذ أن الدين ـ كما رأينا ـ لا يخلو، أحيانا، من جاذبية خاصة، في آراء ابن خلدون، المتعلقة بتأسيس الملك، وبتقرير مصير الدولة. فهو في بعض الأحيان، يوعز ضعف الدولة، ونقص سورة البأس وسقوط قوة العصبية، إلى : « تناقص الدين في الناس » [٣٤]، وإلى : « البعد عن سكينة الإيمان » [٣٥] ـ بالإضافة إلى حصول المذلة [٣٦] والظلم، والترف [٣٧]، والحضارة [٣٨] ـ

---

(٣١) الأنفال / ٦٣.

(٣٢) ابن خلدون : المقدمة، ص ٢٧٧.

(٣٣) دي بور : تاريخ الفلسفة في الإسلام، ترجمة محمد عبد الهادي ابوريدة، ص ٤٠٤، ط ٤، القاهرة١٩٥٧ يشير معنى النص إلى الروح العقلاني عند الخلدونية، لا إلى عزوفها عن التدين، لأن الدين يؤكد العلم.(راجع فقرة ٥ من التقديم).

(٣٤) ابن خلدون : المقدمة، ص ٢٢٢.

(٣٥) نفسه، ص ٣٨٠.

(٣٦) نفسه، ص ٢٩٧.

(٣٧) نفسه، صفحات : ٢٤٦، ٢٥٦، ٢٥٧، ٢٩٩.

(٣٨) نفسه، ص ٢١٦. إذ يقول في ذلك : «إن الحضارة هي نهاية العمران، وخروجه إلى الفساد، ونهاية الشر- والبعد عن الخير».

ثانيا : العناصر المادية

- ٣٠ -

من الممكن حصر العناصر المادية، المنشئة للدولة، في رأي ابن خلدون، في ثلاثة، أيضا، هي : التجمع، والوازع الحاكم، بالإضافة إلى الإقليم.

١ ـ التجمع

المقصود بالتجمع، استئلاف مجموعة من الأفراد، والجماعة من الناس، بالمعنى الاجتماعي والسياسي، للفظ. أي التجمع الحضري، أو المدني، المستقر، لأنه التجمع الذي يؤسس الدولة، في رأي ابن خلدون. وليس المقصود بالتجمع، هنا، الجماعة في التجمع الطبيعي، أو البدوي، لأن هذين التجمعين، لا ينشئان الدولة، في النظرية السياسية الخلدونية ـ كما سبقت الإشارة ـ

ويمكن التنبيه أيضا، إلى أن ابن خلدون، لا يستعمل مصطلح (المجتمع) في (المقدمة)، إلا نادرا جدا[٣٩]، ولكنه يعبر عن التجمع، وعن المجتمع، في الغالب، بلفظ بديل، هو (الاجتماع) و(أهل الاجتماع)[٤٠]. أما المجتمع المدني، فيعبر عنه ابن خلدون، أيضا، بألفاظ بديلة، مثل، الحضر، وأهل الحاضرة، وأهل الحواضر، والمصر، وأهل المصر، وأهل الأمصار، وغير ذلك. فهو يقصد بهذه الألفاظ، المجتمع، الذي تجمع وتمدن، بعد بداوة، وأصبح مستقرا في المدن. فالدولة، حينئذ، وفي هذا المعنى، لا تنشأ في رأيه، إلا في المجتمع الحضري، الذي استقر في الأمصار والمدن. وبالتالي، فإن هذا الشكل من التجمع أو المجتمع، شرط من الشروط المادية، المؤسسة للدولة.

لكن مع ذلك، فإن ابن خلدون، يقرر أن الدولة، في الطور الأول من نشوئها، في التجمع الحضري، تكون في (حالة) من البداوة[٤١]. وذلك لأسباب اقتصادية محضة ـ على ما يبدو ـ من بينها، مثلا :

١ ـ اعتماد الدولة،في بداية نشأتها، على الضروري في المعاش، وفي اقتصادها في النفقات.

---

(٣٩) عثرنا في (المقدمة) على خمسة استعمالات للفظ (مجتمع). راجع صفحات : ١٦١، ٢١٩، ٥٤٠، و٧٢٥.

(٤٠) راجع : ابن خلدون : المقدمة،ص ٥٤٠، مثلا.

(٤١) راجع : نفس المصدر، ص ٥١٤.

٢ - بعدها عن حياة الترف، لضيق مجال نفقاتها، وعدم توسعها في الملك.

٣ - عدم احتياجها إلى الأموال الكثيرة. أي : لاكتفائها الذاتي، اقتصاديا.

٤ - رفقها بالرعايا، في معاملاتها لهم، وخاصة في جباية الأموال منهم.

وفي هذا المعنى، يقول ابن خلدون : « فاعلم أن الدولة في أولها، تكون بدوية، كما مر، فيكون خلق الرفق بالرعايا، والقصد في النفقات، والتعفف عن الأموال. فتتجافى عن الإمعان في الجباية، والتحذلق والكيس[٤٢] في جمع الأموال، وحسبان العمال، ولا داعية حينئذ إلى الإسراف في النفقة. فلا تحتاج الدولة إلى كثرة الأموال »[٤٣].

أما عندما تتوسع الدولة في الملك، ويكثر استيلاؤها على الأمصار، فإنها تدخل طورا جديدا، يدعوه ابن خلدون، بطور الترف والحضارة، يتميز بكثرة نفقات الدولة في المترفات، وبزيادة الجبايات، لتغطية « أعطيات الجند، وارزاق أهل الدولة »[٤٤]. ثم تنتقل الدولة، إلى طور ثالث، يدعوه بطور الانحلال، حيث يبدأ ظل الدولة فيه، يتقلص شيئا فشيئا، لإجحافها في الجبايات، وإسرافها في النفقات، و: « الاستطالة والقهر لمن تحت يدها من الرعايا، فتمتد أيديهم إلى جمع المال من أموال الرعايا (...). ويكون الجند في ذلك الطور، قد تجاسر على الدولة، بما لحقها من الفشل والهرم في العصبية »[٤٥].

وهكذا يفسر ابن خلدون - في هذه اللحظة - نشأة الدولة، تفسيرا ماديا اقتصاديا. فالدولة تكون بدوية، في اعتمادها على الضروريات، ومتحضرة، في اعتمادها على الكماليات، ومتلاشية، بسبب إسرافها في النفقات.

٢ - الوازع الحاكم

من شروط نشأة الدولة، أيضا، عند ابن خلدون، ضرورة وجود وازع حاكم، أو وجود هيئة سياسية حاكمة، يمثلها شخص طبيعي - أو مادي - كالملك والسلطان، والرئيس، ومن يحيط به من وزراء، وأهل السلطة والنفوذ.

---

(٤٢) يقصد بالتحذلق والكيس : التلطف في المعاملة، واستعمال الذكاء.

(٤٣) نفسه، ص ٥٢٥.

(٤٤) نفس المصدر والصفحة.

(٤٥) نفسه، ص ٥٢٦.

وقد عبر ابن خلدون، عن الشخص الطبيعي الحاكم، أو الهيئة السياسية الحاكمة، بالوازع الحاكم. وأكد استحالة وجود الدولة، بدونه. فقال : « واستحال بقاؤهم فوضى دون حاكم يزع بعضهم عن بعض، واحتاجوا من أجل ذلك إلى الوازع، وهو الحاكم عليهم، وهو بمقتضى الطبيعة البشرية، الملك القاهر المتحكم »[٤٦].

إن طبيعة الاجتماع البشري، في رأي ابن خلدون، تتطلب في الطور الثالث الحضري، ضرورة وجود حاكم طبيعي، ينظم حياة الأفراد، ويفصل بين الناس. أو بتعبير آخر، فإن وجود المجتمع البشري، وبقاءه، مرتبطان بوجود الدولة وببقائها، بمعنى أن وجود المجتمع، يستلزم بالضرورة الطبيعية، وجود الدولة. وبهذا المعنى أيضا، فإن المجتمع والدولة، في تصور ابن خلدون، مؤسستان مترابطتان ومتلازمتان، على الدوام ـ كما سبقت الإشارة ـ بل ومتكاملتان. يقول مقررا هذا المعنى : « إن الاجتماع للبشر، ضروري، وهو معنى العمران، الذي نتكلم فيه، وأنه لا بد لهم في الاجتماع، من وازع حاكم، يرجعون إليه »[٤٧].

٣ ـ الإقليم

إن الإقليم، باعتباره كذلك، لا ينشيء الدولة. ولكن بدونه يتعذر وجود المجتمع والدولة، معا. ولذلك، كان تأسيس الدولة، مشروطا بوجود إقليم. ومن ثم فهو يعتبر من العناصر المادية الأساسية، لإقامة الدولة. وقد أشار ابن خلدون، إلى معنى ضرورة وجود الدولة في إقليم معين، في غير موضع، في (المقدمة). من ذلك قوله مثلا : « إن كل دولة، لها حصة من الممالك، والأوطان، لا تزيد عليها »[٤٨]، وقوله أيضا : « إن كل دولة، لها حصة من الممالك والعمالات، لا تزيد عليها »[٤٩]. فابن خلدون، يتصور إقامة الدولة، في إقليم، له حدود معينة، لا يزيد عليها.

وقد ربط ابن خلدون، معنى الإقليم، بوجود عصبية تمهد لإنشاء دولة فيه. وهو تفكير طبيعي، لأنه لا يتصور وجود جماعة، بدون أرض أو إقليم. وأصل تصوره، هو

---

(٤٦) نفسه، ص ٣٣٣.

(٤٧) نفسه، ص ٥٤٠.

(٤٨) نفسه، ص ٢٨٥.

(٤٩) نفسه، ص ٥٢٧.

اعتباره للعصبية ـ أو الجماعة ـ من مكونات الدولة، لأنها من غاياتها[٥٠]. ومن ثم، فإن العصبية، المؤسسة للدولة، تقوم بتوزيع مراكز الإقليم على أفرادها، لغاية السيطرة عليه. إذ : « أن عصابة الدولة، وقومها، القائمين بها، الممهدين لها[٥١]، لا بد من توزيعهم حصصا على الممالك، والثغور التي تصير إليهم، ويستولون عليها »[٥٢]. «واعتبر ذلك بتوزيع عصابة الدولة، على حماية أقطارها وجهاتها »[٥٣].

في هذا الصدد، يلاحظ ابن خلدون، أن الأقاليم القليلة العصبيات، يكون من السهل، تكوين الدولة فيها. لأن الصراعات التي تحدث عادة بين العصائب ـ والتي يتأخر بسببها تكوين الدولة ـ تكون نادرة الوقوع، لسيطرة الوازع العصباني على الإقليم، الذي توجد فيه الدولة. إذ أن : « الأوطان الخالية من العصبيات، يسهل تمهيد الدولة فيها، ويكون سلطانها وازعا، لقلة الهرج والانتقاض. ولا تحتاج الدولة فيها إلى كثير من العصبية »[٥٤].

ثالثا : العناصر المشتركة

- ٣١ -

يعتقد ابن خلدون، أن الدولة، لا تنشأ من العناصر المعنوية والمادية، وحسب، وإنما تنشأ أيضا، من جملة من العناصر المشتركة (بين ما هو معنوي وما هو مادي)، التي تتضافر مع العناصر السابقة، وتتكامل، فتنشأ الدولة على أساسها جميعا. ومن بين تلك العناصر المشتركة في نشأة الدولة وبنائها : الجند، والمال، وتحقيق العدل.

١ ـ الجند

تنشأ الدولة عند ابن خلدون، أول ما تنشأ، بقوة طبيعية، هي العصبية. ولا تصبح العصبية كذلك، قوة تكون الدولة، إلا بما تجمعه حول نفسها، وفي محيطها، من رجال وجند، تدفع بهم إلى حماية نفسها، وإلى التوسع ومد سلطانها، ومقاومة المعارضين،

---

(٥٠) يقول ابن خلدون، في هذا المعنى : «الملك غاية طبيعية للعصبية» : المقدمة، ص ٣٥٨.

(٥١) أي : المؤسسون للدولة.

(٥٢) ابن خلدون : المقدمة، ص ٢٨٥.

(٥٣) نفسه، ص ٥٢٧.

(٥٤) نفسه، ص ٢٩١.

والدفاع عن حمى الدولة، وممتلكاتها[55] وثغورها[56]. ولهذا يقرر ابن خلدون : « أن مبنى الملك على أساسين، لا بد منهما : فالأول، الشوكة والعصبية، وهو المعبر عنه بالجند. والثاني، المال، الذي هو قوام أولئك الجند، وإقامة ما يحتاج إليه الملك (بكسر اللام) من الأحوال »[57].

وتأكيدا لهذا المعنى الخلدوني، فإنه من البديهي، أن معنى الدولة في الفقه السياسي، لا يستقيم، إلا إذا كان للدولة، جند أو جيش، يحميها، ويدافع عن وجودها. وبعبارة أخرى، فإن الجيش، والدولة أمران مختلفان، في الظاهر، لكنهما متلازمان في الحقيقة والواقع، أو أنهما أمر واحد..

٢ ـ المال

تنشأ الدولة، أيضا، عند ابن خلدون، بقوة المال، وذلك لأن السلطة السياسية، تحتاج دوما إلى المال، لإنفاقه في وجوه الدفاع المختلفة. إذ أن : « حاجة الدولة والسلطان، إلى الإكثار من المال »[58]، أمر طبيعي وضروري، لوجود الدولة. ولذلك، اعتبر ابن خلدون، المال، هو الأساس الثاني في تأسيس الملك أو الدولة ـ كما أشار النص السابق ـ لأن الجند والأعوان والقادة، الذين يساهمون، ويشاركون، في قيام الدولة، وفي حمايتها، يكونون في حاجة إلى الأعطيات والأرزاق، حتى يقوى إخلاصهم للدولة، وتثمر أعمالهم من أجلها. ومن ثم، فإن الدولة، مطالبة بتوفير المال ـ بواسطة الجبايات والضرائب والمكوس، وغير ذلك ـ لإنفاقه على أولئك الأعوان والجند والقادة، ولإنفاقه أيضا في المصالح الخاصة للدولة، وفي المصالح العامة للرعية. فإذا ما تحقق للدولة، وفور المال، أمكن لها أن تؤكد وجودها وتضمن استمرارها.

ولأهمية العنصرين السابقين، في وجود الدولة، يعتقد ابن خلدون، أن : « الخلل إذا طرق الدولة، طرقها في هذين الأساسين »[59]، وهما : الجند والمال.

---

(٥٥) راجع نفس المصدر، ص ٢٤٩.

(٥٦) راجع نفس المصدر، ص ٣٣٣.

(٥٧) نفس المصدر، ص ٥٢١.

(٥٨) نفسه، ص ٥١٣.

(٥٩) نفسه، ص ص ٥٢١ ـ ٥٢٢.

٣ ـ تحقيق العدل [٦٠]

على الرغم مما يبدو من اهتمام ابن خلدون بموضوع العدل، أو العدالة، فإنه لم يخصص له فصلا معينا في (المقدمة)، ولم يفصل القول فيه، كما فصله أرسطو[٦١] مثلا. ربما يعود ذلك، إلى اعتبار ابن خلدون، الشريعة الإسلامية، متضمنة لمبادئ العدل والحرية والمساواة [٦٢] ومن ثم، فلم ير ضرورة، ولا داعيا، لأن يكرر في (مقدمته) ما تكفلت بتفاصيله، وأكدته الشريعة. ومن الملاحظ في هذا الصدد : « أن ابن خلدون، أدرج الحرية في العدالة، ولم يعط الحرية السياسية كيانا مستقلا، إزاء تفسيره للظاهرة السياسية » [٦٣]. ولعل السبب في ذلك، يعود إلى أن : « الحضارة الإسلامية، قبل ابن خلدون، لم تكن تملك تقاليد سياسية، من وجهة الفلسفة السياسية » [٦٤].

وقد تركز اهتمام ابن خلدون، بالعدل، الذي يراه مكملا لوجود الدولة، ومن وظائفها الأساسية، عند تناوله مواضيع الحرب، والملك، والمال، خاصة. فهو يرى بأن الحروب، منها ما يكون عادلا، ومنها ما يكون جائرا، وأن العدل والظلم، مرتبطان بالحكم والملك السياسي، أي : بالدولة [٦٥].

ومما يؤكد اعتقاد ابن خلدون، أن العدل من العناصر المؤسسة للملك والدولة والعمران، تكراره لهذه العبارة في (المقدمة)، ثلاث مرات ـ على الأقل ـ وهي قوله : «إن الظلم مؤذن بخراب العمران » [٦٦]. بمعنى أنه إذا كان الظلم أداة لتخريب العمران، الذي تكون الدولة من نتائج وجوده، فإن ما يقابله، وهو العدل، يكون أداة لبناء العمران، وإنشاء الدولة، كما يكون أداة لحمايتها من السقوط والهلاك والاندثار.

إضافة إلى ذلك، فإن علاقة العدل بتأسيس الدولة، عند ابن خلدون، تتأكد

---

(٦٠) للتوسع في موضوع العدل عند ابن خلدون، راجع : القسم الثالث عشر من هذا البحث.

(٦١) راجع : أحمد عبد السلام : ابن خلدون والعدل، ص ٢٢ وما بعدها، تونس ١٩٨٩.

(٦٢) يقول ابن خلدون، مثلا : «فملكة الإسلام في العدل ما علمت» : المقدمة، ص ٢٦١.

(٦٣) حامد عبد الله ربيع : في محاضرته عن فلسفة ابن خلدون السياسية، بقسم الفلسفة، كلية الآداب، جامعة القاهرة، بتاريخ ٢ جانفي ١٩٦٢.

(٦٤) نفس المرجع.

(٦٥) راجع : أحمد عبد السلام : ابن خلدون والعدل، مرجع سابق، ص ٧٢ وما بعدها.

(٦٦) ابن خلدون : المقدمة، صفحات : ٦٤، ٥٠٧، ٥٠٩.

بصورة أخرى، في تكراره أيضا، في موضعين من (المقدمة) للكلام المنسوب إلى الموبذان بهرام -فقيه الفرس وحاكم المجوس- نقلا عن المسعودي في أخبار الفرس. إذ قال: « لا عز للملك إلا بالرجال، ولا قوام للرجال، إلا بالمال، ولا سبيل إلى المال، إلا بالعمارة، ولا سبيل للعمارة، إلا بالعدل. والعدل، الميزان المنصوب بين الخليقة، نصبه الرب، وجعل له قيما وهو الملك (بكسر اللام) »[٦٧].

وللعدل في المال، أهمية خاصة عند ابن خلدون. فقد تعرض إلى ذلك، في فصول مختلفة من (المقدمة). من ذلك: فساد تجارة السلطان[٦٨]، والاحتكار[٦٩]، وعلاقة الظلم بالعمران[٧٠]، وطرق جباية الأموال[٧١]. يقول، مثلا: « إن السلطان لا ينمي ماله، ولا يدر موجودة إلا الجباية، وإدرارها إنما يكون بالعدل في أهل الأموال، والنظر لهم بذلك»[٧٢]. ثم يضيف مؤكدا على أن الظلم ـ أو عدم العدل ـ في الأموال، يفضي إلى اختلال الدولة، وتقويضها، وإلى فساد العمران، جملة: « إن العدوان على الناس في أموالهم، ذاهب بآمالهم في تحصيلها واكتسابها (...). فإذا قعد الناس عن المعاش، وانقبضت أيديهم عن المكاسب، كسدت أسواق العمران (...)، واختل باختلاله حال الدولة، والسلطان، لما أنها (أي: الدولة) صورة للعمران، تفسد بفساد مادتها ضرورة»[٧٣].

مما يلفت النظر، أن ابن خلدون، يتكلم عن الظلم والعدوان، في نصوص كثيرة من (المقدمة)، وهو يقصد من ذلك، العدل والعدالة. بمعنى أنه يتناول موضوع العدل، بطريق غير مباشر، أي من خلال تناوله لموضوع الظلم وأشكاله. وتأكيدا لذلك، يقول، مثلا: « ولا تحسبن الظلم، إنما هو أخذ المال أو الملك (بسكون اللام) من يد مالكه، من غير عوض، ولا سبب، كما هو المشهور، بل الظلم أعم من ذلك. وكل من أخذ

---

(٦٧) نفسه، صفحتا: ٦٤ و٥٠٨.

(٦٨) راجع: نفسه، ص ٤٩٧ وما بعدها.

(٦٩) راجع: نفسه، ص ٥١٢.

(٧٠) راجع: نفسه، ص ٥٠٧.

(٧١) راجع: نفسه، ص ص ٤٩٣ ـ ٥٠٦.

(٧٢) نفسه، ص ٥٠٠.

(٧٣) نفسه، ص ص ٥٠٧ ـ ٥٠٨.

ملك أحد، أو غضبه[73 م] في عمله، أو طالبه بغير حق، أو فرض عليه حقا لم يفرضه الشرع، فقد ظلمه. فجباة الأموال بغير حقها، ظلمة، والمعتدون عليها، ظلمة، والمنتهبون لها ظلمة، والمانعون لحقوق الناس، ظلمة، وغصاب الأملاك، على العموم، ظلمة. ووبال ذلك كله عائد على الدولة، بخراب العمران، الذي هو مادتها، لإذهابه الآمال من أهله»[٧٤].

يبدو واضحا إذن، أن ابن خلدون، يفسر العدل ـ باعتباره من عناصر تكوين الدولة ـ تفسيرا ماديا من خلال العدوان والمظالم التي تقع في الجبايات والأموال والأملاك. ومن خلال هضم حقوق الأفراد المادية، وكأنه يشير، ضمنيا ـ في النص السابق ـ إلى معنى الآية، في قوله تعالى : ﴿ ولا تأكلوا أموالكم بينكم بالباطل ﴾[٧٥]. فهو يوعز سبب ضعف الدولة، وفساد الأمر فيها، وسقوطها، إلى جباة الأموال، عندما : « يكون جباة الأموال في الدولة، قد عظمت ثروتهم في هذا الطور، بكثرة الجباية، وكونها بأيديهم»[٧٦].

مما سبق، يمكن القول، أن : الجند والمال، والعدل، من العناصر المؤسسة للدولة، عند ابن خلدون، وأن هذه العناصر، إذا ما تؤملت بدقة، تؤكد الحقيقة الآتية، وهي : أن الدولة لا يستقيم وجودها، في رأيه، إلا من خلال تكامل تلك العناصر، مجتمعة. وإذا كان كذلك، يكون ابن خلدون، قد كشف عن العناصر الرئيسية : المعنوية منها، والمادية، والأساسية، المفضية جميعها، إلى نشأة الدولة، وإلى تكوينها. وبدون ذلك، يتلاشى مشروع الدولة، في نظره، ويسقط من أساسه.

ولعله من المفيد في هذا المجال، أن نقارن بين من يحقق العدل في الدولة، عند كبار المتخصصين في فلسفة الفكر الإنساني السياسية. فنرى، مثلا، أن العدل :

(73مكرر) هكذا (غضبه) بالضاد في طبعتي : بيروت ١٩٦١ و١٩٦٧، ص ٥١٠، وفي طبعة (البيان) للمقدمة، بتحقيق علي وافي : (غصبه) بالصاد. راجع أيضا : القسم ١٣ من هذه الدراسة في التعقيب على موقف ابن خلدون من العدل)، هامش ٩٣.

(٧٤) نفسه، ص ٥١٠.

(٧٥) البقرة / ١٨٨.

(٧٦) ابن خلدون : المقدمة، ص ٥٢٦.

أ ـ عند أفلاطون، يحققه الفرد المتعلم في المدينة الفاضلة.

ب ـ عند أرسطو، تحققه النخبة في المدينة ـ الدولة.

ج ـ عند ابن خلدون، يحققه الحاكم في الدولة، في إطار الوازع السياسي والديني.

د ـ عند هيجل، تحققه قوة الفرد الواعي، إلى جانب قوة الدولة الفاعلة.

وإذا كنا قد تعرضنا إلى العناصر المؤسسة للدولة، في رأي ابن خلدون، فإنه يبدو من المنطق، أن نتعرض الآن إلى ما يتعلق بها : كعوامل سقوطها وأسباب تعددها، وأصنافها وأطوارها، وعمرها وأجيالها، وأيضا إلى أسباب اضمحلالها.

عوامل سقوط الدولة

ـ ٣٢ ـ

من المؤكد أن ظاهرة الدولة، يختلف شكلها زمانا ومكانا. فهي تختلف من حيث الحجم، والنظام السياسي، ومن حيث الأعراق والجماعات والأمم، التي تنشىء الدولة. ولذلك يقرر ابن خلدون، جملة من الأسباب، في تعدد الدول. وأولاها تلك التي توجد في الدولة العامة[٧٧]. وهي الدولة، التي إذا نشأت واستقرت، وتقدم بها الزمن، يصيبها: « الهرم بالترف والدعة، وتقلص ظل الغلب»[٧٨]. فتحدث فيها، لذلك، عوارض الإنقسام، والإنفصال، فتصاب بالتفكك، نتيجة عدة أسباب، أو عوامل منها :

الأول : احتكار السلطة. أو الانفراد بالمجد ـ بتعبير ابن خلدون ـ لأنه في الجيل الأول، يكون : « المجد مشتركا بين العصابة »[٧٩]. فتكون عصبية الدولة، لذلك، قوية، وبأسها شديدا : « في التغلب على الغير، والذب عن الحوزة »[٨٠]. أما في الجيل الثاني، فينفرد بالمجد واحد من أفراد العصبية، دون مشاركة بقية الأفراد. فتضعف لذلك العصبية، ويذهب بأسها : « وإذا انفرد الواحد منهم بالمجد، قرع عصبيتهم، وكبح من أعنتهم،

---

(٧٧) راجع : نفس المصدر، ص ٢٨٧.

(٧٨) نفسه، ص ٥٢٠.

(٧٩) نفسه، ص ٢٩٧.

(٨٠) نفس المصدر والصفحة.

واستأثر بالأموال دونهم، فتكاسلوا عن الغزو، وفشل ريحهم، ورئموا المذلة والاستعباد»[٨١]. وهكذا يؤدي احتكار السلطة، في رأي ابن خلدون، إلى إذلال الرعية، وإلى استعبادها، وإلى عدم مشاركتها في السلطة، وهو الأمر الذي ينتج عنه، ضعف عصبية الدولة، ثم تفككها، لأن الرعية تقوم برد الفعل على احتكار السلطة، المتمثل في سعيها إلى الإنفصال، وفي عملها على تكوين دولة جديدة.

الثاني : فساد عصبية الدولة. ويقع فسادها، عند ما يدب روح التنافس على السلطة، في العصبية الحاكمة. وهي العصبية التي أنست الترف والنعيم، فتتطلع إلى السلطة، وتطمع، قرابة صاحب الدولة، في الحكم. إلا أن السلطان يستبد بهم : «ويأخذهم أيضا أكثر من سواهم، لمكانهم من الملك والعز والغلب. فيحيط بهم هادمان، وهما : الترف والقهر، ثم يصير القهر آخرا، إلى القتل (...). فيأخذهم بالقتل والإهانة، وسلب النعمة والترف، الذي تعودوا الكثير منه. فيهلكون، ويقتلون، وتفسد عصبية صاحب الدولة منهم، وهي العصبية الكبرى التي كانت تجمع بها العصائب، وتستتبعها، فتنحل عروتها، وتضعف شكيمتها »[٨٢].

وبذلك تسقط العصبية، المكونة للدولة. وإذا فسد الأصل، سقط، ونشأت عنه دولة أخرى.

الثالث : الانهماك في الترف. لـ« أن طبيعة الملك، تقتضي ـ الترف (...)، فتكثر عوائدهم، وتزيد نفقاتهم على أعطياتهم، ولا يفي دخلهم بخرجهم. فالفقير منهم، يهلك، والمترف يستغرق عطاءه بترفه (...) ثم يعظم الترف، وتكثر مقادير الأعطيات لذلك، فينقص عدد الحامية (...)، وتسقط قوة الدولة، ويتجاسر عليها من يجاورها من الدول، أو من هو تحت يديها من القبائل والعصائب، ويأذن الله فيها بالفناء، الذي كتبه على خليقته »[٨٣].

فالترف على هذا الأساس، يعتبر عامل هدم، لأنه من العوامل المسقطة للعصبية والدولة والملك ـ والعمران أيضا ـ رغم أنهم جميعا يسعون بطبيعتهم إليه. وعلى العكس

---

(٨١) نفس المصدر والصفحة.

(٨٢) نفسه، ص ٥٢٢.

(٨٣) نفسه، ص ص ٢٩٧ ـ ٢٩٨.

من ذلك، وبصورة جدلية، فإن الترف، يعتبر في نفس الوقت، وبطريقة غير مباشرة، عامل بناء، لأنه يصبح، في هذه الحال، من العوامل المنشئة لدولة جديدة.

ثم إن الترف أيضا، من الناحية الأخلاقية والسياسية، من الظواهر المفسدة للعوائد الحميدة، ولخلق المجتمع، ولرجال الحكم، في رأي ابن خلدون. حتى أنه إذا استحكم في النفوس والطبائع، أفضى إلى هلاك الدولة، ذاتها : « فالترف مفسد للخلق، بما يحصل في النفس من ألوان الشر، والسفسفة[٨٤] وعوائدها (...)، فتذهب منهم خلال الخير، التي كانت علامة على الملك، ودليل عليه، ويتصفون بما يناقضها من خلال الشر، فتكون علامة على الإذبار[٨٥] والانقراض (...)، وتأخذ الدولة مبادئ العطب، وتتضعضع أحوالها، وتنزل بها أمراض مزمنة من الهرم، إلى أن يقضى عليها »[٨٦].

الرابع : الراحة والسكون وعدم الإنتاج ـ أو الدعة، بتعبير ابن خلدون ـ لـ« أن طبيعة الملك، تقتضي ـ الدعة »[٨٧] أيضا. وإذا سكن الناس إلى الراحة، قل عملهم، وضعف سعيهم ونشاطهم، ونقص إنتاجهم، وذهبت شدتهم وقوتهم، فيصيرون إلى الضعف، المفضي ـ إلى الانقراض والزوال. وفي هذا المعنى، يقول ابن خلدون : « وإذا اتخذوا الدعة والراحة، مألفا وخلقا، صار لهم ذلك طبيعة وجبلة، شأن العوائد كلها، وإيلافها، فتربى أجيالهم الحادثة في غضارة العيش، ومهاد الترف والدعة، وينقلب خلق التوحش، وينسون عوائد البداوة، التي كان بها الملك من شدة البأس، وتعود الإفتراس، وركوب البيداء، وهداية القفر، فلا يفرق بينهم وبين السوقة من الحضر ـ إلا في الثقافة والشارة، فتضعف حمايتهم، ويذهب بأسهم، وتنخضد شوكتهم، ويعود وبال ذلك على الدولة، بما تلبس به من ثياب الهرم »[٨٨].

يحلل ابن خلدون، هنا، مظاهر الضعف، التي تصيب المجتمع، نتيجة تفشي الترف

---

(٨٤) أصله : «(سف) الدواء ـ سفا : تناوله يابسا غير معجون». ويقال : «أسف فلان : طلب الدانئ من الأمور» مجمع اللغة العربية : المعجم الوسيط، ج ١، ص ٤٣٦، القاهرة ١٩٦٠.

(٨٥) الإذبار، من الذبر، وهو الضعف. راجع نفس المرجع، ص ٣٠٩.

(٨٦) ابن خلدون : المقدمة، ٢٩٩.

(٨٧) نفس المصدر والصفحة

(٨٨) نفس المصدر والصفحة

والحضارة، بين أفراده، وذلك بركونهم إلى الراحة والسكون، وإلى عدم الإنتاج. ويعتقد أن ذلك من شأنه أن يؤثر في جسم الدولة، تأثيرا مباشرا، ويفضي إلى سقمه وهرمه، من جهة، كما يفضي أيضا، إلى ضرورة إعادة النظر في بنية الدولة، أي : إلى ضرورة إعادة تشكيلها من جديد، بوجه من الوجوه، من جهة أخرى.

الخامس : الخلل الذي يصيب الدولة في العناصر الأساسية المشتركة، وخاصة في المال وفي الجند كما سبقت الإشارة ـ لأن : « الخلل، إذا طرق الدولة، طرقها في هذين الأساسين »[٨٩]. وإذا اختلت الدولة في هذين الأساسين، تمردت الرعية عليها، وخرج أهل النواحي والقاصية، ضدها : « ويتجاسر الرعايا على نقض الدعوة في الأطراف، ويبادر الخوارج على الدولة، من الأعياص[٩٠] وغيرهم، إلى تلك الأطراف»[٩١]. وبذلك تضعف الدولة، ويتقلص ظلها، ويسقط نفوذها : « والدولة إذا أدركها الهرم والضعف، فإنما تأخذ في التناقص من جهة الأطراف »[٩٢]. فإذا قضي ـ عليها، في مركزها، نشأت بدلها، دولة جديدة. وهكذا الأمر من قبل ومن بعد.

تعقيب :

ـ ٣٣ ـ

١ ـ يبدو أنه من أخص خصائص تفكير ابن خلدون، العلمي، ومن مميزات منهجه في البحث، هو ذلك التدرج الجدلي الثلاثي، في التفكير ـ إن صح القول ـ أو هو ذلك التدرج، ذو الخطوات الثلاثة في دراسة الظاهرة. فابن خلدون، ينتقل بالقارئ ـ غالبا ـ عبر ثلاث مراحل، أو عبر ثلاثة مستويات من التفكير. إنه عندما يتناول ظاهرة من الظواهر بالدراسة ـ كظاهرة الدولة، مثلا ـ ينطلق، أولا، في بحث أسباب نشأتها وتأسيسها، وفي العوامل التي أفضت إلى ظهورها ووجودها، ثم ينتقل، ثانية، إلى بحث عوامل نموها وتطورها، ووظائفها. ثم أخيرا، ينتقل، مرة ثالثة، إلى بحث العوامل المفضية إلى زوال

---

(٨٩) نفسه، ص ص ٥٢١ ـ ٥٢٢.

(٩٠) الأعياص، جمع عيص، وهو الأصل، والمراد بالأعياص في النص: القادة والأعيان. راجع : مجمع اللغة العربية : المعجم الوسيط، ج ٢، مرجع سابق، ص ٦٤٦.

(٩١) ابن خلدون : المقدمة، ص ٥٢٣.

(٩٢) نفسه، ص ٢٨٦.

الظاهرة، أي إلى عوامل هدمها أو اضمحلالها.

إن هذا التفكير المرحلي والجدلي، عند ابن خلدون، في مراحله أو خطواته الثلاث، لا تكاد تنفلت منه - في الغالب - أي ظاهرة درسها ابن خلدون في (المقدمة). وبالخصوص، ظواهر: العصبية، والعمران، والملك، والدولة.

٢ - مما يلفت النظر، أن ابن خلدون، في كثير من نصوص (المقدمة)، يعلل سقوط الدولة القائمة، وقيام دولة، أو دول، على أنقاضها، بالهرم. وهو الهرم الذي يعتبره، من جهة، كأنه قانون طبيعي، أو إلهي، لا يتبدل، ولا يتغير، قد سن لجميع الكائنات: الطبيعية، منها والمعنوية - كالدولة، مثلا -، كما يعتبر الهرم، من جهة أخرى، مرضا مزمنا - للأسباب السابقة - يصيب الدولة، كما يصيب الكائنات العضوية[٩٣]. وفي هذه المعاني، يقول ابن خلدون: «إذا كان الهرم طبيعيا، في الدولة، كان حدوثه، بمثابة حدوث الأمور الطبيعية، كما يحدث الهرم في المزاج الحيواني. والهرم من الأمراض المزمنة، التي لا يمكن دواؤها، ولا ارتفاعها، لما أنه طبيعي، والأمور الطبيعية، لا تتبدل»[٩٤].

في هذا السياق، يخيل إلينا، أنه إذا كان هيجل، قد تصور الدولة، شخصا معنويا[٩٥]، فإن ابن خلدون، قد تصورها شخصا، أو كائنا، عضويا[٩٦]، - ومعنويا أيضا، كما رأينا في تعريفها، وكما سنرى في مفهومها - ينشأ ضعيفا، ثم يكون قويا، ثم يصير إلى الضعف والهرم والانحلال. وإذا كانت الدولة، كذلك، في رأيه، كائنا عضويا، له عمر محدود - تقريبا - وأطوار معينة - كما سنرى - فإن ذاكرة ابن خلدون، التي حفظت القرآن، لا يمكن أن يغيب عنها معنى الآية، في قوله تعالى: ﴿ الله الذي خلقكم من

---

(٩٣) راجع: عبد العزيز عزت: تطور المجتمع البشري عند ابن خلدون، في (أعمال مهرجان ابن خلدون)، مرجع سابق، ص ٤٢.

(٩٤) نفسه، ص ٥٢٠.

(95) Voir : Hégel : Principes de la philosophie du Droit : traduit de l'allemand par : André Kaan, p. 270, (Coll. Idées), Gallimard, Paris 1968.

(٩٦) قارن في هذا الخصوص، رأي محمد عبد المعز نصر، والرد عليه، في القسم التاسع من هذا البحث، بعد عنوان: نظرية القوة عند ابن خلدون، في الصفحة التي بها هامش (٦٠).

ضعف، ثم جعل من بعد ضعف قوة، ثم جعل من بعد قوة ضعفا، وشيبة، يخلق ما يشاء وهو العليم القدير ﴾[٩٧]. بمعنى أن للقرآن، أثره، في رأي ابن خلدون، في عضوية الدولة، وفي محاولته تحديد عمرها، وأطوارها، رغم ما يزعمه بعض الباحثين [٩٨].

٣ ـ من الملاحظ كذلك، أنه في إطار هذا الطابع من التنظير الخلدوني ـ أي : طابع التفكير المرحلي الثلاثي، الذي يرى مرور بعض الظواهر، عبر ثلاثة مستويات من الوجود ـ قد عبرت عنه نصوص من (المقدمة)، لا تتعلق فقط بظواهر العصبية والعمران والملك والدولة، ـ كما سبقت الإشارة ـ وإنما تتعلق أيضا، بنظرية المجتمع. فقد قسم ابن خلدون، التجمعات البشرية، تقسيما ثلاثيا، إلى طبيعية، وبدوية، وحضرية. وقسم البدو، كذلك، أو أهل البادية، إلى ثلاثة أجيال، كما قسم الحضر، إلى ثلاثة أجيال أيضا[٩٩]. ثم ظهر تقسيمه الثلاثي، في أطوار الدولة، أو أجيالها، وهي أطوار : البداوة، والحضارة والاضمحلال. وذلك قياسا على مراحل تطور التجمع البشري، ومراحل تطور حياة الإنسان، من الطفولة، إلى الكهولة، فالشيخوخة.

فهل يكون مصدر هذا التفكير، والتنظير عند ابن خلدون، هو القرآن، وبالخصوص، معنى الآية، المشار إليها قبل حين ؟

أصناف الدول (أو الملك)

ـ ٣٤ ـ

على أنه نتيجة لأسباب سقوط الدولة الأم ـ أو العامة، كما سبقت الإشارة ـ تنشأ دول أخرى. فعندما تنقسم الدولة القائمة، وتتفكك، تتألف على أنقاضها، أصناف من

---

(٩٧) الروم / ٥٤.

(٩٨) من ذلك، مثلا، أن لويس عوض، يشك فيما إذا كان ابن خلدون، قد تأثر بفكرة مارسيلو دي بادوا، في (عضوية) الدولة، أو أن ذلك مجرد (توافق) في الآراء. لكن ابن خلدون، أقرب للقرآن، من مارسيلو، فضلا عن أن البحث العلمي، لم يؤكد إطلاع ابن خلدون، على كتاب (حامي السلام) لمارسيلو، عام ١٣٢٤ م.

راجع لويس عوض : دراسات في النقد والأدب، ص ١٨٩، ط ١، بيروت ١٩٦٣.

(٩٩) تكلمنا عن أجيال البدو، والحضر، في القسم المتعلق بـ(نشأة التجمع البشري)، في بحث : (نظرية الدولة، عند ابن خلدون وهيجل).

الدول، أو الدويلات. ويمكن تصنيف تلك الدول، في رأي ابن خلدون، تصنيفا ثلاثيا، أيضا : الأول، سياسي، والثاني أخلاقي، والثالث، وصفي.

أولا : التصنيف السياسي

- ٣٥ -

المراد بالتصنيف السياسي، هو انبثاق دولة، أو عدة دول، عن الدولة الأم - أو العامة بتعبير ابن خلدون - وذلك بطريق الانقسام أو الانفصال، أي : التفكك. ويعتبر هذا التصنيف، هو أولى التصنيفات التي تصورها ابن خلدون، عن تكون الدول، تاريخيا وسياسيا. فقد أشار إلى ذلك، في موضعين من (المقدمة) :

١ - قوله : « وقد ينتهي الانقسام إلى أكثر من دولتين، وثلاث، وفي غير أعياص[١٠٠] الملك من قومه »[١٠١].

٢ - قوله : « فيستولي عليهم الهلاك، بالترف والقتل (...) وربما انقسمت الدولة، عند ذلك، بدولتين، أو ثلاث، على قدر قوتها في الأصل »[١٠٢].

ومع ذلك، فقد يحدث الانفصال والتفكك في الدولة الأم، على شكلين :

أ - فإما بحدوث انفصال بعض الولايات، في أطراف الدولة، عن السلطة المركزية، فتقوم تلك الولايات - بإنشاء دولة جديدة.

ب - وإما بوقوع ثورة على الدولة القائمة. فتسقطها، وتنشىء (الثورة) على أنقاضها، دولة جديدة.

يقول ابن خلدون، في هذا المعنى : « إن الدول الحادثة، المتجددة، نوعان : نوع من ولاية الأطراف، إذا تقلص ظل الدولة عنهم، وانحسر تيارها. وهؤلاء لا يقع منهم مطالبة للدولة في الأكثر، كما قدمناه لأن قصاراهم القنوع، بما في أيديهم، وهو نهاية قوتهم. والنوع الثاني، نوع الدعاة، والخوارج على الدولة. وهؤلاء لا بد لهم من المطالبة، لأن قوتهم وافية بها. فإن ذلك، إنما يكون في نصاب يكون له من العصبية

---

(١٠٠) راجع : هامش (٨٧) من هذا القسم.

(١٠١) ابن خلدون : المقدمة، ص ٥١٩.

(١٠٢) نفسه، ص ٥٢٣.

والإعتزاز، ما هو كفاء ذلك، وواف به. فيقع بينهم وبين الدولة المستقرة، حروب سجال، تتكرر وتتصل، إلى أن يقع لهم الاستيلاء والظفر بالمطلوب. ولا يحصل لهم في الغالب، ظفر بالمناجزة »[١٠٣].

فعلى ضوء هذا التصور الخلدوني، لتفكك الدولة، فإن التصنيف السياسي للدول، يتكون من ثلاثة أصناف، هي :

١ ـ صنف الدولة (المستقرة)، وهي الدولة الأم أو العامة.

٢ ـ صنف الدولة (المتجددة) في أطراف الدولة العامة، التي تنشأ نتيجة انفصال ولاية أو ولايات الأطراف.

٣ ـ صنف الدولة (المتجددة)، في داخل الدولة العامة، التي تنشأ، نتيجة الثورة والاستيلاء على الدولة القائمة، أي : بالإطاحة بها.

إن ابن خلدون، على ما يبدو، قد فكر في هذا التصنيف، على أساس النظر السياسي والتاريخي، لنشأة الدول، من حيث قوتها وضعفها، سياسيا وماديا، ومن حيث قدرتها أيضا، على الاستمرار في المكان والزمان، أي من حيث قوة سيادتها وسلطتها المركزية : « فالدول عنده مختلفة في وضعها، وفي مساحة أراضيها، وعدد رعاياها، وفي عناها، وفي قوتها، وفي استقرارها، ودوام الملك لأصحابها »[١٠٤].

ثانيا : التصنيف الأخلاقي

ـ ٣٦ ـ

تناول ابن خلدون أيضا، موضوع تصنيف الدولة تصنيفا أخلاقيا، تطوريا، عندما تعرض إلى طبيعة وكيفية انتقالها، من حال البداوة، إلى حال الحضارة، وكأنها مخلوق عضوي، ينشأ متبديا، ثم يتحضر، ثم يضمحل. ذلك أنه يعتقد : « أن هذه الأطوار طبيعية للدول »[١٠٥].

---

(١٠٣) نفسه، ص ٥٣٢.

(١٠٤) أحمد عبد السلام : دراسات، مرجع سابق، ص ٦٧.

(١٠٥) ابن خلدون : المقدمة، ص ٣٠٤.

١ ـ مرحلة البداوة

يقرر ابن خلدون، أو الدولة، تكون في أول أمرها متبدية، سواء في طبيعة تصرفها، وتعاملها مع الرعية، أو في شدة خلقها، وقوة تحكمها في النظام، وفي سيطرتها على الأوضاع السائدة في المجتمع. لأن العصبية المنشئة للدولة، لم تزل شديدة البأس، قوية الجانب : « فإن الغلب الذي يكون به الملك، إنما هو بالعصبية، وبما يتبعها من شدة البأس، وتعود الإفتراس، ولا يكون ذلك غالبا، إلا مع البداوة. فطور الدولة، من أولها، بداوة »[١٠٦].

وعلى هذا يبدو أن طور نشأة الدولة، في رأي ابن خلدون، هو طور بداوة، الذي يتميز خاصة، بقوة العصبية، وبفعاليتها في التحكم، وبقدرتها على الدفاع عن ذاتها وكيانها، وبوحدة أفرادها، وبتماسكها الخلقي. فهذه المميزات، الإيجابية، في العصبية، لن تتوفر، في رأي ابن خلدون، إلا : « عندما تكون الدولة، في شعار البداوة، وخشونة البأس »[١٠٧].

٢ ـ مرحلة الحضارة

أما الطور الثاني، الذي تنتقل إليه الدولة، بعد البداوة، فينعته ابن خلدون، بـ(طور الحضارة)، وهو الطور الذي تفقد الدولة فيه، خصائص أو مميزات الطور البدوي. ففي طور الحضارة، تتجه الدولة، بعد استقرارها، إلى الانغماس في ألوان الترف، الأمر الذي يفضي ـ بها إلى الانحلال الخلقي، وإلى التدهور والسقوط، في نهاية المطاف. وابن خلدون يؤكد هذه الحقيقة في عدة نصوص، نستعرض بعضها على الوجه الآتي، فيقول:

١ ـ « فإذا استفحل العز والغلب، وتوفرت النعم والأرزاق، بدرور الجبايات، وزخر بحر الترف والحضارة، ونشأت الأجيال على اعتبار ذلك، لطفت أخلاق الحامية، ورقت حواشيهم، وعاد من ذلك إلى نفوسهم، هيئات الجبن والكسل، بما يعانونه من خنث الحضارة، المؤدي إلى الانسلاخ من شعار البأس والرجولية، بمفارقة البداوة،

---

(١٠٦) نفس المصدر والصفحة

(١٠٧) نفسه، ص ٥٢٧.

وخشونتها، وبأخذهم العز بالتطاول إلى الرياسة، والتنازع عليها، فيفضي إلى قتل بعضهم ببعض، ويكبحهم السلطان عن ذلك، مما يؤدي إلى قتل أكابرهم، وإهلاك رؤسائهم، فتفقد الأمراء والكبراء، ويكثر التابع والمرؤوس، فيفل ذلك من حد الدولة، ويكسر من شوكتها، ويقع الخلل الأول للدولة، وهو الذي من جهة الجند والحامية »[١٠٨].

٢ ـ « ثم إذا حصل الملك، تبعه الرفه، واتساع الأحوال، والحضارة إنما هي تفنن في الترف وإحكام الصنائع المستعملة في وجوهه ومذاهبه (...). فصار طور الحضارة في الملك، يتبع طور البداوة ضرورة، لضرورة تبعية الرفه للملك »[١٠٩].

معنى ذلك، أنه إذا كانت : « الغاية التي تجري إليها العصبية، هي الملك »[١١٠]، وكان، في نفس الوقت : « من طبيعة الملك، الترف »[١١١]، فإن ظاهرة الترف، تصبح عائقا من عوائق الملك، وعاملا من عوامل سقوط الدولة[١١٢]. مما يدل على أن للعصبية، وظيفتين ـ على الأقل ـ : وظيفة للبناء، وأخرى للهدم :

١ ـ فهي، من جهة، تسعى للملك، وبناء الدولة، والمجد السياسي والعمراني، أي: للترف، لأن الملك والدولة والعمران، تفضي كلها إلى الترف والحضارة.

٢ ـ وهي، من جهة أخرى، تسعى ـ دون وعي منها ـ إلى حتفها، أي : إلى هدم ذاتها بذاتها، عندما تسعى إلى الترف، وتنغمس فيه. لأن الترف، في رأي ابن خلدون، يفضي إلى كسر شوكة العصبية، وإلى فساد العمران، وسقوط الدولة.

فنحن هنا، أمام نظرية خلدونية، تقرر أنه في أعماق ظاهرة (العصبية)، يكمن الداء والدواء، على السواء. ففيها تكمن جدلية البناء، والهدم، في نفس الآن، للملك والدولة والعمران. فالعصبية، إذن، سلاح ذو حدين، في رأي ابن خلدون، فهي تبني بإحدى يديها ـ إن صح القول ـ ثم تهدم بيدها الأخرى، ما بنته الأولى. فهي ـ أي العصبية

---

(١٠٨) نفسه، ص ص ٥٢٧ ـ ٥٢٨.

(١٠٩) نفسه، ص ٣٠٤.

(١١٠) نفسه، ص ٢٤٤ (وهو عنوان للفصل).

(١١١) نفسه، ص ٢٩٥ (وهو عنوان للفصل).

(١١٢) راجع : نفس المصدر، ص ٤٤٦.

تعبر عن قانون طبيعي، هو قانون : البناء والهدم. أو هو قانون الصراع بين الكائنات، وهو الذي عبر عنه القرآن في قوله تعالى : ﴿ ولو لا دفع الله الناس، بعضهم ببعض، لفسدت الأرض ﴾[113]. ومن الملفت للنظر، أن يعتقد ابن خلدون، في أن تلك الوظيفة المزدوجة للعصبية، أمر حتمي، وطبيعي، أو أنه قضاء وقدر. وإذا كان كذلك، فهل فكر ابن خلدون، في معنى الآية السابقة ؟ وفي هذا المعنى، لعل هوبز، أيضا، قد قلد ابن خلدون، في هذه الحتمية الطبيعية، أو الجبرية، عندما اعتقد في كتابه : (رسالة في الجبر والاختيار) : « أن الإنسان ـ كسائر المخلوقات ـ مجبور، خاضع للقدر، وبعبارة أخرى، لإرادة الله »[114].

وهكذا يقرر ابن خلدون، أن حياة الترف، أو الحضارة، هي العمر الطبيعي، للدول والعمران. يقول : « وبهذا الاعتبار، كان الذين يتقربون من جند السلطان، إلى البداوة والخشونة، أنفع من الذين يتربون على الحضارة وخلقها. وهذا موجود في كل دولة. فقد تبين أن الحضارة هي سن الوقوف لعمر العالم، من العمران والدول »[115]. وبتعبير آخر، فإن الحضارة، هي الحد الفاصل بين مرحلة البناء، ومرحلة الهدم، أو بين مرحلة قيام العصبية ببناء الملك والدولة والعمران، في العالم، وبين مرحلة قيامها بهدمهم جميعا فيه.

٣ ـ مرحلة الاضمحلال :

رأينا كيف يقرر ابن خلدون، أن ظاهرة الترف، وما يتبعها من حصول المذلة[116]، تعتبر من عوائق الملك، ومن مفسدات الدولة والعمران. بمعنى أن الترف، مؤذن بدخول الدولة، في طور الهرم والاضمحلال، شيئا فشيئا، إلى أن تنتهي، ويقضى عليها. ويشير صاحب (المقدمة)، إلى هذا المعنى، فيقول : « فإذا ذهب الجيل الأول (البداوة)، والثاني (الحضارة)، وأخذت الدولة في الهرم، لم تستقل أولئك الصنائع والموالي بأنفسهم، في

---

(١١٣) البقرة / ٢٥١.

(١١٤) أ. س. رابوبرت : مبادئ الفلسفة، ترجمة أحمد أمين، ص ٨٥، بيروت ١٩٦٩.

(١١٥) ابن خلدون : المقدمة، ص ص ٦٦٦ ـ ٦٦٧.

(١١٦) راجع : نفس المصدر، ص ٢٤٧.

تأسيس الدولة، وتمهيد ملكها، لأنهم ليس لهم من الأمر شيء، إنما كانوا عيالا على أهلها، ومعونة لها. فإذا ذهب الأصل، لم يستقل الفرع بالرسوخ، فيذهب ويتلاشى، ولا تبقى الدولة على حالها من القوة »(١١٧).

ويؤكد ابن خلدون، أن هرم الدولة، واضمحلالها، إنما يبدآن من أطرافها، ويتسربان بعد ذلك تدريجيا إلى مركزها، إلى أن تنتهي. وربما يبدأ الهرم والاضمحلال، أيضا، من القلب، أي : من المركز، ثم ينتشران، بعد ذلك، إلى الأطراف، فتضمحل الدولة في الحين. يقول : « ثم إذا أدركها الهرم والضعف، فإنما تأخذ في التناقص من جهة الأطراف، ولا يزال المركز محفوظا، إلى أن يتأذن الله بانقراض الأمر جملة، فحينئذ، يكون انقراض المركز. وإذا غلب على الدولة من مركزها، فلا ينفعها بقاء الأطراف والنطاق، بل تضمحل لوقتها. فإن المركز كالقلب الذي تنبعث منه الروح، فإذا غلب القلب، وملك، انهزم جميع الأطراف »(١١٨).

ويعمد ابن خلدون، إلى وصف طور اضمحلال الدولة، وزوال الملك والعمران بسبب الهرم والترف، وصفا دقيقا أخاذا، لا يخلو من التشبيهات الأدبية المؤثرة، ومن الأدلة القرآنية القاطعة، لأنه يعتبر الدولة، كائنا عضويا ـ كما سبقت الإشارة ـ ولكل كائن أجل مسمى، ونهاية مقررة. وكأنه كان يتصور النهاية المأسوية لدولة الأندلس العربية، قبل وقوعها، فيحاول تعليل تلك النهاية، تعليلا عقليا وطبيعيا، وأيضا إلهيا.

يقول في معنى ذلك، في النصوص الأربعة الآتية :

١ ـ « فإذا أزيلت تلك الأبهة، مع ضعف العصبية، تجاسرت الرعايا على الدولة، بذهاب أوهام الأبهة، فتتدرع الدولة بتلك الأبهة ما أمكنها حتى ينقضي الأمر.

وربما يحدث عند آخر الدولة، قوة توهم أن الهرم، قد ارتفع عنها، ويومض ذبالها، أيماضة الخمود، كما يقع في الذبال المشتعل، فإنه عند مقاربة انطفائه، يومض إيماضة توهم أنها اشتعال، وهي انطفاء. فاعتبر ذلك ولا تغفل سر الله تعالى، وحكمته،

---

(١١٧) نفسه، ص ٣٠٩.

(١١٨) نفسه، ص ٢٨٦.

في اطراد وجوده، على ما قدر فيه، و ﴿ لكل أجل كتاب ﴾[119] »[120].

٢ ـ « ثم لا يزال أمر الدولة كذلك، وهي تتلاشى في ذاتها، شأن الحرارة الغريزية في البدن العادم للغذاء، إلى أن تنتهي إلى وقتها المقدور، و ﴿ لكل أجل كتاب ﴾، ولكل دولة، أمد ﴿ و الله يقدر الليل والنهار ﴾[121]، وهو الواحد القهار »[122].

٣ ـ « ويعظم الهرم بالدولة، ويتجاسر عليها أهل النواحي، والدولة تنحل عراها، في كل طور من هذه، إلى أن تفضي إلى الهلاك، وتتعرض لاستيلاء الطلاب. فإذا قصدها طالب، انتزعها من أيدي القائمين بها، وإلا بقيت وهي تتلاشى، إلى أن تضمحل كالذبال في السراج، إذا فني زيته، وطفىء. و الله مالك الأمور، ومدبر الأكوان، لا إله إلا هو »[123].

٤ ـ « فإذا استولت على الأولين الأيام، وأباد خضراءهم الهرم، فطبختهم الدولة، وأكل الدهر عليهم وشرب، بما أرهف النعيم من حدهم، واشتفت غريزة الترف من مائهم، وبلغوا غايتهم من طبيعة التمدن الإنساني، والتغلب السياسي، شعر:

كدود القز ينسج ثم يفنى   بمركز نسجه في الانعكاس

كانت حينئذ، عصبية الآخرين موفورة، وسورة غلبهم من الكاسر محفوظة، وشارتهم في الغلب معلومة. فتسمو آمالهم إلى الملك الذي كانوا ممنوعين منه بالقوة الغالبة، من جنس عصبيتهم، وترتفع المنازعة، لما عرف من غلبهم، فيستولون على الأمر، ويصير إليهم »[124].

يخيل إلينا، أن ابن خلدون، من خلال هاته النصوص الثلاث، لم يكن في حالة

(١١٩) الرعد / ٣٨. ويلاحظ في هذا الصدد، أنه من الأخطاء الشائعة في بعض طبعات (المقدمة) ـ كطبعة بيروت، الثانية، ١٩٦١ ـ جعل (الواو) جزءا من الآية المذكورة، مع أنه ليس جزءا منها، وإنما جعله ابن خلدون، للعطف، لا غير.

(١٢٠) ابن خلدون : المقدمة، ص ٥٢١.

(١٢١) المزمل / ٢٠.

(١٢٢) ابن خلدون : المقدمة، ص ٥٢٥.

(١٢٣) نفسه، ص ص ٥٢٦ ـ ٥٢٧.

(١٢٤) نفسه، ص ٢٥٦.

طبيعية، من الناحية النفسية. فكلامه يدل على أنه كان في حالة من الأسى والقلق والتألم الباطني. فكأنه في هاته النصوص، يصف مريضا يحتضر ـ هو الدولة ـ وسيهلك، لا محالة. فهو يرثي لحاله، ولمصيره. أترى، أن ذاكرته، قد استولت عليها صورة أية دولة في العالم، يعتقد في زوالها، في يوم من الأيام ؟ أم استولت عليها صورة دولة معينة، تشرف على الهلاك ؟ وبعبارة أخرى، أتراه كان يفكر في الدولة العربية، في المدينة والكوفة، ودمشق وبغداد والقاهرة، والقيروان وقرطبة ؟ أم كان يفكر في دولة غرناطة، التي ستسقط بعد وفاته، بقليل، في عام ١٤٩٢ ؟

ثالثا : التصنيف الوصفي (وأشكال الحكم)

ـ ٣٧ ـ

يصنف ابن خلدون، الدول، مرة ثالثة، حسب أشكال الحكم وأنماطه، فيها، أي حسب طبيعة النظام السياسي في الدولة، تصنيفا وصفيا تقييميا، وأساس هذا التصنيف، يقوم على التفرقة، من جهة، بين أنظمة الحكم، وأشكالها في الدول، ثم، من جهة أخرى، تقدير تلك الأنظمة، باعتبار التوجه الوظيفي للعصبية، فيها. أي أن هذا التصنيف، يقوم على أساس : « الفرق بين الحكم الذي تكون فيه العصبية، أو القدرة السياسية، في خدمة الهوى، أو خدمة العقل، أو خدمة الشرع، أو خدمة المثل الأعلى»[١٢٥].

في هذا الإطار، يرى ابن خلدون، وجود أربعة أصناف من الدول، تتبعها أربعة أشكال من الحكم، وهي على التوالي :

١ ـ دولة النظام الطبيعي

المراد بدولة النظام الطبيعي، هي تلك الدولة التي تكون فيها العصبية، في خدمة الشهوة والهوى، والتي لا يحكمها قانون سماوي، أو وضعي، معين، عدا قانون الميول الغريزية، والنزوات الطبيعية. ولذلك، فإن نوع السياسة الموظفة في الحكم، من قبل هذا الصنف من الدول، يتمثل في : « حمل الكافة على مقتضى الغرض والشهوة »[١٢٦]. وأما

---

(١٢٥) حسن صعب :إسلام الحرية، لا إسلام العبودية، ص ٥٢، ط ١، بيروت، ١٩٧٤.

(١٢٦) ابن خلدون : المقدمة، ص ٣٣٨.

شكل الحكم، فيه، فهو (استبدادي)، لأنه حكم قائم على الظلم والعدوان. أو كما يقول ابن خلدون : « فما كان منه بمقتضى القهر والتغلب، وإهمال القوة العصبية في مرعاها، فجور وعدوان، ومذموم »[١٢٧].

إن ابن خلدون، يرفض هذا الصنف من الدول، التي تطبق هذا الشكل من الحكم، والذي يسميه، بـ« الملك الطبيعي »[١٢٨]. لأنه يعبر عن : « القوى السياسية العشوائية»[١٢٩]، ولأن ابن خلدون، يعتقد في أن هذا الصنف، أو الشكل، لا يحقق العدل بين الناس، بأية صورة من الصور، طالما أنه صنف يعتمد فقط على الوازع العصباني، دون وازع ديني، أو سياسي، أو أخلاقي. كـ« وازع الحشمة »[١٣٠]، مثلا. فابن خلدون : « يستهجن السياسة الطبيعية، لأنها تعني سيادة العصبية وحدها، سواء أكانت عصبية الحاكم، أو المحكومين. وسياسة العصبية، هي سياسة الشهوة، المزهوة بالملك»[١٣١].

٢ ـ دولة النظام الشرعي

يمثل هذا الصنف من الدول، دولة الخلافة، التي تكون العصبية فيها، في خدمة الشرع، وتستند في حكمها، إلى : « شرع منزل من عند الله، يوجب انقيادهم إليه، إيمانهم بالثواب والعقاب عليه، الذي جاء به مبلغه »[١٣٢].

أما شكل الحكم في هذا الصنف، فهو شرعي. وكذلك نوع السياسة، في الدولة الخلافية، فهي سياسة شرعية، تعتمد على القانون السماوي. بمعنى: « حمل الكافة على مقتضى النظر الشرعي، في مصالحهم الآخروية والدنيوية، الراجعة إليها»[١٣٣]. لأنه:«إذا كانت (القوانين) مفروضة من الله بشارع يقررها، ويشرعها، كانت سياسة دينية، نافعة

---

(١٢٧) نفسه، ص ٣٣٨.

(١٢٨) نفس المصدر والصفحة.

(١٢٩) حسن صعب : إسلام الحرية، مرجع سابق، ص ٥١.

(١٣٠) ابن خلدون : المقدمة، ص ٢١٥.

(١٣١) حسن صعب : إسلام الحرية، مرجع سابق، ص ٥١.

(١٣٢) ابن خلدون : المقدمة، ص ٥٤٠.

(١٣٣) نفسه، ص ٣٣٨.

في الحياة الدنيا، وفي الآخرة »[١٣٤]. بالإضافة إلى أنه : « يحصل نفعها في الدنيا والآخرة، لعلم الشارع بالمصالح في العاقبة، ولمراعاته نجاة العباد في الآخرة »[١٣٥].

مما سبق، يبدو واضحا، ميل ابن خلدون، إلى هذا الصنف من الدول، وإلى شكل الحكم الشرعي فيه. أي : باعتبار سياسة الحكم فيه، تخضع لقانون الشرع. فإبن خلدون، على ما يبدو : « يحبذ السياسة الشرعية، لأنها نافعة في الحياة الدنيا، وفي الآخرة، ولأنها سياسة الشرائع التي تشتمل العبادة، والمعاملة، وتحمل الاجتماع الإنساني، وهو طبيعي على منهج الدين، ليكون الكل محوطا بنظر الشارع (...). ويعبر عن تفضيله للسياسة الشرعية، في نظرة شاملة لها، تحوي كل ما فيها من مقومات دينية، وغير دينية، وتصف السياسة في ظل الحضارة الإسلامية، وصفا موضوعيا، دقيقا، يستند إلى ما يسميه ابن خلدون : قوانين السياسة (المجتمعة)، التي تقتضيها الشريعة »[١٣٦].

في ضوء الآراء السابقة، فإنه من الحق القول، أن في موقف ابن خلدون، من السياسة الشرعية، يلوح شيء من الاضطراب، أو من (التقية). ويظهر ذلك، خاصة، من وجهين:

الوجه الأول :

يفضل فيه ابن خلدون الحكم الشرعي، السياسة الشرعية، تفضيلا (مطلقا)، مستندا في ذلك على القرآن. يقول : « وإذا كانت (أي : القوانين)، مفروضة من الله، بشارع يقررها ويشرعها، كانت سياسة دينية، نافعة في الحياة الدنيا، وفي الآخرة. وذلك أن الخلق ليس المقصود بهم دنياهم فقط، فإنها كلها عبث وباطل، إذ غايتها الموت والفناء، و الله يقول : ﴿ أفحسبتم أنما خلقناكم عبثا ﴾[١٣٧]. فالمقصود بهم إنما هو دينهم، المفضي بهم إلى السعادة في آخرتهم : ﴿ صراط الله الذي له ما في السماوات، وما في

---

(١٣٤) نفسه، ص ٣٣٧.

(١٣٥) نفسه، ص ٥٤٠.

(١٣٦) حسن صعب : إسلام الحرية، مرجع سابق، ص ٥١.

(١٣٧) المؤمنون / ١١٥.

الأرض ﴾ [١٣٨]. فجاءت الشرائع بحملهم على ذلك في جميع أحوالهم، من عبادة ومعاملة، حتى في الملك الذي هو طبيعي للاجتماع الإنساني. فأجرته على منهاج الدين، ليكون الكل محوطا بنظر الشارع » [١٣٩].ففي هذا الموقف، يبدو أنه لا مجال للشك، في ميله المطلق إلى حكم الشرع.

الوجه الثاني :

يفضل فيه ابن خلدون، الحكم الشرعي، أو السياسة الشرعية، تفضيلا (نسبيا). فهو في هذا الموقف، يفضل نمط الدولة المعتمدة في حكمها على السياسة الشرعية، والأحكام العقلية، باعتبار أن طبيعة النظام السياسي، فيها، يستند إلى مجموعة من القيم والقواعد، المعنوية والمادية ـ اجتماعية وسياسية، وأخلاقية ـ من شأنها، إذا ما تظافرت، أن تحقق مبدأ العدل الاجتماعي والسياسي، بين الأفراد، وهو المبدأ الذي تعبر عنه الأحكام الشرعية، من جهة، والقوانين الوضعية، من جهة أخرى. يقول في هذا المعنى، واصفا السياسة الشرعية، المشوبة بحكم العقل : « فقوانينها، إذن مجتمعة، من أحكام شرعية، وآداب خلقية، وقوانين في الاجتماع طبيعية، وأشياء من مراعاة الشوكة والعصبية، ضرورية، والإقتداء فيها بالشرع، أولا، ثم الحكماء في آدابهم، والملوك في سيرهم » [١٤٠].

فمن الواضح، على ما يبدو من العبارة الأخيرة، من النص، وهي : (والإقتداء فيها بالشرع أولا، ثم الحكماء في آدابهم، والملوك في سيرهم)، أنها تدل، دلالة قاطعة، على تفضيل ابن خلدون للسياسة الشرعية، المختلطة بالسياسة الوضعية، أو العقلية. بمعنى أنه يعتقد، في أن السياسة الشرعية، لا يمكن أن تقوم بالأمر بمفردها. بمعنى أنه لا يمكن أن تكون السياسة، دينية خالصة، كأن تعتمد على الشرع وحده. بل ينبغي ان يشوب النظام السياسي، نوع من الاجتهاد (العقلي)، الإنساني ـ إن صح القول ـ

ويبدو من خلال، هذا الموقف المزدوج، لابن خلدون ـ وهو الموقف المتأرجح بين

---

(١٣٨) الشورى / ٥٣.

(١٣٩) ابن خلدون : المقدمة، ص ٣٣٧.

(١٤٠) نفسه، ص ٥٤١.

إطلاقية السياسة الشرعية، وبين نسبيتها ـ من الدولة الشرعية، وأساس السلطة السياسية فيها، أنه إنما أراد أن يعبر عن طبيعة نموذجين إسلاميين في الحكم. وهما :

١ ـ نموذج الدولة الشرعية ـ الخلافية، الذي قام في عهد الخلافة الراشدة، والذي عبر عن (إطلاقية) السياسة الشرعية، انطلاقا من مبدأي : الشورى، والرضاء أو العقد، كأساس للسلطة السياسية[١٤١].

٢ ـ نموذج الدولة الشرعية ـ السياسية، الذي قام في العهد الأموي، وما تلاه من عهود، بعد انقلاب الخلافة[١٤٢]، إلى ملك عضوض[١٤٣]، والذي عبر عن (نسبية) السياسة الشرعية، وامتزاجها بالسياسة العقلية، انطلاقا من مبدأي : الإكراه، والقوة، كأساس للسلطة السياسية[١٤٤].

٣ ـ دولة النظام الوضعي

الصنف الثالث من الدول وأنظمتها، هو الصنف الوضعي، الذي تكون فيه العصبية في خدمة العقل. ويسميه ابن خلدون، بالسياسة الملوكية، حينا[١٤٥]، وبالملك السياسي، أحيانا [١٤٦]. والمعنى الذي خصصه ابن خلدون، لهذا الصنف : « هو حمل الكافة على مقتضى النظر العقلي، في جلب المصالح الدنيوية، ودفع المضار » [١٤٧].

أما شكل الحكم، في هذا الصنف من الدول، فهو وضعي، أو عقلي، لأنه يعتمد على القوانين التي يسنها العقل البشري. يقول ابن خلدون في ذلك : « فإذا كانت هذه القوانين، مفروضة من العقلاء، وأكابر الدولة، وبصرائها، كانت سياسة عقلية » [١٤٨]. وهو ما : « يوجب انقيادهم إليها، ما يتوقعونه من ثواب ذلك الحاكم، بعد معرفته

---

(١٤١) راجع : محمد محمود ربيع : النظرية السياسية لابن خلدون، دراسة مقارنة في النظريات الإسلامية، والفكر السياسي الإسلامي، ص ص ١٧٠ ـ ١٧١، ط ١،(؟) ١٩٨١.

(١٤٢) راجع : ابن خلدون : المقدمة، ص ٣٥٨.

(١٤٣) راجع نفس المصدر، ص ٤٩٤.

(١٤٤) راجع : محمد محمود ربيع : النظرية السياسية لابن خلدون، مرجع سابق، ص ١٧٠ وما بعدها

(١٤٥) راجع : ابن خلدون : المقدمة، ص ٥٤١.

(١٤٦) راجع : نفس المصدر، ص ٣٣٨.

(١٤٧) نفس المصدر والصفحة.

(١٤٨) نفس المصدر، ص ٣٣٧.

بمصالحهم »[149]. على أن هذه السياسة : « إنما يحصل نفعها في الدنيا فقط »[150].

ونظرا لاختلاط الشرعي بالعقلي، في النظام السياسي، للدولة الوضعية، قام ابن خلدون، بتصنيف سياستها إلى نمطين :

الأول : سياسة عقلية، عامة : « يراعى فيها المصالح على العموم، ومصالح السلطان في استقامة ملكه على الخصوص »[151]. وقد لاحظ ابن خلدون، بأن هذه السياسة : « حسنة للأمم التي لم تعرف شريعة إلهية، كالفرس، مثلا، لأنها تقوم على قوانين يفرضها عقلاء الدولة، وأكابرها، وبصراؤها. ولكن الله أغنى المسلمين عنها بسياسة الشرع »[152].

الثاني : سياسة عقلية، خاصة : « يراعي فيها مصلحة السلطان، وكيف يستقيم له الملك، مع القهر والإستطالة، وتكون المصالح العامة في هذه تبعا. وهذه السياسة التي يحمل عليها أهل الاجتماع، التي لسائر الملوك في العالم، من مسلم وكافر »[153]. ويعتقد ابن خلدون، بأن أنظمة الحكم الإسلامية، تندرج ضمن هذا النمط من السياسة، حيث يؤكد بـ : « أن ملوك المسلمين، يجرون منها على ما تقتضيه الشريعة الإسلامية، بحسب جهدهم »[154].

ومما يلاحظ في هذا الصدد، أن هذا النمط (الثاني) من سياسة الدولة الوضعية، يتطابق مع النموذج الثاني، لسياسة الدولة الشرعية ـ كما سبقت الإشارة ـ أي النموذج الوراثي، الذي بدأ بعد عهد الخلافة الراشدة. إن ابن خلدون، يؤمن بأن نموذج نظام الحكم ـ والدولة أيضا ـ في العهدين : الأموي، والعباسي ـ على الأقل ـ يمثل شكلا من أشكال الحكم المختلط، وهو النموذج، الذي يقوم على أساس مجموعة من القواعد والقوانين الشرعية، والعقلية معا.

وما دمنا بصدد الكلام عن أصناف الدول، وأشكال الحكم فيها، تجدر الإشارة إلى

---

(١٤٩) نفس المصدر، ص ٥٤٠.

(١٥٠) نفس المصدر والصفحة.

(١٥١) نفس المصدر، ص ٥٤١.

(١٥٢) حسن صعب :إسلام الحرية، مرجع سابق، ص ٥١.

(١٥٣) ابن خلدون : المقدمة، ص ٥٤١.

(١٥٤) نفس المصدر والصفحة.

أن ابن خلدون، من أنصار الحكم الوراثي، إذ يقول بصريح العبارة : « والرياسة، لا بد وأن تكون موروثة عن مستحقها، لما قلناه من التغلب بالعصبية »[١٥٥].

يقرر هذا ابن خلدون، وكأنه يرفض النظام الشوري، والإنتخابي، وكأنه أيضا، لم يسمع بنظام الشورى، في عهد الخلافة الراشدة. ولم يطلع على رأي الخوارج، مثلا، في حرية ترشح كل مسلم للخلافة، وفي : « أن الخليفة، لا يكون إلا بانتخاب حر صحيح »[١٥٦]، أو على رأي المعتزلة، الذين نادوا : « بأن اختيار الخليفة مفوض إلى المسلمين »[١٥٧]. فهل كان ابن خلدون، يهدف من تأكيده مبدأ (الوراثة) في الحكم، إلى تعضيد ومساندة ما قام به البيت الأموي ـ ممثلا في معاوية ـ في سنه النظام الوراثي ؟ أم تراه يحاول الإنتصار لنظريته في العصبية، التي ترتبط بالوراثة، لأنها، أصلا، تعتمد على النسب وصلة الرحم ؟

٤ ـ دولة النظام المدني

أما الصنف الرابع من الدول، فيتمثل في دولة النظام المدني، التي تكون فيه العصبية، في خدمة المثل الأعلى ـ كما نادى به أفلاطون ـ وينعت ابن خلدون، نظام هذه الدولة، بـ(السياسة المدنية)، ويقول عنه بأن : « معناه عند الحكماء، ما يجب أن يكون عليه كل واحد من أهل ذلك المجتمع، في نفسه وخلقه، حتى يستغنوا عن الحكام رأسا. ويسمون المجتمع الذي يحصل فيه ما يسمى من ذلك، بـ(المدينة الفاضلة). والقوانين المراعاة في ذلك بـ(السياسة المدنية). وليس مرادهم، السياسة التي يحمل عليها أهل الاجتماع، بالمصالح العامة، فإن هذه غير تلك »[١٥٨].

إن ابن خلدون، يستبعد هذا الصنف من الدول، والنظم، ويرفضه. لأنه ينزع إلى المثالية، وغير واقعي، فضلا عن أنه نادر الوقوع، وبعيد الاحتمال[١٥٩]، وقائم على مجرد الافتراض، أو بتعبير ابن خلدون : « على جهة الفرض والتقدير»[١٦٠].

---

(١٥٥) نفس المصدر، ص ٢١٦.

(١٥٦) محمد أبوزهرة : تاريخ المذاهب الإسلامية، ج ١، ص ٧١، القاهرة ١٩٧١.

(١٥٧) علي حسني الخربوطلي : الإسلام والخلافة، ص ٦٩. بيروت ١٩٦٩.

(١٥٨) ابن خلدون : المقدمة، ص ٥٤٠.

(١٥٩) راجع : حسن صعب : إسلام الحرية، مرجع سابق، ص ٥٠.

(١٦٠) ابن خلدون : المقدمة، ص ٥٤٠.

ـ ٣٨ـ

لقد تعرض ابن خلدون ـ كما رأينا ـ إلى أصناف أربعة من الدول، تتبعها أنماط أربعة من نظم الحكم أو أشكاله. وفي هذا الصدد، نود الإشارة إلى مسألتين:

المسألة الأولى :

إن ابن خلدون، يبدو ـ حسب الظاهر ـ وكأنه يميل إلى دولة الخلافة، أي إلى الحكم الشرعي. لكنه يؤكد في (المقدمة)، ما نصه، أن : « الدولة، إن كان قيامها بالدين، فإنه بعيد عن منازع الملك، وإن كان قيامها بعز الغلب فقط، فالبداوة التي بها يحصل الغلب، بعيدة أيضا عن منازع الملك ومذاهبه »[١٦١].

فإذا كان لفظ (الملك) في النص، يعني به ابن خلدون : (السلطة السياسية)، فمعنى ذلك، أنه يستبعد الدين من قيادة الدول. كما يستبعد قيام نظام الخلافة، في شكله الشوري ـ كما كان في العهد الراشدي، مثلا ـ ويؤكد في نفس الوقت، عدم إمكانية تطبيق النظام الشرعي، أو عدم صلاحية ممارسته السياسة الشرعية. وإذا كان كذلك، فابن خلدون، يبدو متناقضا، مع أقواله وآرائه [١٦٢] خاصة، إذا أخذنا بعين الاعتبار، ميوله العامة ـ في الظاهر ـ إلى السياسة الشرعية ـ كما سبقت الإشارة ـ ثم إذا كان الأمر كذلك، أيضا، فهل تكون ميوله تلك، نحو السياسة الشرعية، مجرد (تقية) ؟

إضافة إلى ذلك، لماذا يوازي ابن خلدون ـ في النص السابق ـ بين الدين والبداوة ؟ ثم يتهمهما بالعجز عن التسيير والتحكم، أو بعدم القدرة على ممارسة السلطة السياسية، في الدولة ؟ في الوقت الذي أكد فيه ابن خلدون : « أن الدول العامة الاستيلاء، العظيمة الملك، أصلها الدين، إما من نبوة أو دعوة حق »[١٦٣]، و« أن الاجتماع الديني »[١٦٤] يضاعف قوة العصبية. وفي الوقت الذي أكد فيه أيضا ـ في نصوص سابقة ـ أن الدولة، تكون في أول نشأتها، بدوية، تتمتع بالخلق القويم، وبالاستقامة والشجاعة، وبالرفق في

---

(١٦١) نفسه، ص ٥١٤.

(١٦٢) راجع، مثلا : ابن خلدون : المقدمة، ص ٢٧٧ (الفصل الرابع من الباب الثالث).

(١٦٣) نفس المصدر والصفحة (عنوان الفصل الرابع).

(١٦٤) نفس المصدر، ص ٢٧٩.

معاملة الرعايا، وبالعدل في الجبايات، وبحسن التصرف في الأموال، وعدم التبذير، وغير ذلك من المحاسن التي أكدها للدولة، وهي في طور البداوة، ونفى وجود تلك المحاسن في الدولة، وهي في الطور الحضري أو المدني. فهل معنى ذلك، أن ابن خلدون، يعتقد في أن الدين والبداوة، مجرد وسيلتين لتدعيم التجمع البشري، وبناء الدولة ؟

على أية حال، فإن موقف ابن خلدون، من علاقة الدين بالدولة، والدولة بالدين - وكذا موقفه من الشورى، والخلافة، واجتهاد الصحابة، وموقفهم من الفتنة، وكذا الجهاد- يتطلب في رأينا، دراسة مستقلة، لأنه موقف، فيه تردد، وفيه غموض، ويفتقر إلى الدقة والوضوح. ذلك أنه : « كثيرا ما نرى الرأي الديني، عند ابن خلدون، مستغربا ومخالفا لما ننظره من أمثاله»[١٦٥].

المسألة الثانية :

تتعلق هذه المسألة، بما زعمه بعض الباحثين، من أن ابن خلدون :

١ ـ قد اطلع على نظم الحكم وأشكاله، عند أرسطو.

٢ ـ لم يتعرض لتلك : « الأنظمة في بحثه في نظم الحكم في المقدمة »[١٦٦].

٣ ـ « أراد أن ينظر في العمران البشري، فلماذا اقتصر نظره على المجتمع الإسلامي؟»[١٦٧].

٤ ـ « كيف يحق له أن يستخرج قوانين عامة، تنطبق على العمران كله، إذ اقتصر على شواهد من تاريخ محدود، ومجتمع معلوم »[١٦٨].

إنه بالنظر والتأمل في هذه الآراء النقدية، لتفكير ابن خلدون، يبدو أنها تستحق التعليق من الوجوه الآتية :

١ ـ ليس مؤكدا اطلاع ابن خلدون، على كتاب (السياسة) لأرسطو، بدليل تقرير الباحث نفسه، بأن ما ذكره ابن خلدون، في (المقدمة)، بإسم : « الكتاب المنسوب

---

(١٦٥) عمر فروخ : موقف ابن خلدون من الدين، ومن القضايا الدينية. محاضرة في : (أعمال مهرجان ابن خلدون)، ص ٣٥٩، القاهرة ١٩٦٢.

(١٦٦) عبد الرحمن بدوي : ابن خلدون وأرسطو، محاضرة، في (أعمال مهرجان ابن خلدون)، مرجع سابق، ص ١٦٠.

(١٦٧) نفس المرجع، ص ١٦١.

(١٦٨) نفس المرجع والصفحة.

لأرسطو في السياسة، المتداول بين الناس »[١٦٩]، هو : « كتاب منحول على أرسطو»[١٧٠]. مما يعني عدم اطلاع ابن خلدون على كتاب (السياسة) لأرسطو، وبالتالي، عدم اطلاعه كذلك، على أنظمة الحكم اليونانية، المدونة فيه.

أما القول بأن ابن خلدون، قد اطلع على تلك الأنظمة من خلال تلخيص ابن رشد لكتاب (الخطابة) لأرسطو[١٧١]، باعتبار مناقشة ابن خلدون لابن رشد : « في تحديد معنى النسب »[١٧٢]، فإن الباحث، قد أكد بنفسه، اعتقاد ابن خلدون، بأن تلخيص ابن رشد، هو لابن رشد، وليس لأرسطو. يقول : « فهو يتصور أن كلام ابن رشد في هذا التلخيص، هو من عنده، وليس من عند أرسطو»[١٧٣]. فضلا عن أن ابن خلدون، لم يورد، أصلا، أي نموذج من نماذج أنظمة الحكم اليونانية، في (المقدمة)، مما يدلل على عدم اطلاعه على أنظمتهم، في التلخيص المشار إليه.

من ذلك يبدو أن الباحث يتعارض مع نفسه. فهو من جهة يؤكد على أن ابن خلدون، قد اطلع على أنظمة الحكم اليونانية، من خلال تلخيص ابن رشد لكتاب الخطابة. وهو من جهة أخرى، يؤكد على أن ابن خلدون، يعتقد في أن تلخيص الخطابة لابن رشد، وليس لأرسطو. مما يستخلص منه، أن ابن خلدون لم يطلع على أنظمة الحكم اليونانية، من خلال ما كتبه أرسطو، ولم يفكر فيها، ولا تأثر بها.

٢ ـ لقد تعرض ابن خلدون، إلى أنظمة الحكم من وجهة نظره الخاصة، بعد استقرائه لتاريخ الأنظمة السياسية، وقرر أنها أربعة، ـ كما سبقت الإشارة ـ وليس من الضروري، أن يتعرض لأنظمة أرسطواليونانية، حتى يكون استقراؤه كاملا. ولا يعد ذلك عيبا في استقرائه. فليس الكمال في استقراء الأنظمة، يكمن في ضرورة التعرض

---

(١٦٩) ابن خلدون : المقدمة، ص ٦٥.

(١٧٠) عبد الرحمن بدوي : ابن خلدون وأرسطو، (مهرجان ابن خلدون)، مرجع سابق، ص ١٥٢.

(١٧١) تناولنا هذا الموضوع، أيضا، بصيغة أخرى، في القسم الخاص، بـ(المصادر الفرعية) لفكر ابن خلدون، في المصدر الفرعي الثاني، وهو : (المؤلفات الأجنبية)، وذلك في البحث الذي نعده، بعنوان : (نظرية الدولة، عند ابن خلدون وهيجل).

(١٧٢) عبد الرحمن بدوي : ابن خلدون وأرسطو، محاضرة، في (أعمال مهرجان ابن خلدون)، مرجع سابق، ص ١٥٨.

(١٧٣) نفس المرجع والصفحة.

لأنظمة اليونان ـ كما يعتقد الباحث ـ فإذا انتهى استقراء أفلاطون، للأنظمة، إلى ثلاثة، واستقراء أرسطو، إلى ستة، فليس عيبا أن ينتهي استقراء ابن خلدون للأنظمة، إلى أربعة، وغيره، ممن جاء بعده، إلى إثنين أو عشرة، مثلا. فلكل مفكر طريقته في الاستقراء، والاجتهاد، والاستنتاج.

٣ ـ وفيما يتعلق بما قرره الباحث في النقطة الثالثة، وهو :

أ ـ أن ابن خلدون : « أراد أن ينظر في العمران البشري » على وجه العموم. فهو ما نعتقد أنه عين الصواب، لأن ابن خلدون، عندما تعرض بالدراسة إلى ظاهرة العمران البشري، في (المقدمة)، لم يحصرها في أمة معينة، ولم يحدد وجودها في زمان أو مكان، معينين، وإنما درسها باعتبارها ظاهرة بشرية عامة.

ب ـ أما القول، بأن ابن خلدون، قد اقتصر في بحثه في ظاهرة العمران على المجتمع الإسلامي وحده، فأمر لا يجانب الصواب. لأنه من جهة، قول يتعارض مع ما صرح به الباحث نفسه، منذ حين، من أن ابن خلدون : « أراد أن ينظر في العمران البشري »، أي: على وجه التعميم. ومن جهة أخرى، فإن الواقع يؤكد على أن ابن خلدون، قد بحث في ظاهرة العمران، لا في المجتمع الإسلامي، وحسب، ولكن في المجتمعات البشرية، المعروفة في عهده. ويكفيه تعميما، أنه بحث الظاهرة، في مجتمع بني إسرائيل، مثلا، وفي مجتمع الفرس، واليونان، والروم، والعرب، والزنج. فهو إذن، لم يقتصر على المجتمع الإسلامي، في بحثه في ظاهرة العمران. وفرضا، أنه اقتصر في دراسة الظاهرة، على المجتمع الإسلامي، أليس يعتبر هذا المجتمع، جزءا من المجتمع البشري ؟

ج ـ ثم لماذا نطالب ابن خلدون أن يبحث في عمران البشرية، قاطبة، في الوقت الذي لم نطالب فيه غيره ـ كأرسطو، وميكيافللي، وفيكو، وهوبز، ومنتسكيو، وهيجل، وغيرهم ـ أن يبحث في عمران البشرية، ومجتمعاتها، وفي أنظمة حكمها ؟ كأن نطالب مثلا، أرسطو، أن يبحث في عمران العرب والفرس والهند، والصين والروم، وفي أنظمة الحكم عندهم ؟ أو كأن نطالب هيجل، أيضا، أن يبحث في عمران بني إسرائيل، والعرب، والصين والزنج، وفي أنظمة حكمهم ؟ وبعبارة أخرى، لماذا لا نعيب مثلا على أرسطو، بحثه أنظمة الحكم في بلاده، واقتصاره على مجتمعه اليوناني ؟ كما لا نعيب أيضا، على هيجل بحثه عمران مجتمعه الجرماني، واقتصاره على المجتمعات

الأوربية، بينما نعيب على ابن خلدون، بحثه عمران مجتمعه الإسلامي ؟ ونعتبر ذلك نقصا في استقرائه السياسي والعمراني ؟ في الوقت الذي لا نعتبر فيه ذلك نقصا في استقراء أرسطو، أو في استقراء هيجل، السياسي والعمراني. وبعبارة أكثر وضوحا : لماذا نعتبر أرسطو، معيارا لإبن خلدون ؟

٤ ـ أما اعتبار الباحث، استنتاج ابن خلدون، من نموذج المجتمع الإسلامي، ـ أو من : « شواهد من تاريخ محدود، ومجتمع معلوم »[١٧٤] ـ قوانين عامة للعمران، عيبا في استقرائه، فإن هذا الطرح، يفضي إلى أحد أمرين :

أ ـ فإما أن يستقرئ ابن خلدون، تاريخ جميع المجتمعات البشرية، حتى تكون ـ أو تصبح ـ استقراءاته واستنتاجاته، صائبة، فأمر غير ممكن، لأن دراسة كل المجتمعات دون استثناء، لن تتأتى لأي مفكر من المفكرين.

ب ـ وإما أن يستقرئ، ابن خلدون، تاريخ ونظم المجتمع اليوناني، حتى تكون استنتاجاته وقوانينه، صحيحة، فأمر، معناه، من جهة، أن الظواهر التي تجري في المجتمع الإسلامي، غير صالحة للبحث. ومعناه، من جهة أخرى، اعتبار الباحث، المجتمع اليوناني، هو النموذج الأمثل، أو الأكمل، لاستقراء الأحكام والقوانين العلمية الصحيحة والسليمة. وبتعبير آخر، فإن الباحث يعتقد أنه لو استنتج ابن خلدون، قوانين عامة في العمران البشري، من تاريخ المجتمع اليوناني، ومن نظمه، لكانت تلك القوانين، غاية في الكمال.

فإذا كانت تلك غاية الباحث، فإنه لا يمكن ـ بداهة ـ أن نطلب من أي مفكر، أن يتجاهل ما يجري في مجتمعه، وما يضم من ظواهر اجتماعية وعمرانية، أو أن نطلب منه، استقراء تاريخ غير محدود، أو دراسة مجتمع مجهول ([١٧٥])، فضلا عن أن مجتمع أي مفكر، هو جزء، لا يتجزأ من المجتمع الإنساني.

---

(١٧٤) نفس المرجع، ص ١٦١.

(١٧٥) كمجتمعات أمريكا وكندا واستراليا، وغيرها، مثلا، التي كانت مجهولة، في عصر ابن خلدون.

أطوار الدولة، أو (نظرية التعاقب الدوري)

- ٣٩ -

خلق الله الخلق في أطوار متعاقبة. فقال تعالى : على لسان نوح عليه السلام، مخاطبا قومه: ﴿ ما لكم لا ترجون لله وقارا، وقد خلقكم أطوارا ﴾ (١٧٦). ثم إذا كان: «المرء يخلق طورا بعد أطوار» (١٧٧)، من النطفة إلى الجنين، ومن الطفولة إلى الشباب، ومن الكهولة إلى الشيخوخة، ثم إلى الموت، فالدولة أيضا، تمر بهذا التعاقب الزمني. ولذلك قرر ابن خلدون، في ضوء هذه المعاني، وغيرها، أن الدولة، كائن عضوي، يمر بأطوار خمسة، مختلفة، كل طور يتميز بخصائص أو أحوال معينة.

الطور الأول : الظفر

- ٤٠ -

يسمي ابن خلدون هذا الطور، بـ : « طور الظفر بالبغية وغلب المدافع والممانع، والاستيلاء على الملك، وانتزاعه من أيدي الدولة السالفة قبلها » (١٧٨). فالطور الأول، إذن، هو طور التأسيس والنصر والاستيلاء، على السلطة. ومن خصائصه :

١ ـ تعاون أفراد العصبية في الحكم، ومشاركة رجال الدولة في السلطة السياسية.

٢ ـ تكاثف أفراد العصبية، في الدفاع عن سيادة الدولة، وحمايتها من كل عدوان.

٣ ـ مساهمة الأفراد في النهوض بالبناء الاقتصادي والمالي، للدولة.

الطور الثاني : الاستبداد

وهو : « طور الاستبداد على قومه والانفراد دونهم بالملك، وكبحهم عن التطاول للمساهمة والمشاركة » (١٧٩). ويتميز هذا الطور، بالمميزات الآتية :

١ ـ احتكار زعيم الدولة للسلطة السياسية، دون أقاربه من أفراد العصبية.

---

(١٧٦) نوح / ١٣ ـ ١٤.

(١٧٧) عجز بيت للنابغة، وتمامه : (فإن أفاق، لقد طالت عمايته * والمرء يخلق طورا بعد أطوار).

(١٧٨) ابن خلدون : المقدمة، ص ٣١٠.

(١٧٩) نفسه، ص ٣١١.

٢ ـ كبح المنافسين في الحكم، وصدهم عن المشاركة فيه.

٣ ـ اشتداد التوتر السياسي، واستمراره في جهاز الدولة، نتيجة احتكار السلطة.

٤ ـ اتخاذ زعيم الدولة، لأعوان وأنصار من الموالي والأباعد، لحمايته من المعارضة.

الطور الثالث : الفراغ

ويدعوه ابن خلدون، بـ : « طور الفراغ والدعة للتحصيل ثمرات الملك، مما تنزع طباع البشر إليه، من تحصيل المال، وتخليد الآثار، وبعد الصيت»(١٨٠). ومن مميزات هذا الطور :

١ ـ العمل على تنظيم الحياة الاقتصادية، بالاهتمام، بـ : « الجباية وضبط الدخل والخرج، وإحصاء النفقات، والقصد فيها »(١٨١).

٢ ـ السعي إلى الرفعة والشهرة والجاه. وذلك بـ : « تشييد المباني الحافلة والمصانع العظيمة، والأمصار المتسعة، والهياكل المرتفعة، وإجازة الوفود من أشراف الأمم ووجوه القبائل وبث المعروف في أهله »(١٨٢).

٣ ـ إغداق الأموال على الأعوان والأنصار والحاشية.

٤ ـ العناية بالجند، بالتوسعة عليهم في المال، وتنظيم أعطياتهم في كل شهر، وإنصافهم في قضاياهم.

٥ ـ مباهاة الدولة بجيشها وافتخارها به، أمام الدول المسالمة، وإرهاب الدول المعادية.

ويعتبر ابن خلدون هذا الطور، هو آخر الأطوار التي يستبد فيها زعماء الدولة بالسلطة السياسية. لاستبدادهم برأيهم، وبنائهم لشهرتهم وسلطانهم ومجدهم الشخصي.

الطور الرابع : القنوع

وهو : « طور القنوع والمسالمة »(١٨٣). ومما يتميز به هذا الطور :

١ ـ قنوع زعيم الدولة، بما بناه الأوائل. فلا يضيف جديدا في هيكل الدولة.

---

(١٨٠) نفس المصدر والصفحة.

(١٨١) نفس المصدر والصفحة.

(١٨٢) نفس المصدر والصفحة.

(١٨٣) نفس المصدر، ص ٣١٢.

٢ ـ مسالمته لأنظاره من الملوك ورؤساء الدول.

٣ ـ تقليده لأسلافه : « فتبع آثارهم، حذو النعل بالنعـل »[١٨٤]، فيقتـدي، بـ : «طـرقهم بأحسـن مناهج الإقتداء، ويرى أن في الخروج عن تقليدهم، فساد أمـره، وأنهـم أبصر بما بنـوا مـن مجده »[١٨٥].

الطور الخامس : الإسراف

أما الطور الأخير، فهو : « طور الإسراف والتبذير »[١٨٦]، ومن مميزاته :

١ ـ استهلاك ما أنتجه الأوائل، دون إضافة إنتاج جديد.

٢ ـ انغماس زعيم الدولة في الملاذ والشهوات.

٣ ـ اصطفاء : « أخدان السوء »[١٨٧]، والتقرب منهم، ومصاحبتهم.

٤ ـ تعيينه غير الأكفاء، والمفسدين، في المراكز الهامة في الدولة.

٥ ـ إفساده للأعيان والكبراء من عصـبيته وقومـه، بإبعـادهم عـن مراكـز السـلطة والمسؤولية. فيحقدوا على زعيم الدولة : « ويتخاذلوا عن نصرته »[١٨٨].

٦ ـ استغلاله لأعطيات الجند، وصرفها في شهواته الخاصة، وإهمال مصالحهم وشؤونهم.

ففي هذا الطور، يكون الرجل الأول في الدولة ـ في رأي ابن خلدون ـ : « مخربـا لما كـان سلفه يؤسسون، وهادما لما كانوا يبنون، و(...) تحصل في الدولة طبيعـة الهـرم، ويسـتولي عليهـا المرض المزمن، الذي لا تكاد تخلص منه، ولا يكون لها معه برء، إلى أن تنقرض »[١٨٩]. فتنشأ عـلى أنقاضها دولة أخرى، وهكذا دواليك.

---

(١٨٤) نفس المصدر والصفحة.

(١٨٥) نفس المصدر والصفحة.

(١٨٦) نفس المصدر والصفحة.

(١٨٧) نفس المصدر والصفحة.

(١٨٨) نفس المصدر، ص ص ٣١٢ ـ ٣١٣.

(١٨٩) نفس المصدر، ص ٣١٣.

- ٤١ -

إن الأطوار التي مرت بنا، والتي تمر بها الدولة، الممثلة للمجتمع، من نشأتها، إلى انقراضها، في رأي ابن خلدون، هي التي يعبر عنها، في تاريخ الفكر السياسي والاجتماعي، بنظرية التعاقب الدوري، الخلدونية، أو نظرية الدورات التاريخية، أيضا.

وإذا استثنينا نظرية هيراقليط، في التغير، فإنه يمكن القول، بأن نظرية التعاقب الدوري، لابن خلدون، قد نشأت على أساسها بعض النظريات الحديثة ـ بشكل من الأشكال ـ كنظرية العقد الاجتماعي، والنظرية الجدلية لهيجل، والنظرية الوضعية، لكونت، ونظريتي : المادية التاريخية، والمادية الجدلية، لماركس[١٩٠].

على أنه يبدو أن ما يميز نظرية التعاقب الدوري، كونها نظرية مادية، في شكلها، وفي جوهرها :

أ ـ فمن الناحية الشكلية، فإن النظرية تفسر التاريخ تفسيرا ماديا، لأنها تحلل علاقة الكائنات العضوية بالزمن، أي بطريق الكشف عن التعاقب الزمني في الكائنات والمجتمعات، والدول. لذلك فإبن خلدون، يحاول من جهة، أن يؤكد انتقال تلك الكائنات والمجتمعات، في أطوار مختلفة، عبر الزمن، أي في مراحل زمنية محددة. ويحاول، من جهة أخرى، أن يكشف عن الخصائص والنتائج التي تترتب عن انتقال الكائن العضوي، عبر الزمن، لينتهي، إلى (نسبية) ذلك الزمن، بالنسبة للكائن العضوي. أو بالأحرى، إلى (نسبية) وجود ذلك الكائن. فكأن التاريخ، في تصور ابن خلدون، هو تعبير عن جملة من التجارب المتراكمة، للكائنات والجماعات والأمم، تتعاقب دوريا، في الزمان، باستمرار.

ب ـ ومن الناحية الجوهرية، فإن النظرية، تعكس وجهة نظر ابن خلدون، في

---

(١٩٠) مع بعض الفروق بين النظرة الخلدونية، التي تؤكد علاقة الدولة بالدين، والنظرة الماركسية، التي تنفي تلك العلاقة. راجع : داجوبرت د. رونز : فلسفة القرن العشرين، ترجمة عثمان نوية (سلسلة الألف كتاب)، ص ٢٥٩، القاهرة ١٩٦٣.
أما موضوع علاقة هوبز وهيجل وكونت وماركس، بفكر ابن خلدون، فهو ما سنتعرض له في البحث الذي نعده عن : (نظرية الدولة عند ابن خلدون وهيجل).

التاريخ الإنساني. فهي تعكس تصوره الجدلي لذلك التاريخ، باعتباره يشكل سلسلة من الصراعات بين الأضداد : صراع الأفراد مع الطبيعة، وصراع الوعي ـ الفردي والجماعي ـ مع ذاته، ومع الأغيار. كصراع الأفراد من أجل البقاء ـ وفق قانون الحاجة ـ في حالة الطبيعة الأولى، أي في (التجمع الطبيعي)، وكصراع الوعي المتبدي، مع الوعي المتحضر ـ أو الحضري، وكصراع الجماعات والطبقات والعشائر والعصبيات، بين بعضها البعض: « لأن التغلب هو الملك (...) وأما الملك، فهو التغلب والحكم بالقهر »[١٩١].

على أن الصراع ـ أو الصراعات ـ بين الكائنات، يتحرك، في رأي ابن خلدون، وفق قوانين طبيعية واجتماعية، تقوم بضبط أشكال تلك الصراعات، وتتحكم في طبيعة تطورها وفي تطور وعي الأفراد والجماعات.

ففي لحظة تاريخية معينة، يتراكم الوعي البشري، في رأي ابن خلدون، وتتزاحم فيها المتضادة، وتتصارع. ثم تتوارى تلك اللحظة، وتضمحل، نتيجة التزاحم والتصارع، فتعقبها لحظة تاريخية أخرى، لا تلبث أن يتراكم فيها الوعي البشري، وتتزاحم فيها القوى والأضداد، ثم تزول تلك اللحظة، بدورها، وتنمحي، نتيجة التنافس والتزاحم والتقاتل، ليلد الزمن على إثرها، لحظة أخرى، شبيهة بمثيلاتها، وهلم جرا.

هكذا تصور ابن خلدون، على ما يبدو، جدلية التاريخ الإنساني، في الزمان، وذلك من خلال تحليلاته في (المقدمة) لكيفيات تطور وعي الجماعات، وتركيب العصبيات، ونشأة المجتمعات. ومن خلال استقراءاته لطبائع الدول، ولأصنافها وأطوارها، وأشكال الحكم فيها. فثبت له، أن الأفراد والمجتمعات والدول، تنشأ وتنهض، وتكتمل، ثم تضعف وتهرم وتضمحل. فالتاريخ الإنساني، في رأيه، يعبر عن جدل صيروري ـ إن صح القول ـ في كل زمان، وفي كل مكان. وبتعبير آخر، فالتاريخ، هو تعبير عن التغير المتعاقب لتجارب الإنسان، باعتباره كذلك.

وفي هذا السياق، أ لا يلتقي نظر ابن خلدون، مع نظر هيراقليط، في مبدأ التغير أو الصراع والصيرورة ؟ (١٩٢).

---

(١٩١) ابن خلدون : المقدمة، ص ٢٤٤.

(١٩٢) راجع : أحمد أمين وزكي نجيب محمود : قصة الفلسفة اليونانية، ص ٦٥٩، القاهرة ١٩٤٩.

- ٤٢ -

أولا : عمر الدولة

سبقت الإشارة، إلى أن ابن خلدون، يشبه الدولة بالكائن العضوي. وإذا كان الكائن العضوي، له عمر محدود، وأجل معلوم، فإن الدولة، كذلك، في رأي ابن خلدون، لها عمر قد لا تتعداه، وأجل قد لا تتجاوزه. لأنه يعتقد في أن العمران ذاته، الذي منه الدولة، له عمر محسوس، كما للشخص الطبيعي. يقول مؤكدا ذلك : « إن العمران كله من بداوة وحضارة وملك وسوقة، له عمر محسوس، كما أن للشخص الواحد من أشخاص المكونات، عمرا محسوسا »[١٩٣].

ففي ضوء ذلك، يعتقد ابن خلدون : « أن العمر الطبيعي للأشخاص، على ما زعم الأطباء والمنجمون، مائة وعشرون سنة، وهي سنو القمر الكبرى، عند المنجمين. ويختلف العمر في كل جيل، بحسب القرانات[١٩٤]، فيزيد عن هذا، أو ينقص منه، فتكون أعمار بعض أهل القرانات، مائة تامة، وبعضهم خمسين، أو ثمانين، أو سبعين، على ما تقتضيه أدلة القرانات، عند الناظرين فيها. وأعمار هذه الملة، ما بين الستين، إلى السبعين، كما في الحديث، ولا يزيد على العمر الطبيعي، الذي هو مائة وعشرون، إلا في الصور النادرة، وعلى الأوضاع الغريبة من الفلك »[١٩٥].

مما يلفت الانتباه في هذا النص، أمور، منها أن ابن خلدون :

أ - يستند في نظرية الأعمار، إلى علم الفلك، بغرض تحديد العمر الطبيعي للشخص - الذي سيقيس عليه عمر الدولة -.

ب - يشير إلى أن عمر الشخص، في رأي المنجمين، يتراوح ما بين الخمسين، إلى المائة والعشرين سنة.

ج - يقرر أن أعمار أهل الملة (الإسلامية) يتراوح ما بين الستين والسبعين سنة.

---

(١٩٣) ابن خلدون : المقدمة، ص ٦٦١.

(١٩٤) القرانات، جمع قران، مصطلح فلكي، معناه التقاء كوكبين.

(١٩٥) ابن خلدون : المقدمة، ص ص ٣٠٠ - ٣٠١.

د ـ لم يورد نص الحديث النبوي[196]، الذي أشار إليه في النص. وهو أمر غريب، لم نتصوره من ابن خلدون، الذي يستدل، ويستشهد، دائما، بالآيات القرآنية، وبالأحاديث النبوية، في (المقدمة).

ثم بعد هذا التمهيد، المتعلق بعمر الكائن العضوي، انتقل ابن خلدون، إلى بحث موضوع عمر الدولة. فقرر أن عمرها يخضع أيضا إلى القرانات الفلكية، ويختلف باختلافها، مثله، مثل عمر الشخص. إلا أنه يقرر أيضا، في ذات الوقت، أن عمر الدولة، لا يتجاوز أعمار ثلاثة أجيال. إذ يقول : « وأما أعمار الدول أيضا، وإن كانت تختلف بحسب القرانات، إلا أن الدولة في الغالب، لا تعدو ثلاثة أجيال. والجيل، هو عمر شخص واحد من العمر الوسط، فيكون أربعين، الذي هو انتهاء النمو والنشوء، إلى غايته. قال تعالى : ﴿ **حتى إذا بلغ أشده، وبلغ أربعين سنة** ﴾[197]. ولهذا قلنا، إن عمر الشخص الواحد، هو عمر الجيل. ويؤيده ما ذكرناه في حكمة التيه، الذي وقع في بني إسرائيل، وأن المقصود بالأربعين فيه، فناء الجيل الأحياء، ونشأة جيل آخر، لم يعهدوا الذل، ولا عرفوه. فدل على اعتبار الأربعين، في عمر الجيل، الذي هو عمر الشخص الواحد »[198].

يقرر ابن خلدون، في هذا النص، حسبما يبدو، الحقائق الآتية :

١ ـ تحديد عمر الدولة، تحديدا نسبيا ـ وليس مطلقا[199] ـ قياسا على أعمار ثلاثة أجيال من الأشخاص.

٢ ـ تعريف الجيل، على أنه : « عمر شخص واحد من العمر المتوسط ».

٣ ـ تعيين عمر الشخص ـ الممثل للجيل، والمقاس به عمر الدولة ـ بأربعين سنة، على وجه التقريب، لا التحديد، لأن الأربعين، هي : « انتهاء النمو والنشوء، إلى غايته».

---

(١٩٦) لعله يقصد الحديث النبوي الآتي: «تعلموا من أنسابكم ما تصلون به أرحامكم». وهو الحديث، الذي أورده، في (المقدمة)، ص ٢٢٦.

(١٩٧) الأحقاف / ١٥.

(١٩٨) ابن خلدون : المقدمة، ص ٣٠١.

(١٩٩) راجع : مناقشة موقف ابن خلدون من نظرية الأعمار، بعد عرض (أجيال الدولة) مباشرة، وبعد قليل.

٤ ـ الاستدلال بالقرآن، على أن الأربعين سنة، هي سن النضج والكمال، في النمو والخلق والتكون، بالنسبة للإنسان، وكذلك بالنسبة للجيل من الأشخاص.

٥ ـ الاستدلال أيضا، بقصة تيه بني إسرائيل، في سينا، أربعين سنة، المذكورة في القرآن(٢٠٠)، واستنتاجه بأن تلك القصة، إنما تدل على حقيقة انتهاء جيل، وظهور جيل آخر.

على أن ابن خلدون، قد استشهد أيضا، بقصة (التيه)، عندما أراد الاستدلال على كيفية طروق الضعف إلى العصبية، بسبب التعود على الانقياد والمذلة. فقال : « وما ذلك إلا لما انسوا من أنفسهم، من العجز عن المقاومة، والمطالبة، كما تقتضيه الآية(٢٠١)، وما يؤثر في تفسيرها. وذلك بما حصل فيهم من خلق الانقياد، وما رئموا من الذل للقبط، أحقابا، حتى ذهبت العصبية منهم جملة »(٢٠٢). وبهذا، يستدل ابن خلدون بالقرآن، ليؤكد على أن حصول المذلة في الجماعة، من الأسباب المفضية إلى سقوط العصبية فيها، وبالتالي إلى سقوط الدولة.

ثانيا : أجيال الدولة

ـ ٤٣ ـ

بعد أن تعرض ابن خلدون، إلى عمر الدولة، خلص إلى الكلام عن أجيالها الثلاثة، المشكلة لعمرها، وإلى تحديد خصائص كل جيل. كما خلص إلى اعتبار الجيل الأول، ممثلا لنشأة الدولة، ولبداية نموها وتطورها. والجيل الثاني، ممثلا لنضجها وكمالها، ومجدها، وغاية قوتها. والثالث، ممثلا لضعفها، وهرمها، وزوالها. وذلك بناء على نظريته في (التعاقب الدوري) للكائنات العضوية، واعتبارا لرأيه في تطور الدولة وانتقالها من البداوة، إلى الحضارة، ثم إلى الاضمحلال ـ كما سبقت الإشارة ـ

أما الخصائص التي يتميز بها كل جيل، من تلك الأجيال الثلاثة، فيمكن عرضها على الوجه الآتي :

---

(٢٠٠) وذلك في قوله تعالى: ﴿ قال فإنها محرمة عليهم أربعين سنة، يتيهون في الأرض ﴾. المائدة / ٢٦.

(٢٠١) الآية، هي قوله تعالى : ﴿ أذهب أنت وربك، فقاتلا ﴾. المائدة / ٢٤.

(٢٠٢) ابن خلدون : المقدمة، ص ٢٤٨.

١ ـ خصائص الجيل الأول : (البداوة)

من خصائص الجيل الأول، خلق البداوة، على العموم

أ ـ فمن الناحية الاقتصادية : الاقتصار في العيش، على الضروري، والعدل في الجبايات، والتحكم في المصروفات، وعدم التبذير.

ب ـ ومن الناحية الاجتماعية : المحافظة على روح التماسك، والترابط، والتلطف في معاملة الرعية.

ج ـ ومن الناحية الخلقية : الخشونة، والشجاعة، والفروسية، والأنفة، والعز، والطموح إلى المجد.

د ـ ومن الناحية السياسية : قوة العصبية، والوحدة، والمشاركة في السلطة السياسية.

ويصف ابن خلدون أفراد هذا الجيل، فيقول : « فحدهم مرهف، وجانبهم مرهوب، والناس لهم مغلوبون »[٢٠٣].

٢ ـ خصائص الجيل الثاني (الحضارة)

أما الجيل الثاني، فمن خصائص أفراده الأساسية، أن حالهم تحول من البداوة إلى الحضارة، بما أصبحوا عليه من الملك، والسلطة والرفاهة، والترف. مما يضعف ذلك من طموحهم إلى المجد السياسي، فيذلون ويتكاسلون عن المشاركة فيه، وينفرد بذلك المجد، واحد من أفراد العصبية : « فتنكسر سورة العصبية، بعض الشيء، وتؤنس منهم المهانة، والخضوع »[٢٠٤].

على أن ذلك، لا يعني ضعفهم المطلق، أو سقوط شوكتهم، وقوتهم تماما، لأن ما ورثوه من عز ومجد وحماية، عن الجيل الأول ـ « وإن ذهب منهم ما ذهب »[٢٠٥] ـ يحول دون سقوطهم وانهيارهم كلية : « ويكونون على رجاء من مراجعة الأحوال التي كانت للجيل الأول، أو على ظن من وجودها فيهم »[٢٠٦].

---

(٢٠٣) نفسه، ص ٣٠١.

(٢٠٤) نفسه، ص ٣٠٢.

(٢٠٥) نفس المصدر والصفحة.

(٢٠٦) نفس المصدر والصفحة.

٣ ـ خصائص الجيل الثالث (الاضمحلال)

وأما بالنسبة لخصائص الجيل الثالث، فتتحدد في رأي ابن خلدون، ببعده عن أحوال البداوة، من شدة وخشونة، وبانغماسه في ألوان الترف، ونعيم العيش، وبفقدان عزة العصبية، وحمايتها: «فيصيرون عيالا على الدولة، ومن جملة النساء والولدان، المحتاجين للمدافعة عنهم، وتسقط العصبية بالجملة، وينسون الحماية، والمدافعة والمطالبة»[٢٠٧]. فإذا سقطت العصبية، التي بها قوام الدولة، سقطت الدولة أيضا، في يد الخصم أو المطالب : « فإذا جاء المطالب لهم، لم يقاوموا مدافعته، فيحتاج صاحب الدولة، حينئذ، إلى الاستظهار بسواهم، من أهل النجدة، ويستكثر بالموالي، ويصطنع من يغني عن الدولة، بعض الغناء، حتى يتأذن الله بانقراضها، فتذهب الدولة بما حملت»[٢٠٨].

وهكذا يرى ابن خلدون، أن الدولة، كائن عضوي، تمر بأجيال ثلاثة، أو مراحل، كالشخص الطبيعي. وتمثل كل مرحلة من تلك المراحل، في الدولة، نفس المراحل التي يمر بها الكائن العضوي، وهي : الطفولة أو النشأة، والكهولة أو النضج، والشيخوخة، أو الضعف.

تعقيب أول

ـ ٤٤ ـ

إن المتأمل في موقف ابن خلدون، من نظرية الأعمار، يمكنه أن يستخلص ـ على الأقل ـ ثلاث حقائق أساسية :

الحقيقة الأولى :

تتمثل في قيام ابن خلدون، بقياس أعمار الدول، بأعمار الأشخاص ـ كما سبقت الإشارة ـ إذ يقول : « فهذا العمر للدولة، بمثابة عمر الشخص، من التزيد، إلى سن الوقوف، ثم إلى سن الرجوع »[٢٠٩]. فحياة الدولة على هذا الأساس، في نظره، تتمثل في ثلاث محطات، أو أجيال، أو مراحل ـ كمراحل حياة الشخص الطبيعي ـ فإن جيل الدولة

---

(٢٠٧) نفسه، ص ٣٠٢.

(٢٠٨) نفسه، ص ص ٣٠٢ ـ ٣٠٣.

(٢٠٩) نفسه، ص ٣٠٣.

الاول، يمثل محطة (التزيد) عند الشخص، أي : النشأة. وجيلها الثاني، يمثل محطة (الوقوف)، أي : وقوف الشخص، عند حد النضج والكمال. وجيلها الثالث، يمثل محطة (الرجوع)، بمعنى رجوع الشخص إلى الضعف والشيخوخة، والانحلال أو الانقراض.

في هذا السياق، نكرر الإشارة إلى أن ابن خلدون، يقرر أن الدولة، كائن عضوي، أولا، ثم كائن معنوي، ثانيا، ـ كما ذهب هيجل ـ وذلك على مستوى العصبية، ـ المؤسسة للدولة ـ التي تتضمن عناصر معنوية، كالولاء والانتماء.

الحقيقة الثانية :

تتمثل في القول، بأن ابن خلدون، ينظر لأفكاره السياسية من القرآن الكريم[٢١٠]، وخاصة فيما يتعلق بنظريتي : العصبية والدولة. ففي نظرية الأعمار، لجأ ابن خلدون، أيضا، إلى قياس عمر الدولة، بمراحل تطور العصبية، المكونة للدولة. فالعصبية، في رأيه -باعتبارها تعبير عن الجماعة أو المجتمع- تتطور، هي الأخرى، عبر مراحل ثلاث : مرحلة النشأة من الضعف، أي : مرحلة التكوين، أولا. ثم مرحلة القوة والوحدة والتماسك، ثانيا. ثم أخيرا، مرحلة شيخوخة العصبية، وهرمها، ثالثا. فهذه المراحل أو الأطوار الثلاثة، في حياة العصبية، تقابلها، الأجيال الثلاثة، في حياة الدولة ـ كما سبق القول ـ

ومما يمكن تأكيده، في هذا الصدد، هو أن مراحل العصبية الثلاث، وأجيال الدولة الثلاث، أيضا، قد استخلصها ابن خلدون، من معنى الآية القرآنية السابقة[٢١١] ـ التي لم يذكرها في (المقدمة) ـ ومن معاني آيات أخرى في القرآن، لا تسمح وحدة هذا البحث، بالتعرض إليها جمعيا. والتي تؤكد في عمومها، خلق الله تعالى الإنسان، في ثلاثة أطوار: طور الضعف، فطور القوة، ثم طور الهرم والفناء.

الحقيقة الثالثة :

تتمثل في تردد ابن خلدون، واضطرابه بين موقفين، في نظرية أعمار الدولة. فهو يقرر، تارة، (نسبية) عمر الدولة، ويقرر، تارة أخرى، (إطلاقيته).

---

(٢١٠) راجع: رقم (٢) في التعقيب السابق، الذي يلي (عوامل سقوط الدولة)، في هذا القسم من البحث

(٢١١) راجع الآية في : الروم / ٥٤. وفي رقم (٢) من التعقيب السابق، الذي يلي (عوامل سقوط الدولة) في هذا القسم من البحث.

١ ـ الموقف النسبي :

وهو الموقف الذي يحدد، فيه ابن خلدون، عمر الدولة، تحديدا نسبيا. فإنه على الرغم من تحديده لعمرها، بمائة وعشرين سنة، قياسا بعمر ثلاثة أجيال ـ باعتبار عمر الجيل الواحد، أربعين سنة، تقريبا ـ إلا أنه اعتبر ذلك التحديد، (تقريبيا) وليس (مطلقا). ذلك أنه كرر استعمال عبارة (في الغالب)، التي تفيد التقريب والنسبية.

أ ـ فهو يقول في نسبية عمر الأشخاص : « إن العمر الطبيعي للأشخاص، على ما زعم الأطباء والمنجمون، مائة وعشرون سنة (...). ويختلف العمر، في كل جيل، بحسب القرانات، فيزيد عن هذا، وينقص منه »[٢١٢].

ب ـ ويقول في نسبية عمر الدولة، أيضا : « إلا أن الدولة، في الغالب، لا تعدو أعمار ثلاثة أجيال (...). إن عمر الدولة، لا يعدو، في الغالب، ثلاثة أجيال »[٢١٣]. إن تكراره لعبارة : (في الغالب)، مرتان في النص، تدل دلالة واضحة على اعتقاده في نسبية عمر الدولة. وهو بحق، مصيب في ذلك.

٢ ـ الموقف المطلق

وهو الموقف الذي يحدد فيه ابن خلدون، عمر الدولة، تحديدا مطلقا، بمائة وعشرين سنة. حتى كأنه يعتقد في أن هذا السن، قانون عام، لا يتغير، لأنه يحزم بانطباقه على جميع أصناف الدول، دون استثناء، ويؤكد بأنه قانون يصحح : «عدد الآباء في عمود النسب»[٢١٤]، أي: عدد الآباء في سلسلة، أو قائمة كل جيل من الأجيال الثلاثة، المشكلة للدولة :

أ ـ يقول في هذا المعنى الإطلاقي : « وهذه الأجيال الثلاثة، عمرها مائة وعشرون سنة، على ما مر. ولا تعدو الدول، في الغالب، هذا العمر، بتقريب قبله، أو بعده، إلا إن عرض لها عارض آخر، من فقدان المطالب (بضم الميم)، فيكون الهرم حاصلا،

---

(٢١٢) ابن خلدون : المقدمة، ص ٣٠٠.

(٢١٣) نفسه، ص ٣٠١.

(٢١٤) نفسه، ص ٣٠٣.

مستوليا، والطالب لم يخضرها[٢١٥]، ولو قد جاء الطالب، لما وجد مدافعا. ﴿ فإذا جاء أجلهم، لا يستأخرون ساعة، ولا يستقدمون ﴾[٢١٦] »[٢١٧].

ب ـ ثم يضيف في نفس المعنى الإطلاقي : « ولهذا يجري على السنة الناس، في المشهور، أن عمر الدولة، مائة سنة، وهذا معناه. فاعتبره، واتخذ منه قانونا، يصحح لك عدد الآباء في عمود النسب، الذي تريده من قبل معرفة السنين الماضية، إذا كنت قد استربت في عددهم »[٢١٨].

تعقيب ثان

ـ ٤٥ ـ

تكشف نصوص الموقف الثاني (المطلق)، عن تورط ابن خلدون ـ في ما يبدو ـ في اعتقادات وآراء، لا تجانب الصواب. ويظهر ذلك من وجوه :

أولا : في قوله: «لا تعدو الدول، في الغالب، هذا العمر، بتقريب قبله، أو بعده» :

أ ـ فالعبارة تقطع بأن عمر الدولة، مائة وعشرون سنة، وتنفي ـ في نفس الوقت ـ وجه التقريب، بالزيادة أو النقصان فيه. وبمعنى آخر، فإن عبارة ابن خلدون، تنفي نفيا قاطعا، إمكانية الزيادة، أو النقصان، في ذلك العمر. وهو ما يفهم من قوله : « بتقريب قبله، أو بعده ». لأن دخول (لا) النافية، على الفعل المضارع (تعدو)، في أول العبارة، تنفي أيضا وجه التقريب، والاحتمال في الجملة. ولأن الأصل في تركيبها، هكذا : (لا بتقريب قبله، ولا بعده).

ب ـ تعارض المعنى في النص المشار إليه. فهو من جهة، يرجح وجه الاحتمال، عند ما عبر بلفظ : (في الغالب)، الذي يعني : احتمال النقصان أو الزيادة، في العمر

---

(٢١٥) الخضر (بفتح فسكون)، ما قطع واستئصل، وهو أخضر. واختضره : قطعه واستأصله.

راجع : مجمع اللغة العربية : المعجم الوسيط، ج ١، مرجع سابق، ص ص ٢٣٩ ـ ٢٤٠.

والمعنى : فإذا لم تجد الدولة، خصما يطالب بسقوطها واستئصالها، أسقطها الهرم واستأصلها، أي: سقطت من تلقاء ذاتها، بسبب الهرم، الذي هو أمر حتمي لكل مخلوق.

(٢١٦) الأعراف / ٣٤. وتبدأ الآية، بقوله تعالى : (ولكل أمة أجل...).

(٢١٧) ابن خلدون : المقدمة، ص ٣٠٣.

(٢١٨) نفس المصدر والصفحة.

الذي قرره للدولة. ومن جهة أخرى، يؤكد نفي ذلك الاحتمال، مرتين :

١ ـ في قوله : « بتقريب قبله، أو بعده » لاشتمال عمل (لا) النافية ـ التي في أول النص ـ على معنى هذه العبارة أيضا ـ كما سبقت الإشارة في (أ) ـ.

٢ ـ في استعماله أداة الاستثناء (إلا) في أول الجملة التي تلي عبارة : « بتقريب قبله أو بعده ». وهي قوله : « إلا إن عرض لها عارض آخر، من فقدان المطالب، فيكون الهرم حاصلا، مستوليا ».

فالإستثناء، إذن، يفيد تأكيد العمر المحدد للدولة، بمائة وعشرين سنة، لأن ابن خلدون، لم يشر بعد (إلا) إلى إمكانية الزيادة أو النقصان، في ذلك العمر. ولكنه أشار ـ بعد الاستثناء ـ إلى احتمال زوال الدولة، بسبب آخر ـ غير التحديد الزمني بالمائة والعشرين سنة ـ وهو الهرم، مثلا، الذي يجهل تاريخ، أو وقت، حصوله بالضبط، في الدولة. وبعبارة أخرى، فإن ابن خلدون، يريد القول، من خلال النص الذي نناقشه، بأن الدولة، لا بد أن تزول، في عمر المائة والعشرين سنة، وإذا لم تزل في هذا العمر، فإن عارض الهرم، كفيل بأن يزيلها، لا محالة، لكن دون عمر محدود أو وقت معلوم.

ثانيا : استدلال ابن خلدون على عمر الدولة، بما يجري على ألسنة السوقة والعامة، من أقوال وقوله : « ولهذا يجري على ألسنة الناس في المشهور أن عمر الدولة، مائة سنة»، إذ أن الإستدلال، أو الإستشهاد، بأقوال العامة وآرائهم، مما يتنافى وقواعد المنهج العلمي، التي حرص ابن خلدون نفسه ـ في بداية (المقدمة) ـ على تأكيدها، حتى أنه نقد غيره من المؤرخين ـ كالمسعودي وغيره ـ في عدم مراعاتها. فكيف يجيز لنفسه أن « ينهى عن خلق، ويأتي مثله » (٢١٩).

ثالثا : منهجيا أيضا، وأدبيا، لا يصح للكاتب، أن يأمر القارئ بأن يأخذ برأيه، أو برأي العامة ـ ولو من باب النصيحة ـ إلا أن ابن خلدون، فعل ذلك، عندما أمر القارئ بقوله : « فاعتبره، واتخذ منه قانونا ». بالإضافة إلى أن هذه العبارة، تترجم أيضا، اعتقاد ابن خلدون، المطلق، في أن عمر الدولة، لا يتجاوز ذلك التقدير الذي قرره، وهو مائة وعشرون سنة.

---

(٢١٩) صدر بيت لأبي الأسود الدؤلي. وتمامه :

لا تنه عن خلق وتأتي مثله   عار عليك إذا فعلت عظيم.

رابعا : إن الاعتقاد في عدم تجاوز عمر الدولة، مائة وعشرين سنة، اعتقاد خاطئ، تورط فيه ابن خلدون، بسبب إيمانه بالقرانات الفلكية. فلئن كان هذا العمر، يصدق على بعض الدول، وخاصة تلك التي كانت تحكمها عصبيات عصره، فهو لا يصدق على الدول التي تحكمها العصبيات السياسية، والعقديات الحزبية، في العصور الحديثة. ومن ثم، فلا يصح تعميم ذلك العمر على جميع الدول، في كل زمان ومكان، كما لا يصح اعتباره، قانونا عاما.

خامسا : كان على ابن خلدون، أن يكتفي بالموقف الاول، المقرر لنسبية عمر الدولة، لأنه موقف على جانب من الصواب. إلا أنه عندما تمادى في التحديدات الزمنية، لسني الدولة، وأيامها، في الموقف الثاني، خرج عن المألوف، مما سبب له كثيرا من الاعتراضات والانتقادات [٢٢٠].

سادسا : الاستثناء الذي صاغه ابن خلدون، في النص، وهو قوله : « إلا إن عرض لها عارض آخر ». يتفق مع روح التفكير العلمي، باعتبار الاستثناء ـ في مثل هذه المواقف ـ يصون الكاتب ويحرره من الإنتقاد، لأنه يفتح مجالا، عند القارئ أو الباحث، للتفكير وللبحث في (العوارض) الممكنة والمحتملة. لكن ابن خلدون، غلط، عند ما عين (العارض)، فورط نفسه، وقيد استثناءه ـ أو ألغاه ـ وذلك بأحد أمرين :

أ ـ بـ(المطالب)، وهو الخصم أو العدو، الذي يسعى للإطاحة بالدولة، فقال بعد الاستثناء مباشرة : « من فقدان المطالب » [٢٢١].

ب ـ بـ(الهرم) الحتمي، الذي يصيب الدولة. حيث يقول بعد الاستثناء أيضا : «فيكون الهرم حاصلا مستوليا » [٢٢٢].

فلو امتنع ابن خلدون، عن تقييد الاستثناء، بـ(المطالب) و(الهرم)، لكان موقفه مرنا، وأكثر علمية. لأن الاستثناء في هذه الحال، يمكن أن يفهم من طرق عدة، كأن تفهم تلك العوارض، بكونها تعني، مثلا : الانقلابات، أو الثورات، أو الغزو الخارجي، للدولة، أو الكوارث الطبيعية، وما إلى ذلك.

---

(٢٢٠) راجع، مثلا : ابن خلدون : المقدمة، تحقيق وشرح علي عبد الواحد وافي، ج ١، ط ٢، ص ص ٢٨٩ ـ ٢٩٠، القاهرة ١٩٦٥ (البيان).

(٢٢١) ابن خلدون : المقدمة، ص ٣٠٣.

(٢٢٢) نفس المصدر والصفحة.

سابعا : تشير نهاية النص السابق ـ أي : في قوله : « فاعتبره، واتخذ منه قانونا، يصحح لك عدد الآباء في عمود النسب، الذي تريده، من قبل معرفة السنين الماضية، إذا كنت قد استربت في عددهم»[٢٢٣] ـ تشير إلى اعتقاد ابن خلدون، في الأنساب، وفي علاقتها بالتنجيم، وعلم النجوم أو الفلك. ولا شك أن النسب ـ باعتباره شكلا من أشكال صلة الرحم ـ يعتبر عند ابن خلدون، من الأسس التي تشكل نظرية العصبية، ولا شك أيضا، أنه كان للنسب، ولا زال، سلطة (سرية) ــ إن جاز التعبير ـ على تفكير الإنسان، من الناحية العرقية، والجهوية، والإقليمية،والقومية،أو الوطنية -بلغة العصر- الحديث-.أي: أن للنسب، (عقدية) خاصة، لا تظهر للعيان، تشبه آثارها، آثار الانتماءات الحزبية، والعقديات السياسية المختلفة. ولذلك،فإنه من هذا الجانب، يمكن تبرير اعتقاد ابن خلدون، في النسب وأثره، وفي موقفه منه، بصفة عامة، أي : في آثاره على سلوك الإنسان.

إلا أن اعتقاد ابن خلدون، في مزاعم الأطباء والمنجمين، وفي سني القمر الكبرى، عندهم، أي : في القول، بـ : « أن العمر الطبيعي للأشخاص، على ما زعم الأطباء والمنجمون، مائة وعشرون سنة، وهي سنو القمر الكبرى عند المنجمين »[٢٢٤]، يؤكد اعتقاده في أثر التنجيم وفي علم النجوم على حياة الإنسان. وهو الأمر الذي قد تبرره نظرية المعرفة العلمية الحديثة.

يخيل إلينا، أن ابن خلدون، ربما يكون في هذا الاعتقاد، متأثرا :

أ ـ بما كان يجري في المغرب، في عصره، من أعمال السحر، والطلسمات، التي عاينها بنفسه، دون أن يشك فيها. يقول في ذلك : « وبالمغرب صنف من هؤلاء المنتحلين، لهذه الأعمال السحرية، يعرفون بالبعاجين، وهم الذين ذكرت أولا، أنهم يشيرون إلى الكساء أو الجلد، فيتخرق، ويشيرون إلى بطون الغنم بالبعج، فينبعج. ويسمى أحدهم لهذا العهد، بإسم البعاج (...). لقيت منهم جماعة، وشاهدت من أفعالهم هذه، بذلك، وأخبروني أن لهم وجهة ورياضة، خاصة بدعوات كفرية وإشراك لروحانية الجن والكواكب، سطرت فيها صحيفة عندهم، تسمى : الخزيرية، يتدارسونها، وأن بهذه الرياضة والوجهة، يصلون إلى حصول هذه الأفعال لهم. وان

---

(٢٢٣) نفس المصدر والصفحة.

(٢٢٤) نفس المصدر، ص ٣٠٠.

التأثير الذي لهم، إنما هو فيما سوى الإنسان الحر، من المتاع والحيوان والرقيق، ويعبرون عن ذلك بقولهم : إنما نفعل فيما يمشي فيه الدرهم، أي : ما يملك ويباع ويشترى من سائر المتملكات، هذا ما زعموه. وسألت بعضهم، فأخبرني به. وأما أفعالهم فظاهرة موجودة، وقفنا على الكثير منها، وعاينتها، من غير ريبة في ذلك » [٢٢٥].

إذن فابن خلدون، لا يشك في تلك الأعمال السحرية التنجيمية، التي شاهدها وعايشها بنفسه، ويبدو من النص، أنه مقتنع بها، لتأكيده لها، وعدم معارضته لأصحابها.

ب ـ بأفكار ومعارف إخوان الصفاء، الطبيعية، والفلكية[٢٢٦]. فقد جمعت رسائلهم ـ التي نرجح اطلاع ابن خلدون عليها[٢٢٧] ـ شتى العلوم والمعارف والثقافات والاعتقادات، والنظريات، وخاصة نظريتي : العناصر[٢٢٨] والأخلاط[٢٢٩]. لأن مثل

---

(٢٢٥) نفس المصدر، ص ص ٩٣٠ ـ ٩٣١.

(٢٢٦) راجع مثلا : إخوان الصفاء وخلان الوفاء : الرسائل، ج ١، الرسالة الثالثة : (في علم النجوم وتركيب الأفلاك)، ص ص ١١٤ ـ ١٥٣. والرسالة التاسعة : (في بيان الأخلاق، وأسباب اختلافها، وأنواع عللها..)،وخاصة الفصل الموسوم، بـ(في اختلاف الأخلاق من جهة الأخلاط)،ص ص ٢٩٩ـ ٣٠٠، والفصل الموسوم، بـ(في تأثير طبيعة البلدان في الأخلاق)، ص ص ٣٠٢ ـ ٣٠٥، بيروت ١٩٨٣.

وقارن ذلك بـ : ابن خلدون : المقدمة :

١ ـ المقدمة الثالثة، بعنوان : (في المعتدل من الأقاليم، والمنحرف، وتأثير الهواء في ألوان البشر، والكثير من أحوالهم)، ص ص ١٤١ ـ ١٤٧.

٢ ـ المقدمة الرابعة، بعنوان : (أثر الهواء في أخلاق البشر) ص ص ١٤٨ ـ ١٥٠.

٣ ـ المقدمة الخامسة، بعنوان : (في اختلاف أحوال العمران في الخصب والجوع وما ينشأ عن ذلك من الآثار في أبدان البشر وأخلاقهم)، ص ص ١٥١ ـ ١٥٨.

(٢٢٧) راجع : القسم السادس، من هذا البحث.

(٢٢٨) نظرية العناصر الآربعة، من أقدم النظريات اليونانية، التي تفسر أصل الوجود. ففسره طاليس، بالماء. وأنكسمندر، بالمادة. وأنكسمنس، بالهواء. وهيراقليط، بالنار.

راجع : أحمد أمين، وزكي نجيب محمود : قصة الفلسفة اليونانية، ص ص ٢٠ ـ ٢٨، وص ٦٢، القاهرة ١٩٤٩.

(٢٢٩) نظرية الأخلاط الأربعة للطبيب اليوناني : جالينوس (١٣١ ـ ٢٠١م)، نظرية تفسر مزاج الإنسان، من خلال أخلاط : الدم والبلغم والصفراء والسوداء.

راجع: محمد فريد وجدي : دائرة معارف القرن العشرين، م ١، ص ص ١٢ـ١٣، ط ٣، بيروت (؟). وقد تعرض ابن خلدون، لجالينوس، في ثلاث مواضع، في (المقدمة) : في ص ٧٠، حيث ذكر كتابه : (منافع الأعضاء). وفي ص ١٥٠، في نهاية المقدمة الرابعة. وفي ص ص ٩١٧ ـ ٩١٩ في فصل (علم الطب).

تلك الأفكار والنظريات، كانت تشكل جزءا ـ على الأقل ـ من نظرية المعرفة، في القديم، ـ باستثناء المعرفة الوحيية في الشرائع السماوية ـ وذلك حتى عصر ابن خلدون، وعصر النهضة الأوربية.

ثامنا : اضطراب ابن خلدون، في تحديد عدد سني عمر الشخص، والدولة. فهو، بالنسبة للشخص، تارة، يحدد عمره، بأربعين، وتارة بستين سنة. وهو، بالنسبة للدولة، تارة يحدد عمرها، بمائة، وتارة، بمائة وعشرين سنة. فهل تؤكد هذه التحديدات المضطربة للأعمار، عدم وثوقه منها، أصلا ؟ على أنه رغم ذلك، حاول ابن خلدون، معاندة الغيب، والخروج بقاعدة عامة، لعمر الدولة.

تاسعا : استدل ابن خلدون في النص، بالآية، في قول تعالى: ﴿ **فإذا جاء أجلهم، لا يستأخرون ساعة، ولا يستقدمون** ﴾[230] [231]. فعلى الرغم من أن الله تعالى، لم يحدد في الآية، آجال المخلوقات، بسنة، أو بمائة سنة، وجعل ذلك من خصوصيات علمه وأمره تعالى، إلا أن ابن خلدون، ـ الذي لا يجهل معنى الآية ـ يقرر علم ما حجبه الله عن مخلوقاته، بطريق النسب والقرانات الفلكية، فحدد أعمار الشخص والدولة، تحديدا زمنيا، نسبيا، تارة، ومطلقا، تارة أخرى، وحاول أن يصوغ قانونا عاما، في ذلك، يكون صالحا لكل دولة، آمرا غيره، بأن يأخذ به. أفلا يعتبر هذا التفكير، ضرب من الغرور، أو على الأقل، ضرب من الإداعاء العلمي، ـ إن صح القول ـ ؟

عاشرا : لماذا يعتني ابن خلدون ـ دون غيره من المفكرين ـ بعمر الدولة، وتحديد أيامها، وتشريح جسمها، عناية خاصة، فاقت عناية أرسطو، وهيجل بها ؟ هل كان ذلك فقط، لتأكيد اعتقاده، بأن الدولة مخلوق عضوي ؟ أم لتأكيد إيمانه بما قرره القرآن، من أن لكل مخلوق، أجلا محدودا ؟ أم بدافع الرغبة في الكشف عن طرق نشوء، وسقوط العصبيات والقبائل والدول، والدويلات التي عاش في ظلها، واكتوى بنار ساستها وبفساد سياستهم. فقد تأكد ـ بعد سبر طبيعة تركيبها وبنائها ـ من سقوط تلك الدويلات جميعا في المغرب والمشرق، ومن زوال الأندلس، لا محالة كما سقطت وزالت كبرى

---

(٢٣٠) الأعراف / ٣٤.

(٢٣١) ابن خلدون : المقدمة، ص ٣٠٣.

الممالك في العالم. وانتهى من ذلك، إلى نظرية (التعاقب الدوري)، التي تفسر، في رأيه، سقوط كل الكائنات، بما فيها الدولة ؟

نرجح الاحتمال الأخير، لأنه يبدو أكثر انسجاما مع النسق الفكري العام، لأراء ومواقف ابن خلدون، في (المقدمة).

أسباب اضمحلال الدولة

- ٤٦ -

تعرضنا في السابق، إلى عوامل نشأة الدولة، وإلى أسباب تعدد الدول، وأصنافها، وأشكال الحكم فيها، ثم إلى أجيال الدولة، ومراحل تطورها، وأعمارها وإلى عوامل سقوطها. ونتعرض الآن إلى أسباب اضمحلال الدولة، بطريقة أخرى غير التي سبقت في فقرة (٣٢) من هذه الدراسة.

لو تأملنا في أسباب تعدد الدول ـ التي سبقت الإشارة إليها ـ ثم في مراحل تطور الدولة، من البداوة إلى الحضارة، ومن الحضارة، إلى الاضمحلال ـ في التصنيف الأخلاقي، وأيضا، في أطوار الدولة، وأعمارها، لتكونت لدينا صورة واضحة، عن الأسباب الحقيقية، التي تفضي إلى اضمحلال الدولة،وإلى سقوطها، في رأي ابن خلدون.

ومع ذلك، يمكن إعادة صياغة تلك الأسباب، وتحديدها، وترتيبها بصورة أكثر تفصيلا، ووضوحا، على الوجه الآتي :

أولا : مفهوم الترف والحضارة

- ٤٧ -

رغم أن ابن خلدون،يرى في:«أن الترف، يزيد الدولة، في أولها، قوة إلى قوة»[٢٣٢]، فإنه يعتقد أيضا، في أن الترف، أو الحضارة، من الأسباب والعوامل التي تؤدي إلى ضعف العصبية، المؤسسة للدولة، أي إلى ضعف الدولة، نفسها، وإلى سقوطها. أو كما يقول، أنه : « من عوائق الملك، حصول الترف »[٢٣٣]. فابن خلدون، على الرغم من تأكيده، على أن الترف والحضارة، من غايات الإنسان، والعصبيات والدول، إلا أنه في

---

(٢٣٢) ابن خلدون : المقدمة، ص ٣٠٩.

(٢٣٣) نفسه، ص ٢٤٦.

الوقت ذاته، يعتبر الحضارة والترف، من المذمومات والمفسدات. يقول في ذلك :

١ ـ « وأهل الحضر، لكثرة ما يعانون من فنون الملاذ وعوائد الترف، والإقبال على الدنيا، والعكوف على شهواتهم منها، قد تلوثت أنفسهم بكثير من مذمومات الخلق والشر، وبعدت عليهم طرق الخير ومسالكه بقدر ما حصل لهم من ذلك»[٢٣٤].

٢ ـ « وقد يتوضح فيما بعد، أن الحضارة، هي نهاية العمران، وخروجه إلى الفساد، ونهاية الشر، والبعد عن الخير »[٢٣٥].

٣ ـ « وأصل هذا كله، إنما يكون بالعصبية، وهي متفاوتة في الأجيال[٢٣٦]، والملك يخلقه الترف ويذهبه»[٢٣٧].

٤ ـ « فإذا تعين أولئك القائمون بالدولة، انغمسوا في النعيم، وغرقوا في بحر الترف والخصب، واستعبدوا إخوانهم من ذلك الجيل (...). فإذا استولت على الأولين الأيام، وأباد خضراءهم الهرم، فطبختهم الدولة، وأكل الدهر عليهم وشرب، بما أرهف النعيم من حدهم، واشتفت غريزة الترف، من مائهم، وبلغوا غايتهم من طبيعة التمدن الإنساني والتغلب السياسي (...) كانت حينئذ، عصبية الآخرين موفورة، وسورة غلبهم من الكاسر محفوظة، وشارتهم في الغلب معلومة (...)، فيستولون على الأمر، ويصير إليهم»[٢٣٨].

٥ ـ « فإذا استفحل العز والغلب، وتوفرت النعم والأرزاق، بدرور الجبايات، وزخر بحر الترف والحضارة (...) عاد من ذلك إلى نفوسهم هيئات الجبن والكسل، بما يعانونه من خنث الحضارة، المؤدي إلى الانسلاخ من شعار البأس والرجولية، بمفارقة البداوة، وخشونتها، ويأخذهم العز بالتطاول إلى الرياسة والتنازع عليها، فيفضي إلى قتل بعضهم ببعض (...)، ويقع الخلل الأول للدولة، وهو الذي من جهة الجند والحامية»[٢٣٩].

---

(٢٣٤) نفسه، ص ٢١٥.

(٢٣٥) نفسه، ص ٢١٦.

(٢٣٦) أي أنها (نسبية) من حيث قوتها في الأفراد والجماعات.

(٢٣٧) ابن خلدون : المقدمة، ص ٢٥٧.

(٢٣٨) نفسه، ص ص ٢٥٦ ـ ٢٥٧.

(٢٣٩) نفسه، ص ص ٥٢٧ ـ ٥٢٨.

وهكذا فإن معاني هاته النصوص، تؤيد الرأي على أن ابن خلدون، يرى أن الترف والحضارة من الأسباب المباشرة في سقوط الدولة.

ـ ٤٨ ـ

إن مفردتي : الترف والحضارة، من المفردات الأساسية، في لغة ابن خلدون، كمفردات : العصبية، والدولة، والملك، والعمران. ومن خلال النصوص الخمسة السابقة، يمكن أن نتعرف على معنى (الترف)، وعلى معنى (الحضارة) ـ باختصار ـ في اللغة الخلدونية.

١ ـ مفهوم الترف :

يعتقد ابن خلدون، في أن ظاهرتي : الترف والحضارة، مرتبطتان ببعضهما، وأن ظاهرة (الترف)، أسبق في الوجود من ظاهرة (الحضارة) ومن ثم، فإن الحضارة، نتيجة للترف ـ وليس العكس ـ فإذا كان الترف من نزوعات النفس الإنسانية إلى التمتع بالدنيا، أو من غرائز النفس،ونزواتها،أيضا، فالحضارة، هي من مكملات الترف، ومن نتائجه، أو هي بلوغ الترف، أقصى غاياته. لذلك عرف ابن خلدون، الترف ـ بطريقته ـ فقال: «ما تنزع إليه النفوس، من الشهوات والملاذ، والتنعم بأحوال الترف»[٢٤٠]. أي:بأحوال الدنيا. ثم وصف الترف، في موضع آخر، من (المقدمة)، بأنه من غرائز النفس البشرية، وذلك في قوله : « فإذا استولت على الأولين الأيام (...) واشتفت غريزة الترف من مائهم »[٢٤١].

في هذا المعنى فإن الترف عند ابن خلدون، هو أمر مرتبط أساسا بالنفس ونوازعها. وبما أنه كذلك فقد عد : « الترف مفسد للخلق، بما يحصل في النفس من ألوان الشر والسفسفة وعوائدها »[٢٤٢]. وإذا كان الترف كذلك أيضا، مفسد للخلق والأخلاق، فهو من (أمراض) النفس، لأنه : « إذا فسد الإنسان في قدرته، ثم في أخلاقه، ودينه، فقد فسدت إنسانيته، وصار مسخا على الحقيقة »[٢٤٣]، أي : مريضا، في قدرته وأخلاقه ودينه وإنسانيته على السواء.

---

(٢٤٠) نفسه، ص ٣٠٤.

(٢٤١) نفسه، ص ٢٥٦.

(٢٤٢) نفسه، ص ٢٩٩.

(٢٤٣) نفسه، ص ٦٦٦.

ثم إذا كانت النفس تنزع بطبيعتها ـ كما تقدم ـ إلى الشهوات والملاذ، أي إلى : «مهلكة الترف » [٢٤٤] باعتباره مرضا من أمراضها، فما هي علاقة الترف، بالملك وبالدولة ؟ للإجابة على هذا التساؤل، يمكن القول، بأن ابن خلدون، يعتقد في أمرين، على الأقل ـ وهما :

١ ـ في : « أن عوارض الترف، والغرق في النعيم، كاسر من سورة العصبية، التي بها التغلب » [٢٤٥]. بمعنى أن الترف، ـ الذي عده ابن خلدون، من أمراض النفس ـ مفسد للعصبية، المؤسسة للدولة.

٢ ـ في أن الملك والدولة، يسعيان بطبيعة تركيبهما ووجودهما، إلى الترف. لأن : « الدولة طبيعة الملك من الترف » [٢٤٦]. وأيضا: « لضرورة تبعية الرفه إلى الملك » [٢٤٧].

ونتيجة لهذين الأمرين، فإن ابن خلدون لم يتردد في التأكيد على أن : « الملك يخلقه[٢٤٨] الترف، ويذهبه » [٢٤٩]، بما أن الترف، في رأيه، من المفاسد والأمراض المهلكة. وإذا فسدت العصبية، بسبب الترف، وهلك الملك بسببه أيضا، فإن الدولة، ـ التي تقوم على العصبية، وممثلة للملك، أو المعبرة عنه ـ يفضي بها الترف أيضا، إلى الفساد والهلاك والانقراض.

وعلى هذا، فمفهوم الترف عند ابن خلدون، هو مفهوم سلبي، أو لا أخلاقي ـ إن صح التعبير ـ لأنه يعتبر الترف، من أمراض النفس، المفضية إلى سقوط العصبية والملك والدولة، أي إلى سقوط الإنسان، باعتباره كذلك، أو أنه عامل هدم للعمران، كالهرم والظلم، والمذلة، والقهر، وما إلى ذلك.

٢ ـ مفهوم الحضارة

تعتبر الحضارة، عند ابن خلدون، ناتجة عن الترف ومن زوائده ـ كما سبقت

---

(٢٤٤) نفسه، ص ٥٢٣.

(٢٤٥) نفسه، ص ٢٤٧.

(٢٤٦) نفسه، ص ٥٢٢.

(٢٤٧) نفسه، ص ٣٠٤.

(٢٤٨) يخلقه (بضم فسكون فكسر)، بمعنى : يبليه.

(٢٤٩) ابن خلدون : المقدمة، ص ٢٥٧.

الإشارة ـ فهو يعرف الحضارة، مثلا، بقوله : « والحضارة إنما هي تفنن في الترف، وإحكام الصنائع المستعملة في وجوهه ومذاهبه [٢٥٠] من المطابخ والملابس والمباني والفرش والأبنية، وسائر عوائد المنزل وأحواله » [٢٥١].

وإذا كانت الحضارة، من منجزات الترف، ومن نتائجه، وكان الترف، من المفاسد، والمهالك، والأمراض النفسية، المزمنة، في رأي ابن خلدون ـ كما سبقت إليه الإشارة أيضا ـ فإن الحضارة، تستحيل في رأيه أيضا، إلى شر مطلق لا بد منه ـ إن صح التعبير ـ لأنها ـ كالترف ـ شر مهلك وقاتل للعمران ذاته، الذي منه الملك والدولة. ولهذا السبب، أكد ابن خلدون : « أن الحضارة، هي نهاية العمران، وخروجه إلى الفساد، ونهاية الشر، والبعد عن الخير » [٢٥٢].

تعقيب

ـ ٤٩ ـ

في هذا الصدد، وبخصوص موقف ابن خلدون من مفهومي : الترف والحضارة، يلاحظ ما يأتي :

أ ـ أنه يعالج مفهومي : الترف، والحضارة، بطريقة جدلية، دقيقة. فهو يعتقد أن الإنسان، يسعى أولا، إلى الحصول على الضروري ـ في التجمعين : الطبيعي والبدوي ـ ثم لا يلبث أن ينتقل ـ في التجمع الحضري ـ إلى السعي في الحصول على الكمالي، كالترف والحضارة. وأن هذا السعي من الإنسان، أمر طبيعي. لكنه، في نفس الوقت، سعي، يفضي به، إلى الهلاك، وإلى القضاء عليه، بمعنى أن سعي الإنسان نحو الترف والحضارة، ليس باختيار منه ضرورة، وإنما هو مدفوع إليه، بحكم الطبيعة الإنسانية، أو بحكم الحتمية الطبيعية. تلك الحتمية التي تجعل من الإنسان، خصيما مبينا لذاته، ومخلوقا ذا وجهين: فهو، من جهة، يسعى للتأمين على حياته، وتلبية غرائزه ونزواته، ومن أجل بقائه، ومن جهة أخرى، يسعى ـ في نفس الآن ـ إلى هدم ذاته بذاته، عندما يسعى إلى الترف والحضارة.

---

(٢٥٠) الضمير في (وجوهه ومذاهبه) يعود على الترف. ومعنى هذا أن الحضارة، في رأيه، شكل من أشكال الترف.

(٢٥١) ابن خلدون : المقدمة، ص ٣٠٤.

(٢٥٢) نفسه، ص ٢١٦.

ب ـ أن مفهوم الحضارة، عند ابن خلدون، يختلف، تمام الإختلاف، عن مفهومنا في العصر الحديث. فإن مفهومنا للحضارة، يعني : إنتاج الأفكار، أو النهضة الفكرية، وتطور الوعي، والتقدم العلمي في الصناعات المختلفة، وفي الاكتشافات العلمية، وفي القوة العسكرية. بينما مفهوم الحضارة، عند ابن خلدون، إنما يعني، الـ: « تفنن في الترف»، وضاعة التجهيزات المنزلية، من : « المطابخ والملابس، والمباني والفرش، والأبنية » ـ كما رأينا في تعريفه السابق لها ـ أي أن الحضارة، عنده، تعبر عما يستهلكه الإنسان، من مآكل وملابس ومباني، « وسائر عوائد المنزل وأحواله »[٢٥٣]. أما ما ندعوه نحن (حضارة)، الآن، فهو عند ابن خلدون، يندرج في مفهوم (العمران)، لأن العمران عنده، هو الذي يشمل : النهضة، والصنائع، والتقدم الفكري والعلمي، وما في معناه.

وعلى الجملة، فهل ينطبق رأي ابن خلدون، في الحضارة، على حضارة العصر الحديث ؟ وإذا كان الجواب بالإيجاب، هل يمكن القول، بأنه خصم لدود لحضارة الاستهلاك، في المجتمعات المعاصرة ؟

ثانيا : ضعف العصبية

ـ ٥٠ ـ

يرى ابن خلدون، كذلك، أن الترف، من العوامل المفضية إلى ضعف العصبية، وانقسامها، وإلى القضاء على وحدتها وتماسكها، وبالتالي، إلى سقوط الدولة.

فقد فصل ابن خلدون، أسباب وعوامل، طروق الضعف، والخلل، إلى عصبية الدولة، وعزا ذلك إلى عوامل الترف والنعيم، والرغبة في الكسب، التي تفضي إلى سقوط الدولة. وذلك في النص الآتي، الذي لم نجد بدا من نقله، رغم طوله. لأنه يحلل أسباب السقوط والانحلال، من خلال ضعف وظائف التركيبات الداخلية، لعصبية الدولة. فيقول :

« فإن كانت الدولة، من القوة، بحيث لا يطمع أحد في انتزاع أمرها، ولا مشاركتها فيه، أذعن ذلك القبيل لولايتها (...)، ولم تسم آمالهم إلى شيء من منازع الملك، ولا أسبابه، إنما همتهم النعيم والكسب، وخصب العيش والسكون في ظل الدولة، إلى الدعة والراحة (...). فتذهب خشونة البداوة، وتضعف العصبية والبسالة،

---

(٢٥٣) نفسه، ص ٣٠٤. (والعبارة جزء من النص السابق، في تعريف الحضارة).

ويتنعمون بما آتاهم الـلـه من البسطة. وتنشأ بنوهم، وأعقابهم في مثل ذلك، من الترفع عن خدمة أنفسهم، وولاية حاجاتهم، ويستنكفون عن سائر الأمور الضرورية في العصبية، حتـى يصير ذلك، خلقا لهم وسجية. فتنقص عصبيتهم وبسالتهم في الأجيال بعـدهم، يتعاقبهـا، إلى أن تنقرض العصبية. فيأذنون بالانقراض. وعلى قدر ترفهم ونعمتهم، يكـون إشرافهـم عـلى الفنـاء، فضلا عن الملك. فإن عـوارض الـترف والغـرق في النعـيم، كـاسر مـن سـورة العصـبية، التـي بهـا التغلـب. وإذا انقرضـت العصـبية، قصرـ القبيـل عـن المدافعـة والحمايـة، فضـلا عـن المطالبـة، والتهمتهم الأمم سواهم »[٢٥٤].

ثالثا : الهرم

-٥١-

السبب الثالث، في سقوط الدولة، وانحلالها، عند ابن خلدون، هو الهرم، فإنـه، طالما أن الدولة، من الكائنات العضوية ـ كما سبقت الإشارة ـ لها عمر محدود، ونهاية ثابتة، فـإن الهـرم، يعتبر أمرا طبيعيا وحتميا، ومـن الأمـراض المزمنـة للدولـة ـ كـالترف ـ يقـول في معنـى سـقوط الدولة، بسبب الهرم :

١ ـ « ثم إذا أدركها الهرم والضعف، فإنها تأخذ في التناقص، من جهة الأطـراف، ولا يـزال المركـز محفوظا، إلى أن يتأذن الـلـه بانقراض الأمر جملة، فحينئذ يكون انقراض المركز »[٢٥٥].

٢ ـ « ويعظم الهرم بالدولة، ويتجاسر عليها، أهل النواحي، والدولة تنحل عراها في كل طور من هذه، إلى أن تفضى إلى الهلاك، وتتعرض لاستيلاء الطلاب »[٢٥٦].

٣ ـ « وإذا كان الهرم طبيعيا في الدولة، كان حدوثه بمثابة حدوث الأمور الطبيعية. كـما يحـدث الهرم في المزاج الحيواني. والهرم من الأمراض المزمنة التي لا يمكن دواؤهـا، ولا إرتفاعهـا، لما أنه طبيعي، والأمور الطبيعية لا تتبدل »[٢٥٧].

٤ ـ « إن الهرم إذا نزل بالدولة، لا يرتفع »[٢٥٨].

---

(٢٥٤) نفسه، ص ص ٢٤٦ ـ ٢٤٧.

(٢٥٥) نفسه، ص ٢٨٦.

(٢٥٦) نفسه، ص ٥٢٧.

(٢٥٧) نفسه، ص ٥٢٠.

(٢٥٨) نفس المصدر والصفحة.

رابعا : الثورات الداخلية

ـ ٥٢ ـ

إن هذا السبب، من أسباب سقوط الدولة، ناتج في الحقيقة، عن سبب سبق وأن أشرنا إليه، وهو : ضعف العصبية. ذلك أن ضعف العصبية، يفضي ـ أصلا، إلى ضعف الدولة، وإذا ضعفت الدولة، يكون ذلك الضعف مدعاة للعصيان والتمرد أو الخروج، عليها من قبل الرعايا، وفرصة للتجاسر عليها، انطلاقا من الأطراف، والمناطق القاصية، أو كما يقول ابن خلدون : « يتجاسر عليها أهل النواحي » [٢٥٩]. مما يعني أنه إذا بلغت الدولة، مرحلة معينة، من الضعف والعجز، و: « إذا أزيلت تلك الأبهة، مع ضعف العصبية، تجاسرت الرعايا على الدولة (...) حتى ينقضي الأمر » [٢٦٠]، وتؤول إلى السقوط والانحلال.

إن ضعف عصبية الدولة، في رأي ابن خلدون، وعجزها عن التسيير والتحكم، مما يدعو الرعية إلى التجاسر، والانتفاض والثورة، بغرض الإطاحة بالدولة، والقضاء عليها، وخاصة في المناطق النائية، عن العاصمة ـ أو المركز، بتعبيره ـ وهو أمر كان يحدث في عهد ابن خلدون، ويدل على أن ضعف الدولة، لا يفضي إلى الثورة عليها، وحسب، وإنما يفضي ـ كذلك إلى تكوين عصبيات جديدة في المناطق البعيدة عن مركز السلطة السياسية، معارضة للدولة، ومناوئة لها، بهدف إنشاء نظام سياسي جديد، بعد إسقاطها والقضاء عليها. وهذا هو المعنى الذي أشار إليه ابن خلدون، في النص، السابق، بقوله : « مع ضعف العصبية، تجاسرت الرعايا على الدولة (...) حتى ينقضي الأمر ». بمعنى القضاء على الدولة، من طرف الثائرين ضدها.

خامسا : الظلم والمذلة

ـ ٥٣ ـ

مما يلفت النظر، أن ابن خلدون، يكرر في (المقدمة) عدة مرات، عبارة : « إن الظلم مؤذن بخراب العمران » [٢٦١]. مما يدل دلالة قاطعة على أنه يعتقد في أن الظلم من

---

(٢٥٩) نفسه، ص ٥٢٧.

(٢٦٠) نفسه، ص ٥٢١.

(٢٦١) نفسه، صفحات : ٦٤، ٥٠٧، ٥٠٩.

عوامل سقوط الدولة، أو الملك السياسي، ومن عوامل سقوط العصبية والعمـران، أيضـا. ذلك أن ابن خلدون، لا يشك في أن الظلم أو العدوان، أمـر طبيعـي وغريـزي في الإنسـان ـ كـما سبقت الإشارة ـ أو كما يقول : فإن : « الشر أقرب الخلال إليه، إذا أهمل في مرعى عوائـده (...) ومن أخلاق البشر، فيهم الظلم والعدوان، بعض على بعض » [٢٦٢].

ويرى ابن خلدون، أن من معاني الظلـم ـ الهـادم للملـك السـياسي، والمسـقط للدولةـ : المذلة [٢٦٣]، لأنها كالظلم، مفضية إلى ضعف العصـبية، وإلى سـقوط الدولـة. ذلـك : « أن المذلـة والانقياد، كاسران لسورة العصبية، وشدتها، فإن انقيادهم ([٢٦٤]) ومـذلتهم، دليـل عـلى فقـدانها. فما رئموا للمذلة، حتى عجزوا عن المدافعة، ومن عجز عن المدافعة، فأولى أن يكون عـاجزا عـن المقاومة والمطالبة » [٢٦٥].

وتأكيدا لعلاقة المذلة بالظلم، ولكونها من عوامـل إضـعاف العصـبية، وإسـقاط الدولـة، استشهد ابن خلدون، بقصة تيه بني إسرائيـل، وعصـيانهم لبنـيهم : « لمـا دعـاهم مـوسى عليـه السـلام، إلى ملـك الشـام » [٢٦٦]، وذلـك لفسـاد عصـبيتهم. فقـد اسـتخلص مـن قصـة التيـه، أن الاستذلال والانقياد للأغيار، يضعفان العصـبية، المنشـئة للدولـة، ويشـلان قوتهـا، ويفضـيان إلى فقدانها تماما. والجماعة التي تفقد العصبية ـ في رأيه ـ تفقد الملك السياسي، أو الدولة :

أ ـ وفي هذا المعنى، أضاف ابن خلدون، سببا أو عاملا آخر لحصول الظلم والمذلة، وهو (المغارم والضرائب)، التي تفرض على الرعايا قسرا. « لأن في المغارم والضرائب، ضيما ومذلة، لا تحتملها النفوس الأبية، إلا إذا استهونته عن القتل والتلف، وأن عصبيتها حينئذ، ضعيفة عن المدافعة والحماية. ومن كانت عصبية، لا تدفع عنه الضيم، فكيف له بالمقاومة والمطالبة، وقد حصل له الانقياد للذل، والمذلة عائقة، كما قدمناه (...) هذا إلى

---

(٢٦٢) نفسه، ص ٢٢٣.

(٢٦٣) المذلة يقصد بها ابن خلدون: إذلال الحكام لرعاياهم والانقياد والطاعة القسرية، لذوي النفـوذ والسـلطان في الدولة، خوفا من ظلمهم وبطشهم.

(٢٦٤) الضمير يعود على (القبيل) بمعنى الرعية.

(٢٦٥) ابن خلدون : المقدمة، ص ٢٤٧.

(٢٦٦) نفسه، ص ٢٤٨.

ما يصحب ذل المغارم من خلق المكر والخديعة، بسبب ملكة القهر. فإذا رأيت القبيل بالمغارم، في ربقة من الذل، فلا تطمعن لها بملك آخر الدهر »[٢٦٧]. معنى ذلك، أنه من طبيعة الظلم والمذلة، الحاصلان من تأدية الرعايا للمغارم، بطريق القسر والإكراه، والمكر والخديعة، أن يضعفا قوة العصبية، ويعيقا استقرار الدولة، ويفضيا إلى هلاكها.

ب ـ ثم أضاف ابن خلدون أيضا، إلى السابقة، عوامل أخرى، ثانوية، من شأنها أن تفضي، هي الأخرى، إلى هلاك الدولة، واضمحلالها. من ذلك، مثلا :

١ ـ النقص في الأموال، أي احتياج الدولة إلى المال، لإنفاقه على الأعوان والجند.

٢ ـ وضعف الحامية والجند، أو الجيش. وذلك عندما يركن أفراده إلى الدعة والراحة والترف.

٣ ـ عجز جهاز الدولة، عن تحقيق العدل بين أفراد المجتمع.

فهذه العوامل، تؤدي بدورها، في رأي ابن خلدون، إلى إضعاف الدولة، وإلى هلاكها.

تعقيب

ـ ٥٤ ـ

لقد تعرضنا إلى عوامل سقوط الدولة وإلى أسباب اضمحلالها ـ كما تعرضنا في بداية هذا القسم، إلى عوامل نشأتها ـ من وجهة نظر ابن خلدون. بمعنى أننا تناولنا تلك العوامل والأسباب، في صورتين :

الأولى : إيجابية. وذلك عندما تعرضنا إلى (العناصر المشتركة) في نشأة الدولة ـ كما سبقت الإشارة ـ ورأينا أنها عناصر إيجابية في بنائها.

الثانية : سلبية. وذلك عندما تعرضنا ـ في نهاية هذا القسم ـ إلى تلك العناصر ذاتها ـ تقريبا ـ ورأينا أنها من أسباب اضمحلال الدولة وسقوطها.

معنى ذلك، أن نفس العوامل والأسباب، عولجت من وجهين، من حيث علاقتها بالدولة، في رأي ابن خلدون. فتعرضنا إلى الوجه الإيجابي منها، في موضوع نشأة الدولة، وإلى الوجه السلبي، منها، في موضوع سقوطها.

---

(٢٦٧) نفسه، ص ص ٢٤٩ ـ ٢٥٠.

وللتمثيل على أن تلك العوامل والأسباب، تتضمن وجهين، نورد مثل (العدل) الآتي:

١ ـ فالعدل، في صورته الإيجابية، يتمثل في حرص الدولة عل تحقيقه بين الأفراد بشكل يعم فيه الجميع -أفرادا وجماعات ومؤسسات- الشعور بالإنصاف.فإذا كان الأمر كذلك، فإن العدل يصبح من العناصر الفاعلة في ترسيخ دعائم الدولة وبناء هياكلها، لأن الأفراد سيعملون مخلصين من أجل التشييد والعمران، مما يؤدي إلى استقرار الدولة ومؤسساتها، وإلى تقوية سلطانها وتحقيق أخلاقيتها، حسب ابن خلدون.

٢ ـ أما العدل في صورته السلبية،فيعني عدم تحقيقه بين الناس، أي : تحقيق عكسه وهو الظلم. وإذا ساد الجور والطغيان، غاب العدل والإنصاف. ومن ثم فغياب العدل، يضعف الدولة، ويصبح عنصرا هادما لها. مثل ذلك قيام الدولة بتشجيع المظالم: كصمتها وغض طرفها عن تجاوزات موظفيها، وكعدم ضمانها لحماية الأفراد، وغير ذلك، فإن تخلي الدولة عن حماية الحقوق وحماية أصحابها، وعن تجاوزات أعوانها، وظلمهم للرعية، وعن غصبهم لحقوق الأفراد، يترجم عجزها، مما يدفع الناس إلى التجاسر على الدولة ـ بتعبير ابن خلدون ـ وإلى العصيان والخروج على نظامها. الأمر الذي يفضي- إلى ضعف الدولة،وإلى انحلالها وسقوطها. وهكذا الأمر، بالنسبة لبقية الأسباب، أو العوامل المشار إليها. ففي كل عنصر ـ تقريبا ـ وجه إيجابي، وآخر سلبي، في حياة الدولة، في رأي ابن خلدون.

ـ ٥٥ ـ

على أنه يمكن الآن طرح هذا السؤال على الوجه الآتي : ما هو نمط الدولة، الذي يتحدث ابن خلدون عن اضمحلاله وسقوطه ؟

لا شك في أن من يستقرئ تاريخ نشأة الدولة، على وجه العموم، سيجد أنماطا مختلفة من الدول، في تاريخ النظرية السياسية. ولا شك أيضا، أنه من الراجح، إمكانية تمييز نمطين، من تلك الأنماط ـ على الأقل ـ وهما : نمط دولة العصبية، ونمط الدولة القومية [٢٦٨]. ومن المرجح كذلك، أن ظاهرة سقوط الدولة، تختلف من نمط إلى آخر، أي

---

(٢٦٨) يذهب لويس عوض، إلى أن فكرة العصبية عند ابن خلدون، وفكرة القومية هي فكرة واحدة. والحق أنه من الصعب قبول هذا الرأي، لأن لكل فكرة من الفكرتين، مميزات وخصائص، لا تنطبق على الأخرى. راجع : لويس عوض : دراسات في النقد والأدب، مرجع سابق، ص ١٩٩.

بين نمط دولة العصبية، التي عرفها ابن خلدون، ونمط الدولة القومية الحديثة، وهو النمط الذي بدأ ظهور مفهومه، بعد وفاته بقليل، أي في عصر النهضة، في كتابات ميكيافللي، ومفكري نظرية العقد الاجتماعي، وهيجل، وفي الأفكار التي نادت بها الثورة الفرنسية.

إن الاختلاف في ظاهرة سقوط الدولة، بين النمطين، يبدو على النحو الآتي :

أولا : إن نمط دولة العصبية، الذي ظهر قبل عصر ابن خلدون، والذي عاصره، كان يتميز - على الأقل - بخاصتين أساسيتين :

أ - أن الدولة فيه، كانت تتسمى بإسم العصبية، أي : الأسرة أو الجماعة، التي تتولى الحكم في الدولة : كالدولة الأموية، أو الأغلبية، أو دولة القوط، أو الوندال، مثلا.

ب - أن سقوط دولة العصبية، كان يتم بانحلال عصبيتها، أي : بزوال الأسرة أو الجماعة المغلوبة، التي كانت تمسك بزمام السلطة في الدولة، ثم بمجيء عصبية أخرى، تتغلب على الأولى، وتحل محلها، في دولة جديدة، أي بسقوط عصبية، ونشأة عصبية أخرى محلها.

إن هذا النمط من الدولة، هو الذي تصوره ابن خلدون، وحلل ظاهرة نشأته وتطوره ثم سقوطه. وهو النمط الذي اعتنى به أكثر من نمط الدولة - الأمة، أو: « الدولة الكلية »(٢٦٩) كما يقول.

ثانيا : أما نمط الدولة القومية - الذي يتساوى فيه عنصر الأمة، مع عنصر الدولة، حينا، وتكون فيه الأمة فوق الدولة أحيانا - فإن سقوطه، يختلف عن سقوط دولة العصبية. بحيث يتميز هذا النمط بالخصائص الآتية :

أ - بسقوط الحكام. أي : بتغير شخص الحاكم، من وقت آخر. فقد تحكم الدولة، من طرف (س) في فترة، ثم من طرف (ص) في فترة، ومن طرف (د) في فترة أخرى، وهكذا. إلا أن الدولة، باعتبارها كذلك، تبقى قائمة، دون سقوط. وهو النمط الذي يسميه ابن خلدون، بـ« الدول الشخصية »(٢٧٠).

---

(٢٦٩) ابن خلدون : المقدمة، ص ٦٧٠.

(٢٧٠) نفس المصدر والصفحة.

ب ـ بسقوط الأنظمة السياسية. بمعنى أن طبيعة النظام السياسي، في الدولة، قد يتغير من شكل إلى آخر. فقد يمارس في الدولة، مثلا، النظام الملكي، في فترة، ثم النظام الاستبدادي، في فترة، ثم النظام الجمهوري، في فترة أخرى، وهكذا.

ج ـ بتماسك هيكل أو (جسم) الدولة، ومحافظته على ذاته، أي ببقاء كيان الدولة وسيادتها، دون سقوط أو اضمحلال. فدولة تشاد، مثلا، تبقى هي دولة تشاد، القومية، مهما تغير حكامها، وتبدلت نظم الحكم أو أشكاله فيها.

وعلى الرغم من ذلك، فإن الدولة القومية، قد تسقط أيضا، مثل دولة العصبية، لكن ليس بواسطة الهرم، والترف، والظلم، والمذلة، والثورات ـ كما يعتقد ابن خلدون ـ وإنما بواسطة دولة معادية، أي من طرف عدوأجنبي، يطمع في احتلالها، والاستيلاء عليها. كما هو الحال، مثلا، بالنسبة للإستدمار (٢٧١) الحديث ـ خاصة في إفريقيا وآسيا، خلال القرن التاسع عشر، والعشرين ـ الذي أسقط دولا كانت قائمة، لها كيانها وسيادتها، ثم ضمها إلى كيانه وسيادته.

في هذا السياق، نستخلص، أنه رغم اختلاف نمطي الدولة، في السقوط، فإن ذلك ليس مطلقا. لأن أسباب ظاهرة السقوط، قد تنطبق، على كل من دولة العصبية، والدولة القومية، وذلك عندما يكون سبب الظاهرة، أجنبيا. وهو الأمر الذي أكده ابن خلدون، بالنسبة لدولة العصبية ـ كما رأينا ـ ولا يصدق ما أكده على الدولة القومية، إلا في حدود معينة.

على أن ابن خلدون، لم يحفل، مع ذلك، بنمط الدولة القومية، ولم يدرجه ضمن تحليلاته لظاهرة الدولة، بل ربما، لم يفكر في وجوده أصلا. فكأنه كان يرى، أن نمط دولة العصبية، هو النمط الوحيد والنهائي، الذي وجد، وسيوجد دائما في العالم. مع التأكيد، على أن نمط الدولة القومية، لم يظهر في عصره، وإنما بعد وفاته وفي أوربا ـ كما سبقت الإشارة ـ

وإذا كان كذلك، فإنه يمكن أن نجتزئ بعض الخاصيات السلبية في تفكير ابن

---

(٢٧١) Colonisation. ويسمى ذلك ابن خلدون، بـ(المطالب)، ـ بضم الميم ـ كما في قوله : «من فقدان المطالب (...) ولو قد جاء المطالب، لما وجد مدافعا ». المقدمة، ص ٣٠٣. وأيضا في قوله : «وتتعرض لإستيلاء الطلاب». المقدمة، ص٥٢٧. أي : لعدوان داخلي، أو لعدوان أجنبي.

خلدون السياسي. وهي :

١ ـ أنه يؤكد على أن نمط دولة العصبية، الذي يعتمد على النظام الوراثي في الحكم ـ كما سبق القول ـ هو النمط الوحيد من الدول، الصالح لحكم المجتمعات. بمعنى عدم تصوره، لأنماط أخرى من النظم والدول، يمكن أن تكون صالحة للحكم، على الرغم من تصوره، لعدد من أشكال الحكم، وتفضيله لبعضها، وذمه لبعضها الآخر ـ كما رأينا ـ

٢ ـ عدم مرونة أحكامه ـ أحيانا ـ وهوايته استخلاص أحكام عامة، ومطلقة، واعتباره إياها، كأنها قواعد أو قوانين، لا سبيل إلى تغيرها. كما فعل، مثلا في نظرية عمر الدولة.

٣ ـ اعتقاده في أن الدولة، فوق المجتمع، وفوق الأمة- كما اعتقد هيجل، بعده- على أن أصل هذا الاعتقاد عنده، ربما يعود، إلى :

أ ـ إيمانه الراسخ في طبيعة الإنسان العدوانية، ومن ثم، ضرورة وجود (وازع حاكم)، لكبح تلك العدوانية، ولردع الإنسان عن التظالم والعدوان ـ كما سبقت الإشارة ـ

ب ـ مفهومه للعصبية. فإذا كانت العصبية، تعبيرا عن الجماعة، أو عن المجتمع، فهي تسعى دائما ـ في رأيه ـ إلى الملك السياسي، ولا غاية لها، إلا الوصول إلى السلطة والحكم ـ ربما بدافع الانتقام والعدوانية ـ أي : إلى تكوين الدولة، والجلوس على عرشها ـ إن صح القول ـ وهذا معنى قوله : « إن الملك غاية طبيعية للعصبية»(٢٧٢). بمعنى أن الدولة، بالنسبة للعصبية، غاية في ذاتها ـ كما سيؤكد هيجل هذه الغاية الذاتية للدولة (٢٧٣) ـ لكن الدولة، هي أيضا، وسيلة، أو أداة، عند ابن خلدون ـ كما سنرى رأيه هذا، في وظائفها ـ

---

(٢٧٢) ابن خلدون : المقدمة، ص ٣٥٨.

(٢٧٣) يرى هيجل : «أن الدولة، غاية في ذاتها،وهي غاية فعالية الفرد »، أيضا.

راجع : G.W.F. HEGEL : Principes de la philosophie du Droit, op. Cit. p. 270

الفصل الثاني

مفهوم الدولة في الفكر العربي

- القسم الرابع : الدولة في يثرب.
- القسم الخامس : مفهوم الفارابي للدولة.
- القسم السادس : مفهوم إخوان الصفاء للدولة.

الــدولــة في يــثــرب

- ٥٦ -

توطئة.

نتناول في الفصل الثاني، مفهوم الدولة، في الفكر العربي، في ثلاثة محاور، هي على التوالي : الدولة في يثرب، والدولة عند الفارابي، ثم عند إخوان الصفاء، لنستكشف، من خلال هذه المحاور، موقف ابن خلدون، من مفهوم الدولة، ومن النظر السياسي، في المجتمع العربي الإسلامي، في الفترة التي سبقته.

قبل التطرق إلى معضلة السلطة، والدولة، في الإسلام المبكر، في يثرب، وموقف ابن خلدون منها نرى من الضروري، أن نمهد لذلك بوقفة تأمل، في طبيعة دولة يثرب، في النصف الأول، من القرن الأول للهجرة، وما صاحب نشأة تلك الدولة، من اختلافات واضطرابات وأزمات، حتى تتضح بعد ذلك، رؤية ابن خلدون، وخاصة فيما اصطلح عليه الباحثون، بـ(الفتنة) [1]، لأنه يبدو، أن نشأة تلك الدولة في صدر الإسلام، ارتبطت بفتن مختلفة : من اختلاف السقيفة، وحروب الردة، إلى فتنة الدار، والجمل،

(١) للتوسع في موضوع فتن صدر الإسلام، راجع:

١/ عبد الله بن قتيبة الدينوري: الإمامة والسياسة (أو تاريخ الخلفاء) تحقيق طه محمد الزيني، ج١ ص٣٧ وما بعدها، القاهرة ١٩٦٧

٢/سيف ابن عمر الضبي: الفتنة ووقعة الجمل، جمع وتصنيف أحمد عرموش، ط١ بيروت ١٩٧٢

٣/ ابن خلدون : المقدمة، الباب ٣، الفصل ٣٠ (في ولاية العهد) ص ص٣٧١-٣٨٦

٤/ محمد كرد علي : الإسلام والحضارة العربية، ج٢، ص ٣٧٤ وما بعدها، ط٣، القاهرة ١٩٦٨

٥/ عبد العزيز الدوري : مقدمة في تاريخ صدر الإسلام، ص٥٠ وما بعدها، ط٢، بيروت ١٩٦١

٦/ طه حسين : الفتنة الكبرى، ج١ (عثمان) وج٢ (علي وبنوه)، ط١، بيروت ١٩٦٧

٧/ هشام جعيط : الفتنة، ترجمة خليل أحمد خليل، ص٥٥ وما بعدها، بيروت ١٩٩٢

وصفين والنهروان [٢].

في هذا السياق، تجدر الإشارة، إلى ضرورة تقديم أربع ملاحظات.

الأولى : إن نظرية الدولة، التي نجد معالمها في نظرية الخلافة، في القرن الأول الهجري، قد أسالت كثيرا من الحبر، وأثارت كثيرا من الجدل، عند الباحثين : من إسلاميين، ومستشرقين، على السواء.

الثانية : سنتقيد - في المحاور الثلاثة، من هذا الفصل - بعرض مواقف ابن خلدون، وتحليلها، سواء ما تعلق منها، بمشروع دولة الخلافة في يثرب، أو بالصراعات والفتن، التي حدثت في الصدر الأول، أو بنظرية الخلافة، أو بمفهوم الدولة، عند الفارابي، وعند إخوان الصفاء.

الثالثة : سنتعرض في هذه الدراسة، فقط، إلى الأسس العامة، التي بني عليها مشروع الدولة الخلافية، في الصدر الأول، وما صاحب ذلك المشروع، من أزمات، دون التطرق إلى التفاصيل، أو الدخول في متاهة الاختلافات في الآراء، التي جادت بها قرائح الباحثين، في هذا الشأن.

الرابعة : في ضوء ذلك،، سنقسم القسم الرابع، من هذا الفصل، وهو (الدولة في يثرب)، إلى ثلاثة مباحث، هي على التوالي : نشأة الدولة في يثرب، وأسباب فتن صدر الإسلام، وظاهرة الخلافة. على أن نتتبع بالبحث، مواقف ابن خلدون، وآرائه، من خلال هذه المباحث.

---

(٢) اختلاف السقيفة، وقع في سقيفة بني ساعدة بالمدينة، بين المهاجرين والأنصار،حيث اختلف الطرفان في من يتولى الخلافة بعد وفاة الرسول صلى الله عليه وسلم . وحروب الردة وقعت في بداية خلافة ابي بكر، بسبب امتناع بعض القبائل عن أداء الزكاة. وفتنة الدار، اصطلاح يقصد به حصار دار عثمان بن عفان، وقتله بها، من طرف المتمردين عليه من أهل الأمصار. والجمل، او حرب الجمل، يعني جمل عائشة زوجة الرسول صلى الله عليه وسلم التي خرجت على جملها، رفقة طلحة والزبير، لقتال علي رضي الله عنه في نواحي البصرة بالعراق، معارضة بذلك خلافته. وصفين أو وقعة صفين، مكان بالعراق دارت فيه الحرب بين علي ومعاوية، بسبب التنافس على الخلافة. والنهروان، مكان بالعراق بين بغداد وواسط، قاتل فيه علي الخوارج.

المبحث الأول : نشأة الدولة في يثرب

- ٥٧ -

لو تصفحنا آراء الباحثين، حول مشروع الدولة، في الصدر الأول، في يثرب - وخاصة آراء المحدثين منهم - لواجهنا في هذا الأمر، اتجاهين مختلفين، ومتعارضين كل التعارض :

الأول : يؤكد قيام دولة خلافية، على أسس دينية، وسياسية، في يثرب، إبتداء من عهد الرسول صلى الله عليه وسلم ، في المدينة، وانتهاء بعهد الخلفاء الراشدين، أي بمقتل علي رضي الله عنه يوم الجمعة ٢٠ رمضان سنة ٤٠ هـ[٣]. وهذا الاتجاه يذهب إلى أن الإسلام، دين ودولة.

الثاني : ينفي، قيام دولة خلافية، أصلا - دينية كانت أم سياسية - في عهد الرسول صلى الله عليه وسلم ، في يثرب. وينفي كذلك، قيامها على أساس ديني في عهد الخلفاء الراشدين، في المدينة، أو الكوفة [٤]، لكنه يؤكد قيام دولة (عربية)، على أسس سياسية محضة، ابتداء من خلافة أبي بكر الصديق، في المدينة. ويعني هذا الاتجاه، أن الإسلام، دين فقط، ولا علاقة للدين بالدولة. [٥]

ونتعرض الآن، إلى هذين الاتجاهين، بشيء من التفصيل.

الاتجاه الأول

- ٥٨ -

يمثل الاتجاه الأول، آراء أغلب الباحثين والمفكرين، الإسلاميين منهم، والمستشرقين [٦] أيضا.

وتستند آراء هذا الاتجاه - في نشأة الدولة الخلافية، في يثرب، في عهد الرسول صلى الله عليه وسلم - على أساسين.

---

(٣) راجع : ابن قتيبة الدينوري : الإمامة والسياسة، ج ١،مصدر سابق، ص ١٣٨.

(٤) لأن علي رضي الله عنه نقل عاصمة الخلافة من المدينة الى الكوفة، أثناء نزاعه السياسي، مع عائشة وطلحة والزبير ومعاوية. راجع : المصدر السابق، ج ١، ص ص ٥٣ - ٦٢. وأيضا : هشام جعيط: الفتنة، مرجع سابق، ص ١٥٣ وما بعدها.

(٥) راجع : عبد الحميد متولي : مبادئ نظام الحكم في الإسلام، ص ٩٢ وما بعدها، ط ٢، الإسكندرية ١٩٧٤.

(٦) راجع : محمد ضياء الدين الريس : النظريات السياسية الإسلامية، ص ص ٢٧ - ٣١، ط ٧، القاهرة ١٩٧٩. فقد أورد آراء سبعة من المستشرقين، يؤكدون الرأي القائل بإنشاء الرسول صلى الله عليه وسلم للدولة الخلافية.

الأول : بيعتا العقبة [٧] : « بين رسول الله صلى الله عليه وسلم ، ووفود المدينة، وما تلاهما من الهجرة. والواقع أن هاتين البيعتين، - ولا يماري أحد في حدوثهما -، كانتا نقطة التحول في حياة الإسلام. ولم تكن الهجرة، إلا إحدى النتائج التي ترتبت عليهما. والنظرة الصحيحة إليهما، أن ينظر إليهما على أنهما حجرا الزاوية في بناء الدولة الإسلامية » [٨].

فهذا الرأي، أو الأساس الأول، يعتبر الدولة الخلافية، قد أنشأها الرسول صلى الله عليه وسلم ، ابتداء من بيعتي العقبة، أي قبل هجرته إلى يثرب. وبالتالي، ففي رأي من يذهب هذا المذهب، فإن الدولة الخلافية، لم تنشأ بإبرام وثيقة الصحيفة، في المدينة ؛ وإنما كان دور الصحيفة، هو أنها : « جددت شكل الدولة الإسلامية » [٩]، التي تأسست في العقبة، قبل الهجرة.

الثاني : وثيقة "الصحيفة" [١٠]. وهي الوثيقة التي أبرمها الرسول صلى الله عليه وسلم ، في المدينة، في

---

(٧) راجع بخصوص بيعتي العقبة :

١/ ابن هشام : السيرة النبوية، تحقيق مصطفى السقا، وإبراهيم الأبياري، وعبد الحفيظ شلبي، القسم الأول، ص ص ٤٢٩ ـ ٤٦٧، ط ٢، القاهرة ١٩٥٥.

٢/ محمد الخضري: محاضرات تاريخ الأمم الإسلامية، ج ١، ص ص ١٢٠/ ١٢٤، ط ٣، القاهرة(؟)

٣/ أحمد إبراهيم الشريف : الدولة الإسلامية الأولى، ص ص ٥١ ـ ٥٤، القاهرة ١٩٦٥.

٤/ محمد الريس : النظريات السياسية الإسلامية، مرجع سابق، ص ص ٣٠ ـ ٣١.

(٨) محمد الريس : النظريات السياسية، مرجع سابق، ص ص ٣٠ ـ ٣١.

(٩) أحمد إبراهيم الشريف : الدولة الإسلامية الأولى، ص ٧٠.

(١٠) بخصوص نص الصحيفة، الذي اعتبره الكثيرون، أول (دستور)، للدولة الخلافية، في عهد النبوة، والدراسات التي كتبت حوله، راجع:

١/ ابن هشام : السيرة النبوية، تحقيق مصطفى السقا (وآخران)، القسم الأول، ص ص ٥٠١ ـ ٥٠٤.

٢/ محمد الحضري : محاضرات تاريخ الأمم الإسلامية، ج ١، ص ص ١٤٩ ـ ١٥٠.

٣/ أحمد إبراهيم الشريف : الدولة الإسلامية الأولى، نص الصحيفة : ص ص ٧٠ ـ ٧٤، ودراسة الصحيفة، ص ص ٧٤ ـ ٨٩، القاهرة ١٩٦٥.

٤/ مونتغمري وات : الفكر السياسي الإسلامي (المفاهيم الأساسية)، ترجمة صبحي حديدي، ص ص ١١ ـ ١٣ (تعليقات المؤلف)،وص ص ١٧٢ ـ١٧٦ (نص الصحيفة، في ٤٧ مادة)،ط ١، بيروت ١٩٨١.

٥/ جعفر عبد السلام : وثيقة إنشاء الدولة الإسلامية في المدينة (دراسة تحليلية على ضوء أحكام القانون الدولي العام). مقال : في المجلة المصرية للقانون الدولي، المجلد ٤١، ص ص ٤٣ ـ ٨٢، القاهرة ١٩٨٥. وفي رأينا، فإن هاته الدراسة، لوثيقة الصحيفة، هي أوفى الدراسات، وأوسعها، من الناحية التاريخية والقانونية.

٦/ حسن إبراهيم حسن : تاريخ الإسلام السياسي، ج ١، ص ص ١٠٠ ـ ١٠٤، ط ٧، القاهرة ١٩٦٤

نهاية العام الأول من الهجرة [١١] ـ بعد أن انتصر في بدر، وقبل فتح مكة ـ بين ثلاثة أطراف : « جعل طرفها الأول المهاجرين، والطرف الثاني الأنصار، وهم الأوس والخزرج جميعا، والطرف الثالث اليهود، من أهل يثرب » [١٢].

يطلق على هذه الوثيقة إسم (الكتاب)، [١٣]، لأنها بدأت ـ بعد البسملة ـ بعبارة: « هذا كتاب من محمد صلى الله عليه وسلم » [١٤]. ويطلق عليها أيضا، إسم (الصحيفة)، كما ورد في نهاية الوثيقة نفسها، حيث تكررت عبارة : (هذه الصحيفة)، عدة مرات [١٥].

وقد وصفت الصحيفة، بعدة صفات. منها : المؤاخاة [١٦]، والموادعة، والعهد [١٧]، لأنها آخت بين المهاجرين والأنصار، من جهة، ووادعت اليهود وعاهدتهم، من جهة أخرى. يقول ابن هشام : « وكتب رسول الله صلى الله عليه وسلم ، كتابا، بين المهاجرين والأنصار، وادع فيه يهود وعاهدهم » [١٨]. كما وصفت بأنها : « معاهدة سياسية » [١٩]، باعتبار الدولة هي التي تقوم بهذا الشكل من المعاهدات.

يذهب أغلب الباحثين [٢٠]، الذين بحثوا في نشأة الدولة الخلافية، إلى أنها تأسست

---

(١١) راجع : أحمد إبراهيم الشريف : الدولة الإسلامية الأولى، ص ٦٩.

(١٢) نفسه، ص ص ٦٩ ـ ٧٠.

(١٣) راجع : ابن هشام : السيرة، قسم ١، مصدر سابق، ص ٥٠١.

(١٤) نفس المصدر والصفحة.

(١٥) راجع نفسه، ص ٥٠٤.

(١٦) راجع : نفس المصدر والصفحة.

(١٧) راجع : نفس المصدر، ص ٥٠١.

(١٨) نفس المصدر والصفحة.

(١٩) ممدوح حقي : في تعليقه على كتاب : (الإسلام وأصول الحكم)، لعلي عبد الرازق، ص ١٦١، بيروت ١٩٦٦.

(٢٠) في هذا الاتجاه، يلاحظ وجود طائفتين من الباحثين :

١/ طائفة لم تهتم بعلاقة النبوة بالدولة، أي بدولة الرسول صلى الله عليه وسلم ، واهتمت فقط، بموضوع الخلافة والدولة، إبتداء من وفاته صلى الله عليه وسلم . مثل : الماوردي، في (الأحكام السلطانية)، وابن تيمية، في (السياسة الشرعية). وابن خلدون، في) مقدمته)، ورشيد رضا، في (الخلافة)، ومحمد كرد علي، في (الإسلام والحضارة العربية)، ومحمد الخضري، في (محاضراته)، وغير هؤلاء كثيرون.

٢/ وطائفة اهتمت بالبحث في موضوع دولة النبوة، في عهد الرسول صلى الله عليه وسلم ، من حيث نشأتها، ومقوماتها، وسياستها، وزعامتها، كما اهتمت أيضا، بالدولة الخلافية، في عهد الخلفاء ==

== الراشدين. مثل : علي عبد الرازق، في (الإسلام وأصول الحكم) ـ الذي ينفي وجود دولة نبوية أو دينية ـ وحسن إبراهيم حسن، في (تاريخ الإسلام السياسي، ج ١)، ومحمد المبارك، في (نظام الإسلام : الحكم

في عهد الرسول صلى اللـه عليه وسلم ، في يثرب، ابتداء من إبرام وثيقة (الصحيفة)، بل اعتبر البعض، أن الصحيفة، هي (دستور) تلك الدولة [٢١]، التي مات الرسول صلى اللـه عليه وسلم ، وهي تسيطر على كامل مجتمع الجزيرة العربية، لأن من وظائف النبوة، التوحيد بين الروحي والمادي، والتأليف بين ما هو ديني، وما هو زمني. فقد : « ترك النبي عند وفاته، دينا مكتملا، ودولة مهيمنة، على الجزيرة العربية كلها، مترابطين بشكل لا يقبل الإنفكاك (...).فالوظيفة النبوية، تؤلف بين الدنيوي والقدسي، بين العالم المرئي، والعالم اللامرئي، ويقوم سلطانها على كلام اللـه، مثلما يرتكز على التوجيه الفعلي للأمة »[٢٢].

فإذا كان الأمر على هذه الصورة، فإن الدولة النبوية، المهيمنة على الجزيرة، والمؤلفة بين الدنيوي والقدسي، قد انبثقت من الأحكام القرآنية. ويعتبر (الجهاد)، الذي «ورد أكثر من خمسين مرة » [٢٣] في القرآن، من بين تلك الأحكام (العسكرية)، وهي : «من أكبر مظاهر الدولة»[٢٤].

وهكذا، فـ : « إذا كان القرآن الكريم، لم يحدد هذه الدولة، ولم يضع لها تعريفا حقوقيا، فقد أشار إلى تشكيلها بالجهاد. وفسر الرسول ذلك بوحي من اللـه تعالى، قولا وفعلا »[٢٥].

والدولة)، ومحمد ضياء الدين الريس، في (النظريات السياسية الإسلامية)، وعبد العزيز الدوري، في (مقدمة في تاريخ صدر الإسلام)، وعبد الحميد متولي، في (مبادئ نظام الحكم في الإسلام)، وسليمان محمد الطماوي، في (السلطات الثلاث)، وأحمد إبراهيم الشريف، في (الدولة الإسلامية الأولى)، ومونتغمري وات، في (الفكر السياسي الإسلامي)، وجعفر عبد السلام، في دراسته : (وثيقة إنشاء الدولة الإسلامية في المدينة)، وهشام جعيط، في (الفتنة). الى غير ذلك من الباحثين .

(٢١) من الذين اعتبروا صحيفة الرسول صلى اللـه عليه وسلم ، دستورا لدولة يثرب النبوية، نذكر : مونتغمري وات، وجعفر عبد السلام، وأحمد إبراهيم الشريف. والأولان قام بتحليل نص الصحيفة، الى ٤٧ مادة، باعتبار ذلك الدستور يحتوي على هذا العدد من المواد، بلغة القانون المعاصرة. راجع في هذا الخصوص: هامش (١٠) من هذا القسم، أرقام : ٣، و٤، و٥.

(٢٢) هشام جعيط : الفتنة، مرجع سابق ص ٣٣.

(٢٣) ممدوح حقي : في تعليقه على كتاب : (الإسلام وأصول الحكم)، لعلي عبد الرازق ص ١٥٩.

(٢٤) نفس المرجع والصفحة .

(٢٥) نفس المرجع، ص ص ١٥٩ ـ ١٦٠.

والحقيقة، فإن هذا الاتجاه، لا يشك في نشأة نظام سياسي، في عهد الرسول صلى الله عليه وسلم ، في يثرب، كانت (الصحيفة) أساسه. ولا يشك أيضا في انبثاق سلطة نبوية، تأسست الدولة الإسلامية، على أساسها. إلا أن انبثاق تلك السلطة ـ المؤسسة للدولة ـ إنما جاءت بطريق التدرج والتطور، كما تنبثق الأشياء في الطبيعة، ثم تنمو وتكبر، لتصبح في حالة من الكمال.

فقد : « تكونت الدولة الإسلامية على ثلاث مراحل : الأولى في فترة الهجرة، عندما انبثقت سلطة نبوية، والثانية سنة ـ ٥ ـ هجرية، بعد حصار المدينة، أو الخندق، عندما اكتسبت هذه السلطة الصفات الأساسية للدولة، تدريجيا، وعندما اتسعت ركيزتها الفضائية، لتشمل الجزيرة العربية بأسرها، والثالثة، بعد وفاة النبي، ومع أبي بكر، عندما أثبتت الدولة الإسلامية، أنها قادرة على تدمير كل ارتداد وانشقاق بالقوة »[٢٦].

وعلى هذا، يمكن القول ـ في ضوء نظرة هذا الاتجاه، وفي ضوء ما تضمنته الوثيقة النبوية، من مواد [٢٧] ـ أن دولة صدر الإسلام، قد قامت فعلا، في يثرب، في عهد الرسول، على أسس قانونية ـ دستورية، ذلك : « أن الحقيقة الملموسة من تاريخ الدولة العربية الإسلامية الأولى، أنها تكونت تدريجيا، لا من حيث رقعتها الإقليمية، فحسب، بل من حيث أنظمتها الدستورية. فنظمها الدستورية ـ من هذا الصدد ـ أقرب إلى فكرة الدساتير العرفية، التي تتكون أساسا من السوابق الدستورية، والتطبيقات العملية »[٢٨].

لقد استمدت إذن، دولة الإسلام الأولى ـ حسب النص، وحسب نص الصحيفة أيضا [٢٩] ـ دستورها، في البداية، من القواعد العملية، أي من مبادئ الإسلام الجديدة (القرآن)، ومن الأعراف القبلية [٣٠]، وذلك مراعاة لسنن التدرج، من حيث نشأة السلطة الجديدة، ومراعاة للمهاجرين (قريش)، وللأنصار (الأوس والخزرج)، وللقبائل

---

(٢٦) نفسه، ص ٢٦.

(٢٧) راجع جعفر عبد السلام : وثيقة إنشاء الدولة الإسلامية في المدينة (دراسة تحليلية)، المجلة المصرية للقانون الدولي، المجلد ٤١، ص ص ٤٣ ـ ٨٢، القاهرة ١٩٨٥.

(٢٨) سليمان محمد الطماوي : السلطات الثلاث، في الدساتير العربية، وفي الفكر السياسي الإسلامي، ص ٣٠٢، ط ٣، القاهرة ١٩٧٤.

(٢٩) راجع : هامش (١٠) من هذا القسم.

(٣٠) راجع : م. وات : الفكر السياسي الإسلامي، مرجع سابق، ص ص ٢٢ ـ ٢٣.

اليهودية، حيث : « كانت أرض يثرب لليهود »[٣١]. لأن هدف الرسول صلى الله عليه وسلم ، من إبرام وثيقة الصحيفة، كان ـ من الناحية السياسية ـ هو : « خلق إتحاد للقبائل المتحالفة مع محمد »[٣٢]، أي خلق تكتل قوي، في وحدة سياسية، يشبه قوة الدولة ووحدتها، حتى يستطيع التصدي لقريش، وحلفائها من القبائل، في الجزيرة العربية.

فإذا كانت الدولة ـ في رأي هذا الاتجاه ـ تقوم : « إذا ما توافر لها عناصر ثلاثة : شعب، وإقليم، وسلطة »[٣٣]، ـ وهي العناصر المعبر عنها، في الفقه القانوني المعاصر، بأركان الدولة[٣٤] ـ فإن صحيفة يثرب الدستورية، قد توفرت على هذه العناصر الثلاثة، وأكدتها : فالإقليم، هو مدينة يثرب، وما حولها من أراض. والجماعة البشرية، هي المهاجرون، والأنصار، واليهود. والسلطة السياسية، المتمثلة، في قيادة الرسول صلى الله عليه وسلم ، وفي زعامته، أيضا ـ بتعبير صاحب كتاب : الإسلام وأصول الحكم ـ

الاتجاه الثاني

- ٥٩ -

إن الفكرة العامة، التي يتبناها هذا الاتجاه، هي اعتباره للإسلام، كدين فقط، ولا علاقة له بالسياسة، وبالدولة. فأساس التفكير، في هذا الاتجاه، إذن، ينطلق من وجهتي نظر، تكمل إحداهما الأخرى وهما:

١- نفيه أن يكون للإسلام ـ كدين ـ علاقة بالدولة.

٢- نفيه أن يكون الرسول، قد أسس دولة في يثرب.

يبدو من هذا الرأي، أنه يتبنى مبدأ : (فصل الدين عن الدولة) ـ بتعبير معاصر ـ وهذا المبدأ، ليس في الحقيقة جديدا في تاريخ الإسلام. فقد عمل به ـ بطريقة أو بأخرى ـ معاوية بن أبي سفيان، في صدر الإسلام، حينما حول الخلافة، إلى ملك، لأن المبدأ، أساسا، يعني تطبيق شكل معين من أشكال الحكم في الدولة، وهو الشكل المعبر عنه

---

(٣١) محمد كرد علي : الإسلام والحضارة العربية، ج ٢، ص ٣٣٥. وراجع أيضا : أحمد إبراهيم الشريف : الدولة الإسلامية الأولى، ص ٥٨.

(٣٢) م. وات : الفكر السياسي الإسلامي، مرجع سابق، ص ٢٣.

(٣٣) جعفر عبد السلام : وثيقة إنشاء الدولة الإسلامية في المدينة، المجلة المصرية للقانون الدولي، مجلد ٤١، ص ٥٦، فقرة ١٨.

(٣٤) راجع : محمد كامل ليله: النظم السياسية، الدول والحكومات، ص ص ٢٦ ـ ٣٧، بيروت ١٩٦٩.

حديثا، بالحكم الملكي، أو الدستوري[٣٥]. كما يعتبر مبدأ الفصل بين الدين والدولة ـ من زاوية أخرى ـ من المبادئ الأساسية المؤسسة للعقدية العلمانية[٣٦] في الفكر السياسي.

لقد ظهر هذا التفكير ـ تاريخيا ـ بشكل واضح، في عصر ـ النهضة، في المجتمع الأوربي، وزكته ـ بشكل من الأشكال ـ نظرية العقد الاجتماعي. أما في المجتمع العربي، فيبدو أن هذا التفكير، قد ظهر على مرحلتين:

١- في عهد معاوية بن أبي سفيان، كما سبقت الإشارة.

٢- في نهاية الربع الأول، من القرن العشرين أي مع سقوط الخلافة العثمانية.

وعلى أية حال، فهناك أسباب، وعوامل تاريخية وسياسية، مختلفة، لظهور هذا التفكير، في المجتمع العربي- الحديث خاصة -، نذكر منها على سبيل المثال، لا الحصر:

١- الصراع على السلطة، في صدر الإسلام، بعد وفاة الرسول صلى الله عليه وسلم ، وما صاحب ذلك الصراع، من اختلافات، وانشقاقات، وفتن مدمرة، بين التيارات السياسية، المتناحرة.

٢- تحول الملك، أو الحكم، من شكل شوري، إلى شكل وراثي، أو بتعبير ابن خلدون : « انقلاب الخلافة إلى الملك »[٣٧]. وقد وقع ذلك، في عهد معاوية، الذي حول الخلافة إلى ملك سياسي، يقوم على أساس التوريث : « متأثرا في ذلك بالنظام الذي كان سائدا في الدولتين : البيزنطية (الروم) والساسانية (الفرس) »[٣٨].

---

(٣٥) راجع محمد الريس : النظريات السياسية الإسلامية، ص ١٢٥.

(٣٦) العلمانية : « نسبة الى العلم (بفتح العين وسكون اللام) : بمعنى العالم (بفتح الام) وهو خلاف الديني أو الكهنوي. وهذه تفرقة مسيحية، لا وجود لها في الإسلام، وأساسها وجود سلطة روحية، هي سلطة الكنيسة، وسلطة مدنية، هي سلطة الولاة والأمراء.

والعلمانيون يحكمون، بوجه عام، العقل، ويرعون المصلحة العامة، دون تقيد بنصوص أو طقوس دينية. وكانوا في الغالب مبعث التطور والتجديد في المجتمعات الغربية، ولذا كانوا في خلاف مع الكنيسة ورجال الدين. وأوضح ما يبدو نشاطهم في الثقافة والتعليم، فلهم ثقافتهم ومدارسهم العلمانية. وعدت الثورة الفرنسية، من أكبر الحركات العلمانية ».

نخبة من الأساتذة : معجم العلوم الاجتماعية، ص ٤٢٥، القاهرة ١٩٧٥.

(٣٧) ابن خلدون : المقدمة، ص ٣٥٨.

(٣٨) علي الخربوطلي : الإسلام والخلافة، ص ١٠١، بيروت ١٩٦٩.

٣- تأثر بعض الباحثين العرب، في العصر الحديث، بالفكر السياسي الأوربي، في عصر النهضة - وخاصة بفكر القرن الثامن عشر الذي تمخضت عنه الثورة الفرنسية - فقد عرف عصر النهضة في أوربا، صراعا سياسيا حادا، بين السلطة الدينية، والسلطة الزمنية، الأمر الذي أدى إلى انفصال السلطتين، واستقلالهما عن بعضهما.

٤- سقوط الخلافة العثمانية، وغروبها، عام ١٩٢٤[٣٩]. فقد نتج عن ذلك أن أعاد بعض المفكرين، النظر، في المفاهيم والأفكار السياسية العربية، منذ عصر النبوة، فقاموا بمراجعة تلك المفاهيم والأفكار، ودراستها، في ضوء نظريات الفكر السياسي الحديث[٤٠].

- ٦٠ -

في هذا الإطار، من النظر التاريخي والسياسي، أكد الاتجاه الثاني، نفيه نشأة دولة خلافية، في يثرب، في عهد الرسول صلى الله عليه وسلم ، بناء على اعتقاده، في أن النبوة، زعامة دينية، وقيادة روحية، وليست زعامة سياسية، من شأنها إنشاء الحكومات والدول.

فقد كانت : « زعامة النبي عليه السلام (...)، زعامة دينية، جاءت عن طريق الرسالة، لا غير. وقد انتهت الرسالة بموته صلى الله عليه وسلم ، فانتهت الزعامة أيضا، وما كان لأحد أن يخلفه في زعامته، كما أنه لم يكن لأحد أن يخلفه في رسالته »[٤١].

يتضح من ذلك، أن هذا الاتجاه، لكي ينفي السياسة عن النبوة، ولكي يدحض الرأي القائل بإنشاء الرسول دولة في يثرب، عمد إلى ربط زعامة النبي صلى الله عليه وسلم ، بمفهوم الرسالة الإلهية للبشر.

ثم عمد هذا الاتجاه، أيضا - لتبرير رفضه وجود دولة نبوية - إلى تحليل مفهوم

---

(٣٩) راجع : نفسه، ص ٢٨٣.

(٤٠) يلاحظ في هذا الصدد، أن كتاب (الخلافة)، لمحمد رشيد رضا، قد ظهر عام ١٩٢٣، أثناء احتضار الخلافة العثمانية. وأن كتاب (الإسلام وأصول الحكم) لعلي عبد الرازق، قد ظهر عام ١٩٢٥، أي بعد عام واحد فقط، من سقوط الخلافة في الأستانة. مما يعني، أن الكتاب الثاني، يعارض الأول، ويفنده - وإن لم يصرح المؤلف بذلك - ذلك أن الأول، يدعو إلى الإبقاء على الخلافة، كشكل من أشكال الحكم الإسلامي، مع إدخال إصلاحات عليه. والثاني يدعو إلى إلغاء الخلافة، أصلا، لأنه - كما قال المؤلف - : « لا خلافة في الدين ».

(٤١) علي عبد الرازق: الإسلام وأصول الحكم، نقد وتعليق: ممدوح حقي، ص ١٨١، بيروت ١٩٦٦.

(الولاية)، ليكتشف سلسلة من الاختلافات، والفروق بين طبيعة الرسول، وطبيعة الحاكم، في الولاية. فولاية الرسول الروحية على قومه، ليست هي ولاية الحاكم، المادية، على رعيته، والنبي صلى الله عليه وسلم ليس هو الحاكم، والروحي، ليس هو المادي، وصاحب الرسالة، ليس هو صاحب الدولة، ليصل في الأخير، إلى التفرقة بين زعامتين: زعامة دينية، وزعامة سياسية، تأكيدا على أن ما هو ديني، لا يمكن أن يكون سياسيا، في نفس الوقت.

على هذا النمط من النظر، فإن : « ولاية الرسول على قومه، ولاية روحية، منشؤها إيمان القلب، وخضوعه خضوعا صادقا، تاما، يتبعه خضوع الجسم. وولاية الحاكم، ولاية مادية، تعتمد إخضاع الجسم، من غير أن يكون لها بالقلوب اتصال. تلك ولاية هداية إلى الله، وإرشاد إليه، وهذه ولاية تدبير، لمصالح الحياة، وعمارة الأرض. تلك للدين، وهذه للدنيا، تلك لله، وهذه للناس. تلك زعامة دينية، وهذه زعامة سياسية، ويا بعد ما بين السياسة والدين »[٤٢].

على هذا الأساس، فمن الخطأ الاعتقاد ـ عند أصحاب هذا الاتجاه ـ أن يكون الرسول صلى الله عليه وسلم ، قد بعث لينشىء دولة في يثرب، وإنما الحقيقة ـ أنه بعث لهداية الناس، إلى الله تعالى، لا أكثر.

تعقيب

ـ ٦١ ـ

في ضوء ما سبق، يمكن أن نتساءل عن موقف ابن خلدون، من كل تلك الآراء، في الدولة النبوية : هل كان موقفه مع إنشاء الرسول دولة في يثرب ؟ أم كان موقفه على عكس ذلك ؟ وبصيغة أخرى للتساؤل : هل كان موقفه مؤيدا للاتجاه الأول ؟ أو مؤيدا للاتجاه الثاني ؟ وإلا كيف يمكن تفسير موقفه، من دولة الرسول، إن كان الرسول قد انشأ دولة ؟

لكي نتبين موقف ابن خلدون، من ظاهرة نشوء دولة نبوية، يمكن الإجابة على تلك التساؤلات، من عدة وجوه:

---

(٤٢) نفس المرجع، ص ١٤١

١- يلاحظ أن ابن خلدون، لم يتعرض في نصوص المقدمة، إلى بيعتي العقبة، كما لم يتعرض إلى وثيقة الصحيفة. وبيعتا العقبة، ووثيقة الصحيفة، هما الدليلان التاريخيان والسياسيان، اللذان احتج بهما، أصحاب الاتجاه الأول، على تأسيس الرسول صلى الله عليه وسلم دولة في يثرب ـ كما سبق القول ـ

لكن ابن خلدون، مع ذلك، قد تعرض إلى علاقة الدين بالسياسة ـ في إطار بحثه في النظم السياسية ـ في عدة نصوص من المقدمة، وخاصة عندما بحث أنواع الحكم، وقرر أنها ثلاثة : حكم طبيعي أو استبدادي، وحكم وضعي أو دستوري، وحكم ديني أو شرعي(٤٣). لكنه في الوقت ذاته، لم يطرح مسألة نوع الحكم في (دولة نبوية).

إذن، فما معنى تجاهل ابن خلدون، في المقدمة، لحدثين سياسيين هامين، في تاريخ النبوة الإسلامية، أي بيعتا العقبة والصحيفة ـ رغم أنه مؤرخ وسياسي ـ ؟ هل يعني سكوته عن ذينك الحدثين، ميله إلى الاتجاه الأول، وتأييده لموضوعة تأسيس الرسول، لدولة يثرب ؟ أم على العكس من ذلك، يحمل سكوته، على ميله إلى الاتجاه الثاني، الرافض لفكرة إنشاء الرسول، لتلك الدولة ؟

٢- من الحق القول، أن ابن خلدون، ما دام لم يفصح برأي معين، حول (دولة نبوية)، فلا يمكن أن يحمل رأيا أو موقفا لم يصرح به. فربما يفسر سكوته، بأنه كان يرى، مسألة إنشاء الرسول دولة، ليست بذات قيمة أو أثر، في تاريخ الفكر السياسي الإسلامي ـ خاصة وأن مسألة الدولة النبوية، لم تطرح في عصره، على الأقل، بالشكل الذي طرحت به، في العصر الحديث ـ وربما يفسر سكوته، بأنه كان يرى، أن مسألة الدولة في يثرب، في عهد الرسول، كان مشروعا لم يتم، فجاء الخلفاء، بعد وفاة الرسول، وأتموه. وربما أيضا، لأن ابن خلدون، لا يهتم، أصلا، بأشكال الظواهر، وصورها، ولكنه يهتم بمعانيها الوظيفية، أي بالدور الذي تؤديه، وتقوم به في المجتمع. فلذلك ركز على بيان وظيفة كل من الحكم الاستبدادي، والدستوري، والشرعي، في تطبيق العدل والإنصاف(٤٤). ولم يأبه لبيان كيف وجدت ـ في التاريخ ـ تلك الأشكال من الحكم. أفي (دولة نبوية)، أم في غيرها من الدول ؟

---

(٤٣) راجع : ابن خلدون : المقدمة، ص ٣٣٨، وما بعدها.

(٤٤) راجع : نفس المصدر، ص ص ٣٣٧ ـ ٣٣٨.

٣- ولكن مع ذلك، ماذا لو سئل ابن خلدون ـ المؤرخ، والمختص في الفكر السياسي الإسلامي ـ هذا السؤال : هل أنشأ الرسول دولة في يثرب؟ فماذا عسى أن يكون جوابه ؟

يبدو أنه سوف لا يجيب، أصلا، لا بالتأكيد، ولا بالنفي، ـ وهو لم يجب فعلا السؤال، في المقدمة ـ وبمعنى آخر، فأنه سوف يمتنع عن الجواب ـ وقد امتنع ـ فهل يعني امتناعه عن الجواب، جوابا ؟

فإذا كان الأمر كذلك، يخيل إلينا، أن لابن خلدون موقفا خاصا، لا يشبه موقف الاتجاه الأول ـ وإن كان يقترب منه، كما سنرى ـ ولا يشبه موقف الاتجاه الثاني. وفي هذه الحال، يصبح موقف ابن خلدون، من مسألة دولة الرسول، اتجاها ثالثا. فما هي، إذن، طبيعة هذا الموقف الثالث الخلدوني ؟

٤- من المؤكد أن ابن خلدون، قد تطرق في المقدمة، إلى مسألتين هامتين، تتعلقان ـ بشكل من الأشكال ـ بنبوة الرسول صلى الله عليه وسلم ، وقيادته للمجتمع الإسلامي الأول، يمكن من خلالهما، أن نستنتج موقفه، من دولة يثرب النبوية. والمسألتان هما : السلطة النبوية، والاستخلاف.

المسألة الأولى : السلطة النبوية

ـ ٦٢ ـ

نقصد بالسلطة النبوية، تحكم الرسول صلى الله عليه وسلم ، في المجتمع الإسلامي الأول، وقيادته له، من يثرب. وقد وقع ذلك من طريقين ـ حسب الرؤية الخلدونية ـ :

الأول : العصبية

ففي رأي ابن خلدون، فإن العصبية، من مقومات النبوة، لأن: « الشرائع والديانات، وكل أمر يحمل عليه الجمهور، فلا بد فيه من العصبية (...). فالعصبية ضرورية للملة، وبوجودها يتم أمر الله منها. وفي الصحيح : (ما بعث الله نبيا، إلا في منعة من قومه) »[٤٥]. « وهكذا كان حال الأنبياء، عليهم الصلاة والسلام، في دعوتهم

---

(٤٥) ابن خلدون : المقدمة، ص ٣٥٨ وص ص ٢٧٩ - ٢٨٠. وأيضا : ج ٢، ص ٧٠٨ (البيان).

إلى اللـه بالعشائر والعصائب »[٤٦]. ولذلك، فإن : « الدعوة الدينية، مـن غير عصبية، لا تتم »[٤٧].

في ضوء هاته النصوص الخلدونية، لم يبق شك في وجود علاقة، بين النبوة والعصبية، لأن الأولى، تحتاج إلى الثانيـة، في تـدعيم ذاتهـا، وحمايـة كيانهـا. بـدليل نـص الحـديث النبـوي[٤٨] وهكذا، فإن : « العلاقة بين العصبية والـدين، كـما يفهمهـا ابـن خلـدون، علاقـة تـآزر وتعاضـد وتكامل»[٤٩].

إلا أنه من منظور آخر، فإن ابن خلدون، يؤكد، أن الدولة، لا تنشأ إلا بنشوء العصبية : « وذلـك لأن الملـك[٥٠]، كـما قـدمناه، إنمـا هـو بالعصـبية »[٥١]، ولأن : « مـزاج الـدول، إنمـا هـو بالعصبية »[٥٢] أيضا.

فهل ترى كيف ربط ابـن خلـدون، النبـوة، بالعصـبية، أولا، ثـم عمـد إلى ربـط الدولـة، بالعصبية، ثانيا ؟

الثاني : الدعوة الدينية.

يعبر عن الدعوة الدينية، أيضا، بالدعوة النبوية. ويرى ابن خلدون، في هاته الدعوة، أنها من مقومات الدولة، ومعضداتها. فالدولة، لكي تنشأ، وتتطور، وتقوى،

---

(٤٦) نفسه، ص ٢٨١.

(٤٧) نفسه، ص ٢٧٩ (عنوان : فصل ٦، باب ٣.

(٤٨) انتقد محمد رشيد رضا، في كتابه (الخلافة) رأي ابن خلدون، القائل باعتماد النبوة على العصبية. فقال تحت عنوان : (قاعدة ابن خلدون في العصبية مخالفة للإسلام)، ما نصه : «فجعل مدارها (النبوة) على منعتهم في أقوامهم (أي الرسل) وقوة عصبية عشائرهم، معتمدا على حديث معارض بآيات القرآن الكثيرة، وبوقائع تواريخهم الصحيحة »، ص ٢٢٩. لكن محمد رشيد رضا لم يستطع إنكار الحديث الصحيح، الذي استدل به ابن خلدون، واكتفى بالقول، بأنه «(معارض بآيات قرآن)». فهل يصح أن تتعارض السنة مع القرآن ؟ راجع ذلك، في كتابه: الخلافة : ص ص ٢٢٩ ـ ٢٣٤، الجزائر، ١٩٩٢.

(٤٩) محمد عابد الجابري : فكر ابن خلدون : العصبية والدولة ص ٢٨٨، ط ٣ بيروت ١٩٨٢.

(٥٠) يقول أحمد عبد السلام:« إن في (المقدمة) جملا وفقرات، أتت فيها كلمة(دولة)، مرادفة للملك». أحمد عبد السلام : دراسات في مصطلح السياسة عند العرب، ص ٦٠ وما بعدها، تونس ١٩٨٥.

(٥١) ابن خلدون : المقدمة، ج ٢، ص ٦٤٩ (البيان).

(٥٢) ابن خلدون : المقدمة، ص ٢٨٨.

تكون في حاجة إلى عصبية، وإلى دعوة دينية، وإلا فلا يتم وجود الدولة. وعلى هذا النحو من النظر، يقرر ابن خلدون، أن : « الدول العامة الاستيلاء، العظيمة الملك، أصلها الدين، إما من نبوة، أو دعوة حق »[٥٣]. بالإضافة إلى : « أن الدعوة الدينية، تزيد الدولة في أصلها، قوة، على قوة العصبية »[٥٤].

وهكذا، فالنظر الخلدوني، يؤكد، بأن الرسول، إذا توفر على نبوة، في عصبية، فبإمكانه أن ينشىء سلطة، دينية، وسياسية، معا. على اعتبار العصبية، المنشئة للدولة، قد تحولت، عند ابن خلدون، إلى مفهوم سياسي.

من الواضح إذن، أن ابن خلدون يقرر، أن العصبية، والنبوة، والدولة، كل مترابط، ومتكامل. فهذه الظواهر الثلاث، تكون في نظره، ثالوثا، لا تنفصم عراه وكأنه أمر واحد يقع، في وقت واحد ـ وهذا على الأقل، فيما يتعلق بالإسلام السياسي ـ وهكذا يرى ابن خلدون، أن تلك الظواهر الثلاث، تشكل ـ بالنسبة للنبوة ـ المعادلة الآتية:

عصبية	+	**نبوة**	=	**سلطة**
(رابطة عرقية وولاء أو إنتماء)		(دين)		(دولة)

من هاته الرؤية، يمكن التعرف على رأي ابن خلدون، في دولة الرسول في يثرب. فمن خلال نصوصه السابقة، يتأكد لدينا، أنه يعتقد في انبثاق سلطة دينية، وسياسية، في يثرب، زمن الرسول ـ وإن لم يتعرض إلى بيعتي العقبة ووثيقة الصحيفة ـ على أن اعتقاده في انبثاق تلك السلطة، يستند إلى كون الرسول، قد جمع في شخصه (النبوة)، وفي قيادته، لمجتمع الجزيرة العربية (العصبية). أي جمع الديني والسياسي، المفضيان ـ في رأيه ـ إلى نشأة الدولة.

وسوف يتأكد هذا التوجه الخلدوني، ويزداد وضوحا، عند فحص مسألة الاستخلاف، وأيضا عنصر الخلافة.

---

(٥٣) نفسه، ص ٢٧٧ (عنوان فصل ٤، باب ٣).

(٥٤) نفسه، ص ٢٧٨ (عنوان فصل ٥، باب ٣).

- ٦٣ -

يرى ابن خلدون، في الاستخلاف، أنه حدث بعد وفاة الرسول صلى الله عليه وسلم . ولذلك سمي من يقوم بشؤون الخلافة، خليفة، لأنه يخلف النبي في عموم مصالح الجمهور، في الأمة. يقول : « وأما تسميته خليفة، فلكونه يخلف النبي في أمته. فيقال : خليفة بإطلاق، وخليفة رسول الله »(٥٥).

إلا أن الأصل في مصطلح : (الاستخلاف السياسي)، ـ وفي اللغة أيضا ـ أنه (نيابة)، والنائب يقوم مقام المستنب(٥٦) في أعماله الدينية والسياسية، على السواء. قال ابن خلدون : « قد بينا حقيقة هذا المنصب (الخلافة)، وأنه نيابة عن صاحب الشريعة، في حفظ الدين، وسياسة الدنيا به »(٥٧).

وقد ذهب غيره أيضا، هذا المذهب، في مفهوم الخلافة، وكونها (نيابة). فقيل : «هي النيابة عن النبي صلى الله عليه وسلم ، في عموم مصالح المسلمين »(٥٨)

إذن، فما دام الاستخلاف، نيابة، وما دام أبوبكر ـ باعتباره رجل دولة ـ قد استخلف الرسول صلى الله عليه وسلم ، واستناب عنه، فإنما استخلفه، باعتبار الرسول، رجل دولة أيضا، وإلا ينتفي معنى الاستخلاف والنيابة.

على هذا الأساس، فمن المنطق القول، بأن ابن خلدون ـ حسب تعريفه السابق للخلافة ـ كان يعتقد في قيادة الرسول صلى الله عليه وسلم لدولة في يثرب، وفي وجود دولة نبوية، انبثقت عنها الدولة الخلافية، في عهد أبي بكر الصديق رضي الله عنه . وإن لم يفصح عن (دولة النبوة) صراحة، في نصوصه.

---

(٥٥) ابن خلدون : المقدمة، ص ٣٣٩.

(٥٦) وذلك فيما عدا (النبوة)، فإنها لا تستخلف، ولا تورث، لذلك قال ابن خلدون، في النص السابق: «وأما تسميته خليفة، فلكونه يخلف النبي في أمته». أي : لا في نبوته. فيبقى الاستخلاف محدودا في إطار الأحكام الشرعية، والسلطة السياسية. راجع النص السابق، هامش (٥٥).

(٥٧) نفسه، ص ٣٣٩. والتعريف المذكور، صاغه ابن خلدون ـ على ما يبدو ـ من تعريف الماوردي،الذي نصه : « الإمامة موضوعة لخلافة النبوة، في حراسة الدين، وسياسة الدنيا».(الماوردي:الأحكام السلطانية، ص ٥، الجزائر ١٩٨٣).ويرجح ذلك أيضا، أن ابن خلدون تعرض في مقدمته، للماوردي ولكتابه: الأحكام السلطانية، عدة مرات.(راجع: المقدمة، صفحات : 418 ـ ٤٦٦ ـ ٤٨٨)

(٥٨) إبراهيم الباجوري : تحفة المريد على جوهرة التوحيد، ج ٢، ص ٤٥، القاهرة ١٩٦٤.. وراجع أيضا، في معنى الخلافة، وكونها (نيابة) : علي الخربوطلي : الإسلام والخلافة، ص ٢٩.

المبحث الثاني : أسباب فتن صدر الإسلام

ـ ٦٤ ـ

توطئة عامة:

من معاني (الفتنة)، في اللغة والاصطلاح : صهر المعدن في النار، والاختبار بالنار، والابتلاء، والالتواء، والاستهواء، والاضطراب، والعذاب، والضلال[٥٩]. وتعني الفتنة أيضا : القتل، والهلاك، والموت البطيء، الفتاك. قال تعالى، في وصف الفتنة، في معنى التحذير منها : ﴿ والفتنة أشد من القتل ﴾[٦٠]. وقال أيضا : ﴿ والفتنة أكبر من القتل ﴾[٦١]. فمعنى الفتنة ـ اجتماعيا وسياسيا ـ مرتبط إذن، بالعذاب والتنكيل، المفضيين إلى الهلاك الشامل، لأن الضلالات المؤدية إلى الفتنة، في المجتمعات، وما يحصل فيه، جراءها، من مآسي ونكبات، لهي أنكى وأفظع، من تلك التي يفضي إليها القتل نفسه.

يتميز الصدر الأول، في الإسلام ـ النصف الأول من القرن الأول للهجرة ـ بفتن حمراء[٦٢] ـ إن صح القول ـ وحروب دموية، كانت المدينة يثرب، ثم البصرة، والكوفة، وصفين، والنهروان، مسرحا لها. ولا شك أن تلك الفتن، قد هزت أركان المجتمع الإسلامي الجديد، ودمرت خيرة رجاله، وعصفت بمشروع الدولة الجديدة، نفسها، في يثرب. فانتقلت عاصمتها ـ في مدى ٣٠ سنة ـ بين ثلاث مدن : من المدينة إلى الكوفة، ثم إلى دمشق.

حقا، أنه ليخيل للمرء أحيانا، أن الطائفة التي خططت للفتن، وعملت على إشعالها، في الصدر الأول، إنما دخلت الإسلام، لكي تجدد عهد الجاهلية الأولى. لذلك

---

(٥٩) راجع : محمد اسماعيل إبراهيم: معجم الألفاظ والأعلام القرآنية، ج ٢، ص ١٠٣، القاهرة ١٩٦٩.

(٦٠) البقرة / ١٩١.

(٦١) البقرة / ٢١٧.

(٦٢) راجع هامشي (١) و(٢) من هذا القسم.

وصف ابن خلدون، تلك الطائفة ـ دون أن يعين أشخاصها ـ بجفاء الطبع. والعصبية، والغرور، وضعف الإيمان، والانتساب الكاذب إلى المهاجرين والأنصار، فقال: « وكان أكثر العرب الذين نزلوا هذه الأمصار، جفاة، لم يستكثروا من صحبة النبي صلى الله عليه وسلم ، ولا هذبتهم سيرته وآدابه، ولا ارتاضوا بخلقه، مع ما كان فيهم في الجاهلية، من الجفاء والعصبية، والتفاخر، والبعد عن سكينة الإيمان. وإذا بهم عند استفحال الدولة، قد أصبحوا في ملكة المهاجرين والأنصار»[٦٣].

إذن، فقد كانت تلك الطائفة، مرتبطة، في تفكيرها وفي سلوكها، بماضيها، بأيام ما قبل الإسلام. فكأنها كانت تعيش واقعين مختلفين، في وقت واحد : تعيش أيام الإسلام الجديد، في الظاهر، وتعيش أيام الجاهلية، في حقيقة أمرها : « إن دوافع من دخل فيها (الدعوة النبوية)، كانت مختلفة : فبعضهم دخل لهداه وإيمانه، وبعضهم لطمعه في الامتيازات، وبعضهم قبلها خوفا من سلطانها »[٦٤].

يتبين من ذلك، أن الذين أشعلوا الفتن، في الصدر الأول، هم أولئك الذين دخلوا الإسلام، إما خوفا منه، أو طمعا فيه. ولهذين السببين، خططوا للهدم، وعملوا على التدمير. ولكي يحققوا هذه الغاية، اجتهدوا في العمل بنص آية الطائفتين المؤمنتين المتنازعتين[٦٥] ولم يعملوا بقوله تعالى: ﴿ وما كان لمؤمن أن يقتل مؤمنا إلا خطأ ﴾[٦٦].

إن أغلب المؤرخين والمفكرين[٦٧] ـ ومنهم ابن خلدون ـ يؤكدون بأن طائفة من عرب الأمصار، في الصدر الأول، كانت تتحكم فيها الأهواء والنزوات القبلية القديمة، هي المسؤولة عن معارضة سلطة يثرب، انطلاقا من تلك الأمصار، وعن شق عصا الطاعة في وجه الدولة الناشئة : « لقد ورث عثمان الاتجاهات القبلية الصاخبة في

(٦٣) ابن خلدون : المقدمة، ص ٣٨٠.

(٦٤) عبد العزيز الدوري : مقدمة في تاريخ صدر الإسلام، مرجع سابق، ص ٣٩.

(٦٥) راجع الآية، في الحجرات / ٩.

(٦٦) النساء / ٩٢.

(٦٧) راجع مثلا : عبد العزيز الدوري : مقدمة في تاريخ صدر الإسلام، مرجع سابق، ص ٤٢، وما بعدها.

المجتمع، وورث الاتجاه الإسلامي، وصراعه مع الاتجاه القبلي »[٦٨]. ثم : « ظهرت نزعة إقليمية، لعلها تطور للنزعة القبلية في الأمصار، يصحبها عدم ارتياح الأقاليم لسلطة المدينة، وسيادتها»[٦٩].

في ذات الوقت، كانت النزعات القبلية، والاقليمية، مصحوبة بنزعة عصبية، استطاعت أن تصيغ الصراع، صياغة جديدة، في شكل تنافس على مراكز النفوذ في الدولة. وفي شكل اتجاهات متعارضة عقديا وسياسيا، وأيضا في شكل تعارض بين التقاليد الموروثة عن الجاهلية، وقيم الدين الجديد.

«لقد استعد القرشيون، وهم في أغلبيتهم وافدون جدد إلى الإسلام، للاضطلاع بالدور الأول في الدولة الجديدة، لأنهم قبيلة النبي، ولأن أواصر الدم، ستفوت الولاء الديني المحض. وعلى هذا النحو، مرت السلطة الجديدة، بنزاعات باطنة بين مختلف الولاءات، وشتى روابط الإخلاص : روابط الدم / الأقدمية في الكفاح النبوي، أهل المدن / أهل القبائل. سيدور كل تاريخ الإسلام المقبل، ويتمفصل، حول تلك التوترات، التي يمكن ردها إلى منظومات قيم، منظومات متبقية من الجاهلية، ترسبية، ولكنها قوية، ومنظومة الإسلام، كقوة تجدد ودينا ميكية صراع»[٧٠].

لعل ظاهرة الفتن في صدر الإسلام، وما صاحبها من تمزقات في الأمة، ومن آثار سيئة على المجتمع، هي من العوامل الأساسية، التي أوحت لابن خلدون، في أن يفكر في جذور تلك الفتن، ويبحث عن عللها، وفي أسبابها، ويبدع (نظرية العصبية) التي فسر بها طبيعة التركيبات الاجتماعية البشرية، وكيفية تطورها، من الجماعة والعشيرة والقبيلة، إلى المجتمع والدولة، و(النبوة) أيضا.

أغلب الظن، أن طائفة من مسلمي الصدر الأول، لم تفقه تعاليم الإسلام، التي هاجرت من أجلها ـ ومن أجله أيضا ـ فكان انتصارها لتلك التعاليم، انتصارا ظاهريا. ذلك أن الصراع القبلي من اجل السيطرة (قريش وحلفاؤها)، وطموح بعض الصحابة في

---

(٦٨) نفسه، ص ٥١.

(٦٩) نفسه، ص ٥٣.

(٧٠) هشام جعيط : الفتنة،مرجع سابق، ص ٣١.

الدنيا، والرغبة في كسب الغنائم والثروات من الفتوح [٧١]، وحب السلطة السياسية - فضلا عن فقدان التجربة في التسيير الإداري، وقيادة الدولة - قد أفضى- ذلك كله، إلى أن تفقد تلك الطائفة وعيها السياسي، وبصيرتها الدينية. وبتعبير آخر، فإن الدنيا، قد شغلت البعض عن حقيقة الدين، وعن معنى الدولة، وعن تعاليم النبوة، وتقاليد صحبة الرسول صلى الله عليه وسلم ، ومن الأمثلة على ذلك :

١- يقول ابن خلدون : « وبلغ الثمن الواحد من متروك الزبير بعد وفاته، خمسين ألف دينار. وخلف ألف فرس وألف أمة. وكانت غلة طلحة من العراق ألف دينار كل يوم (...). وخلف زيد بن ثابت من الفضة والذهب، غير ما خلف من الأموال والضياع، بمائة ألف دينار. وبنى الزبير داره بالبصرة وكذلك بنى بمصر والكوفة والإسكندرية. وكذلك بنى طلحة داره بالكوفة، وشيد داره بالمدينة، وبناها بالجص والآجر والسياج. وبنى سعد بن أبي وقاص داره بالعقيق (...) وبنى المقداد، داره بالمدينة، وجعلها مجصصة الظاهر والباطن (...). فكانت مكاسب القوم كما تراه، ولم يكن ذلك منعيا عليهم في دينهم، إذ هي أموال حلال [٧٢]، لأنها غنائم وفيوء » [٧٣].

٢- لقد : « اتسعت الدنيا على الصحابة، حتى كان الفرس يشترى بمائة ألف، وحتى كان البستان يباع بالمدينة بأربعمائة ألف، وكانت المدينة، عامرة كثيرة الخيرات والأموال، والناس يجبى إليها خراج الممالك، وهي دار الإمارة، وقبة الملك، فبطر الناس بكثرة الأموال والخيل والنعم » [٧٤].

٣ - و« كان سعد بن أبي وقاص، أكثر أهل المدينة،مالا. أرسل إلى مروان بن الحكم،

---

(٧١) راجع نفس المرجع : موضوع (تكدس الثروات)، ص ص ٦٠ - ٦٥. وأيضا : عبد العزيز الدور: مقدمة في تاريخ صدر الإسلام،مرجع سابق، ص ٥٤ وما بعدها.

(٧٢) من الآراء الخلدونية الملفتة للنظر، في (المقدمة)، دفاعه (الظاهري) عن الصحابة، مهما كان سلوكهم، ومهما كانت تصرفاتهم، وكأنهم معصومون من الخطأ - كما فعل مثلا، مع معاوية، ومع غيره - فهو في هذا النص، يبرر ما امتلكوا من ممتلكات، ويحلل أموالهم وثرواتهم، وكأنهم سألوه - أو سئل - عن ذلك شرعا. فهل يكون موقفه هذا منهم : (حقيقة) أم (تقية) ؟

(٧٣) ابن خلدون : المقدمة، ص ص ٣٦٢ - ٣٦٣.

(٧٤) محمد كرد علي : الإسلام والحضارة العربية، ج ١، مرجع سابق، ص ص ١٥٩ - ١٦٠

بزكاة عين ماله، خمسة آلاف درهم، وترك يوم مات، ألف وخمسين ألف درهم»[٧٥].

٤- « وكان عبد الرحمن بن عوف (...) تاجرا، كثير الأموال، وكان محفوظا في التجارة (...). باع مرة أرضا له، بأربعين ألف دينار، فتصدق بها كلها. وتصدق مرة بسبعمائة جمل بأحمالها، قدمت من الشام. وأعتق ثلاثين ألف رقيق. وأوصى لأمهات المؤمنين، بحديقة، بيعت بأربعمائة ألف. وأوصى بخمسين ألف دينار، في سبيل الله.وأوصى لمن بقي ممن شهد بدرا، لكل رجل، بأربعمائة دينار، وكانوا مائة، فأخذوها. قالوا : وكان فيما ترك، ذهب قد قطع بالفؤوس، حتى مجلت[٧٦] أيدي الرجال منه. وكان على مربطه، ألف فرس، وله ألف بعير، وعشرة آلاف من الغنم»[٧٧].

هذا قليل من كثير، من الأمثلة عن ثروة الصحابة، وهم كثيرون، مثل : معاوية، وطلحة، والزبير، وخباب بن الأرت، وعثمان بن عفان، وعثمان بن مظعون، والمقداد بن الأسود، وغيرهم، يحول دون التطرق لثرواتهم، الالتزام بوحدة الموضوع[٧٨].

فلا غرو، إذن، أن تغتر جماعة الصدر الأول، بالدنيا، وتتأثر بقيم، غير قيم الدين الجديد، لتمسكها بالروح القبلي القديم، وبآثار الجاهلية. فلم تتعلم معاني الوحدة، من الدين، ولا من النبوة، كما لم تتعلم الولاء للدولة الناشئة، ربما لأنها : «لا تفهم فكرة الدولة »[٧٩]ذاتها، و« التي ظلت سطحية » [٨٠] وغامضة، طيلة عهد الخلفاء الراشدين، بسبب ما تخلل ذلك العهد من فتن جارفة.

لعل هذا، مما مهد لنشأة تلك الفتن، في دولة يثرب، وفي مجتمع الخلافة الأول.

---

(٧٥) نفسه، ص ١٦١.

(٧٦) « مجلت : صلبت وثخن جلدها، وظهر فيها ما يشبه البثور». (هامش صاحب النص).

(٧٧) نفسه، ص ص ١٦١ ـ ١٦٢.

(٧٨) للتوسع في موضوع ثروة الصحابة، أنظر : نفس المرجع، ج ١، موضوع (غنى بعض الصحابة في الجاهلية والإسلام)، ص ص ١٥٨ ـ ١٦٩.

(٧٩) عبد العزيز الدوري : مقدمة في تاريخ صدر الإسلام،مرجع سابق، ص ٥٩.

(٨٠) هشام جعيط : الفتنة، مرجع سابق، ص ٣٤.

الأسباب الرئيسية:

- ٦٥ -

أما الأسباب الرئيسية، لفتن الصدر الأول، فيمكن حصرها في ثلاث : مالأ

أولا : التركيب الطبقي:

يمكن الاعتقاد، بأن من العوامل الأساسية، في نشأة الفتن، في الصدر الأول، ظاهرة التركيب الطبقي، الاجتماعي، للمجتمع العربي الأول، سواء في يثرب، أو في البصرة والكوفة، وبقية الأمصار. فلنحاول، إذن، توضيح طبيعة ذلك التركيب.

لقد أشار النص (صحيفة الرسول) ـ الذي اعتبره البعض، دستورا لدولة يثرب ـ إلى ثلاث طبقات، أو تكتلات كبرى، هي : المهاجرون، والأنصار [٨١]، واليهود. ثم ذكر النص، أسماء مجموعة من القبائل والبطون والأفخاذ، وخاصة، قريش، والأوس، والخزرج، وقريظة، والنضير، وبنو قينقاع، وغيرهم.

إلا أن القرطبي، أكد، أن (الكفار) ـ دون المؤمنين ـ كانوا يتشكلون ـ بعد الهجرة ـ من ثلاث طبقات. يقول القرطبي : « كانت الكفار، بعد الهجرة، مع النبي، ثلاثة أقسام: قسم وادعهم على ألا يحاربوه، ولا يؤلبوا عليه عدوه، وهي طوائف اليهود الثلاثة : قريظة، والنضير، وبني قينقاع. وقسم حاربوه ونصبوا له العداوة، كقريش. وقسم تاركوه وانتظروا ما يؤول إليه أمره، كطوائف من العرب، فمنهم من يحب ظهوره في الباطن، كخزاعة، وبالعكس كبني بكر، ومنهم من كان معه ظاهرا، ومع عدوه باطنا، وهم المنافقون » [٨٢].

يتبين من النص، أن التركيب الاجتماعي، للكفار، كان في مجتمع يثرب، زمن الرسول صلى الله عليه وسلم ثلاث طبقات، هي : اليهود، وقريش، والمنافقون. فإذا أضفنا إلى هذه الطبقات، طبقة (المؤمنين) بالإسلام، يصبح عدد الطبقات : أربعة.

---

(٨١) يلاحظ أن نص (الصحيفة)، سمى المهاجرين، واليهود، ولم يسم (الأنصار)، لكنه أشار إليهم بلفظ مؤمني (يثرب).

(٨٢) القرطبي: أقضية رسول الله. نقله عنه: محمد كرد علي، في: الإسلام والحضارة العربية، ج ٢، مرجع سابق،ص ٣٣٧.

هذا من الناحية العامة، وحسب الظاهر. إلا أننا لو أمعنا النظر، ودققنا الفحص، في طبيعة تركيب ذلك المجتمع، من الداخل، فإن التشكيل الطبقي فيه، سوف يتضاعف، وسوف يتراءى لنا بصورة أخرى، مغايرة للصورة العامة، التي رسمها له القرطبي.

من ذلك أن عدد التشكيلات الطبقية، في مجتمع يثرب، ـ وخاصة في البصرة والكوفة ـ في عهد الخلفاء الراشدين، قد يصل إلى تسع تشكيلات مختلفة. وهذا العدد الهائل، يوحي بعدم ترابط ذلك المجتمع الجديد، كما يوحي بانقسامات خطيرة فيه [٨٣]

ففي ضوء المعلومات التي توصلنا إليها، يمكن حصر تلك التشكيلات الاجتماعية، المركبة لمجتمع يثرب، في القائمة التوضيحية الآتية:

١- الأعيان : هم كبار الصحابة ورجال الدولة والأمراء والولاة، والقواد.

٢- الأشراف : هم في الغالب يمثلون رؤساء القبائل ورؤساء المدن[٨٤].

أ ـ « كان مصطلح الشرف المأخوذ من اصطلاحات الجاهلية، ملتصقا بالعطاء والأرفع في الأمصار، وكان مرتبطا بالأقدمية في الجهاد»[٨٥]

ب ـ ومعناه أيضا : « قائم من جهة، على أهل الشرف والبيوتات، ومن جهة ثانية على السابقة الإسلامية »[٨٦]

٣- القراء [٨٧] : هم حفظة القرآن، وهم أيضا « مقاتلة محاربون»[٨٨]

أ ـ « إن بعض القراء، كانوا هم أنفسهم أشرافا »[٨٩]

ب ـ«التنافس الشديد بين رؤساء القبائل،والنخبة الإسلامية، أو الأشراف القراء»[٩٠].

---

(٨٣) للتوسع في التركيب البنيوي، لمجتمع الخلافة الأول، راجع خاصة : هشام جعيط : الفتنة، (وبالخصوص، فصل : الفتنة كأزمة وصدع المقتل)، ص ص ٥٥ ـ ١١٤. فالكتاب يركز على تحليل البنية الاجتماعية، والسياسية، للتشكيلات الاجتماعية المختلفة، في ذلك المجتمع.

(٨٤) راجع : هشام جعيط : الفتنة، مرجع سابق، ص ٨٨.

(٨٥) نفسه، ص ٨٤.

(٨٦) نفس المرجع والصفحة.

(٨٧) راجع نفس المرجع : عنوان : (القراء والظاهرة القرآنية)، ص ٩٦.

(٨٨) نفسه، ص ٩٧.

(٨٩) نفسه، ص ٨٩.

(٩٠) نفسه، ص ٨٤.

ج ـ « لكن مع هذا من أهل السابقة (القراء)، وبين أشراف القبائل »[٩١]

د ـ « إن القراء ـ المقاتلة ـ بوجه خاص، كانوا يعتبرون الصوافي[٩٢] كأنها لهم »[٩٣].

هـ ـ « تلك الجماعة، الاجتماعية / السياسية، للقراء، التي ستلعب في المدى المباشر دورا سياسيا كبيرا، والتي ستكون في المستقبل نواة الشيعة المحيطة بعلي »[٩٤]

و« ولم يكن الخوارج الأولون من القراء، كما ظن البعض، بل إن هؤلاء، انضموا فيما بعد »[٩٥]

٤- أهل الأيام[٩٦] والقادسية وأهل السابقة : هؤلاء يشبهون (قدماء المحاربين)، في العصر الحديث.

٥- الجند أو الجيش. وقد يطلق مصطلح (المقاتلة) على هاته الفئة[٩٧]

٦- الأعراب : هم عرب البادية الذين ينتقلون من البوادي، إلى الحواضر باستمرار.

٧- الموالي : وهم من الأعاجم.

٨- أهل الذمة : وهم أجانب، من الوثنيين، واليهود والنصارى.

٩- العبيد أو الرقيق.

لا شك أن هذه التركيبات الاجتماعية، غير المتجانسة، سوف تتطور عبر الزمن، في مجتمع يثرب الجديد، وسوف يفضي تطورها، إلى ظهور نوع آخر من التركيب، هو التركيب السياسي، ـ المؤسس للمعارضة ـ في صورة نزعات عصبية، وعقدية، أو ما أطلق عليه، بالتيار القبلي، والتيار الإسلامي. ونتيجة لصراع هذين التيارين، سوف تستفحل الأزمة، ويقتل عثمان، وتنفجر الفتنة.

---

(٩١) نفسه، ص ٨٩.

(٩٢) الصوافي : أراضي قديمة للعرش الساساني (الفارسي). راجع : نفس المرجع، ص ٨٥.

(٩٣) نفسه، ص ٨٨.

(٩٤) نفسه، ص ٨٦.

(٩٥) عبد العزيز الدوري : مقدمة في تاريخ صدر الإسلام، مرجع سابق، ص ٥٩.

(٩٦) أهل الأيام، هم الذين شاركوا في أيام فتح مكة.

(٩٧) راجع : ابن قتيبة الدينوري : الإمامة والسياسة، مصدر سابق،ج ٢، ص ١٠.

ثانيا : صراع التيارات:

- ٦٦ -

أيضا، من عوامل ظهور الفتن، في الصدر الأول، صراع التيارات القبلية، والنزعات العقلية. فقد شملت تلك الصراعات، جميع التركيبات الاجتماعية، في أمصار الدولة، وبخاصة، يثرب، والبصرة، والكوفة.

من الطبيعي أن تنشأ تلك الصراعات، في مجتمع جديد،لم تصهر بعد، تعاليم النبوة، ولا مبادئ الدين، سلوكه وقيمه وتقاليده القديمة، خاصة، وأن تركيبات السكان الاجتماعية، يغلب عليها الطابع البدوي. وأهل البادية، الوافدون على المدن، لم يتعودوا بعد، على الحياة الحضرية. فكان من الطبيعي ـ لكي ينضج وعي تلك التركيبات المختلفة، في المجتمع الجديد ـ أن يحتاج إلى وقت، تتطور وتتحول فيه، تقاليد البادية، إلى تقاليد الحاضرة، ويثمر فيه صراع التقاليد : « كما أن القديم، لا بد أن يصارع الجديد، صراعا يختلف قوة وأمدا، بحسب الأوضاع، قبل أن يضعف ويتلاشى، ولا بد أن تظهر آثار ذلك الصراع في الحياة العامة »[٩٨].

من المؤكد أن انفجار الفتنة، في المرحلة الثانية، من خلافة عثمان (السنوات الست الأخيرة من خلافته)، كانت نتيجة صراع تيارين متعارضين، هما :

١- التيار القبلي (القديم)، الذي كان يمثله معاوية[٩٩].

٢- التيار الإسلامي (الجديد)، الذي كان يمثله علي[١٠٠].

«وقد تمثل القديم، في التقاليد القبلية، وتمثل الجديد، في الدعوة الإسلامية، فحدث صدام وصراع، في زمن الرسول، واستمر هذا الصدام والصراع بعد وفاته بين هذين التيارين الرئيسيين:التيار القبلي، والتيار الإسلامي، ودارت حولهما، أهم أحداث التاريخ العربي في صدر الإسلام»[١٠١].

وفي رأي بعض الباحثين، أن أصل مشكلة (الفتنة)، ومكمنها، لا يمكن أن يحدده

(٩٨) عبد العزيز الدوري : مقدمة في تاريخ صدر الإسلام، مرجع سابق،ص ٣٩.

(٩٩) راجع : نفس المرجع، ص ٥٨، وهشام جعيط : الفتنة، مرجع سابق، ص ٦.

(١٠٠) راجع : نفس المرجعين والصفحتين.

(١٠١) عبد العزيز الدوري : مقدمة في تاريخ صدر الإسلام، مرجع سابق، ص ٣٩.

صراع التيار القبلي، والتيار الإسلامي، في خلافة عثمان، لأن ذلك الصراع أقدم من خلافته، وتمتد جذوره وأصوله إلى زمن الرسول ـ كما أشار النص السابق ـ ومن ثم، فعثمان كان ضحية ذلك الصراع القديم، الجديد معا، الذي لم يكن مسؤولا عنه، وإنما عثمان ورث أوضاعا قديمة في المجتمع (اختلاف السقيفة ونتائج حروب الردة، والعصبيات القبلية...الخ)، وقد نتجت تلك الأوضاع، عن تطور ذلك الصراع الدفين بين التيارين، فحدث صدامهما في خلافته:

«إن مشكلة الفتنة (...) ناتجة بالدرجة الأولى عن أوضاع ورثها عثمان، ولم تكن من صنع يده. ولكن عثمان لم يستطع تغييرها، (...)، لقد ورث عثمان، الاتجاهات القبلية الصاخبة في المجتمع، وورث الاتجاه الإسلامي، وصراعه مع الاتجاه القبلي. نعم، ورث هذين التيارين الرئيسيين اللذين كانا المحرك الأول للتطور (...). وإن نحن أمعنا النظر، رأينا في تلك الاتجاهات، مكمن الفتنة، وأصل الانفجار، الذي أودى بعثمان، وصدع وحدة الأمة العربية آنئذ »[١٠٢].

ليس من شك إذن، والحال هكذا، في براءة عثمان، من تلك الفتنة، التي لم تكن له يد في صنعها، لأن مكامنها، قد هيئت وصنعت، منذ عهد الرسول. وما وقع في عهده ـ كخليفة ـ يتجاوز مسؤولياته الشخصية والسياسية. وهذا هو رأي ابن خلدون، كما سوف نرى.

إضافة إلى صراع التيارين : القبلي والإسلامي، توجد أسباب أخرى، غير مباشرة، في إشعال الفتنة، وإن كان بعضها يندرج في إطار ذلك الصراع، من ذلك مثلا:

١- خوف أهل البادية من سيطرة قريش : « فالقبائل بنزعتها البدوية، التي تكره الحكم المركزي، لم ترض يوما عن سيادة قريش»[١٠٣].

٢- العصبية القبلية، التي ساعدت « على ظهور الأنبياء الكذابين»[١٠٤].

٣- خوف القبائل الوثنية ـ أيام الردة ـ من توسع سلطة يثرب السياسية[١٠٥].

---

(١٠٢) نفسه، ص ٥١.

(١٠٣) نفسه، ص ٥٣. وراجع أيضا : محمد كرد علي : الإسلام والحضارة العربية، ج ٢، مرجع سابق، ص ١٠٦.

(١٠٤) عبد العزيز الدوري : مقدمة في تاريخ صدر الإسلام، مرجع سابق، ص٤٣.

(١٠٥) راجع : نفس المرجع ص ٤٢.

٤- معارضة بعض القبائل المسلمة، للانضمام والخضوع لسلطة الدولة في يثرب[١٠٦] : «إن الثورة على عثمان، تمثل ثورة القبائل على قريش، بالدرجة الأولى، وهي انتصار للتيار القبلي، على التيار الإسلامي»[١٠٧].

يتبين من ذلك أن الأسباب غير المباشرة، الممهدة للفتنة، والثورة على عثمان، كانت متعددة. لكن صراع القبلي والإسلامي، والديني والسياسي، كان هو الأساس في تلك الفتنة.

ثالثا : اغتيال عثمان

- ٦٧ -

لئن كان صراع التيارين : القبلي والإسلامي، هو المحرك غير المباشر، لانفجار الفتنة ـ كما رأينا ـ فإن مقتل عثمان المأسوي، وما نتج عنه من نكبات في مجتمع صدر الإسلام، يعتبره البعض، هو السبب المباشر لاندلاع الفتنة، وهو السبب في الانقسامات السياسية، والاتجاهات المذهبية والعقدية.

« لكن مقتل عثمان، كحدث، كان أساسيا، لأنه أدى إلى سيل من الأعمال، والأفعال المأسوية جدا في حد ذاتها، وفي زمنيتها الخاصة : الفتنة، الانشقاق، الحروب الأهلية، العنف الفتاك داخل الأمة. لقد أثار في ما يتعداه، وبرد فعل تسلسلي، الانقسامات السياسية والمذهبية الكبرى، التي ستنبثق من تلك الصراعات الأولى والانقسامات التالية، في خلال قرنين، أو ثلاثة قرون. فمع المقتل : ستهتز وتتزعزع سلسلة تاريخ برمته»[١٠٨].

لقد كان مقتل عثمان، هو السبب الأول المباشر ـ كما يبدو ـ في إشعال الفتنة. لكن مقتله، كان، في الحقيقة، نتيجة أسباب أخرى آنية، ظهرت ـ حسب رأي بعض مؤرخي الصدر الأول ـ [١٠٩] في المرحلة الأخيرة من خلافته. ويمكن إجمال تلك الأسباب الآنية، فيما يأتي:

---

(١٠٦) راجع : نفس المرجع والصفحة.

(١٠٧) نفسه، ص ٥٧.

(١٠٨) هشام جعيط : الفتنة، ص ١٢٦.

(١٠٩) راجع : سيف بن عمر الضبي : الفتنة ووقعة الجمل، جمع وتصنيف أحمد راتب عرموش، ص ص ٨ ـ ٢٥، ط ١، بيروت ١٩٧٢.

١- المعارضة السياسية السرية، وتلويثها للرأي العام، أي (صراع التيارات).

٢- سماح عثمان لأعلام قريش بمغادرة المدينة يثرب، إلى الأمصار (التيار القبلي)، بينما عمر، كان قد أجبرهم على الإقامة في يثرب، خشية الفتنة.

٣- نفي عثمان،للمخالفين من أهل الكوفة،وللمشاغبين من أهل البصرة، إلى الشام[١١٠].

٤- عدم وعي الجمهور وسذاجته، ويظهر ذلك في سرعة تصديقه للأقاويل والشائعات، وتأثره بالتقاليد[١١١].

٥- تنحية عثمان، لكبار الصحابة، من الولايات[١١٢].

٦- ضعف شخصية عثمان[١١٣]، وضعفه السياسي والإداري[١١٤].

٧- تقريبه لبني أمية، في المناصب والإمارات[١١٥].

٨- إثراؤه وأقرباؤه على حساب بيت المال العام.

٩- عدم اكتراثه بنصائح بعض كبار الصحابة والأتقياء.

١٠- إحراقه المصاحف.

١١- إسقاطه خاتم النبي في بئر أريس.

هذه هي أهم الأسباب المباشرة، التي أوردتها كثير من المصادر والمراجع، والتي قتلت عثمان ـ حسب الظاهر ـ وأشعلت، بعد قتله، فتيل الفتنة. لكن إذا كان موت عثمان واحدا، فإن الفتنة، بعد رحيله، تعددت، وتشعبت إلى فتن[١١٥ م].

---

(١١٠) راجع : نفس المرجع، ص ص ٣٥ ـ ٤٤.

(١١١) راجع: محمد الخضري : محاضرات تاريخ الامم الإسلامية، ج ٢، مرجع سابق، ص ص ٦٦ ـ ٧٢.

(١١٢) راجع : عبد العزيز الدوري : مقدمة في تاريخ صدر الإسلام، ص ٥١.

(١١٣) راجع : محمد الخضري : محاضرات، ج ٢، ص ٦٧.

(١١٤) راجع : عبد العزيز الدوري : مقدمة، ص ٥٠.

(١١٥) راجع : نفس المرجع والصفحة. وكذا بقية الأسباب، من سبعة الى أحد عشر.

(١١٥مكرر) في هذا الخصوص يرى أحد الباحثين الأوروبيين، أن الأسباب الحقيقية لفتن الصدر الأول تشكلها ثلاثة أحزاب رئيسية، هي: التيار القبلي بزعامة البيت الأموي، وحزب المهاجرين والأنصار بزعامة علي رضي الله عنه وحزب الخوارج أو (الشراة).فـ: «من هذه الثلاثة نبعت جميع الفتن الداخلية، فضلا عن الخلافات المذهبية التي مزقت وحدة الإسلام الأولى، وتركت أثرا عميقا في مستقبل التاريخ». كريستوفر دوسن: تكوين أوربا، ترجمة سعيد عبد الفتاح عاشور ومحمد مصطفى زيادة (سلسلة الألف كتاب رقم ٦٤٢) ص ص ١٧٦ – ١٧٧، القاهرة ١٩٦٧.

موقف ابن خلدون

- ٦٨ -

في ضوء ما سبق، كيف يمكن قراءة موقف ابن خلدون، من فتنة صدر الإسلام ؟

لقد تناول ابن خلدون، مشكلة الفتنة، بنوع من الإسهاب، ـ وبنوع من الخلط والغموض أيضا ـ وأدرج تلك المشكلة، ضمن موضوع (ولاية العهد) ـ في الفصل الثلاثين، من الباب الثالث، من (المقدمة) ـ والظاهر مما كتبه حول الفتنة، أنه أسس موقفه منها على محورين :

الأول : الأسباب العامة المفسرة لظاهرة الفتنة، ووصف طبيعة من خطط وقام بها.

الثاني : الأسباب الخاصة، المفسرة لظاهرة اختلاف الصحابة، ـ الذين عاصروا الفتنة ـ تفسيرا فقهيا، أصوليا.

وسنتناول كلا من هذين المحورين، بشيء من التفصيل.

المحور الأول : الأسباب العامة المفسرة لظاهرة الفتنة

- ٦٩ -

يحدد ابن خلدون، في هذا المحور، جملة من الأسباب العامة، التي أفضت، مباشرة، إلى انفجار الفتنة، وذلك من خلال تحليله لطبيعة الذين قاموا بها. وهو يتناول تلك الأسباب، من الجانب الديني، والاجتماعي، والسياسي، والأخلاقي. يقول في النصوص الآتية :

١- « بينما المسلمون قد أذهب الله عدوهم وملكهم أرضهم وديارهم، ونزلوا الأمصار على حدودهم بالبصرة والكوفة والشام ومصر. وكان أكثر العرب الذين نزلوا هذه الأمصار، جفاة لم يستكثروا من صحبة النبي صلى الله عليه وسلم ، ولا هذبتهم سيرته وآدابه، ولا ارتاضوا بخلقه، مع ما كان فيهم في الجاهلية من الجفاء والعصبية والتفاخر والبعد عن سكينة الإيمان. وإذا بهم عند استفحال الدولة، قد اصبحوا، في ملكة المهاجرين والانصار، من قريش وكنانة وثقيف وهذيل وأهل الحجاز ويثرب السابقين الأولين إلى الايمان، فاستنكفوا من ذلك، وغصوا به، لما يرون لأنفسهم من التقدم بأنسابهم وكثرتهم، ومصادمة فارس والروم، مثل قبائل بكر بن وائل، وعبد القيس بن ربيعة وقبائل كندة والأزد من اليمن وتميم، وقيس من مضر. فصاروا الى الغض من قريش

والأنفة عليهم، والتمريض (الإضعاف) في طاعتهم، والتعلل في ذلك بالتظلم منهم والاستعداء عليهم، والطعن فيهم بالعجز عن السوية، والعدل في القسم عن التسوية، وفشت المقالة بذلك، وانتهت إلى المدينة، وهم من علمت »[١١٦].

٢- «فلم ينقطع الطعن من أهل الأمصار، ولا زالت الشناعات تنمو(..) ثم انتقل الخلاف بين عثمان، ومن معه من الصحابة بالمدينة، ونقموا عليه امتناعه عن العزل، فأبى إلا أن يكون على جرحة [١١٧] ثم نقلوا النكير إلى غير ذلك من أفعاله، وهو متمسك بالاجتهاد. وهم أيضا كذلك. ثم تجمع قوم من الغوغاء، وجاؤوا إلى المدينة، يظهرون طلب النصفة من عثمان، وهم يضمرون خلاف ذلك من قتله، وفيهم من البصرة، والكوفة ومصر- وقام معهم في ذلك، علي وعائشة والزبير وطلحة، وغيرهم، يحاولون تسكين الأمور، ورجوع عثمان الى رأيهم، وعزل لهم عامل مصر، فانصرفوا قليلا. ثم رجعوا، وقد لبسوا بكتاب مدلس، يزعمون أنهم لقوه في يد حامله إلى عامل مصر بأن يقتلهم، وحلف عثمان على ذلك. فقالوا : مكنا من مروان، فإنه كاتبك، فحلف مروان. فقال عثمان : ليس في الحكم أكثر من هذا. فحاصروه بداره ثم بيتوه [١١٨] على حين غفلة من الناس، وقتلوه، وانفتح باب الفتنة»[١١٩].

٣- « فلكل من هؤلاء عذر فيما وقع، وكلهم كانوا مهتمين بأمر الدين، ولا يضيعون شيئا من تعلقاته. ثم نظروا بعد هذا الواقع، واجتهدوا. و الله مطلع على أحوالهم، وعالم بهم. ونحن لا نظن بهم إلا خيرا لما شهدت به أحوالهم، ومقالات الصادق فيهم »[١٢٠].

٤- « وإنما نسي ذلك [١٢١] أول الإسلام، لما شغل الناس من الذهول بالخوارق وأمر الوحي، وتردد الملائكة لنصرة المسلمين، فاغفلوا أمور عوائدهم، وذهبت عصبية الجاهلية ومنازعها، ونسيت، ولم يبق إلا العصبية الطبيعية، في الحماية والدفاع،

---

(١١٦) ابن خلدون : المقدمة، ص ص ٣٨٠ ـ ٣٨١.

(١١٧) جرحة : بمعنى، متمسك بحججه ورأيه.

(١١٨) بيتوه : بمعنى قرروا اغتياله خلال الليل.

(١١٩) ابن خلدون : المقدمة، ص ص ٣٨١ ـ ٣٨٢.

(١٢٠) نفسه، ص ٣٨٢.

(١٢١) نائب فاعل (نسي)، هو العصبية.

ينتفع بها في إقامة الدين، وجهاد المشركين، والدين فيها محكم، والعادة معزولة. حتى إذا انقطع أمر النبوة والخوارق الماهولة، تراجع الحكم بعض الشيء للعوائد، فعادت العصبية كما كانت، ولمن كانت، وأصبحت مضر أطوع لبني أمية من سواهم، بما كان لهم من ذلك قبل»[١٢٢].

- ٧٠ -

الظاهر من هذه النصوص الأربعة، أن ابن خلدون، يحلل الأسباب العامة للفتنة، ويحاول الوصول إلى تلك التي أفضت إليها مباشرة. لكنه، في الوقت نفسه، يحاول أيضا، الوقوف من تلك الأسباب، موقف (المحايد)، الذي يتهرب (تقية) من إلقاء المسؤولية، على أي كان، معتبرا ما حدث (اجتهادا) من الجميع، حتى من قتلة عثمان أنفسهم وعلى أية حال، فإن تلك الأسباب، التي طرحها ابن خلدون، تبدو متعددة، ومتداخلة، يصعب تمييز بعضها من بعض. لذلك نرى إعادة صياغة تلك الأسباب، بغرض توضيحها، من خلال نصوص المؤلف نفسها، وذلك على الوجه الآتي:

١- تتكون الجماعات، التي سعت إلى الفتنة، من فلول القبائل العربية، التي هاجرت من يثرب والجزيرة، بعد الفتوح، إلى الأمصار، وخاصة إلى البصرة والكوفة والشام ومصر. ومعنى هذا أن ابن خلدون، يستبعد مشاركة صحابة المدينة ـ يثرب، في الفتنة.

٢- كانت البداوة، هي شعار تلك الجماعات، التي هاجرت من الجزيرة إلى الأمصار. فكانت تتصف بالغلظة وجفاء الطبع. من ذلك مثلا، أنه قد : « قدم عليه[١٢٣]، نفر من العرب قد ماتوا هزالا، فاسلموا واجتووا[١٢٤] المدينة. فأمرهم الرسول، أن يأتوا إبل الصدقة، يشربون من ألبانها. ففعلوا وصحوا وسمنوا. فارتدوا، وقتلوا الراعي، واستاقوا الإبل، فبعث في آثارهم. فما ترجل[١٢٥] النهار، حتى جيء بهم، وأوقع عليهم أشد العقوبة الشرعية»[١٢٦].

---

(١٢٢) ابن خلدون : المقدمة، ص ٣٨٣.

(١٢٣) الضمير في (عليه) يعود على النبي صلى الله عليه وسلم.

(١٢٤) اجتووا، بمعنى : أقاموا.

(١٢٥) ترجل النهار، بمعنى : ارتفع، أي : ارتفعت شمسه.

(١٢٦) محمد كرد علي : الإسلام والحضارة العربية، ج ٢، مرجع سابق، ص ١٠٤.

٣- يرى ابن خلدون، أن الجماعات التي أثارت الفتنـة، لم تطـل صحبتها بالرسـول صـلى اللـه عليه وسلم . أو أنها لم تتعود على تقاليد صحبته.

٤- ثم إن طباع الجاهلية، وخلقها وسلوكها، لم تروض بقيم النبوة في تلك الجماعات، ولم ترتضها.

٥- كان إيمان جماعات الفتنة، بالله تعالى، ضعيفا. فهو إيمان الجاهلية، الذي لم يتمكن بعـد مـن القلوب، والبعيد عن السكينة والطمأنينة والوقار.

٦- تحكم ظاهرة العصبية الجاهلية في طباع تلك الجماعات، وفي سلوكها.

٧- ادعاء تلك الجماعات، انتسابها إلى المهاجرين والأنصار، بينما الأمر غير ذلك.

٨- ثم استنكافها وعدم رضاها عن فضل المهـاجرين والأنصـار عـلى الإسـلام. ولعـل مـن أسـباب هجرتها إلى الأمصار، هو شعور الكراهية، الذي تكنه للأنصار والمهاجرين.

٩- تفاخر جماعات الفتنة بالأنساب، وبكثرة العدد، والغرور بالانتصار على الفرس والروم. وهذا الشعور بالغرور، قد تستغيض به تلـك الجماعـات، عـن مركـب نقصـها إزاء فضـل الأنصـار والمهاجرين.

١٠- من خلق تلك الجماعات، الاستعلاء على قريش ورفض طاعتها. بل الأدهى من ذلـك، أو : « الأهم من هذا، هو شكوى القبائل من نفوذ قريش، فالثورة جاءت من الخارج، ولم يخلقهـا انقسام قريش، بل كان هذا عاملا مساعدا. فالقبائـل ينزعتهـا البدويـة، التـي تكـره الحكـم المركزي، لم ترض يوما عن سيادة قريش »[١٢٧].

١١- تشكى تلك الجماعات، من مظالم قريش، واستعدائها لها.

١٢- ثم اتهام جماعات الفتنة، لقريش، بالتهاون أو العجز عن تحقيق العدل والمساواة.

هذه أهم الأسباب، أو العناصر، الملخصة لمعاني نصوص ابـن خلـدون، الأربعـة السـابقة، بصيغة غير صيغته.

تعقيب:

- ٧١ -

وإذا كان ذلك هو ما أراد أن يعبر عنه ابن خلدون، في تلك النصوص، فمن

---

(١٢٧) عبد العزيز الدوري : مقدمة في تاريخ صدر الإسلام ص ص ٥٢ ـ ٥٣، ط ٢، بيروت ١٩٦١.

الحري فحص آرائه حول فتنة الصدر الأول، من خلال تلك الأسباب التي عبرت عنها نصوصه.

أ ـ تناول ابن خلدون : مشكلة الفتنة، في إطار (ولاية العهد) وكذا الخلافة أو الإمامة، وكان من المنتظر أن يخصص لها فصلا مستقلا، في (المقدمة)، نظرا لعلاقة الخلافة، وولاية العهد بتلك المشكلة، ولخطورتها وأهميتها أيضا، في تاريخ الصدر الأول. بالإضافة إلى أنه من الصعب استنباط رأيه في الفتنة، بكل وضوح، لإدراجه مبحثها، من جهة، في مبحث ولاية العهد، ولتعمده الغموض، من جهة أخرى، في اتخاذ موقف صريح من الصحابة والتابعين، وخاصة من أولئك الذين كانت لهم علاقة بالفتنة وأحداثها.

ب ـ يقرر ابن خلدون، أن الفتنة، كانت من صنع جماعات استقرت في الأمصار؛ خارج يثرب والجزيرة، تتصف بالبداوة والجفاء، وحدة الطبع، والجهل بقيم النبوة، مع أن : « باب الفتنة »[١٢٨]، قد انفتح في يثرب ـ حاضرة الخلافة ـ فهل يعني بذلك، تبرئة أهل المدينة، من القيام بأي دور في إشعال الفتنة، والتأكيد على أن الثورة على عثمان، إنما جاءت من الخارج، أي : من الأمصار ؟

ج ـ يقرر ابن خلدون أيضا، أن جماعات الفتنة، كانت تتشكل من فلول من القبائل العربية، التي هاجرت إلى الأمصار ـ ولم تكن مستقرة في يثرب ـ لكنه لم يشر، ولم يذكر فيما إذا كان، من بين الفلول المهاجرة، جماعة من الصحابة ـ الكبار أو الصغار ـ أو التابعين، أو منهما معا. مع أن التاريخ يؤكد أن من الصحابة، من كان في تلك الأمصار التي هاجرت إليها تلك الفلول.

فقد كان أبو ذر الغفاري بسوريا (عام ٧٥ هـ). وكان عبد الله بن مسعود، بالكوفة (عام ٧٦ هـ). وكان عمار بن ياسر في مصر (عام ٧٧ هـ). كما كان طلحة بالعراق[١٢٩]، ومعاوية بدمشق، وأبوموسى الأشعري، في الكوفة[١٣٠]، ومحمد بن أبي بكر، في

---

(١٢٨) ابن خلدون : المقدمة، ص ٣٨٢.

(١٢٩) راجع : محمد كرد علي : الإسلام والحضارة العربية، مرجع سابق، ج ١، ص ١٦٣.

(١٣٠) راجع : ابن قتيبة الدينوري : الإمامة والسياسة، ج ١، مصدر سابق، ص ٦٢.

مصر[١٣١]. فما هي العلة، إذن، في عدم ذكر ابن خلدون، لأسماء الصحابة، أو الإشارة إليهم، أثناء كلامه عن هجرة فلول من المسلمين إلى الأمصار، على الرغم من اعترافه، وتأكيده ـ في النصوص السابقة ـ باختلاف عثمان مع الصحابة بالمدينة ؟

د ـ لماذا تجاهل ابن خلدون، في النصوص السابقة، ذكر معارضة بعض الصحابة، لسياسة عثمان، مثل أبي ذر، وعمار بن ياسر، وعبد الله بن مسعود، وغيرهم، وهم الذين عاقبهم عثمان، ربما لمعارضتهم سياسته، وخاصة إبان سنوات : (٧٤ و٧٥، ٧٦ و٧٧ من الهجرة).

هـ ـ إن ابن خلدون، وهو يعدد أسباب الفتنة، ويصف أشخاصها، لم يجرأ على تسمية البعض منهم، ممن قاموا مباشرة، أو غير مباشرة، بالإعداد لها، أو بتنفيذها، فماذا يعني ذلك منه ؟

ومن المؤكد أن ابن خلدون، وهو يعدد أسباب الفتنة أيضا، لم يطرح العامل الاقتصادي، كأحد أسبابها، مع أن الحالة الاقتصادية العامة، قد تكون حاسمة في دفع تلك الجماعات إلى الهجرة من الجزيرة إلى الأمصار، وإلى تكوين معارضة سياسية فيها، ضد السلطة المركزية في يثرب.

المحور الثاني : الأسباب الخاصة المفسرة لظاهرة اختلاف الصحابة

ـ ٧٢ ـ

يجتهد ابن خلدون، في هذا المحور، في أن يقدم تفسيرا دينيا وسياسيا لمعضلة الفتنة، من خلال ثلاث ظواهر، هي على التوالي : ظاهرة العصبية، وظاهرة الابتلاء الإلهي، ثم ظاهرة اختلاف الصحابة. ولذلك، نتناول فحص هذه الظواهر الثلاث، على هذا النحو من الترتيب، بغية التعرف على موقف ابن خلدون، من الفتنة، ومن مواقف رجالها ـ أو مثيريها ـ منها.

أولا : ظاهرة العصبية

فأما العصبية، فإبن خلدون، يفرق فيها بين نوعين : « عصبية الجاهلية »[١٣٢]

---

(١٣١) راجع نفسه، ص ٣٩.

(١٣٢) ابن خلدون : المقدمة، ص ٣٨٣.

و«العصبية الطبيعية »[١٣٣]، ثم يحاول تبرير وقوع الفتنة، بين الصحابة في الصدر الأول، بالثانية، أي : بالعصبية الطبيعية. ــ دون أن ينتقد موقف أي منهم ـ إذ يقول : « لما وقعت الفتنة بين علي ومعاوية، وهي مقتضى العصبية، كان طريقهم فيها، الحق والاجتهاد. ولم يكونوا في محاربتهم، لغرض دنيوي، أو لإيثار باطل، أو لاستشعار حقد، كما قد يتوهمه متوهم، وينزع إليه ملحد. وإنما اختلف اجتهادهم في الحق، وسفه كل واحد نظر صاحبه، باجتهاده في الحق، فاقتتلوا عليه (...). ولم يكن لمعاوية أن يدفع ذلك عن نفسه وقومه، فهو أمر طبيعي، ساقته العصبية بطبيعتها، واستشعرته بنو أمية،ومن لم يكن على طريقة معاوية في اقتفاء الحق من أتباعهم، فاعصوصبوا [١٣٤] عليه، واستماتوا دونه. ولو حملهم معاوية على غير تلك الطريقة، وخالفهم في الانفراد بالأمر، لوقع في افتراق الكلمة، التي كان جمعها وتأليفها، أهم عليه من أمر ليس وراءه كبير مخالفة »[١٣٥].

إن معنى كلام ابن خلدون هذا، أنه يريد القول : لقد وقع الاختلاف بين علي ومعاوية، بمقتضى العصبية الطبيعية، أي : بسببها. ثم تحول ذلك الاختلاف، عند الطرفين، إلى ضرب من الاجتهاد في الحق، بغرض إيجاد الحلول المناسبة. وبما أن تلك الحلول، قد غابت عن الطرفين، فقد لجا إلى الاقتتال، بدافع العصبية، من جهة، وبدافع تحقيق الاجتهاد، من جهة أخرى. حتى أن معاوية، لو قرر التراجع عن القتال، والتخلي عن العصبية، لخشي افتراق قومه عليه، ومعارضتهم إياه، بدليل أن قومه، (استماتوا دونه) تحقيقا لعصبيتهم الطبيعية.

هكذا يفسر ابن خلدون، أسباب الفتنة، المباشرة ـ أو الخاصة ـ بالعصبية الطبيعية، تارة، وبالاجتهاد في الحق، تارة أخرى. لأن منطلق الاختلاف بين الصحابة، عنده، كان عصبية، ثم تحول إلى اجتهاد. فهل الاجتهاد الشرعي، فيه عصبية ؟ أم العصبية، عنده، جزء من الاجتهاد الشرعي ؟ ثم لماذا يقسم ابن خلدون العصبية، إلى جاهلية، وطبيعية ؟ هل من أجل تبرير اختلاف الصحابة، حتى لا يتهمهم بالعصبية الجاهلية، وهم مسلمون، فاختلق لذلك، ما أسماه بالعصبية الطبيعية ؟ أم من أجل أن يقول : إن

---

(١٣٣) نفس المصدر والصفحة.

(١٣٤) اعصوصبوا عليه، أي : تجمعوا حوله في عصبية أو رابطة واحدة .

(١٣٥) نفس المصدر، ص ٣٦٤.

العصبية الطبيعية هي طبيعية، في جميع البشر، حتى في صحابة رسول اللـه، صلى اللـه عليه وسلم وتابعيه ؟

إن موقف ابن خلدون، هذا، من الفتنة، ومن رجالها، لا يخلو من التلون والإلتواء، ومن تعمد الغموض، وعدم الصراحة. لأنه، هنا، قرر (الدفاع) بطريقة جزافية، عن الطرفين المتخاصمين، دون أن يتحقق، أيهما كان ظالما، أو كانا، معا، من الظالمين. والدليل على ذلك، أنه ذهب - في غير منطق - إلى حد اتهام من يتهم الطرفين المتخاصمين، بالتوهم وبالإلحاد، أي : بالظلم. على الرغم من أن ابن خلدون، قد لا يجهل، قول الرسول صلى اللـه عليه وسلم : « لا ترجعوا بعدي كفارا، يضرب بعضكم رقاب بعض»[١٣٦]. وقوله صلى اللـه عليه وسلم ، أيضا : « إذا المسلمان، حمل أحدهما على أخيه السلاح، فهما على حرف جهنم، فإذا قتل أحدهما صاحبه، دخلاها جميعا. قيل يا رسول اللـه، هذا القاتل، فما بال المقتول ؟ قال : إنه أراد قتل صاحبه ». وفي رواية لمسلم: « إذا تواجه المسلمان بسيفهما، فالقاتل والمقتول في النار »[١٣٧].

فإذا كان ابن خلدون، قد أحجم عن اتخاذ موقف واضح من التيارين المتنازعين، بزعامة : علي ومعاوية، وعارض انتقاد أي منهما، فإن من التابعين، من عارض معاوية، صراحة، في حربه ضد التيار الذي يتزعمه علي رضي اللـه عنه ، ولم يخرج معه إلى صفين، رغم أنه كان من المقربين لمعاوية. كما فعل، مثلا، حارسه (نصير) ـ وهو والد موسى بن نصير، صاحب فتح الأندلس ـ فعند رفض نصير الخروج مع الجيش إلى صفين، سأله معاوية عن السبب. فأجابه : « لم يمكني أن أشكرك بكفر من هو أولى بشكري. فقال : ومن هو ؟ قال : اللـه عز وجل »[١٣٨]. وقد كان : « نصير على حرس معاوية بن سفيان،

---

(١٣٦) متفق عليه، أخرجه البخاري ومسلم، وأحمد من حديث أبي هريرة مرفوعا :
أنظر : محمد ناصر الدين الألباني : غاية المرام في تخريج أحاديث الحلال والحرام، ص ٢٥٥، الجزائر (؟) (وطبعة دمشق سنة ١٣٩٩ هـ).

(١٣٧) متفق عليه، أخرجه مسلم، والنسائي وابن ماجه واحمد. من طريق ربعي بن حراش عن أبي بكرة عن النبي صلى اللـه عليه وسلم . كما أخرجه البخاري، وأبوداود .
أنظر : نفس المرجع السابق، ص ص ٢٥٥ ـ ٢٥٦.

(١٣٨) شمس الدين ابن خلكان : وفيات الأعيان، تحقيق إحسان عباس، م ٥، ص ٣١٩، بيروت (مقدمة المحقق للمجلد الرابع ـ ١٩٧١).

ومنزلته عنده مكينة »[١٣٩].

إن هذا الموقف من (نصير)، يدل على أنه كان مقتنعا بأن معاوية على خطأ في خروجه لمحاربة المسلمين، ولم يكن يرى ـ كما رأى ابن خلدون ـ أن معاوية، قد اجتهد، وأن اجتهاده، صواب.

ثانيا : ظاهرة الابتلاء الإلهي

ثم لجأ ابن خلدون إلى نوع آخر، من التبرير، لعلاقة الصحابة بالفتنة، وهو الابتلاء الإلهي. فقال : « إذا نظرت بعين الإنصاف، عذرت الناس أجمعين، في شأن الاختلاف في عثمان، واختلاف الصحابة، من بعد، وعلمت أنها كانت فتنة، ابتلى الله بها الأمة»[١٤٠].

فلو اقتصر ابن خلدون، على هذا الرأي في الفتنة، وسكت، لكان صريحا وواضحا، ولفهمنا أنه يميل في موقفه منها، ومن رجالها، إلى الجبر الإلهي. على أنه رغم ذلك، يمكن معارضة هذا الرأي، بالقول، بأن الابتلاء الإلهي، ذاته، قد يأتي تكفيرا عن ذنب من الذنوب، يكون قد اقترفه فرد أو جماعة، أو أمة. وهو أمر، لم يلمح إليه ابن خلدون، وفضل عدم التصريح به، والسكوت عنه، لأنه يرى رأيا آخر، في الصحابة والتابعين، سيتضح بعد قليل، في العنصر الموالي.

ثالثا : ظاهرة اختلاف الصحابة.

نشير بادئ ذي بدء، إلى أن ظاهرة اختلاف الصحابة، ومواقفهم بعد وفاة الرسول صلى الله عليه وسلم ، قد بحثها أحد مفكري أهل السنة، وهو أبو بكر ابن العربي، في كتابه: « العواصم من القواصم » ([١٤١])، الذي أشار إليه ابن خلدون في (المقدمة)، وعارضه في مسألة، شرعية مقتل الحسين. فقال : « وقد غلط القاضي أبو بكر ابن العربي المالكي، في هذا، فقال في كتابه الذي سماه بالعواصم والقواصم، ما معناه، أن الحسين قتل بشرع جده،

(١٣٩) نفس المصدر والصفحة.

(١٤٠) نفس المصدر، ص ٣٨٠.

(١٤١) حققه : عبد الحميد بن باديس، وطبعه في جزئين، بقسنطينة، سنة ١٩٢٧، كما حققه وعلق عليه: محب الدين الخطيب، وطبعه في جزء واحد، بالقاهرة، سنة ١٣٧١ هـ ثم في جدة (الطبعة الثانية)، سنة ١٣٨٧ هـ

وهو غلط، حملته عليه الغفلة عن اشتراط الإمام العادل. ومن أعدل من الحسين في زمانه في إمامته وعدالته، في قتال أهل الآراء»[١٤٢].

ومن الأخطاء الشائعة، في هذا الصدد، التي تنسب لابن خلدون، ما نقله ابن حجر العسقلاني، في كتابه : (رفع الإصر عن قضاة مصر)، عن الحافظ أبي الحسن بن أبي بكر، من أنه كان : « يبالغ في الغض منه[١٤٣]. فلما سألته عن سبب ذلك، ذكر لي أنه بلغه أنه ذكر الحسين بن علي رضي الله عنهما في تاريخه، فقال : "قتل بسيف جده" ـ ولما نطق شيخنا بهذه اللفظة، أردفها بلعن ابن خلدون، وسبه، وهو يبكي »[١٤٤]. مع أن ابن خلدون، بريء، أولا، من عبارة (قتل بسيف جده)، المحرفة، لأنها لابن العربي بصيغة (قتل بشرع جده). وأن ابن خلدون، ثانيا، إنما ذكرها في (المقدمة) [١٤٥]، ليعارضها، ويرد عن قائلها. والغريب في الأمر، أن مؤلف كتاب : (مؤلفات ابن خلدون)، نقل نص العسقلاني، الذي به الخطأ، دون الرجوع الى النص في (المقدمة)، للتحقق من صيغة العبارة، ورأي ابن خلدون فيها، والإشارة إلى هذا الخطأ.

على أن ابن خلدون، لكي يفسر ظاهرة اختلاف الصحابة، المفضية إلى الفتنة، قد لجأ، هذه المرة، إلى باب الاجتهاد، في أصول الفقه. فعمد من خلاله، إلى تبرئة الصحابة والتابعين، من كل عمل له علاقة بالفتنة، حتى أنه عصمهم من الصغائر والكبائر، ومن كل خطأ، وكأنهم من الأنبياء والرسل. يقول في معنى ذلك :

أ ـ « والأمر الثالث، شأن الحروب الواقعة في الإسلام بين الصحابة والتابعين. فاعلم أن اختلافهم، إنما يقع في الأمور الدينية، وينشأ عن الاجتهاد في الأدلة الصحيحة، والمدارك المعتبرة، والمجتهدون إذا اختلفوا، فإن قلنا : إن الحق في المسائل الاجتهادية، واحد من الطرفين، ومن لم يصادفه فهم، مخطىء، فإن جهته لا تتعين بإجماع، فيبقى الكل على احتمال الإصابة، ولا يتعين المخطىء منها، والتأثيم مدفوع عن الكل، إجماعا. وإن قلنا: إن الكل على حق، وإن كل مجتهد، مصيب، فأحرى ينفي الخطأ

---

(١٤٢) ابن خلدون : المقدمة، ص ٣٨٤.

(١٤٣) الضمير في (منه)، يعود على ابن خلدون.

(١٤٤) عبد الرحمن بدوي : مؤلفات ابن خلدون، مرجع سابق، ص ٢٨٤.

(١٤٥) راجع : ابن خلدون : المقدمة، ص ٣٨٤.

والتأثيم. وغاية الخلاف الذي بين الصحابة والتابعين، أنه خلاف اجتهادي في مسائل دينية ظنية. وهذا حكمه (...) مع دفع التأثيم عن كل من الفريقين، كالشأن في المجتهدين »[١٤٦].

ب ـ « فلا يقعن عندك ريب في عدالة أحد منهم، ولا قدح في شيء من ذلك، فهم من علمت، وأقوالهم وأفعالهم، إنما هي المستندات، وعدالتهم مفروغ منها، عند أهل السنة، إلا قولا للمعتزلة، فيمن قاتل عليا، لم يلتفت إليه أحد من أهل الحق، ولا عرج عليه»[١٤٧].

ج ـ « والكل مجتهدون، محمولون على الحق في الظاهر، وإن لم يتعين في جهة منهما. والقتل الذي نزل به[١٤٨]، بعد تقرير ما قررناه، يجيىء على قواعد الفقه وقوانينه (...)، فإياك أن تعود نفسك، أو لسانك، التعرض لأحد منهم، ولا تشوش قلبك بالريب في شيء مما وقع منهم، والتمس لهم مذاهب الحق وطرقه ما استطعت، فهم أولى الناس بذلك، وما اختلفوا إلا عن بينة، وما قاتلوا، أو قتلوا، إلا في سبيل جهاد، أو إظهار حق. واعتقد مع ذلك، أن اختلافهم رحمة، لمن بعدهم من الأمة »[١٤٩].

من هذه النصوص يتأكد، موقف ابن خلدون، من اختلاف الصحابة والتابعين. فقد برر أعمالهم، بطريق الاجتهاد في الحق، وبرأهم من كل خطأ أو انحراف أو تأثيم. ويلاحظ أن كلامه ـ وخاصة في النص الأخير (ج) ـ قد اتخذ أسلوبا خطابيا وعظيا، يدعو فيه القارئ، إلى عدم الشك في أعمالهم، وعدم التعود على التعرض إليهم بسوء، وإلى أن يجد لهم العذر في ما وقع منهم، ما استطاع إلى ذلك سبيلا.

ومهما يكن، فإن الموقف الخلدوني، من اختلاف الصحابة والتابعين، ليس هو الأول من نوعه، في التاريخ السياسي والعقدي الإسلامي. فقد سبق ابن خلدون إلى مثل هذا الموقف، أبوبكر ابن العربي، مثلا، في كتابه : « العواصم من القواصم»[١٥٠] ـ كما

---

(١٤٦) نفسه، ص ص ٣٧٧ ـ ٣٧٩.

(١٤٧) نفسه، ص ص ٣٧٩ ـ ٣٨٠.

(١٤٨) الضمير في (به)، يعود على الحسين بن علي.

(١٤٩) ابن خلدون : المقدمة، ص ص ٣٨٥ ـ ٣٨٦.

(١٥٠) أبو بكر ابن العربي : العواصم من القواصم، تحقيق محب الدين الخطيب، مصدر سابق، ط ٢، ص٢٢٤، وما بعدها.

سبقت الإشارة ـ وتقي الدين بن تيمية، في كتابه : « منهاج السنة النبوية »[151]. حتى أنه يمكن اعتبار موقف ابن خلدون، من الفتنة، ومن ظاهرة اختلاف الصحابة والتابعين، في الصدر الأول ـ المفسر للاختلاف بطريق الاجتهاد ـ مكملا لموقف كل من ابن العربي، وابن تيمية.

تعقيب

ـ ٧٣ ـ

على أن آراء المحور الثاني، المعبرة عن موقف ابن خلدون، من ظاهرة اختلاف الصحابة، لا تخلو من غموض، ويمكن توضيح ذلك من خلال الحقائق الآتية:

الحقيقة الأولى :

إذا كان : « المجتهدون درجات : المجتهد في الشرع، والمجتهد في المذهب، والمجتهد في المسائل، والمجتهد المقيد »[152].

فإن ابن خلدون، لجأ إلى التقرير الآتي:

١- إن اختلاف الصحابة والتابعين، هو من نوع الاختلاف في الشرعيات، كما في قوله : « فاعلم أن اختلافهم، إنما يقع في الأمور الدينية»[153].

٢- جعله الصحابة والتابعين، في درجة (المجتهد في الشرع). وهذا واضح من قوله أيضا : « أن اختلافهم (...) ينشأ عن اجتهاد في الأدلة الصحيحة، والمدارك المعتبرة»[154].

إلا أن هذه القاعدة الخلدونية، في الاستدلال بجواز الاختلاف في «الأمور الدينية»، أو الشرعية وبجعله الصحابة والتابعين في درجة المجتهد في الشرع، أو ـ بتعبير آخر ـ في درجة من يجتهد : « في الأدلة الصحيحة »، يمكن معارضتها على الوجه الآتي:

أ ـ كيف يجوز عقلا، الاجتهاد : « في الأدلة الصحيحة »، طالما أنها صحيحة ؟

---

(١٥١) راجع : تقي الدين بن تيمية : منهاج السنة النبوية، ج ٣، ص ١٨٩، ط ١، بولاق، القاهرة 1322هـ/١٩٠٢م.

(١٥٢) صبحي محمصاني:فلسفة التشريع في الإسلام، ص١٨٤، ط ٣، بيروت ١٩٦١، وص ٢٠٤، ط٥، بيروت ١٩٨٠.

(١٥٣) ابن خلدون : المقدمة، ص ٣٨٤.

(١٥٤) نفس المصدر والصفحة.

فإذا كانت الصحة في الدليل معترف بها ـ من ابن خلدون نفسه ـ فلماذا يجتهد في ما هو صحيح وسليم ؟ فإذا كان الاجتهاد، هو : « طلب العلم بالأحكام من أدلتها الشرعية»[155]، أو هو : « استنباط الأحكام من المصادر الأصولية»[156]، فإن الأدلة الشرعية الصحيحة، كالكتاب والسنة، مثلا، إنما هي أدلة يستنبط منها الأحكام ـ في ما لا حكم فيه ـ وأما جواز الاجتهاد في الأدلة الشرعية، ذاتها، فأمر يفضي إلى (التأويل). والتأويل معرفة عقلية خالصة، خصها الله بالراسخين في العلم، كما قال تعالى : ﴿ وما يعلم تأويله إلا الله، والراسخون في العلم ﴾[157]. ولعل ابن خلدون، في هذا الصدد، يعتبر الصحابة والتابعين، من العلماء الراسخين في العلم، الذين يجوز لهم تأويل الأدلة الشرعية، الصحيحة.

ب ـ عدم جواز الاختلاف في الشريعة، سواء من الصحابة، أو من التابعين، أو من غيرهم من المسلمين، بدليل النصين الآتيين:

١- « فالشريعة، لا اختلاف فيها. وقال تعالى : ﴿ وأن هذا صراطي مستقيما، فاتبعوه، ولا تتبعوا السبل، فتفرق بكم عن سبيله ﴾[158]. فبين أن طريق الحق، واحد، وذلك عام في جملة الشريعة وتفاصيلها (...) وقال : ﴿ شرع لكم من الدين ما وصى به نوحا ـ الآية، إلى قوله : ولا تتفرقوا فيه ﴾[159](...). وقال تعالى : ﴿ ذلك بأن الله نزل الكتاب بالحق، وإن الذين اختلفوا في الكتاب، لفي شقاق بعيد ﴾[160]، والآيات في ذم الاختلاف والأمر بالرجوع إلى الشريعة، كثير كله قاطع في أنها لا اختلاف فيها، وإنما هي

---

(١٥٥) صبحي محمصاني : فلسفة التشريع في الإسلام، ص ٢٠١، ط ٥، بيروت ١٩٨٠.

(١٥٦) نفس المرجع والصفحة. والمصادر أو الأدلة الشرعية أو الاصولية، هي : الكتاب والسنة، والإجماع والقياس بإجماع الفقهاء، بالإضافة إلى الإنصاف والخير المطلق، والاستحسان،والمصالح المرسلة، والاستدلال واستصحاب الحال، وشرع من قبلنا (أو الشرائع القديمة)، مع وجود اختلافات بين الفقهاء في الأخذ بهذه الأدلة الأخيرة .

(١٥٧) آل عمران / ٧.

(١٥٨) الأنعام / ١٥٣.

(١٥٩) الشورى / ١٣.

(١٦٠) البقرة / ١٧٦.

على مأخذ واحد وقول واحد »[١٦١].

٢- « فإنه لو كان في الشريعة مساغ للخلاف، لأدى إلى تكليف ما لا يطاق، لأن الدليلين، إذا فرضنا، تعارضهما، وفرضناهما مقصودين، معا للشارع، فإما أن يقال : أن المكلف مطلوب بمقتضاهما، أولا، أو مطلوب بأحدهما دون الآخر. والجميع غير صحيح فالأول يقتضي- (أفعل)، (لا تفعل) لمكلف واحد، من وجه واحد، وهو عين التكليف، بما لا يطاق. والثاني، باطل، لأنه خلاف الفرض، وكذلك الثالث، إن كان الفرض توجه الطلب بهما. فلم يبق إلا الأول، فيلزم منه ما تقدم»[١٦٢].

الحقيقة الثانية:

هل يجوز اجتهاد الصحابة، أصلا، أم لا يجوز ؟ والجواب، هو أن علماء الأصول، قد اختلفوا في جواز اجتهاد الصحابة، وفي عدم جوازه. و: « اتفقوا على جواز الاجتهاد بعد النبي صلى الله عليه وسلم واختلفوا في جواز الاجتهاد، لمن عاصره، فذهب الأكثرون إلى جوازه عقلا، ومنع منه الأقلون »[١٦٣].

إلا أن ابن خلدون، لم يشر إلى هذا الاختلاف بين العلماء، في اجتهاد الصحابة، وذهب مع المجوزين له، عقلا، ربما لأنه يميل إلى التفكير العقلي، كما قال الركراكي، لما سئل عنه أنه : « عري عن العلوم الشرعية، له معرفة بالعلوم العقلية »[١٦٤]وربما لأنه يهمه فقط تأكيد عدم تأثيم الصحابة في الفتنة، ونفي الخطأ عنهم.

الحقيقة الثالثة:

تكلم ابن خلدون في النص (أ) عن اجتهاد طرفين ـ أو مجموعتين ـ من الصحابة، في الصدر الأول، خلال الفتنة. وأكد في كلامه هذا الفرض المزدوج : فإما أن أحد الطرفين، لا يصادف الحق فيكون مخطئا، إلا أن جهة المخطىء لا تتعين بالإجماع : « فيبقى الكل

(١٦١) الإمام إبراهيم أبو إسحاق الشاطبي : الموافقات في أصول الشريعة، شرح عبد الله دراز، ج ٤، ص١٢٠، ط ٢، بيروت ١٩٧٥.

(١٦٢) نفس المصدر والجزء، ص ص ١٢١ ـ ١٢٢.

(١٦٣) علي بن محمد الآمدي : الإحكام في أصول الأحكام، تعليق عبد الرزاق عفيفي، ج ٤، ص١٧٥، ط ٢، بيروت ١٤٠٢ هـ.

(١٦٤) عبد الرحمن بدوي : مؤلفات ابن خلدون، مرجع سابق، ص ٢٨١.

على احتمال الإصابة ». وإما أن يكون الطرفان على حق : « لأن كل مجتهد، مصيب ». ففي كلا الفرضين، ينتفي - في رأيه - الخطأ والتأثيم على الجميع.

يظهر من هذا الحجاج العقلي لإبن خلدون، أنه (يجتهد) أيضا، في نفي الخطأ والتأثيم، عن الطرفين من الصحابة. وذلك بطريق اختراع فكرة (استحالة الإجماع) على خطأ الطرف المخطىء، لأنه يدرك أن (الإجماع) أمر مستحيل، في الأزمات السياسية الحادة، كأزمة الصدر الأول التي ظهرت بعد مقتل عثمان. إذ أن واقع الأزمة بين الحزبين المتعارضين، لا يسمح لعلي، ولا لمعاوية، أن يجمعا كبار الصحابة والفقهاء والعلماء والأنصار، مثلا، ويستفتيانهم الرأي، في من هو على صواب، وفي من هو على خطأ ؟ فلماذا إذن، يدلل ابن خلدون، على رأيه، بما هو مستحيل ؟ أي باستحالة الإجماع على خطأ الطرف المخطىء.

الحقيقة الرابعة:

أشارت المصادر والبحوث التاريخية [١٦٥]، إلى وقوع صراع حاد على السلطة، في أواخر العهد الراشدي، وخاصة بين علي ومعاوية، وطلحة والزبير، والحسين بن علي، وغيرهم من كبار الصحابة. أو بتعبير آخر، بين التيار القبلي والتيار الإسلامي [١٦٦] - كما رأينا -. إلا أن ابن خلدون، غض الطرف عن (الصراع من أجل السلطة)، بين الصحابة، أو بين التيارين، ربما تجنبا للإحراج والتجريح في مواقف بعضهم، الساعين إلى الدنيا.

الحقيقة الخامسة:

أكد ابن خلدون، في النص (أ)، أن : « غاية الخلاف الذي بين الصحابة والتابعين، أنه خلاف اجتهادي في مسائل دينية ظنية، وهذا حكمه » [١٦٧]. أي في مسائل غير جوهرية في الدين.

ومما يلاحظ في معنى هذا النص، بمقارنة معناه مع معنى النصوص السابقة، ما يأتي:

---

(١٦٥) راجع: هشام جعيط : الفتنة، موضوع : (علي وثالوث الجمل)، ص ص ١٤١ - ١٧٢. وموضوع: (ملحمة صفين)، مرجع سابق، ص ص ١٧٣ - ٢٠٣.

(١٦٦) راجع : عبد العزيز الدوري : مقدمة في تاريخ صدر الإسلام، مرجع سابق، ص ٣٨ وما بعدها.

(١٦٧) ابن خلدون : المقدمة، ص ٣٧٨.

١- عدم تعيين ابن خلدون، لمثال أو نموذج واحد ـ على الأقل ـ من الاختلافات التي وقعت بين الصحابة والتابعين. لأن تعيين مثال، يساعد على توضيح موقفه من الفتنة، والسلطة والدولة، في الصدر الأول، على الرغم من أن محور تلك الاختلافات، هو الصراع على السلطة السياسية، أي : على الخلافة، وعلاقة الدين بالسياسة.

٢- وجود تعارض في معنى العبارتين الواردتين في نفس النص السابق (أ)، وهما:

أ ـ فهو تارة يقول : « إن اختلافهم، إنما يقع في الأمور الدينية، وينشأ عن الاجتهاد في الأدلة الصحيحة»[١٦٨].

ب ـ وهو تارة أخرى، يقول : « إنه خلاف في مسائل دينية ظنية»[١٦٩].

ووجه التعارض، يبدو كالآتي : فهل : « الأدلة الصحيحة » هي محل للاختلاف والاجتهاد ؟ من جهة، ـ وكما سبقت الإشارة ـ ثم، هل الأدلة الصحيحة، هي: «مسائل دينية ظنية » ؟ أم يكون قصد ابن خلدون، من (المسائل الدينية الظنية)، هي المسائل السياسية ؟ نظرا لعلاقة الدين بالسياسة، خاصة في الصدر الأول، ونظرا إلى أن الاجتهاد، قد يكون في السياسة أيضا. فإذا كان ذلك هو قصده، فلعله قد قارب الصواب.

٣- من المؤكد أن الخلاف الذي وقع بين الصحابة والتابعين، خلاف (جوهري)، يمس جوهر الدين، في مسألة (الكبيرة). وهي : (القتل). فإن قتل النفس، يعد من الكبائر السبع، المتفق عليها من الفقهاء. الذين رتبوا (القتل) ـ من حيث بشاعة الجريمة ـ في الدرجة الثانية، بعد (الشرك) بالله تعالى.

فكيف يقبل ابن خلدون ـ وهو قاضي قضاة المالكية ـ أن يقرر بأن الكبيرة ـ أو جريمة القتل ـ مسألة تندرج ضمن : « مسائل دينية ظنية » ؟

الحقيقة السادسة:

يقرر ابن خلدون، أيضا، في النص (ب) السابق أن أقوال الصحابة والتابعين وأفعالهم، هي : « المستندات »، التي يعتمد عليها في المصدر الثاني للتشريع، وهو (السنة). أو كما يقول، لأن : « عدالتهم مفروغ منها عند أهل السنة، إلا قولا للمعتزلة

---

(١٦٨) نفسه، ص ٣٧٧.

(١٦٩) نفسه، ص ٣٧٨.

فيمن قاتل عليا، لم يلتفت إليه أحد من أهل الحق، ولا عرج عليه»(١٧٠).

يخيل إلينا، أن ابن خلدون، يلمح ـ « ربما يكون لاعتبارات سياسية »(١٧١) ـ إلى ضم رأيه ـ في مسألة علاقة الصحابة والتابعين، بالفتنة ـ إلى رأي أهل السنة، والمعتزلة. وأنه كذلك يلمح إلى رفضه لآراء الشيعة في الصحابة. فإذا كان كذلك، فإن هذه الإشارات أو التلميحات، لا تنم عن موقف عقدي صريح لإبن خلدون، وإنما عن موقف سياسي، حيال الحزبين المتعارضين، في الصدر الأول ـ لأنه لم يصرح في (المقدمة) بالانتماء إلى مدرسة معينة ـ فهو هنا، يعمد إلى التلميح، والتظاهر بالانتماء إلى العقدية السنية، وربما الاعتزالية(١٧٢). لأن الظروف السياسية، وقتئذ، في المغرب العربي، حيث حرر (المقدمة)، وحيث تنتشر آراء المدرسة السنية، والمذهب المالكي في الفقه، بالإضافة إلى الصراع بين الفقهاء والمفكرين، كل ذلك، لا يسمح له، بالتعبير عن ميله إلى اتجاه عقدي، أو موقف فكري معين، أو الدفاع عنه. خاصة وأن حرية التعبير عن الاتجاهات الفكرية الخاصة، كان يعاقب عليها، في عصره، بالقتل والاغتيال الأعمى، وحرق الكتب. ومما لا شك فيه، أن صور الاغتيال التي وقعت لأخيه يحي بن خلدون، في تلمسان، ولصديقه لسان الدين بن الخطيب، في فاس، وما وقع لابن رشد، من محاكمة، وحرق لكتبه، وغير ذلك من المآسي التي وقعت لرجال الرأي والفكر، هي صور، لا بد أن تكون ماثلة في وجدان ابن خلدون، وحاضرة على الدوام في ذاكرته. ومن ثم، يتعذر على ابن خلدون ـ إن نحن التمسنا له عذرا ـ أن يتمكن من التعبير عن رأيه، بصراحة، في أهل الفتنة في الصدر الأول، وعن رأيه في حقيقة الاختلافات التي وقعت بين الصحابة، من جهة، وبين الصحابة والتابعين، من جهة أخرى.

الحقيقة السابعة:

وإذا كان الأمر كذلك، أيضا، وإذا نظرنا بعين الإنصاف، عذرنا ابن خلدون، في الموقف السياسي، الذي يبدو أنه اتخذه من أهل الفتنة الهوجاء، التي هزت أركان المجتمع

---

(١٧٠) نفسه، ص ٣٨٠.

(١٧١) دي بور:تاريخ الفلسفة في الإسلام، ترجمة محمد الهادي أبوريدة، ص٤٠٤، ط٤، القاهرة ١٩٥٧.

(١٧٢) تعرضنا إلى انتماء ابن خلدون العقدي، في القسم المتعلق بأفلاطون، وتأييد ابن خلدون له في (الإلهيات) في بحث آخر، نعده عن : (نظرية الدولة عند ابن خلدون وهيجل).

والدولة، في الصدر الأول. فعلى الرغم من إقراره ـ كما رأينا في النصوص السابقة ـ بوجود اختلافات سياسية حادة، في يثرب، بين عثمان، وبعض كبار الصحابة، من جهة، وبين الصحابة أنفسهم، وبين التابعين، من جهة أخرى، إلا أنه مع ذلك، آثر أن ينهج في الأمر منهجا سياسيا، فيحذر القارئ، في النص (ج)، في أسلوب متكلف، بعيد عن الروح العلمي. لم نعهده عند ابن خلدون، من قبل، ويقول له : « فإياك أن تعود نفسك ولسانك، التعرض لأحد منهم، ولا تشوش قلبك بالريب في شيء مما وقع منهم، والتمس لهم مذاهب الحق، وطرقه »(١٧٣). فكأنه يريد أن يقول للقارئ في هذا النص : (إنني اعتقد في أنهم أخطؤوا، لكن لا يجب التصريح بذلك). وهذا هو معنى موقف ابن خلدون، السياسي، من الفتنة، الذي أشرنا إليه. فقد آثر أن ينسب الفتنة، إلى الغوغاء، أو كما يقول : « تجمع قوم من الغوغاء »(١٧٤)، وأن يبرئ جميع الصحابة والتابعين، من كل إثم، لأنه لا يظن: «بهم إلا خيرا، لما شهدت به أحوالهم، ومقالات الصادق فيهم»(١٧٥)، وأن يعصمهم من كل خطأ، وأن يجعل نفسه، مدافعا مخلصا عن جميعهم: من علي إلى معاوية، ومن يزيد إلى الحسين، ومن طلحة إلى الزبير، وكأن لا أحدا من هؤلاء، ومن غيرهم من الصحابة، مسؤولا عما وقع. أو كأنه، مثلا، يريد من القارئ أن يعتقد، في أن فتنة الصدر الأول، إنما هبط الأمر بها من السماء، ـ كالابتلاء الإلهي ـ ولم يظهر من الأرض.

---

(١٧٣) ابن خلدون : المقدمة، ص ٣٨٦.

(١٧٤) نفسه، ص ٣٨١.

(١٧٥) نفسه، ص ٣٨٢.

المبحث الثالث : ظاهرة الخلافة

توطئة

- ٧٤ -

سبقت الإشارة، في مسألة الاستخلاف [١٧٦]، من هذا القسم، إلى كل من تعريف الخلافة، وإلى ظهور مصطلحها بعد وفاة الرسول صلى الله عليه وسلم مباشرة. فلا خلافة في عهده صلى الله عليه وسلم ، لعدم جواز تسمية الرسول، بـ(خليفة الله)، لأن الألوهية، لا تخلف. كما لا يجوز أيضا، تسمية الخليفة، بأنه (خليفة الله)، للسبب نفسه، وإن اختلف في ذلك[١٧٧]. فـ : « قد نهى أبوبكر عنه، لما دعي به »[١٧٨].

ويعبر مصطلح (الخلافة)، من الناحية الدينية، والسياسية، عن فكرة (الدولة)، في الصدر الأول. كما يعبر المصطلح عن ظاهرة الصراع حول السلطة والحكم، عند الصحابة والتابعين، فضلا عن أن الخلافة، من العوامل السياسية الأساسية في ظهور الخلافات ونشوب الفتن في الصدر الأول. فبسبب الخلافة، قتل عمر، وعثمان، وعلي، وطلحة، والزبير، وابنه عبد الله، والحسن، والحسين، وغير هؤلاء. فالخلافة، كانت تعد أم المشاكل والفتن في ذلك العهد. لقد كانت: «الخلافة هي أساس البلاء، جرت على الأمة، ماجرت، وهلك في سبيل تحقيقها، لفريق دون فريق، الأخضر واليابس »[١٧٩]

فلا شك أن الخلافة، كنظام سياسي، لدولة يثرب، قد تولدت عنها انشقاقات وصراعات بين الصحابة والتابعين. فهي لذلك كانت محور الصراع بين التيارات المتنافسة على السلطة في المجتمع الإسلامي الأول. على أن أساس نظام الخلافة، يعود في حقيقته إلى غرض دنيوي، حثت عليه أحكام العقل البشري، ممثلة في القواعد والأحكام الفقهية، كما حث عليه الدين، طالما أنه من مقاصد الأحكام الشرعية، حفظ مصالح

---

(١٧٦) راجع : المسألة الثانية، من الاتجاه الثاني، في المبحث الأول، من هذا القسم.

(١٧٧) راجع : ابن خلدون : المقدمة، ص ٣٣٩.

(١٧٨) نفس المصدر والصفحة.

(١٧٩) محمد كرد علي : الإسلام والحضارة العربية، ج ٢، مرجع سابق، ص ٦٦.

النوع: « وغير ذلك من سائر المقاصد الشرعية، في الأحكام، فإنها كلها مبنية على المحافظة على العمران »[180]. وطالما أن الدين ـ كما يرى بعض الباحثين ـ لم يأمر بنظام الخلافة، ولم ينه عنه، وترك أمر ذلك لأحكام العقل : « فالخلافة، ليست في شيء من الخطط الدينية، كلا، ولا القضاء، ولا غيرها من وظائف الحكم، ومراكز الدولة، وإنما تلك كلها خطط سياسية صرفة، لا شأن للدين بها. فهو لم يعرفها، ولم ينكرها، ولا أمر بها، ولا نهى عنها، وإنما تركها لنا لنرجع فيها إلى أحكام العقل، وتجارب الأمم، وقواعد السياسة »[181]

يبدو أن هذا المعنى، قد اقتبسه الباحث من (المقدمة) [182]إذ أكد ابن خلدون، أن: « الإمامة، التي هي أخت الخلافة » [183] ليست من التكاليف الشرعية، ولا هي ركن من أركان الدين، كالصلاة، مثلا، بل هي من المصالح العامة، المنوطة بالجمهور. يقول في رده على الشيعة : « وشبهة الإمامية في ذلك، إنما هي كون الإمامة من أركان الدين، كما يزعمون، وليس كذلك، وإنما هي من المصالح العامة، المفوضة إلى نظر الخلق. ولو كانت من أركان الدين، لكان شأنها شأن الصلاة، ولكان يستخلف فيها، كما استخلف أبا بكر في الصلاة، ولكان يشتهر، كما اشتهر أمر الصلاة. »[184].

وإذ قد أكد ابن خلدون، أن نظام الخلافة، ليس من أركان الدين، فإن غيره من أهل النظر، المعاصرين، قد أكد نفس المعنى الخلدوني، أيضا. يقول مؤلف كتاب : (الإسلام والحضارة العربية) : « عرفنا بما تم من استخلاف أبي بكر، ثم عمر، ثم عثمان، أن الخلافة عن الرسول، ليست من معالم الدين، ولا هي جارية مجري العبادات الشرعية، كالصلاة والصوم، بل أجروها مجرى الأمور الدنيوية، مثل تأمير الأمراء، وتدبير الحرب، وسياسة الرعية»[185].

---

(١٨٠) ابن خلدون : المقدمة، ص ٦٤ .

(١٨١) علي عبد الرازق: الإسلام وأصول الحكم، مرجع سابق، ص ٢٠١.

(١٨٢) راجع نفس المرجع، ص ٣٧ وما بعدها.

(١٨٣) ابن خلدون : المقدمة، ص ٤٠٢.

(١٨٤) نفسه، ص ٣٧٦.

(١٨٥) محمد كرد علي : الإسلام والحضارة العربية، ج ٢، مرجع سابق، ص ٣٧١.

ومع ذلك، فإن علاقة الخلافة بالدين، وبالسياسة، تبدو علاقة ترابطية. فإن : «الإسلام، في الحقيقة، ممزوج بالسياسة، وهو لها ملازم، غير مفارق »[١٨٦]. فهذا الترابط أو التلازم، بين الديني والسياسي، في أصل الخلافة، هو أساس مشكلة الفتنة، ومعضلة السلطة، وأزمة الدولة، في يثرب، في الصدر الأول. وبصيغة أخرى، فـ : « إن تسمية (خليفة رسول الله)، هي بحد ذاتها، برنامج كامل، لتواصل السلطة النبوية »[١٨٧]. الأمر الذي يعني أن نظام الإسلام في ذاته، يتضمن برنامجا مزدوجا، فيه جانب ديني، وجانب سياسي ـ أو جانب روحي ـ يتعلق بعلاقة الإنسان بربه، وجانب مادي أو عملي، يتعلق بعلاقة الإنسان بغيره من الأفراد. إن هذه الازدواجية في مشروع الإسلام، ونظامه، بين الديني والسياسي، يشكل في الحقيقة، مفهوم الخلافة، في الصدر الأول، ويشكل كذلك الإطار العملي للوحدة بين الدين، من جهة، والسياسة، من جهة أخرى، في نظام دولة يثرب، ولهذا فـ : « إن الدولة والدين، لا يشكلان إلا شيئا واحدا»[١٨٨]، في الإسلام المبكر.

والحق أن الأصل في إشكالية (الوحدة) بين الديني والسياسي، وعلاقة تلك الوحدة، بنظام الخلافة، في الصدر الأول، يعود إلى فكرة (النيابة)، من حيث أن الخلافة، نيابة ـ كما رأينا في تعريف ابن خلدون السابق للخلافة [١٨٩] ـ ففكرة (النيابة)، تنطوي في الأصل، على ازدواجية في الممارسة الوظيفية للخليفة، لأن : « للسلطة، أساس قدسي، وليس الخليفة، سوى مؤتمن عليها، من خلال النبي، في الممارسة، كانت سلطته سياسية، لا غير»[١٩٠].

فالخليفة، من جهة، يعتبر نائبا عن النبي صلى الله عليه وسلم ، في ما هو ديني، أي : في ممارسة العبادات. ومن جهة أخرى، يعتبر نائبا عن الرعية في ما هو سياسي، أي في أمور دنياهم. فأصل الإشكال ـ كما هو واضح ـ هو هذه الازدواجية، في وظيفة الخليفة. فلو فرضنا،

---

(١٨٦) نفس المرجع والجزء، ص ٧٥.

(١٨٧) هشام جعيط : الفتنة، مرجع سابق، ص ص ٣٧ ـ ٣٨.

(١٨٨) نفسه، ص ٣٨.

(١٨٩) راجع : تعريف الخلافة لابن خلدون في المتن الذي به رقم هامش (٥٧) من هذا القسم.

(١٩٠) هشام جعيط : الفتنة، مرجع سابق، ص ٣٨.

انتفاء هذه الازدواجية في منصب الخليفة، كأن ينوب إما عن النبي صلى الله عليه وسلم فقط، وإما عن الرعية، فقط، لا نتفى الإشكال من طبيعة نظام دولة يثرب، ولغابت بعض الأسباب ـ على الأقل ـ المفضية إلى الفتن في مجتمع الصدر الأول.

موقفا ابن خلدون

ـ ٧٥ ـ

ومهما يكن من أمر، فقد تطرق ابن خلدون، إلى إشكالية الازدواج الوظيفي، في نظام الخلافة، في دولة يثرب، وهو النظام الذي يجمع فيه الخليفة، بين الديني، والسياسي. وحاول أن يعالج تلك الإشكالية، بطريقته الخاصة، أي: بطريق اكتشافه لنظرية العصبية، فقد عرفت وجهة نظره، في طبيعة الازدواج الوظيفي في الخلافة، موقفين :

الموقف الأول:

قرر فيه أن الأصل في نظام الخلافة، يقوم على أساسين : ديني وزمني. فالخلافة: «هي في الحقيقة خلافة عن صاحب الشرع، في حراسة الدين، وسياسة الدنيا به »[١٩١]. معنى ذلك أن الأساس الأول في نظام الخلافة، هو : حراسة الدين، أو حراسة الممارسات الدينية. وأن الأساس الثاني، هو : سياسة الدنيا بواسطة الدين، أو، بتعبير آخر، ممارسة السياسة في حدود الدين، أي : شريطة أن لا يتجاوز الفعل السياسي المقاصد الكلية للأحكام الشرعية، كضرورة حفظ النوع مثلا[١٩٢]. ففي الخلافة، إذن، وظيفة دينية، ووظيفة زمنية ـ أو وظيفة للحراسة، ووظيفة للسياسة ـ والوظيفتان، أمران مقرران ومتلازمان في أصل الخلافة، فما هو منشأ هذا الازدواج في هذا المنصب، أو هذا النظام ؟

يرى ابن خلدون أن الأصل في نشأة الازدواج الوظيفي في نظام الخلافة، هو (العصبية). فالعصبية هي الأساس في الدعوة الدينية، وفي نجاحها، وهي أيضا، الأساس في تكوين السلطة السياسية، وفي استقرارها. وبتعبير آخر، فإن الديني والزمني ـ أو السياسي ـ ينشآن من حقيقة واحدة، هي : العصبية. ويعبر ابن خلدون، عن هذا المعنى،

---

(١٩١) ابن خلدون : المقدمة، ص ٣٣٨. وقارن أيضا، تعريفه السابق للخلافة، من حيث كونها (نيابة). في صفحة ١٨٤.

(١٩٢) راجع : المقدمة، ص ٦٤.

بقوله : « أعلم أن الملك[193] غاية طبيعية للعصبية، ليس وقوعه عنها باختيار، إنما هو بضرورة الوجود وترتيبه، كما قلناه من قبل. وأن الشرائع والديانات، وكل أمر يحمل عليه الجمهور، فلا بد فيه من العصبية إذ المطالبة، لا تتم إلا بها. كما قدمناه. فالعصبية ضرورية للملة، وبوجودها يتم أمر الله منها»[194].

وهكذا، فإن العصبية، هي الأصل في منشأ : « كل أمر يحمل عليه الجمهور ». سواء كان ذلك الأمر، دينا وشريعة وملة، أو كان خلافة وسياسة ودولة. لأن الأصل في ذلك كله، في رأي ابن خلدون، هو (المطالبة)، والمطالبة، هي الوظيفة الأساسية للعصبية. بمعنى أن العصبية هي التي تطالب الجمهور وتحمله على تحقيق أمر معين، سواء كان دينا، أو سياسة. ويعتبر ابن خلدون، تلك المطالبة للعصبية، أمرا طبيعيا، تفرضه : «ضرورة الوجود وترتيبه »، وبتعبير آخر، تفرضه الجبرية الطبيعية.

يبدو، حسب منطق ابن خلدون، أن ثنائية الديني والسياسي، قد تتحول إلى علاقة إرتباطية ـ ثلاثية ـ تجمع في إطارها، كلا من العصبية، والدين والسياسة. بحيث تشكل تلك العلاقة الإرتباطية، أصلا واحدا، لهرم قاعدته العصبية، وطرفاه : الدين والدولة ـ أو السياسة ـ ومن هذا الشكل الهرمي لتلك العلاقة، نشأ نظام الخلافة، أو الدولة الخلافية في يثرب. وبعبارة أخرى، فإن المعادلة السابقة [195]، تتحول بالنسبة لدولة يثرب، إلى الشكل الآتي:

عصبية	+	**دين**	=	**دولة**

وعلى أية حال، فإن هذا الترابط ـ أو العلاقة الترابطية ـ بين الدين والعصبية، هو الذي قامت القوى السياسية، المعارضة لنظام الخلافة في يثرب، بتفكيك عراه، وحل رباطه، بطريق الفتنة. وقد تم لتلك القوى، القضاء على ذلك الترابط (الثلاثي)، فتحول

---

(١٩٣) الملك : مصطلح خلدوني، متعدد المعنى. فهو يعني به حينا، السلطة والحكم والدولة، ويعني به حينا آخر، العمران، وما يندرج في معناه، كالتوسع في التملك، والاستيلاء، والسيطرة، والقوة. والمعنى الثاني، هو المقصود، في هذا النص.

(١٩٤) ابن خلدون : المقدمة، ص ٣٥٨.

(١٩٥) راجع : المسألة الأولى، في المبحث الأول، من القسم الرابع من هذه الدراسة.

إلى ترابط (ثنائي)، بين العصبية والدولة. كما تم بذلك، القضاء على الازدواج الوظيفي، في منصب الخلافة، التي تحولت أو انقلبت، بدورها : « إلى الملك » ـ السياسي ـ بتعبير ابن خلدون.

في هذا الصدد، هل يمكن القول: بأن العصبية، هي الأساس في تدمير دولة يثرب؟ أو هي العامل المحرك للفتنة، بين التيار القبلي، والتيار الإسلامي[١٩٦] في الصدر الأول ؟ خاصة وأن ابن خلدون، يفرق ـ كما رأينا ـ بين العصبية الجاهلية، والعصبية الطبيعية[١٩٧]. ولعله لذلك يعتقد في أن للعصبية وظيفتين : وظيفة للبناء، وأخرى، للهدم:

أ ـ فالعصبية، من جهة، أداة للبناء، فهي تساعد الدين، على الانتشار والنجاح، لأنها تجمع الأفراد وتوحد اتجاهاتهم، كما يؤلف الدين بين قلوبهم [١٩٨]، ولذلك، فـ : « إن الدعوة الدينية من غير عصبية، لا تتم »[١٩٩]. كما أن العصبية، تؤسس السلطة السياسية، وتبني الدولة، لأن : « العصبية، هي سر الوازع، عن الفرقة والتخاذل، ومنشأ الاجتماع، والتوافق»[٢٠٠].

ب ـ والعصبية، من جهة أخرى، أداة للهدم، في رأيه، لأنها قد تفضي إلى الفتنة وإلى التقاتل، أو كما يقول ابن خلدون:«وتجيىء العصبية،المفضية إلى الهرج والقتل»[٢٠١].

ففي هذا المعنى، وإذا كانت العصبية، سلاح ذوحدين : حد للبناء، وحد للهدم، فإنه من المرجح، اعتقاد ابن خلدون، بأن الفتنة التي قضت على دولة الخلافة، في يثرب، أساسها العصبية : « المفضية إلى الهرج والقتل »، أي إلى الهدم والتدمير. ولذلك نراه يصرح، ويلمح إلى هذا المعنى، بقوله : « ولما وقعت الفتنة بين علي ومعاوية، وهي مقتضى العصبية » [٢٠٢]، أي : بمقتضى العصبية الهادمة.

---

(١٩٦) راجع : عبد العزيز الدوري : مقدمة في تاريخ صدر الإسلام، مرجع سابق، ص ٣٨.

(١٩٧) راجع : ابن خلدون : المقدمة، ص ٣٨٣. وأيضا : ص ٣٦٩، حيث يقول : «ولم يظهر التغير إلا في الوازع، الذي كان دينا، ثم انقلب عصبية وسيفا ».

(١٩٨) راجع : نفس المصدر، ص ٢٧٧.

(١٩٩) نفسه، ص ٢٧٩.

(٢٠٠) نفسه، ص ٣٧٧.

(٢٠١) نفسه، ص ٣٣٧.

(٢٠٢) نفسه، ص ٣٦٤.

الموقف الثاني:

- ٧٦ -

أما في الموقف الثاني ــ وفي ضوء اكتشاف ابن خلدون، لتلك العلاقة الإرتباطية، بين العصبية والدين والسياسة أو الدولة ـ فقد رأى أن تلك العلاقة، قد تفككت، بسبب الفتنة، وأنه وقع انقلاب في طبيعة نظام الخلافة، وفي مفهومه، في الصدر الأول، وأدى ذلك الانقلاب إلى انفصال السياسي عن الديني، والملك عن الخلافة، تدريجيا. معتبرا ذلك ـ كما يقول ـ : « أمر طبيعي ساقته العصبية بطبيعتها »[٢٠٣]. ويقول في ما يعتبره انقلابا طبيعيا : « فقد رأيت كيف صار الأمر إلى الملك، وبقيت معاني الخلافة من تحري الدين ومذاهبه، والجري على منهاج الحق. ولم يظهر التغير إلا في الوازع، الذي كان دينا، ثم انقلب عصبية وسيفا (...). ثم ذهبت معاني الخلافة، ولم يبق إلا اسمها، وصار الأمر ملكا بحتا، وجرت طبيعة التغلب إلى غايتها، واستعملت في أغراضها، من القهر والتغلب في الشهوات والملاذ. وهكذا كان الأمر لولد عبد الملك، ولمن جاء بعد الرشيد من بني العباس، واسم الخلافة باقيا فيهم، لبقاء عصبية العرب. والخلافة والملك، في الطورين، ملتبس بعضها ببعض. ثم ذهب رسم الخلافة وأثرها، بذهاب عصبية العرب، وفناء جيلهم، وتلاشي أحوالهم، وبقى الأمر ملكا بحتا، كما كان الشأن في ملوك العجم بالمشرق، يدينون بطاعة الخليفة، تبركا، والملك بجميع ألقابه ومناحيه، لهم، وليس للخليفة منه شيء (...). فقد تبين أن الخلافة، قد وجدت بدون الملك، أولا، ثم التبست معانيهما واختلطت، ثم انفرد الملك، حيث افترقت عصبيته من عصبية الخلافة »[٢٠٤].

يقرر ابن خلدون في هذا النص ـ الذي نقلناه على طوله ـ جملة من الآراء، تتعلق، بانتقال الخلافة، من الطور الديني إلى الطور السياسي، نجملها فيما يأتي:

أولا : إنه بسبب الفتنة أو الصراع بين التيار الإسلامي والتيار القبلي وقع تحول في طبيعة الخلافة، من الصبغة الدينية، إلى الصبغة السياسية، مع بقاء معانيها من الناحية الشكلية.

---

(٢٠٣) نفس المصدر والصفحة.

(٢٠٤) نفسه، ص ص ٣٦٩ ـ ٣٧٠.

ثانيا : إن التحول الذي وقع في طبيعة الخلافة، كان بسبب تحول الوازع [٢٠٥]، من الديني، إلى العصباني، إلى السياسي. فالوازع عند ابن خلدون، يتشكل من أحوال أو أطوار، ولذلك قسمه إلى أنواع، منها ثلاثة في النص، هي : الوازع الديني، والوازع العصباني، والوازع السياسي (وهو السيف في النص)، وهناك أيضا، وازع أخلاقي، أسماه بوازع الحشمة[٢٠٦].

إن هذا التقسيم الثلاثي للوازع، في النص، يقابل القاعدة الثلاثية السابقة، في العلاقة الإرتباطية، المتركبة من الدين والعصبية والسياسة، والتي بموجبها نشأ نظام الخلافة.

ثالثا : يشير ابن خلدون في النص، إلى أشكال الخلافة، وإلى المراحل التي مرت بها [٢٠٧] وهي ثلاثة:

---

(٢٠٥) الوازع : يعني في لغة ابن خلدون : الدافع أو المحرك للفعل. أو بمعنى : المانع أو الرادع، الذي يمنع وقوع الفعل، أو يردعه. وفي ضوء هذا المعنى، يبدو أن للوازع، طبيعتان: طبيعة باطنة، وأخرى ظاهرة. فطبيعة الوازع الباطنة، تعني أنه أشبه بالشعور الفطري أو الغريزي أو الباطني الذي يدفع صاحبه الى القيام بالفعل. أما الطبيعة الظاهرة للوازع، فتعني القوة الزاجرة والرادعة والمانعة من وقوع الفعل.

على أن ابن خلدون، قد تصرف في معنى اللفظ، واستعمله في عدة معان، سواء على المستوى الباطني أو الظاهري. فقد أطلقه على الضمير الديني، كما هو الحال في الوازع الديني، في قوله : «وأن الأمر كان في أوله خلافة، ووازع كل أحد فيها من نفسه وهو الدين » (المقدمة، ص ٣٦٨). «والوازع الديني قد ضعف» (المقدمة ،ص ٣٧٤). وأطلقه على الشعور العرقي - إن صح التعبير - كما هو الحال في الوازع العصباني (المقدمة، ص ٣٧٤). وأطلقه أيضا، على الوازع السياسي، كما هو الحال في الوازع السلطاني (المقدمة، ص ٣٧٤)، أي على الشعور السياسي أو الشعور بالقوة. كما أطلقه على (الحاكم)، في قوله : «إنه لا بد لهم في الاجتماع من وازع حاكم، يرجعون إليه» (المقدمة، ص ٥٤٠). وفي قوله : «فيكون ذلك الوازع، واحدا منهم يكون له عليهم الغلبة والسلطان واليد القاهرة» (المقدمة، ص ٧٢). واستعمله بالمعنى الأخلاقي، كما في قوله : «لا يصدهم عنه وازع الحشمة» (المقدمة، ص ٢١٥). لذلك ينبغي الحذر في فهم لغة ابن خلدون، لأنه كثيرا ما يستعمل اللفظ في معاني مختلفة.

(٢٠٦) ابن خلدون : المقدمة، ص ٢١٥.

(٢٠٧) راجع بهذا الخصوص، أيضا : محمد ضياء الدين الريس : النظريات السياسية الإسلامية، مرجع سابق، ص ص ١٩٤ - ١٩٥.

أ ـ مرحلة الخلافة الراشدة، في يثرب والكوفة. وهـي المرحلـة التـي كانـت فيهـا الخلافـة دينية خالصة، لا يشوبها الملك السياسي. ويعتبر ابن خلـدون هـذا الشـكل مـن الخلافـة، كـاملا، رغم ما وقع خلال هذه المرحلة، من فتن وحروب.

ب ـ مرحلة الخلافة الأموية والعباسية، في دمشق وبغداد وفي هـذا الشـكل، اخـتلط، في رأيه معنى الخلافة، بمعنى الملك السياسي، فلم تعد فيه الخلافة، خلافة خالصة، ولا الملـك، ملكـا سياسيا محضا. فهو شكل مختلط بالدين والسياسة.

ج ـ مرحلة الخلافة في العصور التـي تلـت الخلافـة العباسـية. وفي هـذه المرحلـة، انفـرد الملك السياسي بالأمر. فكان فيها شكل الحكم «ملكـا بحتـا» متـأثرا بمـا كـان عليـه : « الشـأن في ملوك العجم بالمشرق »، وذهبت فيها الخلافة : « حيـث افترقـت عصبيته (الملـك) مـن عصبية الخلافة».

وبهذا يمكن تصور موقف ابن خلدون، من الخلافة، ودولة الخلافة، في يثرب.

رابعا : بقى أن نشير، في هذا الصدد، إلى نصوص أخرى، لأبن خلـدون، يحـدد فيهـا أيضـا موقفه من الخلافة، باعتبارها شكلا من أشكال الحكم في دولة يثرب. وفي ذات الوقت، نستعرض تقسيمه الثلاثي، لأشكال الحكم، الممكن تحققها في الواقع [٢٠٨] ونتعرف على الشكل الرابع الـذي لا يرى سبيلا إلى تحققه.

فأما التقسيم الثلاثي بوجه عام ـ الـذي دأب عليـه ابـن خلـدون ـ فقـد رأينـاه، مـثلا، في القواعد التي يتأسس عليها أصل الخلافة والدولة، وهـي : العصـبية والـدين، والسياسـة، والتـي خلق بينها رابطـة سببية. ثـم رأينـاه، يقسـم الـوازع، عـلى نفـس الأسـاس، إلى دينـي وعصـباني وسياسي. ثم الخلافة إلى خالصة، ومختلطة، وملك بحت. ثم الحكم إلى ثلاثة أشـكال[٢٠٩]، يقابـل كل شكل، مرحلة معينة من مراحل الخلافة الثلاثة.

---

(٢٠٨) لقد تعرضنا الى أشكال الحكم عند ابن خلدون في القسم الثالث مـن هـذه الدراسـة. ونتعـرض إليهـا مـرة أخرى، في هذا القسم، بطريقة موجزة، وبصيغة أخـرى، باعتبـار الخلافـة، الخالصـة تمثـل الشـكل الشرعي للحكم.

(٢٠٩) قارن أيضا، تقسيم ابن خلدون ـ في القسم الثالـث مـن هـذه الدراسـة ـ الـدول إلى ثلاثـة أصـناف. وعمـر الدولة، إلى ثلاثة أجيال.

أشكال الحكم(٢١٠):

وأما أشكال الحكم، الممكنة التحقق في الواقع، فيراها ابن خلدون، ثلاثة (٢١١) : وهي:

١- الحكم الاستبدادي(٢١٢) الذي يسميه : الملك الطبيعي، ويعرفه بأنه : « حمل الكافة على مقتضى الغرض والشهوة » (٢١٣). ويعني بذلك، الحكم الذي يعتمد على إشباع الغرائز والميول والأهواء. وابن خلدون يرفض هذا الشكل، ويعلل رفضه له بقوله:

---

(٢١٠) لقد تعرضنا، بصورة أخرى، إلى أشكال الحكم عند ابن خلدون، في القسم الثالث، في (التصنيف الوصفي) للدولة، باعتبار أن شكل الحكم فيها، هو الذي يحدد طبيعتها ونوعها.

(٢١١) يزعم عبد الرحمن بدوي، أن ابن خلدون، اطلع على أشكال الحكم عند اليونان، بطريق أرسطو، وأنه لم يعط أهمية لتلك الأشكال. لأن دراساته انصبت على المجتمع الإسلامي وحده، ويدلل على ذلك، بكون ابن خلدون، لم يذكر من تلك الأشكال، سوى اثنين، هما : الخلافة والملك، باعتبار المجتمع الإسلامي قد مارس هذين النوعين، لا غير. وأنه حدد عمر الدولة بأربعة أجيال. وأن لفظ (حكماء) في (المقدمة)، يقصد به أرسطو.

والواقع أن ابن خلدون، قد درس المجتمع الإنساني، ككل، ولم يقتصر على المجتمع الإسلامي، في دراساته. وتعرض في (المقدمة) إلى أربعة أشكال من الحكم، لا إلى إثنين - كما نرى في هذه الدراسة - وحدد عمر الدولة بثلاثة أجيال، لا أربعة، إذ يقول : «إن الدولة في الغالب لا تعدو أعمار ثلاثة أجيال» (المقدمة، ص ٣٠١). ثم استثنى هذا التحديد، فقال : «إلا إن عرض لها عارض آخر من فقدان المطالب»، (المقدمة، ص ٣٠٣). ترى كيف يمكن أن يطلق ابن خلدون، صيغة الجمع (حكماء) على المفرد (أرسطو)، في الوقت الذي استعمل فيه صيغة (حكماء) عند كلامه على المدينة الفاضلة، وأرسطو ليس من منظريها ؟ ثم ترى لماذا تجاهل بدوي الشكل الثالث والرابع في الحكم اللذين تعرض لهما ابن خلدون، ولماذا زاد جيلا في عمر الدولة ؟ هل كان ذلك منه قصدا، أم جهلا بما قرره ابن خلدون ؟ وفي الحالين، فالعذر مرفوع. راجع : عبد الرحمن بدوي : ابن خلدون وأرسطو، في : أعمال مهرجان ابن خلدون، ص ١٥٦ وص ص ١٦٠ - ١٦١، القاهرة ١٩٦٢.

(٢١٢) يتشابه تقسيم ابن خلدون للحكم، مع تقسيم أفلاطون، له. فأفلاطون أيضا، قسم أشكال الحكم إلى ثلاثة، هي:الملكية، أو حكم الطغيان، الذي يقابل شكل : (الملك الطبيعي)، عند ابن خلدون. وحكم الأقلية، أو الأرستقراطية، ثم الحكم المختلط - من النظامين السابقين - أو الحكم الديمقراطي.

راجع:إبراهيم دسوقي أباظة، وعبد العزيز الغنام: تاريخ الفكر السياسي، ص ٣٤، بيروت ١٩٧٣.

على أنه يمكن إضافة شكل رابع عند أفلاطون، وهو نظام (المدينة الفاضلة).

(٢١٣) ابن خلدون : المقدمة ص ٣٣٨.

«لما كانت حقيقة الملك، أنه الاجتماع الضروري للبشر، ومقتضاه التغلب والقهر، اللذان هما من آثار الغضب والحيوانية، كانت أحكام صاحبه، في الغالب، جائرة عن الحق، مجحفة بمن تحت يده من الخلق في أحوال دنياهم، لحمله إياهم في الغالب على ما ليس في طوقهم من أغراضه وشهواته. ويختلف ذلك باختلاف المقاصد، من الخلف إلى السلف منهم. فتعسر طاعته لذلك،وتجيء العصبية المفضية إلى الهرج والقتل»[٢١٤].

٢- الحكم الوضعي، أو الدستوري الذي يندرج في نظام الملك السياسي، ويسميه كذلك: بالحكم السياسي. ويعرفه بأنه : « حمل الكافة على مقتضى النظر العقلي في جلب المصالح الدنيوية، ودفع المضار »[٢١٥].

وابن خلدون، إذ يؤكد هذا الشكل الدستوري، فإنما لكي يقيده بالنظر إلى المصالح العامة للأفراد، ويشترط فيه موافقة الجمهور على القوانين التي يسنها المشرع، أو كما يقول: « يسلم بها الكافة ». فكأنه يقيد هذا الشكل، بأن تحقق قوانينه مبادئ العدل والمساواة بين الناس. يقول في هذا المعنى : « فوجب أن يرجع في ذلك إلى قوانين سياسية، مفروضة، يسلم بها الكافة، وينقادون إلى أحكامها، كما كان ذلك للفرس وغيرهم من الأمم. وإذا خلت الدولة، من مثل هذه السياسة، لم يستتب أمرها، ولا يتم استيلاؤها»[٢١٦].

٣- الحكم الشرعي، الذي يندرج في نظام (الخلافة). ويسميه : بالسياسة الدينية، أو النظر الشرعي. وقد عرفه بقوله : « حمل الكافة على مقتضى النظر الشرعي، في مصالحهم الآخروية والدنيوية، الراجعة إليها »[٢١٧]. وابن خلدون، رغم التردد الذي يبديه أحيانا في المفاضلة بين الحكم الشرعي، والحكم العقلي ـ أو الوضعي ـ إلا أنه، يدرك في ذات الوقت، أن الحكم الأول، قد قضت عليه الفتنة، في عهد الخلافة الأولى. ولذلك فهو يعتقد، بأن الوضعي هو البديل، عن الشرعي، شريطة أن يحقق العدل، ويحفظ مصالح الجمهور.

---

(٢١٤) نفسه، ص ص ٣٣٦ ـ ٣٣٧.

(٢١٥) نفسه، ص ٣٣٨.

(٢١٦) نفسه، ص ٣٣٧.

(٢١٧) نفسه، ص ٣٣٨.

٤- وأما الشكل الرابع للحكم، الذي يعتقد في استحالة تحققه في الواقع، فقد أشار إليه في معرض كلامه عن المدينة الفاضلة، وأسماه بـ(السياسة المدنية). وحدد معناه في قوله: «وما تسمعه من السياسة المدنية، فليس من هذا الباب، وإنما معناه عند الحكماء[٢١٨] ما يجب أن يكون عليه، كل واحد من أهل ذلك المجتمع، في نفسه وخلقه، حتى يستغنوا عن الحكام رأسا. ويسمون المجتمع الذي يحصل فيه ما يسمى من ذلك بـ(المدينة الفاضلة)، والقوانين المراعاة في ذلك بـ : (السياسة المدنية). وليس مرادهم السياسة التي يحمل عليها أهل الاجتماع، بالمصالح العامة، فإن هذه غير تلك. وهذه المدينة الفاضلة عندهم، نادرة أو بعيدة الوقوع، وإنما يتكلمون عليها، على جهة الفرض والتقدير »[٢١٩].

وغني عن البيان، أن ابن خلدون، في هذا النص، يتصور شكلا رابعا للحكم، وهو الشكل الذي يقوم على التصور والافتراض، ومن ثم، فهو لا يعتقد في إمكانية وجوده في الواقع، أصلا.

ثم يعتقد ابن خلدون موازنة طريفة بين الحكم (الوضعي) والحكم (الشرعي). ويبدو من تلك الموازنة، قبوله للحكمين، مع إظهار تحفظه من (الوضعي)، وترجيحه (للشرعي)، وهذا أمر طبيعي، بالنسبة لفقيه وقاض مثله. يقول في تلك الموازنة : « فإن كانت هذه القوانين مفروضة من العقلاء، وأكابر الدولة، ونصرائها، كانت سياسة عقلية. وإن كانت مفروضة من الله، بشارع يقررها ويشرعها، كانت سياسة دينية، نافعة في الحياة الدنيا، وفي الآخرة »[٢٢٠].

يظهر أن ابن خلدون، بعد أن رفض شكل الحكم الطبيعي الاستبدادي، قد تردد في أي الحكمين يؤيد : الشرعي أم الوضعي ؟ لذلك نراه يمايز ويفاضل بينهما من حيث تحقيق العدل، لأن الغاية من تفضيل حكم على آخر، في نظره، تكمن في مدى تحقيق ذلك الحكم لمبادئ العدل والإنصاف، ومدى رعايته للمصالح العامة بين الناس. وقد

---

(٢١٨) قد يقصد بلفظ (الحكماء) : أفلاطون والفارابي، وإخوان الصفاء. ولا يقصد أرسطو، لأنه ليس من منظري المدينة الفاضلة.

(٢١٩) ابن خلدون : المقدمة، ص ٥٤٠.

(٢٢٠) نفسه، ص ٣٣٧.

انتهى به النظر والتمايز بين نوعي الحكم، إلى ترجيح الشرعي[٢٢١]دون رفض الوضعي، لأن الأول، غايته تحقيق مصالح الجمهور في الدنيا والآخرة، بينما الثاني، غايته تحقيق تلك المصالح، في الدنيا فقط [٢٢٢]، في رأيه.

لكن على الرغم من وجهة النظر هذه، فإن ابن خلدون، يبدو أنه مقتنع، بأن الحكم الوضعي، يمكن أن يحقق، هو الآخر، مبادئ العدل والإنصاف، خاصة وأن نمط الحكم الوضعي، أصبح أمرا واقعا، لا مفر منه، في الحياة السياسية، حتى في عصر ابن خلدون نفسه. ويظهر اقتناعه بالحكم الوضعي، بكل جلاء، في محاولته تبريره، على هذا النحو، إذ يقول : « وكذلك الملك [٢٢٣] لما ذمه الشارع، لم يذم منه الغلب بالحق، وقهر الكافة على الدين، ومراعاة المصالح، وإنما ذمه لما فيه من التغلب بالباطل، وتصريف الأدميين طوع الأغراض والشهوات. فلو كان الملك مخلصا في غلبه للناس، أنه لله، ولحملهم على عبادة الله، وجهاد عدوه، لم يكن ذلك مذموما»[٢٢٤].

معنى ذلك في رأي ابن خلدون، أن ذم الشارع للحكم السياسي الوضعي (الملك)، لم يكن بسبب تغلبه على الناس ـ إذ أن التغلب، أمر طبيعي في العصبية، عنده، كما رأينا ـ وإنما بسبب ما يمكن أن يرتكب من أخطاء، تضر الجمهور، كارتكابه المظالم في حقه، وإذلاله الناس وقهرهم بالباطل. إلا أن الحكم الوضعي، إن استطاع أن يتخلص من الأخطاء والنزوات والشهوات، واستطاع ان يحمل الناس على مصالحهم الدنيوية والآخروية، ـ وهو شرط تأييد ابن خلدون له ـ فإنه يصبح والحكم الشرعي سواء.

في هذا الصدد، نلحظ وكأن ابن خلدون، يحاول التوفيق بين الدين والسياسة، أي: بين نظامين أو نوعين من الحكم. بما أنه يحاول إضفاء طابع (الشرعية) على الحكم الوضعي، وتبرير إمكانية قيام نظام وضعي، يعتمد على التشريعات العقلية البشرية، شريطة أن تكون تلك التشريعات، مستمدة من مبادئ الدين والأخلاق، لأن ذلك من شأنه أن يسوغ قبول النظام الوضعي، كبديل للنظام الشرعي. ولعل ابن خلدون، من

---

(٢٢١) راجع : نفسه، ص ص ٣٨٦ ـ ٣٨٧.

(٢٢٢) راجع : نفسه، ص ص ٣٣٧ ـ ٣٣٨.

(٢٢٣) الملك : هنا بمعنى الحكم السياسي الوضعي.

(٢٢٤) ابن خلدون : المقدمة، ص ص ٣٥٩ ـ ٣٦٠.

خلال هذا، يرمي، وبصورة من الصور، إلى تبرير عملية انقلاب الخلافة إلى ملك سياسي، التي قام بها التيار القبلي، في الصدر الأول، ممثلا في معاوية، والبيت الأموي.

في هذا السياق، لعله يكون من الصواب، الإشارة إلى الاتهام الذي وجهه أحد الباحثين المعاصرين، لابن خلدون، من كونه قد خلط بين مفهوم الخلافة، ومفهوم الملك، فجعل الخلافة شاملة للملك السياسي، والملك السياسي، مندرجا في ظل الخلافة ـ إن صح التعبير ـ أو كما يقول الباحث : «كلام ابن خلدون في مقدمته، ينحو ذلك المنحى. فقد جعل الخلافة، التي هي نيابة عن صاحب الشرع، في حفظ الدين، وسياسة الدنيا، شاملة للملك، والملك مندرجا تحتها»[٢٢٥].

كأن ابن خلدون كان يجهل الفوارق التي بين الخلافة والملك، وكأنه لم يحدد، كما رأينا، أشكال الحكم المختلفة ـ بما فيها الشرعي والوضعي ـ تحديدا وافيا وواضحا. وإذ قد حاول التوفيق بين الخلافة والملك، أو بين النقل والعقل، وبين ما هو شرعي، وما هو وضعي، فإنما اشترط في الملك السياسي الوضعي، تحقيق العدالة، وإنصاف الناس، ومراعاة مصالحهم العامة.

تعقيب:

ـ ٧٨ ـ

ومهما يكن من أمر، فقد عرفنا، في هذا القسم، مواقف ابن خلدون، وآراءه، حول القضايا الآتية:

أ ـ نشأة الدولة في يثرب، على أساس رابطة السببية بين النبوة، والعصبية، والسياسة.

ب ـ تبريره لفتن الصدر الأول بالعصبية الجاهلية، تارة، وبالابتلاء الإلهي، تارة أخرى.

ج ـ تبريره أيضا، لمواقف الصحابة والتابعين، من الفتن، بطريق (الاجتهاد) الفقهي.

د ـ وأخيرا، تبريره لانتقال نظام الحكم، من الخلافة إلى الملك، أو من النظام الشرعي، إلى النظام السياسي الوضعي، بإمكانية التوفيق بين الدين والسياسة، أو بين النقل والعقل، أي : بإمكانية قيام نظام (مختلط) في الحكم، يقوم على الشرعي والعقلي معا، بصورة يستفيد فيها العقلي من الشرع. ولعل العكس أيضا، يكون صحيحا من الناحية

---

(٢٢٥) علي عبد الرازق: الإسلام وأصول الحكم، مرجع سابق، ص ١١٤.

النظرية، بما أن الوحي، جاء يخاطب العقل البشري. والأدلة على ذلك، متوفرة في آيات كثيرة من القرآن[226].

على أن هذه الآراء والمواقف، يبدو أنها تكونت عند ابن خلدون، نتيجة تأثير عدة عوامل، من بينها، على سبيل المثال/

١- دراساته الشرعية المختلفة، من فقه وأصول، وتفسير وحديث، وتوليه وظائف شرعية في فترات مختلفة من حياته.

٢- دراساته للاختلافات والانشقاقات والفتن، التي عرفها نظام الخلافة في الصدر الأول، في عهد الصحابة والتابعين.

٣- دراساته التاريخية، وخاصة تاريخ الدولة العربية في المغرب والمشرق، وتأملاته في طبيعة نشأة المجتمعات البشرية، ومختلف الدول، وفي الأسس التي تقوم عليها.

٤- تأملاته في طبيعة الصراعات القبلية والسياسية، في مختلف المجتمعات، وخاصة في المجتمع العربي، منذ الصدر الأول، وفي المغرب العربي.

٥- معاينة ابن خلدون، من كثب، لذلك الصراع المأسوي على السلطة السياسية في عهد ملوك الطوائف، وإشراف الأندلس، موطن أسلافه وأوائله، على السقوط[227] ـ كما عاين ذلك بعده بزمن قليل، شارح مقدمته : محمد بن الأزرق ـ فقد : « رأى الانهيار والضعف، اللذين يسودان العالم الإسلامي عموما، ولاحظ بالذات، تراجع رقعة العمران الإسلامي العربي في الاندلس، تحت ضغط الإسبان، رأى كل شيء ينهار، فقال : إن الدولة دائما تنتهي بالانهيار الكامل. ولا بد أن ابن خلدون، كان يشعر بالمرارة، ولا بد أنه كان يقول لنفسه، وهو يكتب المقدمة ـ كما يقول لنا طه حسين ـ : (إن القوانين التاريخية التي أعلن عنها، تدعوللأسف، ولكن هكذا يسير العالم) »[228].

لعل هاته العوامل وغيرها، مجتمعة، هي المسؤولة، عن آرائه ومواقفه السابقة.

---

(٢٢٦) بخصوص علاقة القرآن والسنة النبوية، بالعقل، راجع خاصة : صلاح الدين المنجد : الإسلام والعقل، على ضوء القرآن الكريم والحديث النبوي، ص ص ١٥ ـ ٢٩، ط ١، بيروت ١٩٧٤.

(٢٢٧) توفي ابن خلدون : عام ١٤٠٦م، وسقطت غرناطة، آخر دويلات الاندلس، عام ١٤٩٢م.

(٢٢٨) زينب الخضري : فلسفة التاريخ عند ابن خلدون، ص ٢٢٣، القاهرة ١٩٨٨.

مفهوم الفارابي للدولة

توطئة :

- ٧٩ -

بالتأمل في طبيعة الدراسات السياسية، التي تناولها الفكر السياسي الإسلامي، يمكن التمييز بين ثلاث مدارس سياسية مختلفة، هي :

أولا : مدرسة أبي نصر الفارابي وإخوان الصفاء، في القرنين التاسع والعاشر للميلاد، التي استمدت أفكارها السياسية، لا من البيئة السياسية الإسلامية، بل من الفكر السياسي اليوناني، وبخاصة من نظريتي : المدينة الفاضلة لأفلاطون، والمدينة ـ الدولة، لأفلاطون وأرسطو[١]. «فكانت مدينة الفارابي الفاضلة، صدى خافتا للجمهورية»[٢]. وكانت «أكثر المؤلفات ذات الاتصال بالسياسة، ليست وليدة الفكر الإسلامي (...) وكذلك كتب الفلسفة السياسية، مأخوذة عن الإغريق» [٣]، باستثناء كتابات ابن خلدون في الفلسفة السياسية.

ثانيا : مدرسة الأحكام السلطانية [٤] في القرن الحادي عشر للميلاد، التي أشار

---

(١) وفضلا عن ذلك، فقد تأثر الفارابي بنظرية الفيض الأفلوطينية، وحاول التوفيق بين أفلاطون وأرسطو. كما تأثر إخوان الصفاء، بنظرية العناصر الأربعة (الماء والمادة والهواء والنار) التي نادت بها المدرسة الطبيعية الأيونية: طاليس وأنكسمندر وأنكسمنس وهيراقليط. وأيضا بنظرية الأخلاط الأربعة (الدم والبلغم والمرة الصفراء والمرة السوداء) لجالينوس (١٣١ ـ ٢٠١م).

(٢) هادي العلوي : في الفلسفة الإسلامية (الفكر والممارسة)، ص ١٥٨، ط ١، بيروت، ١٩٧٤.

(٣) أحمد البغدادي : الإسلام والعلماء والسياسة، مقال في مجلة (الجامعة الإسلامية)، السنة الأولى، عدد ٤، ص ٢٩، لندن، تشرين الأول ـ كانون الأول، ١٩٩٤.

(٤) يعتبر أبوالحسن الماوردي، وأبويعلى الحنبلي، رائدا هذه المدرسة في بغداد، في القرن الخامس الهجري، حيث ألف كل منهما كتابا يحمل نفس الإسم : (الأحكام السلطانية)، بحثا فيهما نفس الموضوع، حتى أنه «يرجح اعتماد أحدهما على الآخر». راجع في ذلك : هادي العلوي : في السياسة الإسلامية، مرجع سابق، ص ص١٥١ـ١٥٢.

إليها ابن خلدون، في المقدمة، في غير موضع [٥]. وقد حاولت هذه المدرسة أن تؤسس تفكيرها السياسي، على قواعد الشرع، وأن تستمد أراءها السياسية من الدين، أي أنها سعت إلى أسلمة النظرية السياسية، من خلال تناولها لنظرية الخلافة، مع : « خلو مؤلفاتهم من الشروح الخاصة بفلسفة الدولة، وعدم ظهور ميل قوي إلى تنظير السياسة. هذا إذا استثنينا المنهج المتفرد الذي اتبعه ابن خلدون في مقدمته الشهيرة » [٦].

ثالثا : مدرسة ابن خلدون، في القرن الرابع عشر، التي استفادت من أخطاء المدرستين السابقتين، فأسست منهجا جديدا في الفكر السياسي، يقوم على التفكير العقلي، والواقع التاريخي، والاستقلال في الرأي.

ـ ٨٠ ـ

ومما يلفت النظر، أن لكل من هاته المدارس، طابعها الخاص، ولذلك يمكن أن نميز يبنها على الوجه الآتي :

أولا : تتميز مدرسة الفارابي ـ خاصة ـ باهتمامها بنظرية الرئيس [٧] أو برئيس المدينة، وبعنايتها بالإمام، وصفاته وشروط ترؤسه المدينة يقول : «فهذا هو الرئيس الذي لا يرأسه إنسان آخر، أصلا، وهو الإمام، وهو الرئيس الأول للمدينة الفاضلة، وهو رئيس الأمة الفاضلة، ورئيس المعمورة من الأرض كلها، ولا يمكن أن تصير هذه الحال، إلا لمن اجتمعت فيه بالطبع اثنتا عشرة خصلة، قد فطر عليها » [٨].

ثم يعدد الفارابي الخصال، الفطرية والمكتسبة، التي ينبغي ان يكون عليها، رئيس المدينة، بالطبع والاكتساب. وهكذا تدور نظريته السياسية ـ كلها تقريبا ـ حول المحاور الآتية :

أ ـ ضرورة اجتماع البشر وتعاونهم [٩].

---

(٥) راجع : ابن خلدون : المقدمة، صفحات : ٣٨٨، ٤١٨، ٤٦٦.

(٦) هادي العلوي : في السياسة الإسلامية، مرجع سابق، ص ١٤٦.

(٧) راجع : أبونصر الفارابي : آراء أهل المدينة الفاضلة، تعليق ألبير نصري نادر، ط ٢، ص ١٢٠.

(٨) نفسه، ص ١٢٧.

(٩) راجع نفس المصدر، ص ١١٧. على أن هذا المحور، قد تناوله أيضا ابن خلدون بكثير من التفصيل، خاصة في الكتاب الأول من المقدمة، الذي عنونه : (في طبيعة العمران في الخليقة). ص ٥٧ وما بعدها.

ب ـ طبيعة الرئيس أو الإمام، وشروط توليته السلطة السياسية في المدينة. وهذا المحور هو أساس نظريته السياسية.

ج ـ أنواع المجتمعات : « عظمى ووسطى وصغرى » [١٠]. وأشكال المدن، وخاصة المدينة الفاضلة، ومضاداتها : كالمدينة الجاهلة والفاسقة والضالة والمتبدلة، والنوابت » [١١] أي الأشرار الذين « يضرون بالمجتمع. ومثلهم ـ كما يقول الفارابي ـ مثل الشوك النابت بين الزرع » [١٢].

د ـ « القول في العدل » [١٣].

لكن الأساس الذي تنبني عليه نظريته السياسية، أولا وآخرا، هو رئيس المدينة الفاضلة : كيف يكون في ظاهره وباطنه، في شكله وجوهره، في طبعه وخلقه، في أخلاقه وسلوكه، وتفكيره، وفي ثقافته وسياسته، بحيث « يبني الفارابي كل أماله، على رئيس المدينة، ويعلق عليه كل الأهمية، كما علق شيخ أثينا، أهمية كبيرة، على رئيس الجمهورية، ويشترط فيه شروطا كثيرة، تشبه تمام الشبه، الشروط التي قال بها أفلاطون من قبل، بل هي مأخوذة عنها نصا » [١٤].

معنى هذا، أن الفارابي لم يفكر في طرح إشكالية الدولة، في نظريته السياسية، اللهم إلا إذا افترضنا أن الدولة، تعبر عنده عن رئيس المدينة، أو المدينة تعبر عن الدولة. وحتى هذا الافتراض غير ممكن، لأن الدولة، ليست في ذاتها، تعبيرا عن الرئاسة أو القيادة، ولا عن المدينة، بقدر ما هي تعبير عن النظم التي تقدمها للمجتمع، وعن الخدمات والوظائف التي تؤديها له.

ثانيا : ومما يميز مدرسة الأحكام السلطانية، نزوعها في بحوثها السياسية، إلى دراسة المفاهيم الخلافية، دون سواها من النظم السياسية. فقد اقتصرت في بحوثها على نظرية الخلافة، وحصرت آراءها فيها، ولم تتجاوز ـ في الغالب ـ الشروط التي ينبغي

---

(١٠) محمد جلال شرف : نشأة الفكر السياسي وتطوره في الإسلام، ص ١٨٧، بيروت ١٩٨٢.

(١١) راجع نفس المرجع، ص ١٩٢.

(١٢) سعيد زايد : الفارابي، ص ٥٧، (سلسلة نوابغ الفكر العربي، رقم ٣١)، القاهرة ١٩٦٢.

(١٣) أبونصر الفارابي : كتاب آراء أهل المدينة الفاضلة، مصدر سابق، ص ١٥٧.

(١٤) إبراهيم مدكور : في الفلسفة الإسلامية، منهج وتطبيقه، ج ١، ص ٧١، القاهرة ١٩٦٨.

توافرها في الخليفة أو الإمام أو الرئيس، ورد أصل الخلافة إلى بعض الآيات القرآنية[١٥] فقد: «تحدثوا بالخلاقة والإمامة، وحقوق الإمام، وحقوق المسلمين، تحدثوا بالطاعة الواجبة له عليهم، كما تحدثوا بحقهم عليهم، وعزله، إذا حاد عن الدستور المكتوب»[١٦].

من أجل ذلك، يمكن القول ان مدرسة الأحكام السلطانية، نزعت أيضا، إلى ما نزع إليه أفلاطون والفارابي، من الاعتناء بطبيعة الرئيس، أو الخليفة أو الإمام. وبعبارة أوضح، فإن مدرسة الأحكام السلطانية، لم تعتن بدراسة نشأة السلطة في المجتمع الإسلامي، ولا بالنظم السياسية، ولا بطبيعة الدولة، ووظائفها، باستثناء الماوردي، الذي عالج في (أحكامه) وظائف الإمارة السياسية : كالجهاد والقضاء والمظالم، والخراج والحسبة، وما إلى ذلك[١٧]، على أنه عالج هذه الوظائف بطريق السرد والإشارة، لا بطريق التحليل والاستنباط. وهكذا فإن : « مؤلفات الأحكام السلطانية، والسياسة الشرعية، والتي وضعت منذ القرن الخامس الهجري، فقد عجز مؤلفوها عن تقديم صورة واضحة المعالم لنظام سياسي إسلامي متماسك، يمكن تطبيقه عمليا في حياة المجتمع الإسلامي» [١٨].

ثالثا : أما المدرسة الخلدونية فإن أهم ما يميزها :

أ ـ معارضتها لنظرية المدينة الفاضلة، لقيامها على مجرد الافتراض[١٩]، وليس على أساس من الواقع.

ب ـ رفضها لنظرية المدينة ـ الدولة، إما لضيق حدوها، وانحسار مجالها، وإما لعدم إمكانية

---

(١٥) راجع الآيات الآتية : ـ في الاستخلاف : البقرة / ٣٠، النور / ٥٥، ص / ٢٦.

ـ في الشورى : آل عمران / ١٥٩، الشورى / ٣٨.

ـ في طاعة أولي الأمر : النساء / ٥٩.

(١٦) ممدوح حقي : في تعليقه على كتاب : علي عبد الرازق : الإسلام وأصول الحكم، ص ٨٧، بيروت ١٩٦٦.

(١٧) راجع : أبوالحسن علي الماوردي : الأحكام السلطانية، والولايات الدينية، ص ٢٧ وما بعدها، الجزائر ١٩٨٣.

(١٨) أحمد البغدادي : الإسلام والعلماء والسياسة، مرجع سابق، ص ص ٢٩ـ٣٠.

(١٩) راجع : ابن خلدون : المقدمة، ص ٥٤٠.

قيامها في غير المجتمع اليوناني، وإما لكون الخلدونية، ترى عدم سلامة البنى الفكرية، والأنظمة السياسية، المؤسسة، أصلا، لنظرية المدينة ـ الدولة. بدليل أن ابن خلدون : « رفض بعض نظريات أرسطو، أو وقف منها موقف الناقد » [٢٠].

ج ـ تجاوزها لنظرية الخلافة، بمعنى اعتبارها الخلافة، مجرد شكل من أشكال الحكم، يمكن للنظام السياسي أن يستعيض عنه، بشكل آخر، عند الضرورة، [٢١] -عكس ما ذهبت إليه مدرسة الأحكام السلطانية-. فابن خلدون : « انشأ ما يسمى بنظرية القانون الطبيعي، وبنظرية الحق، لينقض نظرية القانون الإلهي، أو نظرية الحق الإلهي» [٢٢]. ولذلك فهو : « يعتقد أن الدولة، والحكومة، والملكية، تنشأ كلها بنشأة المجتمع، وأنها تنشأ بموجب القانون الطبيعي، وبموجب الحق الطبيعي، وأنها نظام زمني، لا روحي، في جوهره، لأنه يقوم على العصبية، ووظيفته الأولى حماية الأمن في المجتمع، في الداخل والخارج (...). ويقف ابن خلدون موقفا واضحا من السلطة الدينية، كما هي متمثلة في الخلافة، ومن السلطة الزمنية، كما هي متمثلة في الدولة، فيقول إن تحول الخلافة إلى الملك، أو الجامعة الروحية، إلى دولة زمنية، أمر طبيعي، ولا غبار عليه، بل أمر ضروري، لصيانة المجتمع من الفوضى» [٢٣].

معنى هذا أن المدرسة الخلدونية، قامت على أساس رفض النظريات السياسية التي سبقتها، أو ـ على الأقل ـ على أساس تجديد النظر السياسي، فأنشأت لذلك نظرية مستقلة في المجتمع، وفي الدولة : « أما في مجال الدوليات [٢٤] فقد بينا سابقا، أنها لم توضع على بساط البحث في العصور الإسلامية، باستثناء، ما كتبه ابن خلدون، الذي أعتمد في ذلك على استنتاجاته الخاصة » [٢٥].

إن الخلدونية لم تتقيد بدراسة مجتمع معين، أو دولة معينة ـ كما فعلت المدرسة

---

(٢٠) لويس عوض : دراسات في النقد والأدب، ص ١٩٤، ط ١، القاهرة ١٩٦٣.

(٢١) راجع ابن خلدون : المقدمة، الباب الثالث، فصل ٢٨، بعنوان : (في انقلاب الخلافة إلى الملك)، ص ص ٣٥٨ـ٣٧٠.

(٢٢) لويس عوض : دراسات في النقد والأدب، مرجع سابق، ص ١٩١.

(٢٣) نفسه، ص ١٩٧.

(٢٤) يقصد بالدوليات، علم الدولة، أو نظرية الدولة.

(٢٥) هادي العلوي : في السياسة الإسلامية، مرجع سابق، ص ١٥٨.

اليونانية، ومدرسة الأحكام السلطانية الإسلامية ـ فقد درست أصل المجتمع البشري ومراحل تكوينه وتطوره، ونشوء السلطة السياسية فيه، وطبيعة نظم الحكم وأشكاله، ومنشأ الدولة وأطوارها، ووظائفها، وعوامل اضمحلالها.

علاقة ابن خلدون بالفارابي

ـ ٨١ ـ

لقد بينا في هذه التوطئة الاتجاهات الرئيسية الثلاث في الفكر السياسي الإسلامي، بقصد الإشارة إلى الفروق والاختلافات، بين اتجاه الفارابي، واتجاه ابن خلدون. ذلك : « أن الأول منهما يبحث في (ما هو واجب)، بينما الثاني، يبحث في (ما هو واقع)، وذلك فرق عظيم بلا ريب » (٢٦). وقد تتجلى تلك الفروق بينهما، خاصة في مصادر التنظير السياسي :

أ ـ إن مصادر التنظير عند الفارابي، تبدو دخيلة ومحدودة، في نفس الوقت. لأنها يونانية، استمدها من أفلاطون وأرسطو بالذات، في الحقل السياسي، ومن فيض أفلوطين، في الحقل الفكري. وبالتالي، فلم تكن مصادره نابعة من البيئة الفكرية والسياسية الإسلامية. فهو، مثلا، يتحاشى في كتاباته السياسية، الاستدلال بالآيات القرآنية ـ عكس ابن خلدون ـ باستثناء ما كتبه في (الأسئلة اللامعة والأجوبة الجامعة) (٢٧). وحتى في مصطلحه السياسي، فإنه يستخدم لفظ (الإمام) ـ على عادة الشيعة ـ ويستنكف من استخدام لفظ (الخليفة)، بل إنه لم يتعرض أصلا، في نظريته السياسية، إلى مبحث الخلافة، رغم شيوعه في عصره، ورغم أصالته في الفكر السياسي الإسلامي.

ب ـ أما مصادر التنظير عند ابن خلدون، فتعتبر أصيلة ومتنوعة. لأنها مستمدة من العقيدة الإسلامية، ومن الوقائع التاريخية للبيئة الإسلامية، وأيضا من البيئات السياسية، والاجتماعية والثقافية، والاقتصادية، للمجتمعات البشرية ـ كما سنرى ـ

ورغم أن ابن خلدون، قد أشار إلى الفارابي في المقدمة، في سبعة مواضع (٢٨)، مما

---

(٢٦) علي الوردي : منطق ابن خلدون، في ضوء حضارته وشخصيته، ص ١٧٥، تونس ١٩٧٧.

(٢٧) راجع : الفارابي : كتاب الملة ونصوص أخرى، تحقيق محسن مهدي، ص ٩٥ وما بعدها، بيروت ١٩٦٨.

(٢٨) راجع : ابن خلدون : المقدمة، صفحات : ٧٣٨، ٨٩٣، ٩١٢، ٩٩٥، ٩٩٩، ١٠١٤، ١٠٢١.

يدل على أنه أطلع على مؤلفاته واستفاد منها [٢٩]، إلا أن تلك الإشارات لا تدل على أنه يقصد الاحتجاج به، أو الأخذ عنه، أو التأثر به، وإنما يقصد رصد رأيه، أو معارضته. وآية ذلك، قوله، مثلا، في معرض كلامه عن صناعة التوليد : « ثم الإلهام العام للمولودين في الإقبال على الثدي أوضح شاهد على وجود الإلهام العام لهم. فشأن العناية الإلهية، أعظم من أن يحاط به. ومن هنا يفهم بطلان رأي الفارابي وحكماء الأندلس[٣٠] فيما احتجوا به لعدم انقراض الأنواع، واستحالة انقطاع المكونات. وخصوصا في النوع الإنساني» [٣١].

وبما أن ابن خلدون، يورد غالبا، إسم الفارابي، في المقدمة، متبوعا بإسم فلاسفة اليونان، كأفلاطون وأرسطو، فإنه يغلب على الظن، أن موقف الخلدونية من الفارابي، يشبه إلى حد ما، موقف أبي حامد الغزالي، من المشائية الإسلامية، الذي أبان عنه في كتابه (تهافت الفلاسفة)، وإن لم يفصح ابن خلدون عن انتقادات لاذعة ومكشوفة، ضد المشائية الإسلامية، كما فعل الغزالي.

ورغم اختلاف ابن خلدون، مع الفارابي ـ كما سبقت الإشارة ـ سواء في مصادر التنظير السياسي، أو في منهج البحث، أو في الآراء، فإن الاختلاف بينهما، يزداد عمقا ووضوحا، عندما يتعلق الأمر بالانتماء العقدي.

١ ـ الاختلاف في الانتماء العقدي

ـ ٨٢ ـ

فإذا كان ابن خلدون، مفكرا مستقلا، ينزع إلى التحرر من جميع الانتماءات العقدية[٣٢]، فإنه على العكس من ذلك، يؤكد بعض الباحثين تشيع الفارابي :

١ ـ يقول مؤلفا (تاريخ الفلسفة العربية) : « تظهر نزعة الفارابي الشيعية في محاولته توجيه الفلسفة، نحو هدف سياسي اجتماعي، الأمر الذي تمسك به جميع غلاة الشيعة،

(٢٩) راجع : علي الوردي : منطق ابن خلدون، مرجع سابق، ص ١٧١.

(٣٠) ربما يقصد : (بحكماء الأندلس)، ابن طفيل وابن رشد، بصفتهما طبيبان وفيلسوفان.

(٣١) ابن خلدون : المقدمة، ص ٧٣٨.

(٣٢) تكلمنا عن انتماء ابن خلدون، العقدي، في القسم المتعلق بـ(الدولة عند أفلاطون) في بحث آخر، غير هذا البحث.

لقلب السلطة الحاكمة، وإقامة نظام سياسي اجتماعي، يكون الإمام رأسه، ويكون فيه هذا الإمام مهديا وهاديا، يهديه العقل الفعال بنوره، فيهدي هو الناس، على ضوء ذلك النور نفسه »[٣٣].

٢ ـ ويقول مؤلف (في الفلسفة الإسلامية) : « في رأي الفارابي، أن النبي والإمام والملك والحاكم والفيلسوف، الذي نادى به أفلاطون لجمهوريته، يجب أن يقوموا بمهمة سياسية واحدة، فهم واضعو النواميس، والمشرفون على النظم الاجتماعية، مسترشدين في كل هذا بالأوامر الإلهية. وميزتهم المشتركة، أنهم يستطيعون الاتصال بالعالم الروحاني، في حال اليقظة، وأثناء النوم بواسطة المخيلة أو الفكر. وفي هذا التفسير ما فيه من انتصار للإسماعيلية والشيعة بوجه عام »[٣٤].

٣ ـ ويذهب مؤلف (في رحاب إخوان الصفاء وخلان الوفاء) إلى تأثر الفارابي بإخوان الصفاء وإلى اعتباره من علماء الشيعة. فيقول : « وليست الدولة الفاضلة التي رسم معالمها الفارابي (...)، إلا صورة طبق الأصل عما ذهب إليه إخوان الصفاء، في جزيرة صاغون، أو مدينة أهل الخير»[٣٥]. ثم يضيف : « إن كل المدن العلمية الفاضلة التي قال بها إخوان الصفاء، والفارابي، ودعاة الإسماعيلية، وغيرهم من علماء الشيعة، مستقاة من قول النبي صلى الله عليه وسلم : (أنا مدينة العلم، وعلي بابها، فمن أراد العلم، فليأت من الباب) »[٣٦].

٤ ـ على أن هناك من الباحثين، من يرى تتلمذ إخوان الصفاء على الفارابي. فقد : «تتلمذ للفارابي كثيرون، ممن بهرهم بسيرته الصالحة، وأخلاقه الوديعة، واستولى عليهم بآرائه الناضجة، وأبحاثه الدقيقة. وقد تأثر به بوجه خاص طائفة من الباحثين، هم أشبه بالجماعات السرية، منهم بالمدارس العلمية المنظمة. ونعني بهم (إخوان الصفاء) (...) الذين كانوا يمتون في أغلب الظن، بصلة إلى الباطنية والإسماعيلية.

---

(٣٣) حنا الفاخوري وخليل الجر: تاريخ الفلسفة العربية، ص ص ٣٧٨ـ٣٧٩ (وراجع أيضا، ص ١٥٦، نصا لمؤلف مجهول، في نفس هذا المرجع). بيروت ١٩٦٦.

(٣٤) إبراهيم مدكور : في الفلسفة الإسلامية، منهج وتطبيقه، ج ١، ص ٩٩، القاهرة ١٩٦٨.

(٣٥) مصطفى غالب : في رحاب إخوان الصفاء وخلان الوفاء، ص ٣٦٠، ط ١، بيروت ١٩٦٩.

(٣٦) نفس المرجع، ص ٣٦١.

ومهما يكن من أمرهم، فمن المحقق أنهم نشؤوا في القرن الرابع للهجرة، فعاصروا الفارابي، وأخذوا عنه، وإن تكن فكرتهم في الفلسفة أوسع مجالا من فكرته»[٣٧].

ومهما يكن فإن علاقة الفارابي بإخوان الصفاء، ثابتة بالمعاصرة، وسواء تأثر بهم، أو تأثروا به، فإن تشيعهما ثابت أيضا.

٥ ـ بالإضافة إلى ما سبق، فإن تشيع الفارابي، يبدو أيضا في مواقفه الآتية :

أ ـ أدى اندفاعه نحو : « قداسة رئيس المدينة، وصفاته الإلهية » [٣٨] إلى أن : «برزت نزعته الشيعية، ذات الطابع الإسماعيلي، في تعيينه صفات الرئيس الفاضل، فإذا به صورة للإمام المعصوم » [٣٩].

ب ـ « رغم أن الفارابي، أهمل كثيرا من آراء أفلاطون، والتي لا تتفق مع الدين الإسلامي، كشيوعية النساء والأولاد، فهو لم يذكرها في مدينته الفاضلة، ولم يحتج على أفلاطون، بصفته كمفكر مسلم » [٤٠]. فهل يعني سكوت الفارابي، على رأي أفلاطون في شيوعية المرأة، اعتقاده في جواز (زواج المتعة)، الذي تجيزه الشيعة[٤١]، وتبطله المذاهب الفقهية السنية[٤٢] خاصة،وأن:«الفارابي، كأفلاطون، لم يتزوج في حياته، رغم أنه عاش كأفلاطون حوالي ثمانين عاما أيضا » [٤٣].

---

(٣٧) إبراهيم مدكور ويوسف كرم : دروس في تاريخ الفلسفة، ص ١٥٨، القاهرة ١٩٤٠.

(٣٨) ناجي التكريتي : الفلسفة الأخلاقية الأفلاطونية، عند مفكري الإسلام، ص ٣١٦، ط ٢، بيروت ١٩٨٢.

(٣٩) عبده الشمالي : تاريخ الفلسفة العربية الإسلامية، ص ٢٦٧، ط ٤، بيروت ١٩٦٥.

(٤٠) ناجي التكريتي : الفلسفة الأخلاقية الأفلاطونية، مرجع سابق، ص ٣١٢.

(٤١) راجع : أ ـ محمد الخاقاني: علم الاجتماع بين المتغير والثابت، القسم الثاني، ص ١٥٨ وما بعدها، ط ١، بيروت ١٩٨٧ (ونشير الى أن المؤلف أحد رجال الشيعة).

ب ـ محمد فريد المحامي : تاريخ الدولة العلية العثمانية، تحقيق إحسان حقي، ص ٣١، هامش ٣، ط ١، بيروت ١٩٨١.

وبخصوص تشيع الفارابي، راجع أيضا : عبد السلام بن عبد العالي : الفلسفة السياسية عند الفارابي، ص ٢٥ وما بعدها، ط ٢، بيروت ١٩٨١.

(٤٢) راجع عبد الرحمن الجزيري : كتاب الفقه على المذاهب الأربعة (قسم الأحوال الشخصية)، ج ٤، ص ٩٠ وما بعدها، ط ٥، القاهرة (؟).

(٤٣) ناجي التكريتي : الفلسفة الأخلاقية الأفلاطونية، مرجع سابق، ص ٣٠٣.

٢ ـ التطابق في بعض الآراء

- ٨٣ -

على الرغم من تلك الاختلافات في الانتماء العقدي، فإن علاقة الخلدونية، بالمعلم الثاني، تبدو ـ على الأقل ـ في بعض المطابقات، أو التوافقات في الأفكار. من ذلك، مثلا :

أولا : في فكرة التجمع بين الإنسان والحيوان غير الناطق.

إن أول من طرح هذه الفكرة، هو أرسطو، فالفارابي، ثم ابن خلدون. وهذه هي الآراء الثلاث حول فكرة التجمع :

① يقول أرسطو : « إن المرء قابل للحياة الاجتماعية، أكثر من النحل، وغيره من الحيوانات الأليفة [(٤٤)]، لأن الطبيعة، كما قلنا، لا تسعى عبثا : فالإنسان وحده ناطق من بين جميع الحيوانات » [(٤٥)].

② ويقول الفارابي: « فلذلك من أنواع الحيوان ما ينفرد أشخاصه بعضها عن بعض دائما في كل أموره، حتى في التوليد، مثل كثير من حيوانات البحر. ومنها ما لا ينفرد بعضها عن بعض، إلا عند التوليد، فقط. ومنها ما لا ينفرد بعضها عن بعض في أكثر أحواله، مثل النمل والنحل، وكثير غيرهما، مثل الطيور التي ترعى وتطير قطيعا قطيعا (...) والإنسان من الأنواع التي لا يمكن أن يتم لها الضروري من أمورها، ولا تنال الأفضال من أحوالها، إلا باجتماع جماعات منها كثيرة، في مسكن واحد » [(٤٦)].

③ ثم يأتي ابن خلدون، فيؤكد نفس الفكرة ـ تقريبا ـ في نصين إثنين :

أ ـ يقول في الأول : « ومنها الحاجة إلى الحكم الوازع، والسلطان القاهر، إذ لا يمكن وجوده دون ذلك، من بين الحيوانات كلها، إلا ما يقال عن النحل والجراد. وهذه

---

(٤٤) « نعني هنا بالحيوانات الأليفة، التي يؤالف بعضها البعض الآخر، وتعيش قطعانا وزرافات. وعكسها الحيوانات الآبدة، التي ينفر بعضها من البعض الآخر، ولا تعيش متجمعة ». أرسطو : السياسيات، ترجمة الأب أوغسطينوس بربارة البولسي، ص ٩، هامش (١٠ـ١)، بيروت ١٩٥٧

(٤٥) نفسه، ص ٩.

(٤٦) الفارابي : كتاب السياسة المدنية، الملقب بمبادئ الموجودات، تحقيق فوزي متري نجار، ص ٦٩، ط١، بيروت ١٩٦٤.

وإن كان لها، مثل ذلك، فبطريق إلهامي، لا بفكر وروية »[٤٧].

ب ـ ويقول في الثاني : « وقد يوجد في بعض الحيوانات العجم على ما ذكره الحكماء[٤٨]، كما في النحل والجراد، لما استقرئ فيها من الحكم والانقياد والإتباع لرئيس من أشخاصها، متميز عنهم في خلقة وجثمانه، إلا أن ذلك موجود لغير الإنسان بمقتضى الفطرة والهداية، لا بمقتضى الفكرة والسياسة »[٤٩].

مما يلفت النظر، أن النصوص الأربعة السابقة، تؤكد ضربا من التشابه، أو التطابق في الرأي، حول فكرة واحدة، وهي تشبيه تجمع الإنسان، بتجمع الحيوان غير الناطق : كالنحل والنمل والجراد. وتحاول تلك النصوص، في نفس الوقت، أن تكشف عن أسباب التجمع، وعن الفوارق بين تجمع النوعين : الإنساني والحيواني. وقد أجمع أرسطو والفارابي وابن خلدون، كلهم، على التمثيل بالنحل، ـ ربما لما يتمتع به النحل، من روح التنظيم والنظام ـ مع إضافة الفارابي للنمل، وابن خلدون للجراد. على أن نصي ـ ابن خلدون، يمتازان عن نصي ـ أرسطو والفارابي، بعمق التعليل ووضوحه، حيث يرى أن تجمع الحيوان، مصدره إلهي فهو يتم إما بطريق الإلهام، أو بطريق الفطرة السليمة. أما تجمع الإنسان، فمصدره مادي أو طبيعي، لأن الإنسان بطبيعة تكوينه، محتاج إلى من يقوده إلى مصلحته، وإلى من يفرض عليه الاجتماع والتعاون مع الآخرين. إن مثل هذا التعليل المنطقي، الذي قدمه ابن خلدون، لفكرة التجمع عند الإنسان، وعند الحيوان غير الناطق، لا أثر له في نصي : أرسطو والفارابي. ومع ذلك، يمكن التساؤل : هل يعتبر تناول فكرة التجمع الإنساني والحيواني، بهذا الشكل، من طرف الفارابي وابن خلدون، تأثرا بأرسطو، أم مجرد توافق في الأفكار ؟

يغلب على الظن أن مصدر الفارابي، في ذلك، هو أرسطو، وذلك لانتمائه الفكري لليونان ـ كما سبقت الإشارة ـ أو إخوان الصفاء، الذين كتبوا في رسائلهم، فصلا: (في بيان فضيلة النحل وعجائب أموره)[٥٠]. أما ابن خلدون، فمصدره القرآن.

---

(٤٧) ابن خلدون : المقدمة، ص ٦٧.

(٤٨) لعله يقصد بالحكماء : أرسطو أو الفارابي، أو كلاهما معا.

(٤٩) نفسه، ص ٧٢.

(٥٠) راجع : إخوان الصفاء : الرسائل، م ٢، ص ٣٠١ وما بعدها، بيروت ١٩٨٣.

لأن القرآن، يعتبر مصدرا للتنظير عنده، ولأن الحيوانات التي ذكرت في النصوص السابقة، وهي : النحل والنمل، والجراد، مذكورة كلها في القرآن [٥١].

ثانيا ـ في اللغة :

يتوافق موقف كل من الفارابي وابن خلدون، في تأكيدهما، على أن اللغة من مميزات البشر، لأن بها يكون التعبير عن مقاصدهم.

أ ـ يقول الفارابي: « والجماعة الإنسانية الكاملة على الإطلاق، تنقسم أمما. والأمة تتميز عن الأمة بشيئين طبيعيين : بالخلق الطبيعية، والشيم الطبيعية، وبشيء ثالث وضعي، وله مدخل ما في الأشياء الطبيعية، وهو اللسان، أعني اللغة، التي بها تكون العبارة » [٥٢].

ب ـ ويقول ابن خلدون : « إن البشر متعاونون في وجودهم، فيحتاجون فيه إلى الحاكم الوازع. ومثل ما يذكر في أصول الفقه في باب إثبات اللغات، أن الناس محتاجون إلى العبارة عن المقاصد، بطبيعة التعاون والاجتماع، وتبيان العبارات أخف » [٥٣].

ثالثا : في أثر الهواء في أحوال البشر.

إن موضوع أثر الهواء في أحوال البشر، يشترك فيه كل من الفارابي، وإخوان الصفاء وابن خلدون. وقد توسع فيه الإثنان الأخيران، أكثر من الأول. إلا أننا سنتناول ذلك، في القسم الخاص بإخوان الصفاء، وعلاقة ابن خلدون بهم.

أ ـ يقول الفارابي في أثر الهواء في الأخلاق : « وكذلك يتبع أيضا اختلاف ما يسامتها من كرة الكواكب الثابتة، واختلاف الكرة الأولى، واختلاف أوضاع الأكر المائلة، اختلاف الهواء، واختلاف المياه (...). ويتبع ذلك اختلاف الخلق، واختلاف الشيم الطبيعية. وأيضا فإن اختلاف ما يسامت رؤوسهم من أجزاء السماء، يكون أيضا سببا لاختلاف الخلق والشيم، بغير الجهة التي ذكرت. وكذلك اختلاف الهواء

---

(٥١) راجع الآيات : النحل / ٦٨، النمل / ١٨، وبخصوص الجراد : الأعراف / ١٣٣، القمر / ٧.

(٥٢) الفارابي : كتاب السياسة المدنية، مصدر سابق، ص ٧٠.

(٥٣) ابن خلدون : المقدمة، ص ٦٤.

أيضا، يكون سببا لاختلاف الخلق والشيم، بغير الجهة التي ذكرت، ثم يحدث من تعاون هذه الاختلافات، واختلاطها، إمتزاجات مختلفة تختلف بها خلق الأمم، وشيمهم »[٥٤].

ب ـ ويؤكد ابن خلدون، أيضا، أثر الهواء في الأمزجة. فيقول : « ولما كان السودان ساكنين في الإقليم الحار، واستولى الحر على أمزجتهم، وفي أصل تكوينهم، كان في أرواحهم من الحرارة على نسبة أبدانهم وإقليمهم (...). وكذلك يلحق بهم قليلا أهل البلاد البحرية، لما كان هواؤها متضاعف الحرارة بما ينعكس عليه من أضواء بسيط البحر وأشعته، كانت حصتهم من توابع الحرارة في الفرح والخفة موجودة أكثر من بلاد التلول والجبال الباردة. وقد نجد يسيرا من ذلك في أهل البلاد الجزيرية، من الإقليم الثالث، لتوفر الحرارة فيها، وفي هوائها، لأنها عريقة في الجنوب عن الأرياف والتلول»[٥٥].

إن هذا التقارب في وجهات النظر، بين الفارابي وابن خلدون، حول أثر الهواء في سلوك الإنسان، يحمل على الظن أن كليهما قد تأثر بآراء إخوان الصفاء[٥٦] التي بثوها في رسائلهم، سيما في الفصل الموسوم بـ « في تأثير طبيعة البلدان في الأخلاق »[٥٧]، وهو الفصل الذي فسروا فيه الإنسان، تفسيرا طبيعيا. فقرروا أن سلوكه ومزاجه وعاداتـه ومعتقداته، كلها، هي نتيجة لما يجري في البيئة الطبيعية، من تغيرات وتقلبات. يدل على ذلك، أن الفارابي، لم يكن يجهل (إخوان الصفاء وخلان الوفاء) ـ الذين عاصروه في القرن العاشر للميلاد ـ فقد ذكر إسمهم، بطريقة توحي بأنه كان على علم بنظام جمعيتهم، حيث قال في (دعائه العظيم) : « اللهم أنقذني من عالم الشقاء والفناء، واجعلني من إخوان الصفاء وأصحاب الوفآء، وسكان السماء مع الصد يقين والشهداء»[٥٨].

---

(٥٤) أبونصر الفارابي : كتاب السياسة المدنية، مصدر سابق، ص ٧١.

(٥٥) ابن خلدون : المقدمة، ص ص ١٤٨ـ١٤٩.

(٥٦) على أن ابن خلدون لم يصرح مطلقا بإسم إخوان الصفاء، في المقدمة.

(٥٧) إخوان الصفاء : الرسائل، م ١، الرسالة التاسعة، مصدر سابق، ص ٣٠٢ وما بعدها.

(٥٨) الفارابي : كتاب الملة ونصوص أخرى، تحقيق محسن مهدي، ص ٨٩، بيروت ١٩٦٨.

رابعا : في أحوال البدو.

يبدو أيضا التشابه في الآراء، بين الفارابي وابن خلدون، فيما يتعلق بأحوال البدو.

① يقول الفارابي : « ولماكان سكان البرية، في بيوت الشعر والصوف والخيام والأحسية، من كل أمة، أجفى وأبعد من أن يتركوا ما قد تمكن بالعادة فيهم (...)، للتوحش والجفاء الذي فيهم، وكان سكان المدن والقرى، وبيوت المدر، منهم أطبع، وكانت نفوسهم أشد انقيادا، لتفهم ما لم يتعودوه »[٥٩].

ويقول أيضا : « مثل ما يرى ذلك في أشراف أهل البراري، من الترك والعرب. فإن أهل البراري، تعمهم محبة الغلبة »[٦٠].

② أما ابن خلدون، فقد فصل الكلام في أحوال البدو، في الفصول الآتية، من الباب الثاني، من المقدمة :

أ ـ الفصل ١ : في أن أجيال البدو والحضر طبيعية.

ب ـ الفصل ٣ : في أن البدو أقدم من الحضر وسابق عليه.

ج ـ الفصل ٤ : في أن أهل البدو أقرب إلى الخير من أهل الحضر.

د ـ الفصل ٥ : في أن أهل البدو أقرب إلى الشجاعة من أهل الحضر.

هـ ـ الفصل ٧ : في أن سكن البدو لا يكون إلا للقبائل أهل العصبية.

و- الفصل ١٦ : في أن الأمم الوحشية، أقدر على التغلب من سواها.

وهكذا يبدو من خلال المعاني التي تتضمنها عناوين هذه الفصول من المقدمة، أنها تقترب من معاني نصي الفارابي: فالمعنى العام لعنواني الفصل الرابع والسادس عشر، يتشابه مع معنى النص الأول للفارابي. وكذلك عنواني الفصلين الخامس والسادس عشر أيضا، فإن معناهما يتشابه ونص الفارابي الثاني.

وإذا كان الفارابي يصف، في نصيه، مساكن البدو، وجفاء طبعهم، وتوحشهم، وتمسكهم بعاداتهم، وميلهم إلى الغلبة والسيطرة، عكس الحضر الذين يميلون إلى الانقياد والطاعة، فإن ابن خلدون، قد وصف البدو، أيضا، وصفا فيه دقة، وفيه

---

(٥٩) الفارابي : كتاب الحروف، تحقيق : محسن مهدي، ص ١٤٦، بيروت ١٩٧٠.

(٦٠) الفارابي : كتاب السياسة المدنية، الملقب بمبادئ الموجودات، ص ١٠٣، ط ١، بيروت ١٩٦٤.

تفصيل، إذا قورن بوصف الفارابي، المقتضب لهم. ومع ذلك فنظرة كل من الفارابي وابن خلدون، للبدو، تبقى في عمومها، متقاربة. فالبدو، في نظر ابن خلدون، أيضا : «يتخذون البيوت من الشعر والوبر أو الشجر، أو من الطين والحجارة غير منجدة (...). فكانوا لذلك أشد الناس توحشا، وينزلون من أهل الحواضر، منزلة الوحش غير المقدور عليه، والمفترس من الحيوان العجم، وهؤلاء هم العرب [٦١] » [٦٢].

خامسا : في الاجتماع والتعاون.

أيضا، فإن التشابه، أو التوافق، في الآراء، نلمسه عند الفارابي وابن خلدون، في فكرة (الاجتماع والتعاون)، وضرورتها بالنسبة للنوع الإنساني.

أ ـ يقول الفارابي في نص مليء بالتكرار، والتواء العبارة، وغموضها : « وكل واحد من الناس مفطور على أنه محتاج، في قوامه، وفي أن يبلغ أفضل كمالاته، إلى أشياء كثيرة، لا يمكنه أن يقوم بها كلها هو وحده، بل يحتاج إلى قوم، يقوم له كل واحد منهم بشيء مما يحتاج إليه. وكل واحد من كل واحد بهذه الحال، فلذلك لا يمكن أن يكون الإنسان ينال الكمال، الذي لأجله جعلت الفطرة الطبيعية، إلا باجتماعات جماعة كثيرة متعاونين، يقوم كل واحد، لكل واحد، بعض ما يحتاج إليه في قوامه، فيجتمع مما يقوم به، جملة الجماعة، لكل واحد، جميع ما يحتاج إليه في قوامه، وفي أن يبلغ الكمال. ولهذا أكثرت أشخاص الإنسان، فحصلوا في المعمورة من الأرض، فحدثت منها الاجتماعات الإنسانية » [٦٣].

ب ـ ويقول ابن خلدون، في ذات الفكرة، مبرزا دور العامل الاقتصادي فيها :

① « فلا بد لذلك كله من التعاون عليه بأبناء جنسه. وما لم يكن هذا التعاون، فلا يحصل له قوت ولا غذاء، ولا تتم حياته، لما ركبه الله تعالى عليه من الحاجة إلى

(٦١) يقصد بـ(العرب)، الأعراب سكان البادية. راجع في ذلك :

أ ـ أبوالقاسم محمد كرو: العرب وابن خلدون، ص ٤٥ وما بعدها، ط ٢، بيروت ١٩٧١

ب ـ ساطع الحصري : دراسات عن مقدمة ابن خلدون، ص ١٥١ وما بعدها، طبعة موسعة، القاهرة ١٩٦١.

(٦٢) ابن خلدون : المقدمة، ص ص ٢١٢ ـ ٢١٣.

(٦٣) الفارابي : آراء أهل المدينة الفاضلة، مصدر سابق، ص ١١٧.

الغذاء في حياته (...). فإذن هذا الاجتماع ضروري للنوع الإنساني، وإلا لم يكمل وجودهم، وما أراده الله من اعتمار العالم بهم، واستخلافه إياهم »[٦٤].

② « إن اختلاف الأجيال في أحوالهم، إنما هو باختلاف نحلتهم من المعاش، فإن اجتماعهم إنما هو للتعاون على تحصيله، والابتداء بما هو ضروري منه وبسيط، قبل الحاجي والكمالي»[٦٥].

وإذ نقف عند هاته المسائل الخمس، في قائمة التشابهات والتوافقات في آراء الفارابي وابن خلدون، فإننا على يقين بأن المتتبع، لكتابات كل منهما، بالتفصيل، قد يتجاوز هذا العدد من الآراء والمسائل.

مفهوم الدولة عند الفارابي :

- ٨٤ -

بادئ ذي بدء، هل يمكن أن نقرر للفارابي، تصورا أو مفهوما للدولة ؟ وبعبارة أخرى، هل تناول الفارابي في بحوثه السياسية، إشكالية الدولة ؟

من البديهي أن تكون الإجابة عن السؤال، بالنفي. لأن الفارابي لم يتعرض بصراحة ـ كإبن خلدون ـ إلى دراسة الدولة، باعتبارها كذلك. بل إنه لم يشر في كتاباته السياسية، إلى (الدولة) لا كمصطلح، ولا كمفهوم، وإنما أكثر من لفظ (المدنية)، ومن الإشارة إلى : المدينة الفاضلة، ومضاداتها. ومن ثم أمكن تحديد نظريتين عامتين في فكر الفارابي :

الأولى : نظرية سياسية، هي نظرية الرئيس[٦٦]، التي من خلالها يؤله علم السياسة[٦٧]، أي يجعله علما إلهيا، كما فعل أفلاطون وإخوان الصفاء[٦٨]. لكن هذه

---

(٦٤) ابن خلدون : المقدمة، ص ٧١

(٦٥) نفسه، ص ٢١٠.

(٦٦) راجع : الفارابي : كتاب السياسة المدنية، مصدر سابق، ص ٧٩. وأيضا : آراء أهل المدينة الفاضلة، مصدر سابق، ص ١٢٠. وكذلك : إحصاء العلوم، تحقيق عثمان أمين، فصل : (العلم المدني)، القاهرة ١٩٤٩.

(٦٧) راجع : حسن صعب :علم السياسة، ص ص ٨٥ـ٨٦، ط ٣، بيروت ١٩٧٢.

(٦٨) راجع نفس المرجع، ص ص ٨٢ـ٨٦.

النظرية، لم تشمل، مع ذلك، الدولة، لأن الفارابي لم ينشىء نظرية في الدولة ـ كما سبقت الإشارة ـ

الثانية : نظرية اجتماعية، هي نظرية المدن والمجتمعات [٦٩].

وعلى الرغم من أن نظرية الفارابي السياسية، ذات طابع أخلاقي وديني [٧٠]، فإن الباحثين، قد اختلفوا في علاقتها بالدولة، وفي صلتها بسلطتها السياسية، إلى موقفين متعارضين : طائفة، ترى أن الفارابي، درس ظاهرة الدولة، من خلال دراسته للمدينة. بحيث يعبر تصوره السياسي للمدينة، عن مفهومه للدولة. أي أن المدينة، عند الفارابي، هي تعبير عن الدولة. وطائفة ترى أن لا علاقة لآراء الفارابي السياسية، بالدولة.

١ ـ الموقف الأول :

يذهب أصحابه إلى أن الفارابي يتصور معنى الدولة، في معنى (المدينة). لذلك : « أستخدم الفارابي، مصطلح (المدينة) في كتابه (المدينة الفاضلة)، للدلالة على معنى الدولة، مع توسيع مفهومه ليشمل التطور في ظل الدولة العربية، من ناحية الأمة والعالم بأجمعه » [٧١]. وهكذا فإن : « أبرز الفلاسفة المسلمين تأثرا بفلسفة أفلاطون السياسية، وتقليدا له في البحث عن الدولة الفضلى، أو المدينة الفاضلة، هو الفارابي» [٧٢]. وإذا كان: « الفارابي قد استقى الفكرة العامة (الدولة المثلى) من أفلاطون (...)، فإنه يرى أن رئيس المدينة، يجب أن يكون نبيا فيلسوفا، مثل حمورابي» [٧٣].

إن التفسير، بأن الفارابي، يتصور (الدولة) من خلال (المدينة)، أو (الدولة) في (المدينة)، تفسير يجانب الحقيقة ويخالف الواقع. لأن الفارابي يدرك تمام الإدراك، أن معنى

---

(٦٩) راجع : عمر فروخ : تاريخ الفكر العربي الى أيام ابن خلدون،ص ٣٧١، ط ٣، بيروت ١٩٧٢. وأيضا محمد جلال شرف : نشأة الفكر السياسي وتطوره في الإسلام، مرجع سابق، ص ١٨٧. وكذلك إبراهيم مدكور : في الفلسفة الإسلامية، ج ١، مرجع سابق، ص ٧٠.

(٧٠) راجع حسن صعب :علم السياسة، مرجع سابق، ص ٨٥. ومحمد جلال شرف : نشأة الفكر السياسي وتطوره في الإسلام، مرجع سابق، ص ١٨٦.

(٧١) نخبة من الأساتذة : معجم العلوم الاجتماعية، ص ٢٦٩، القاهرة ١٩٧٥.

(٧٢) حسن صعب :علم السياسة، مرجع سابق، ص ٨٤.

(٧٣) عمر فروخ : تاريخ الفكر العربي، مرجع سابق، ص ٣٧٤.

المدينة، ومعنى الدولة، لا يتفقان : سياسيا واجتماعيا. ومن ثم نرى أنه لم يتناول الدولة، ولم يبحث طبيعتها، في نظريته السياسية.

٢ ـ الموقف الثاني :

يمكن استخلاصه، من أن الفارابي ـ وأيضا إخوان الصفاء ـ يرى في المدينة، أنها عبارة عن (رئاسة) أو (زعامة)، أو أنها ضرب من (التشريف). فلذلك درس الفارابي، المدينة، من جانبها القيادي، لا غير، واعتبرها (وحدة أخلاقية)، أولا وآخرا. ولو أنه درسها من الجانب الوظيفي والتنظيمي، لبدا لنا أنه يعتبر المدينة (وحدة سياسية) ـ كما ذهب أفلاطون وأرسطو ـ وأنه بالتالي، تصور (مفهوم) الدولة، كظاهرة سياسية. ولكنه لم يفعل من ذلك شيئا. وعلى هذا، يمكن القول، إنه إذا كانت الدولة، مؤسسة تنبثق من المجتمع لتنظيمه، فإن نظرية الفارابي السياسية، لم تتطرق إلى مسالك البحث في ظاهرة الدولة.

في هذا المعنى، يمكن التأكيد بأن ابن خلدون، يعارض نظرة الفارابي السياسية، ضمنيا أو صراحة، لأنه لم يدرس المدينة، باعتبارها (رئاسة) أو (قيادة). وإنما درس (الدولة) باعتبارها ظاهرة سياسية، وظيفتها تنظيم المجتمع. ولأن ابن خلدون، هو أول من نظر للدولة، في الفكر السياسي الإسلامي، معتمدا : « في ذلك، على استنتاجاته الخاصة »[٧٤].

على هذا الأساس من النظر، يجوز القول، بأن تصور الفارابي لحقيقة الدولة، ومفهومها، يبقى خارج إطار نظريته السياسية. بمعنى أن فكر الفارابي السياسي، لا علاقة له بفكرة الدولة. وحتى مفهومه عن (المدينة)، فإنه في الحقيقة، لا صلة له بالواقع. إذ: «نحن إذن أمام مدينة، سكانها قديسون، ورئيسها نبي، وهي مدينة، لا وجود لها، إلا في مخيلة الفارابي»[٧٥].

(٧٤) هادي العلوي : في السياسة الإسلامية (الفكر والممارسة)، ص ١٥٨، ط ١، بيروت، ١٩٧٤.

(٧٥) إبراهيم مدكور : في الفلسفة الإسلامية، ج ١، مرجع سابق، ص ٧٢.

تعقيب :

ـ ٨٥ ـ

١ ـ يغلب على الظن أن نظرية الفارابي السياسية، في (الرئاسة)، تصلح مصدرا لنظام الترشيح والانتخابات للرئاسيات في النظم السياسية المعاصرة. ذلك أن أغلب الدساتير المعاصرة، تنص على شروط وخصال معينة، تلزم بها الشخص المترشح للرئاسة. وهو عين ما يؤكده الفارابي ـ تقريبا ـ في نظرية الرئيس. على أن الفارق يظهر فقط، في أن شروط الفارابي، تتعلق برئيس (المدينة)، أما شروط الدساتير المعاصرة، فتتعلق برئيس (الدولة).

٢ ـ إن المؤلفات التي تناولت الفارابي بالدراسة، وخاصة منها تلك المتعلقة بالفلسفة السياسية، تحاشت كلها الخوض في استنطاق الفارابي، في موضوع مفهوم الدولة. حتى أنك لا تجد مؤلفا واحدا يطرح تصور الفارابي للدولة. مع اتفاق تلك المؤلفات جميعا، على استنطاقه في موضوع (المدينة). فهل يكون سبب ذلك، هو قناعة تلك المؤلفات، بأن الفارابي، لم يفكر في الدولة، أصلا، كظاهرة سياسية، وكأداة تنظيمية للمجتمع ؟ ذلك أن تفكيره السياسي كله، كان منصبا على السلوك السياسي لزعماء (المدينة) وقادتها. ومن ثم غلب على آرائه السياسية، الطابع الديني والأخلاقي والاجتماعي.

٣ ـ إن الرأي القائل بأن معنى (الدولة)، يمكن عند الفارابي، في معنى (المدينة)، بمعنى أنه استعاض عن مصطلح (الدولة) بمصطلح (المدينة)، لا وجه فيه للصواب. لسبب واضح، هو أن المعنى السياسي (للمدينة)، أضيق وأخص من معنى (الدولة). ولا نعتقد أن الفارابي، يجهل الفرق بين المعنيين أو المصطلحين، كما لا نعتقد أنه يجهل الفروق السياسية، بين مفهوم (المدينة)، ومفهوم (الدولة).

٤ ـ لا مراء في أن الفارابي، قد تعمد إغفال دراسة ظاهرة الدولة، بل تعمد أيضا، حتى ذكر إسمها في كتاباته السياسية، لأسباب قد تكون ذاتية محضة. والدليل على عدم جهله بظاهرة الدولة، وتعمده عدم التطرق إليها :

أ ـ أنه تأثر بنظرية أفلاطون وأرسطو السياسية، وأن هذين المفكرين قد درسا ظاهرة الدولة، في إطار نظرية المدينة الفاضلة، ونظرية المدينة ـ الدولة.

ب ـ وأنه عاصر إخوان الصفاء، الذين تعرضوا في رسائلهم، لإشكالية الدولة، بطريقتهم الخاصة ـ كما سنرى ـ

ج ـ ثم إنه كان يعيش في ظل نظام سياسي، تسيره (دولة)، كان رئيسها من قر به إليه، وتسمى بإسمها، وهو (سيف الدولة الحمداني).

٥ ـ من غريب الآراء، أن يقرر الفارابي، إمكانية تعدد الرؤساء في المدينة[٧٦]. مع أن ذلك غير جائز عقلا ونقلا ـ كما يقول الفقهاء ـ لأنه بداهة، لا يمكن تعدد الملوك في مملكة، ولا تعدد القواد في جيش، وإلا فسدت المملكة، وفسد الجيش. بدليل أن تاريخ البشرية، لم يحدثنا عن مدينة، أو مملكة، قادتهما مجموعة من الرؤساء، أو من الملوك، ولا عن جيش قادته مجموعة من القواد. إضافة إلى ذلك، فإن القرآن، يقرر أنه : ﴿ لو كان فيهما آلهة إلا الله لفسدتا ﴾[٧٧]. بمعنى أنه لو تعددت الآلهة، لفسدت السماوات والأرض. وإذا كان كذلك، فلا شك في فساد (المدينة) من الأرض، إذا تعدد رؤساؤها.

لعل أمثال هذه الآراء الشاذة التي يقررها الفارابي، هي التي كانت سببا في اتهامه بالنقل، من طرف الغزالي، وبالشكوك والتناقض، من طرف ابن طفيل، وبالخرافات، أو التخريف، من طرف ابن رشد[٧٨].

---

(٧٦) راجع : عمر فروخ : تاريخ الفكر العربي، مرجع سابق، ص ص ٣٦٩ـ٣٧٠.

(٧٧) الأنبياء / ٢٢.

(٧٨) راجع : نفس المرجع، ص ص ٣٥٣ ـ ٣٥٤.

القسم السادس

مفهوم إخوان الصفاء للدولة

علاقة ابن خلدون بإخوان الصفاء

توطئة

-٨٦-

مما يلفت النظر، أن يتجاهل ابن خلدون، إخوان الصفاء. فلم يذكر رسائلهم، ولا اسمهم في (المقدمة). ولم يتعرض لهم، بالقليل ولا بالكثير، كما تعرض للفارابي ـ معاصرهم ـ وابن سينا، والغزالي، وابن رشد، وابن حزم، وغيرهم من مفكري الإسلام.

فهل يمكن القول ـ إزاء هذه الظاهرة ـ بأن ابن خلدون، كان في الحقيقة، يجهل إخوان الصفاء، ويجهل تراثهم الفكري، الذي ضمنوه رسائلهم ؟ أم أنه على العكس من ذلك، قد تعمد عدم التعرض لهم، لعدم استفادته منهم، كما لم يتعرض، لإبن تيمية، معاصره ـ تقريبا ـ والفقيه[١] مثله، وزميله في البحث السياسي ـ إن صح القول ـ ؟

فإذا كان، مثلا، الإمام الغزالي نفسه، قد استفاد، بشكل من الأشكال، من آراء إخوان الصفاء، « وهو مدين لفلسفتهم بأكثر مما يعترف به » [٢] ـ ورغم انتقاده لهم[٣] ـ كما « قد استفاد آخرون من رسائلهم في تأليف الموسوعات » [٤]، فلماذا لا يكون ابن خلدون، واحدا من أولئك (الآخرين) الذين استفادوا من (علمية) إخوان الصفاء ؟

---

(١) راجع:أ ـ أجناس جولدزيهر : العقيدة والشريعة في الإسلام، ترجمة محمد يوسف موسى (وآخران)، ص ٢٦٤ وما بعدها، ط ٢، القاهرة، (مقدمة المترجمين، ١٩٥٩).

ب ـ كارل بروكلمان : تاريخ الشعوب الإسلامية، ترجمة نبيه فارس ومنير البعلبكي، ص ٣٧٠، ط٦، بيروت ١٩٧٤.

(٢) دي بور تاريخ الفلسفة في الإسلام، ترجمة محمد الهادي أبوريدة، ص ١٧٥، ط ٤، القاهرة ١٩٥٧.

(٣) راجع : نفس المرجع والصفحة، هامش (١).

(٤) نفس المرجع والصفحة.

وفي هذا الخصوص، فإننا نرفض الرأي القائل بأن ابن خلدون، قد : « سرق كل ما كتبه إخوان الصفاء، وعزاه إلى نفسه » [٥]، لأنه من الآراء غير المؤسسة التي لا تقوم على أي دليل، والتي تهدف فقط، إلى النيل من قيمة ابن خلدون الفكرية والعلمية.

والحق أنه سواء استفاد ابن خلدون من معارف إخوان الصفاء، أو من آراء ابن تيمية، أم لم يستفد، فإننا نرجح اطلاعه على رسائل إخوان الصفاء، وعلى كتابات شيخ الإسلام، نزيل قلعة دمشق، رغم عدم تطرقه، مطلقا إليهما في (المقدمة). ومما يرجح هذا الرأي، حقيقتان ـ على الأقل ـ وهما :

أ ـ أن رسائل إخوان الصفاء، قد عرفتها بيئة ابن خلدون الثقافية في الغرب الإسلامي، قبل قرنين ونيف من ولادة ابن خلدون، أي منذ نهاية القرن الحادي عشر للميلاد. ذلك أنه : « لم تمض مائة سنة على كتابتها، حتى دخلت بلاد الأندلس على يد أبي بكر عمر وبن عبد الرحمن الكرماني القرطبي[٦] (...) فما لبثت أن انتشرت هناك حتى تناولها أصحاب العقول البحاثة، وأخذوا في درسها وتدبرها »[٧]. فإذا ما : « نبغ مفكرون وفلاسفة، إنما هم تلاميذ الإخوان، وأساتذة الغرب » [٨]. فهل يمكن إذن، والأمر هكذا، أن يجهل ابن خلدون، تلك (الرسائل)، وما احتوته من علوم ومعارف؟[٨م].

ب ـ إن ابن تيمية، الذي توفي في قلعة دمشق، قبل ولادة ابن خلدون، بأربع سنوات، قد خاض في بحث موضوعين أصيلين في الفكر السياسي الإسلامي، بذل ابن خلدون، نفسه، في دراستهما قصارى جهده واجتهاده، وهما : أزمة صدر الإسلام السياسية، والنظرية السياسية الشرعية [٩].

---

(٥) سلامة موسى، نقلا عن : أبي القاسم محمد كرو: العرب وابن خلدون، ص ٩٣، ط ٢، بيروت ١٩٧١.

(٦) وهو : «المعروف بأبي الحكم». راجع : عبده الشمالي : تاريخ الفلسفة العربية الإسلامية، ص ٤٣٦، ط ٤، بيروت ١٩٦٥.

(٧) محمد لطفي جمعه : تاريخ فلاسفة الإسلام، في المشرق والمغرب، ص ٢٥٤، القاهرة ١٩٢٧.

(٨) عبده الشمالي : تاريخ الفلسفة العربية الإسلامية، مرجع سابق، ص ٤٣٦.

(٨ مكرر) راجع: قسم (ب) من التقديم

(٩) راجع في ذلك:مؤلفي ابن تيمية:منهاج السنة النبوية، والسياسة الشرعية، في إصلاح الراعي والرعية.

وعلى ذلك، يجوز القول، أنه إذا كان الباحثون، قد اتفقوا على أن القرآن والسنة، يعدان من مصادر فكر ابن خلدون الأساسية(١٠) ـ وفي ذلك يتفق مع ابن تيمية ـ فإن رسائل إخوان الصفاء، قد تكون من بين مصادره العلمية الأساسية، أيضا.

وإذا كانت شخصية ابن خلدون : « تأبى إلا أن تكون متميزة » (١١) في انتماءاتها الفكرية والعقدية، لأنه حر التفكير، مستقل الرأي ـ كما سبقت الإشارة ـ فإن موضوع علاقة ابن خلدون، (العلمية)، بإخوان الصفاء، يبدو طريفا، ويستحق بحثا مستقلا، خاصة وأن الباحثين، لم يتطرقوا ـ حسب قراءاتنا ـ إلى دراسة موضوع تلك العلاقة. (١٢)

في هذا الإطار من النظر، فإن علاقة ابن خلدون بإخوان الصفاء، تبدو واضحة، من خلال ذلك التشابه والتطابق، في منهج البحث، وفي العديد من مواضيع (الرسائل) و(المقدمة). وسوف نشير إلى ذلك، ونمثل له ببعض النماذج، بإيجاز شديد.

أولا : من حيث المنهج.

١ ـ لا شك في أن (الرسائل) لها طابع موسوعي(١٣) ولعلها أولى المؤلفات الموسوعية (الجماعية)، في تاريخ الفكر الإسلامي والإنساني. فهي دائرة معارف شاملة لجميع المعارف والعلوم، التي عرفها عصر إخوان الصفاء. وكذلك ابن خلدون : « فإنه يعد بحق ـ في ضوء هذه المقدمة ـ بين أصحاب الموسوعات » (١٤)، وبالتالي تعد (المقدمة)،

---

(١٠) في هذا الخصوص، راجع مثلا :

أ ـ مصطفى الشكعة : الأسس الإسلامية في فكر ابن خلدون، ونظرياته، ط ١، بيروت ١٩٨٦

ب ـ حسن الساعاتي : أصول التنظير الخلدوني من القرآن والحديث، محاضرة في (أعمال الملتقى الدولي الثاني عن ابن خلدون)، ص ١٨٣ وما بعدها : (فرندة : من ١ـ٤ يوليو) الجزائر ١٩٨٦.

(١١) نفس المرجع، ص ١٨٤.

(١٢) يشير أحد الباحثين، الى أن فكرة إخوان الصفاء في المراحل التي تقطعها الدولة، وفي تداول السلطة، بين البيوت، بحسب الأدوار والقرانات الفلكية، لها : «أصداء في مقدمة ابن خلدون». راجع : حنا الفاخوري وخليل الجر : تاريخ الفلسفة العربية، ص ٢٠٢، هامش (١)، بيروت ١٩٦٦.

(١٣) راجع هنري كوربان : تاريخ الفلسفة الإسلامية، ترجمة نصير مروة وحسن قبيسي، ص ٢٠٩، ط٣، بيروت ١٩٨٣.

(١٤) إبراهيم مدكور : ابن خلدون الفيلسوف، محاضرة في (أعمال مهرجان ابن خلدون)، ص ١٢٤، القاهرة، يناير ١٩٦٢.

أيضا : « دائرة معارف شاملة لعلوم ذلك العصر» [١٥]. ومن ثم فالمقدمة، في منهجها العام، مشابهة لـ (رسائل) إخوان الصفاء، من حيث شمولها على العلوم والمعارف،لا كنها مختلفة عنها، من حيث (أحادية) التأليف.

٢ ـ قسم إخوان الصفاء موسوعتهم إلى رسائل، وكل رسالة قسموها إلى فصول فرعية. وقسم ابن خلدون (المقدمة) إلى مقدمات وأبواب، وكل باب، إلى فصول فرعية، أيضا. إلا أنه رغم التشابه في قصر الفصول، في كل من (الرسائل) و(المقدمة)، فإن ابن خلدون، يبدو أكثر انضباطا وتنظيما، من إخوان الصفاء، وخاصة فيما يتعلق بترتيب الموضوعات، وتبويبها، وبعناوين الفصول. فصاحب (المقدمة)، مثلا،يضع لكل فصل عنوانا يعبر عن محتواه بكل وضوح. خلافا لأصحاب (الرسائل) الذين يتركون الكثير من الفصول بدون عناوين، إلا في القليل النادر. بالإضافة إلى أن ترتيبهم للموضوعات العامة، وتوزيعها على الرسائل، فيه تقديم وتأخير، وفيه تكرار لبعض المواضيع [١٦]، وكثير من الاضطراب، الذي ربما يعود سببه إلى طبيعة التأليف الجماعي للرسائل.

على أنه يمكن إخراج هاته المسألة من دائرة العلاقة بين (الرسائل) و(المقدمة)، لأن هذا التبويب والترتيب في طرق التأليف قد لا يميز مؤلفا عن آخر، لعمومية هذا المنهج ـ تقريبا ـ عند كثير من المؤلفين.

٣ ـ التشابه في بعض الألفاظ والمصطلحات المستعملة في لغة (الرسائل) و(المقدمة). مثلا: ألفاظ: صناعة وصنائع[١٧]، ورياسة[١٨]، وسياسة ملوكية[١٩]، وقران[٢٠]،

---

(١٥) دي بور: تاريخ الفلسفة في الإسلام، ترجمة محمد الهادي أبوريدة، ص ١٥٩، ط ٤، القاهرة ١٩٥٧

(١٦) مثلا : فإن فكرة (عمر الدولة) وفكرة (التعاقب الدوري)، مكررتان في موضعين من الرسائل : في م ١، ص ص ١٨٠ ـ ١٨٢، وفي م ٤، ص ص ١٨٦ ـ ١٨٧.

(١٧) راجع : إخوان الصفاء : الرسائل، م ١، صفحات : ٢٤، ٢٧٢، ٢٧٤، بيروت ١٩٨٣
وابن خلدون : المقدمة، ص ٨٢٠، وفي غيرها من الصفحات.

(١٨) راجع : نفس المصدر : الرسائل، م ١، ص ٢٧٤، مثلا، وابن خلدون : المقدمة، ص ٢٣١.

(١٩) راجع : نفس المصدر : الرسائل، م ١، ص ٢٧٣، وابن خلدون : المقدمة، ص ٥٤١.

(٢٠) راجع : نفس المصدر : الرسائل، م ١، ص ١٣٦، وابن خلدون : المقدمة، ص ٥٨٩.

وملك[٢١]، وغير ذلك.

٤ ـ تتخلل رسائل إخوان الصفاء، رسومات وأشكال توضيحية، مختلفة، وخاصة في المجلد الأول، وتتعلق تلك الرسومات بالخصوص، بالأرض والأقاليم والكواكب والحروف، وببعض الخواص[٢٢]. ونجد مثل تلك الرسومات التوضيحية، في الربع الأخير من (المقدمة)، وتتعلق خاصة، بعلم أسرار الحروف[٢٣]، وبأجوبة المسائل لزايرجة العالم[٢٤]، وبالارتباطات الحرفية[٢٥]، وبنظرية العناصر[٢٦]، وغير ذلك.

٥- التشابه في ظاهرة الاستدلال بالشعر، في (الرسائل) وفي (المقدمة)، إما للاستشهاد والتدليل على فكرة ما، أو للتعبير عن بعض المعاني الغامضة[٢٧]. وأحيانا نجد في (الرسائل) وفي (المقدمة)، القصائد الطوال، لبيان حقيقة اتجاه معين، كما هو الحال في قصيدة (النكت الإلهية) في الرسائل[٢٨]. وقصيدة أبي القاسم الروحي، في (المقدمة)[٢٩] التي ينتقد فيها ـ بأسلوب تهكمي ـ آراء علماء الكلام، وخاصة مذهب أبي الحسن الأشعري.

٦ ـ تطابق منهج (المقدمة)، مع منهج (الرسائل) في الاستدلال بالقرآن وبالسنة النبوية. فلا يكاد يخلو فصل من (الرسائل) ـ تقريبا ـ من الاستشهاد والاستدلال بآي القرآن، وبالأحاديث النبوية[٣٠]. وكذلك الحال في (المقدمة)، حيث يستدل ابن خلدون،

---

(٢١) راجع: نفس المصدر : الرسائل، م ١، ص ١٨١ و٢٩٢، وم ٤، ص ١٨٧، وابن خلدون: المقدمة، ص ٣٣٢.

(٢٢) راجع : نفس المصدر : الرسائل، م ١، صفحات : ٩٦، ١٠٥، ١٢٩، ١٣١، ١٥٨، ١٦٥...إلخ.

(٢٣) راجع : ابن خلدون : المقدمة، ص ٩٤٥ وما بعدها.

(٢٤) راجع نفسه، صفحات : ٩٥٠، ٩٦٣، ٩٦٤.

(٢٥) راجع نفسه، ص ٩٦٧.

(٢٦) راجع نفسه، ص ٩٧٣.

(٢٧) راجع : إخوان الصفاء : الرسائل، م ١، ص ١٣٩، وم ٤، ص ٧٦.
وابن خلدون : المقدمة، صفحات : ٣٤، ٢٠٤، ٢٩٦، ٣٦٩، ٤٠٥.

(٢٨) راجع : إخوان الصفاء : الرسائل، م ٤، ص ١٣٩ وما بعدها.

(٢٩) راجع : ابن خلدون : المقدمة، ص ١٠٠٧ وما بعدها.

(٣٠) راجع مثلا : إخوان الصفاء : الرسائل، م ١، صفحات : ٢٢٣، ٣٣٠. وم ٤، ص ٢٤٢، ٢٤٩ (قرآن). وم ١، ص ٣٧٩. وم ٣، ص ص ٤٦-٤٧. وم ٤، ص ٢٥٢ (حديث) وغير ذلك.

بالأحاديث في مواضع مختلفة من (المقدمة)، وبالآيات القرآنية، التي غالبا ما ينهي بها كل فصل. فقد « حرص ابن خلدون على أن يختم كل فصل من فصول المقدمة، طال ذلك الفصل أو قصر، بآية قرآنية أو أكثر، أو بحديث نبوي شريف، أو دعاء إلى الله بالسداد، أو ابتهال إلى ذاته العلية، تقديسا وتمجيدا »[٣١]. وهذا المنهج في الاستدلال بالقرآن والسنة النبوية، هو نفسه، المتبع في (الرسائل)، مع التأكيد على أن ابن خلدون، لم يتأثر بمصادر إخوان الصفاء الدخيلة، كآراء المدرسة الفيثاغورية، والفيض الأفلوطيني. ولا كذلك بنزعتهم الشيعية الإسماعيلية.

٧ ـ التشابه في الولوع بالغرائب والغيبيات. أي النزوع إلى بحث المعارف الغريبة، والميل إلى دراسة الطلسمات[٣٢]. وهذا واضح من خلال ما تضمنته (الرسائل) و(المقدمة) من مواضيع تتطرق إلى القرانات الفلكية[٣٣]، وتأثيرات الكواكب على الإنسان، وإلى التنجيم[٣٤]، والجن[٣٥]، والسحر[٣٦]، وأسرار الحروف[٣٧]، وما إلى ذلك.

ثانيا : من حيث المواضيع

ـ ٨٨ ـ

إن إلقاء نظرة فاحصة على المواضيع العامة، التي دار حولها التفكير، في كل من (رسائل) إخوان الصفاء، و(مقدمة) ابن خلدون، لتؤكد فارقا في الاهتمام بين

---

(٣١) مصطفى الشكعة : الأسس الإسلامية في فكر ابن خلدون، ونظرياته، مرجع سابق، ص ٩١.
وراجع : ابن خلدون : المقدمة، صفحات : ١٤٠، ٣٠١، ٣١٣، إلخ...

(٣٢) الطلسمات (بكسر الطاء وفتح اللام المشددة، وسكون السين)، جمع طلسم، وهو ضرب من السحر، يستعان فيه بالأفلاك، والعناصر والأعداد. يقول ابن خلدون، في ذلك : «والنفوس الساحرة على مراتب ثلاثة، يأتي شرحها : فأولها المؤثرة بالهمة فقط، من غير آلة ولا معين. وهذا هو الذي تسميه الفلاسفة، السحر. والثاني، بمعين من مزاج الأفلاك أو العناصر، أو خواص الأعداد، ويسمونه الطلسمات، وهو أضعف رتبة من الأول». ابن خلدون : المقدمة، ص ٩٢٥.

(٣٣) راجع : إخوان الصفاء : الرسائل، م ١، ص ١٣٦، وابن خلدون : المقدمة، ص ١٠٠٢ وما بعدها.

(٣٤) راجع : إخوان الصفاء : الرسائل، م ١، ص ١٥٣، وابن خلدون : المقدمة، ص ٣٠٠.

(٣٥) راجع:نفس المصدرين : الرسائل : م ٢، ص ٢٢٨، وص ٣٠٦. والمقدمة : ص ٥٩، وص ١٨٣ وما بعدها.

(٣٦) راجع نفس المصدرين : الرسائل، م ٤، ص ٢٨٣ وما بعدها. والمقدمة، ص ٩٢٣ وما بعدها.

(٣٧) راجع ابن خلدون : المقدمة، ص ٩٣٦ وما بعدها.

الموسوعتين : وهو أن (الرسائل) قد اهتمت بالرياضيات والطبيعيات، والإلهيات، وعلوم اليونان ونظرياتهم، كالفيثاغورية، والمدينة الفاضلة، والعناصر، والأخلاط، والفيض، ومصير الإنسان في الدنيا، وفي الآخرة. أما (المقدمة) فكان اهتمامها منصبا، على العصبية، والمجتمع الطبيعي والبدوي والحضري، والدولة، والحضارة، ومصير الإنسان السياسي والاجتماعي والاقتصادي. لكن في الوقت نفسه، تؤكد الموسوعتان، موقفا مشتركا بينهما، وهو اعتمادهما على القرآن والسنة، اللذين هما من بين مصادرهما الإسلامية الأساسية.

على أنه، نظرا لاتساع المسائل والمواضيع، المتشابهة، في (الرسائل) و(المقدمة)، فإننا سوف نختزل الإشارة إلى ذلك، بالاقتصار على تقديم بعض الأمثلة، لا غير.

١ ـ مسألة عمر الدولة :

من بين ما اشتهر به ابن خلدون من نظريات في تاريخ الفكر السياسي، نظرية عمر الدولة. فقد حدد عمرها بمائة وعشرين سنة : « إلا إن عرض لها عارض آخر، من فقدان المطالب »[٣٨].

إلا أن مثيل هذا الرأي ـ تقريبا ـ يؤكده مصدران سابقان عن ابن خلدون :

الأول : جاء في التوراة : « فقال الرب لا يدين روحي في الإنسان إلى الأبد، لزيغانه، هو بشر، وتكون أيامه مائة وعشرين سنة »[٣٩]. فهل اطلع ابن خلدون على هذا النص من التوراة ؟ نرجح ذلك، لأنه تطرق في (المقدمة) للتوراة، في عدة مناسبات. منها أنه نقل نسب موسى عليه السلام، من التوراة، أو كما قال : « هكذا نسبه في التوراة»[٤٠]. ومنها أنه استدل بمعنى نص من التوراة، أثناء كلامه عن : اشتراط أربعة آباء في الأحساب. فقال : « وفي التوراة ما معناه : أنا الله ربك طائق، غيور مطالب بذنوب الآباء للبنين على الثوالث وعلى الروابع »[٤١]. ومنها أنه حقق دعاء نوح عليه السلام،

(٣٨) ابن خلدون : المقدمة، ص ٣٠٣.

(٣٩) الكتاب المقدس (كتب العهد القديم والعهد الجديد)، سفر التكوين، إصحاح ٣/٦، ص ١٠، القاهرة ١٩٦٢.

(٤٠) ابن خلدون : المقدمة، ص ١٥.

(٤١) نفسه، ص ٢٤١.

على ابنه حام، بالاستناد إلى ما « قد وقع في التوراة »[42]. وتكلم عن الأسفار التي تتألف منها التوراة[43]. وتعرض كذلك، إلى وصف التوراة، لبناء القبة الخشبية، من طرف موسى عليه السلام، أثناء واقعة (التيه) من مصر إلى بيت المقدس[44].

نعتقد أن هذه الأدلة كافية، في ترجيح إطلاع ابن خلدون على التوراة، وبالتالي، على مبدأ فناء الإنسان، وامتناع خلوده، وبقاء أيامه مائة وعشرين سنة.

الثاني :

جاء في رسائل إخوان الصفاء : « واعلم بأن كل دولة لها وقت منه تبتدي، وغاية إليها ترتقي، وحد إليه تنتهي. فإذا بلغت إلى أقصى غاياتها، ومدى نهاياتها، تسارع إليها الانحطاط والنقصان، وبدا في أهلها الشؤم والخذلان، واستئنف في الآخرين، من القوة والنشاط، والظهور والانبساط، وجعل كل يوم، يقوى هذا ويزيد، ويضعف ذاك وينقص، إلى أن يضمحل الأول المقدم، ويستمكن الآتي المتأخر »[45].

يصف هذا النص، مراحل تطور حياة الدولة، وانتقالها من الضعف إلى القوة، ثم من القوة إلى الضعف والانحطاط. ويقرر لها بداية ونهاية في الزمان، كما للإنسان.

وفي مثل هذا المعنى، يصف ابن خلدون جدلية البناء والهدم، في كيان الدولة وتطور طبيعتها في الزمان. فيقول : « فيستفرغ وسعه[46] في الجباية، وضبط الدخل والخرج، وإحصاء النفقات، والقصد فيها، وتشييد المباني الحافلة، والمصانع العظيمة، والأمصار المتسعة، والهياكل المرتفعة، وإجازة الوفود من أشراف الأمم، ووجوه القبائل، وبث المعروف في أهله (...). وهذا الطور آخر أطوار الاستبداد من أصحاب الدولة. لأنهم في هذه الأطوار كلها، مستقلون بآرائهم، بانون لعزهم، موضحون الطرق لمن بعدهم »[47].

---

(٤٢) نفسه، ص ١٤٤.

(٤٣) راجع : نفسه، ص ص ٤١١_٤١٢.

(٤٤) راجع : نفسه، ص ٦٢٩.

(٤٥) إخوان الصفاء : الرسائل، م ١، ص ١٨٠. وهذا النص نفسه، يكرره إخوان الصفاء، في م ٤، ص١٨٦ وما بعدها، مع بعض الاختلافات في صياغة العبارات.

(٤٦) يعود الضمير على (صاحب الدولة).

(٤٧) ابن خلدون : المقدمة، ص ص ٣١١_٣١٢.

ثم تحول حال الدولة، فتنتقل من القوة إلى الضعف، أي من حال البناء إلى حال الهدم. و: « يكون صاحب الدولة في هذا الطور، متلفا لما جمع أولوه (...) مخربا لما كان سلفه يؤسسون، وهادما لما كانوا يبنون. وفي هذا الطور، تحصل في الدولة، طبيعة الهرم، ويستولي عليها المرض المزمن، الذي لا تكاد تخلص منه، ولا يكون لها معه برء، إلى أن تنقرض» (٤٨). فهناك إذن ضرب من التشابه، بين فكرة إخوان الصفاء، وفكرة ابن خلدون، بخصوص الأطوار التي تعرفها حياة الدولة، وحياة الإنسان مع اختلافهما في تفسير الأسباب (٤٩).

٢ ـ مسألة التعاقب الدوري

لقد اشتهر ابن خلدون، أيضا، بنظرية التعاقب الدوري، أو (الدورات التاريخية). ورغم أننا نلمح معاني هاته النظرية، في ثنايا نصوص (عمر الدولة) ـ السابقة ـ فإنه توجد نصوص أخرى، في تراث إخوان الصفاء، تتعرض لمفهوم النظرية، بشكل واضح، مما يحمل على الاعتقاد، اطلاع ابن خلدون على فحواها. يقولون : «وأعلم يا أخي، بأن أمور هذه الدنيا، دول، ونوب، تدور بين أهلها، قرنا بعد قرن، ومن أمة إلى أمة، ومن بلد إلى بلد» (٥٠). ثم يضيفون : « وأعلم بأن الدولة والملك، ينتقلان في كل دهر وزمان، ودور وقران (٥١)، من أمة إلى أمة، ومن أهل بيت إلى أهل بيت، ومن بلد إلى بلد » (٥٢).

على أن النصوص الخلدونية، المتعلقة (بالتعاقب الدوري)، والمشابهة في معناها،

---

(٤٨) نفسه، ص ٣١٣.

(٤٩) راجع : علي الوردي : منطق ابن خلدون، مرجع سابق، ص ١٧٩.

(٥٠) إخوان الصفاء : الرسائل، م ١، ص ١٨٠.

(٥١) القران، لفظ متعلق بالكواكب، ومعناه : إلتقاء كوكبين. يقول ابن حزم : «فأهل المعرفة بالكواكب، يسمون إلتقاء كوكبين، في درجة واحدة : قرانا ». ابن حزم : طوق الحمامة في الألفة والألاف، تحقيق فاروق سعد، ص ٧٧. بيروت ١٩٨٠.

وراجع أيضا في معنى القران : أ ـ إخوان الصفاء : الرسائل، م ١، ص ١٣٦.

ب ـ عمر فروخ : تاريخ الفكر العربي، مرجع سابق، ص ٣٩٥، هامش (٣).

(٥٢) إخوان الصفاء : الرسائل، م ١، ص ١٨١. وهذا النص مكرر في م ٤، ص ١٨٧. وراجع بخصوص تأثر ابن خلدون بهذا النص، لإخوان الصفاء، (نهاية التوطئة)، هامش (١٢) من هذا القسم.

بمعاني نصوص إخوان الصفاء، قد تتعدد في المقدمة. فبالإضافة إلى نصوص أطوار الدولة[٥٣]، والنصوص المتعلقة بتطور العصبية، من النشأة إلى القوة، ثم إلى الاضمحلال، يمكن أيضا، الاستدلال بالنص الآتي الذي يعبر عن فكرة (التعاقب الدوري)، بكل جلاء، والذي لا يختلف معناه ([٥٤])، عن معنى نصي- إخوان الصفاء، السالفين. حيث يقول ابن خلدون، في معرض كلامه على تحديد النسب بأربعة آباء مستدلا بالقرآن : « فتنمو فروع هذا، وتذوى فروع الأول، وينهدم بناء بيته، هذا في الملوك. وهكذا في بيوت القبائل، والأمراء، وأهل العصبية أجمع ؛ ثم في بيوت أهل الأمصار، إذا انحطت بيوت، نشأت بيوت أخرى، من ذلك النسب ﴿ إن يشأ يذهبكم ويأت بخلق جديد، وما ذلك على الله بعزيز ﴾[٥٥] »[٥٦].

٣ ـ مسألة الأقاليم الجغرافية

خصص إخوان الصفاء، الرسالة الرابعة، من المجلد الأول[٥٧] من الرسائل، لدراسة الأقاليم الجغرافية، من الأرض. وجعلوا عنوان تلك الرسالة، هكذا : (في الجغرافية). وتناولوا فيها، صفة الارض، وأقسامها، وصفة الربع المعمور منها، وعلاقة الأرض بالهواء، وصفة الأقاليم السبعة، وخواصها.

فإذا فحصنا علاقة ابن خلدون، بما تقدم، نجده قد خصص، هو الآخر، لنفس الموضوع، المقدمة الثانية من (المقدمة) (التي أختار لها عنوان : في قسط العمران من الأرض). فجعل لها تمهيدا تعرض فيه إلى شكل الارض، وأقسامها، وبحارها وأنهارها، ثم فرعها إلى فرعين :

الأول : جعل له هذا العنوان : (تكملة لهذه المقدمة الثانية). تناول فيها أسباب

---

(٥٣) من معاني (الدولة) عند ابن خلدون، أنها تعبير عن (المجتمع).

(٥٤) يسمي علي الوردي (التعاقب الدوري) بـ (الدورة الاجتماعية). ويظن : «أن ابن خلدون قد إستمد فكرته عن الدورة الاجتماعية، من إخوان الصفاء، إنما هو قد طورها وأخضعها لمنطقه الجديد». علي الوردي : منطق ابن خلدون، مرجع سابق، ص ١٨٠.

(٥٥) فاطر / ١٦ ـ ١٧.

(٥٦) ابن خلدون : المقدمة، ص ٢٤١.

(٥٧) راجع : إخوان الصفاء : الرسائل، م ١، ص ١٥٨ وما بعدها.

عمران الربع الشمالي من الارض، وقلة عمران الربع الجنوبي، منها. وهذا الموضوع تناوله إخوان الصفاء، في ثلاثة فصول فرعية، من الرسالة المذكورة.

الثاني : جعل له هذا العنوان : (تفصيل الكلام عن بدء الجغرافيا). تناول فيه طبيعة الأقاليم السبعة، من الأرض، وخواصها. وهو الموضوع الذي تناوله إخوان الصفاء أيضا في فصلين فرعيين، من رسالتهم، المشار إليها. عنوان أحدهما : صفة الأقاليم السبعة [٥٨]. وعنوان الثاني : في خواص الأقاليم [٥٩].

وهكذا يظهر التشابه، في تناول مسألة الأقاليم الجغرافية، بين إخوان الصفاء، وابن خلدون. وفي هذا الصدد، ينبغي ان نتوقف عند حقيقتين، أشار إليهما ابن خلدون، في المقدمة الثانية :

الأولى : يقول في مستهلها : « إعلم أنه قد تبين في كتب الحكماء الناظرين في أحوال العالم، أن شكل الأرض كروي، وأنها محفوفة بعنصر الماء، كأنها عنبة طافية عليه » ([٦٠]).

الثانية : يقول في نهايتها : « ولنرسم بعد هذا الكلام، صورة الجغرافية، كما رسمها ([٦١]) صاحب كتاب روجار [٦٢]، ثم نأخذ في تفصيل الكلام عليها » [٦٣].

يحتمل- حسب معنى هاتين الحقيقتين-، أن يكون ابن خلدون، قد رجع في موضوع الجغرافية الطبيعية، إلى كل من رسائل الإخوان، اذا فسر لفظ (الحكماء) في نصه، بمعنى جماعة إخوان الصفاء - وهو مستبعد -. وأيضا إلى كتاب (نزهة المشتاق)

---

(٥٨) راجع نفس المصدر، م ١، ص ١٦٥.

(٥٩) راجع نفس المصدر، م ١، ص ١٧٩.

(٦٠) ابن خلدون : المقدمة، ص ٧٤.

(٦١) يؤكد محقق (المقدمة)، أن ابن خلدون، قد رسم المصور الجغرافي، الذي أشار إليه، والذي لم يصل إلينا.
راجع : ابن خلدون : المقدمة، تحقيق علي عبد الواحدوافي، ج ١، ص ٤٣٨، هامش (٢٠٤ ب)، ط ٢، القاهرة ١٩٦٥ (البيان).

(٦٢) «كتاب روجار، هو كتاب ألفه الشريف الإدريسي، لصاحب صقلية، في عهده الملك روجير الثاني (ملك صقلية : من ١١٠١ـ١١٥٤م)، وسماه بإسمه، كما سماه كذلك (نزهة المشتاق)».
راجع : نفس المصدر السابق، ج ١، ص ٤٢٦، هامش (١٧٢ ب). (البيان).

(٦٣) ابن خلدون : المقدمة، ص ٨٨.

للإدريسي- كما صرح بذلك -، فيما يتعلق برسم المصور الجغرافي. لأن الإدريسي، ألف كتابه، بعد دخول (الرسائل)، إلى المغرب الإسلامي، ـ كما سبقت الإشارة ـ بنحو نصف قرن.

٤ ـ مسألة تأثير الهواء في الأخلاق

لقد تناول كل من إخوان الصفاء وابن خلدون، هذا الموضوع بإسهاب. ويبدو أن عناية كل منهما به، كانت نتيجة لاعتقاده في علوم النجوم وتركيب الأفلاك [٦٤] والتنجيم، وفي تأثير تلك العلوم، في طبيعة الإنسان التركيبية، المادية والمعنوية، والروحية. فتشابهت لذلك آراؤهما وأحكامهما في علاقة تركيب الكون، بتركيب الإنسان، وفي علاقة المناخ، بتحديد سيرة الإنسان وتوجهاته الاعتقادية والعقدية، وبالتالي في أثر الأهوية وتحكمها في سلوكاته الأخلاقية والسياسية.

ولعل النصوص الآتية، توضح هذا المعنى :

١ ـ يقول إخوان الصفاء : « فإن أهوية البلاد والبقاع تختلف بحسب اختلاف تصاريف الرياح الأربع ونكباواتها، وبحسب مطالع البروج عليها، ومطارح شعاعات الكواكب عليها من آفاقها. وهذه كلها، تؤدي إلى اختلاف أمزجة الأخلاط. واختلاف أمزجة الأخلاط، يؤدي إلى اختلاف أخلاق أهلها وطباعهم وألوانهم ولغتهم وعاداتهم وآرائهم ومذاهبهم، وأعمالهم وصنائعهم وتدابيرهم وسياساتهم، لا يشبه بعضها بعضا، بل تنفرد كل أمة منها بأشياء من هذه التي تقدم ذكرها، لا يشاركها فيها غيرها (...). والدليل على ما قلنا أن مزاج أبدان أهل البلدان الجنوبية من الحبشة والزنج والنوبة، وأهل السند وأهل الهند، فإنه لما كان الغالب على أهوية بلادهم الحرارة، بمرور الشمس على سمت تلك البلاد في السنة مرتين، سخنت أهويتها، فحمى الجو، فاحترقت ظواهر أبدانهم، واسودت جلودهم، وتجعدت شعورهم لذلك السبب، وبردت بواطن أبدانهم، وابيضت عظامهم وأسنانهم، واتسعت عيونهم ومناخرهم وأفواههم بذلك السبب. وبالعكس في هذا، حال أهل البلدان الشمالية، وعلتها ان الشمس لما بعدت من سمت تلك البلاد، وصارت لا تمر عليها، لا شتاء ولا صيفا، غلب على أهويتها البرد،

---

(٦٤) راجع : إخوان الصفاء : الرسائل، م ١، ص ١١٤ وما بعدها.

وابيضت لذلك جلودهم، وترطبت أبدانهم، واحمرت عظامهم وأسنانهم، وكثرت الشجاعة والفروسة فيهم، وسبطت شعورهم، وضاقت عيونهم، واستجنت[٦٥] الحرارة في بواطن أبدانهم، لذلك السبب »[٦٦].

٢ ـ وفي مثل هذه الآراء والمعتقدات، يقول ابن خلدون، في المقدمة الرابعة من (المقدمة)، التي عنوانها : (في أثر الهواء في أخلاق البشر):

أ ـ « ولما كان الجانبان من الشمال والجنوب متضادين في الحر والبرد، وجب أن تتدرج الكيفية من كليهما إلى الوسط، فيكون معتدلا. فالإقليم الرابع أعدل العمران، والذي حافاته من الثالث والخامس، أقرب إلى الاعتدال، والذي يليهما من الثاني والسادس بعيدان من الاعتدال. والأول والسابع أبعد بكثير. فلهذا كانت العلوم والصنائع والمباني والملابس والأقوات والفواكه، بل والحيوانات، وجميع ما يتكون في هذه الأقاليم الثلاثة المتوسطة، مخصوصة بالاعتدال، وسكانها من البشر، أعدل أجساما، وألوانا وأخلاقا، وأديانا »[٦٧].

ب ـ « وفي القول بنسبة السواد إلى حام، غفلة من طبيعة الحر والبرد، وأثرهما في الهوآء، وفيما يتكون فيه من الحيوانات. وذلك أن هذا اللون، شمل أهل الإقليم الأول والثاني. من مزاج هوائهم للحرارة المتضاعفة بالجنوب، فإن الشمس، تسامت رؤوسهم مرتين في كل سنة، قريبة إحداهما من الأخرى، فتطول المسامتة، عامة الفصول، فيكثر الضوء لأجلها، ويلح القيظ الشديد عليهم، وتسود جلودهم لإفراط الحر (...) ويتبع ذلك ما يقتضيه مزاج البرد المفرط من زرقة العيون، وبرش الجلود، وصهوبة الشعور (...) والرابع أبلغها في الاعتدال، غاية لنهايته في التوسط، كما قدمناه. فكان لأهله من الاعتدال في خلقهم وخلقهم، ما اقتضاه مزاج أهويتهم (...) وكانت الأقاليم الأربعة منحرفة، وأهلها كذلك في خلقهم وخلقهم. فالأول والثاني، للحر والسواد، والسابع والسادس، للبرد والبياض »[٦٨].

---

(٦٥) استجن، بمعنى استتر (المعجم الوسيط).

(٦٦) إخوان الصفاء : الرسائل، م ١، ص ص ٣٠٣ـ٣٠٤.

(٦٧) ابن خلدون : المقدمة، ص ١٤١.

(٦٨) نفسه، ص ص ١٤٤ـ١٤٥.

ج ـ « وأما أهل الأقاليم الثلاثة المتوسطة، أهل الإعتدال، في خلقهم وخلقهم وسيرهم، وكافة الأحوال الطبيعية للاعتمار لديهم، من المعاش والمساكن والصنائع والعلوم والرياسات والملك، فكانت فيهم النبوات والملك والدول والشرائع والعلوم والبلدان والأمصار والمباني والفراسة والصنائع الفائقة، وسائر الأحوال المعتدلة »[٦٩].

د ـ « ولما كان السودان، ساكنين في الإقليم الحار، واستولى الحر على أمزجتهم، وفي أصل تكوينهم، كان في أرواحهم من الحرارة على نسبة أبدانهم وإقليمهم، فتكون أرواحهم بالقياس إلى أرواح أهل الإقليم الرابع، أشد حرا، فتكون أكثر تفشيا، فتكون أسرع فرحا وسرورا، وأكثر إنبساطا، ويجيء الطيش على أثر هذه. وكذلك يلحق بهم قليلا أهل البلاد البحرية، لما كان هواؤها متضاعف الحرارة، بما ينعكس عليه من أضواء بسيط البحر وأشعته، كانت حصتهم من توابع الحرارة في الفرح والخفة، موجودة أكثر من بلاد التلول والجبال الباردة (...) وتتبع ذلك في الأقاليم والبلدان، تجد في الأخلاق أثرا من كيفيات الهواء »[٧٠].

من الملفت للنظر، أنه في الوقت الذي ينتقد فيه ابن خلدون، آراء المسعودي، غير السليمة، في طبائع أهل السودان، لنقله إياها عن جالينوس، وعن يعقوب الكندي[٧١]، نراه يغض الطرف عن مصادر آرائه، هو، بخصوص علاقة الإنسان بالطبيعة، وعلاقة أخلاقه بالأهوية والمناخات. فهل تكون مصادر آرائه في ذلك، هي التجربة الشخصية ومشاهدة الواقع ؟ أم رسائل إخوان الصفاء ؟ نستبعد الاحتمال الأخير، لإنتفاء الدليل عل اطلاعه على الرسائل.[٧١ م]

٥ ـ مسألة التجمع والتعاون

إذا كان ابن خلدون، قد درس موضوع التجمع الإنساني بتوسع[٧٢]، وأكد مبدأ

---

(٦٩) نفسه، ص ١٤٦.

(٧٠) نفسه، ص ص ١٤٨ـ١٤٩.

(٧١) راجع : نفس المصدر، ص ص ١٤٩ـ١٥٠.

(٧١ مكرر) راجع : فقرة (٩) من التقديم.

(٧٢) تكلمنا عن موضوع (التجمع البشري) في دراسة نعدها عن : (نظرية الدولة، عند ابن خلدون وهيجل).

ضرورة التعاون بين أبناء الجنس البشري، لإقامة المجتمع، فإن الفارابي ـ كما سبقت الإشارة ـ وإخوان الصفاء، والشهرستاني، قد تعرضوا كلهم، لنفس الموضوع، قبل ابن خلدون، إلا أن الفارق بين هؤلاء وابن خلدون، يبدو في أنهم تعرضوا لظاهرة التجمع والتعاون بغرض الإشارة إليها، لا بغرض الدراسة. أما الخلدونية، فقد تناولت الظاهرة بغرض دراستها علميا، من جوانبها الاجتماعية، والسياسية، والاقتصادية.

١ ـ يقول إخوان الصفاء : « إعلم يا أخي بأن الإنسان الواحد، لا يقدر أن يعيش وحده، إلا عيشا نكدا، لأنه محتاج إلى طلب العيش من إحكام صنائع شتى، ولا يمكن الإنسان الواحد أن يبلغها كلها، لأن العمر قصير، والصنائع كثيرة. فمن أجل هذا، اجتمع في كل مدينة أو قرية، أناس كثيرون لمعاونة بعضهم بعضا (...) فلا بد لنا من النظر فيما تصلح به معيشة الحياة الدنيا، وما تنال به النجاة، والفوز في الآخرة. واعلم أن هذين الأمرين، لا يجتمعان، ولا يتمان إلا بالمعاونة، والمعاونة لا تكون إلا بين إثنين أو أكثر من ذلك، وليس شيء أبلغ على المعاونة، من أن تجتمع قوى الأجساد المتفرقة، وتصير قوة واحدة ؛ وتتفق تدابير النفوس المؤتلفة، وتصير تدبيرا واحدا حتى تكون كلها كأنها جسد واحد ونفس واحدة »(٧٣).

٢ ـ ويقول الشهرستاني (القرن السادس الهجري)، في معنى التجمع والتعاون : «ولما كان نوع الإنسان محتاجا إلى اجتماع مع آخر، من بني جنسه، في إقامة معاشه، والاستعداد لمعاده، وذلك الاجتماع، يجب أن يكون على شكل يحصل به التمانع والتعاون، حتى يحفظ بالتمانع ما هو أهله، ويحصل بالتعاون ما ليس له، فصورة الاجتماع على هذه الهيئة، هي الملة »(٧٤).

ومما يدل على إطلاع ابن خلدون على هذا النص، أنه أشار في معرض كلامه على مذاهب الشيعة إلى كتاب (الفصل في الملل والأهواء والنحل) لإبن حزم، وإلى كتاب

---

(٧٣) كمال اليازجي وأنطون كرم : أعلام الفلسفة العربية : (نصوص مختارة من رسائل إخوان الصفاء)، ص ص ٤٣٤ـ٤٣٥، ط ٣، بيروت، ١٩٦٨.

وأيضا : حنا الفاخوري وخليل الجر : تاريخ الفلسفة العربية، ص ٢٠٢، بيروت ١٩٦٦.

(٧٤) محمد بن عبد الكريم أحمد الشهرستاني: الملل والنحل، تحقيق محمد سيد كيلاني، ج ١، ص ٣٨، بيروت ١٩٨٠.

(الملل والنحل) للشهرستاني، ونصح القارئ بالرجوع إليهما للتوسع في معرفة تلك المذاهب، لـ « من أراد استيعابها ومطالعتها » [٧٥].

٣ ـ أما ابن خلدون، فقد توسع أكثر من سابقيه، في هذا الموضوع. وتعرض له في عدة نصوص من المقدمة، نذكر بعضها على سبيل التمثيل.

أ ـ « إن الاجتماع الإنساني ضروري ويعبر الحكماء عن هذا بقولهم : (الإنسان مدني بالطبع)، أي لا بد له من الاجتماع، الذي هو المدنية في اصطلاحهم، وهو معنى العمران » [٧٦].

ب ـ « وكذلك يحتاج كل واحد منهم أيضا في الدفاع عن نفسه، إلى الاستعانة بأبناء جنسه » [٧٧].

ج ـ « فلا بد في ذلك كله من التعاون عليه بأبناء جنسه، وما لم يكن هذا التعاون، فلا يحصل له قوت، ولا غذاء، ولا تتم حياته » [٧٨].

د ـ « إنك تسمع في كتب الحكماء قولهم أن الإنسان هو مدني الطبع، يذكرونه في إثبات النبوات وغيرها. والنسبة فيه إلى المدنية، وهي عندهم كناية عن الاجتماع البشري. ومعنى هذا القول، أنه لا تمكن حياة المنفرد من البشر، ولا يتم وجوده إلا مع أبناء جنسه. وذلك لما هو عليه من العجز عن استكمال وجوده وحياته، فهو محتاج إلى المعاونة في جميع حاجاته أبدا بطبعه. وتلك المعاونة، لا بد فيها من المفاوضة، أولا، ثم المشاركة وما بعدها » [٧٩].

٦ ـ مسألة مضار الشبع وآفاته

لقد تعرض إخوان الصفاء، إلى مسألة المضار التي تنتج عن كثرة الأكل، وأكدوا سلام جسم الإنسان من الأمراض، إذا سلم من الشبع. فقالوا في فصل عنوانه : (في آفات الشبع وكثرة الأكل وخصال الزهاد)،بعد استشهادهم بحديث عائشة رضي الله عنها في ذلك:

---

(٧٥) ابن خلدون : المقدمة، ص ٣٥٧.

(٧٦) نفسه، ص ٦٩.

(٧٧) نفسه، ص ٧٠.

(٧٨) نفسه، ص ٧١.

(٧٩) نفسه، ص ص ٨٤٠ـ٨٤١.

أ ـ « ومن آفات الشبع، وكثرة الأكل، عفونة القلب، ومرض الأجساد. وذهاب البهاء ونسيان الرب، وعمى القلوب، وهزال الروح، وسلاح الشياطين، وحراجة الدين، وذهاب اليقين، ونسيان العلم، ونقصان العقل، وعداوة الحكمة، وذهاب السخاء، وزيادة البخل، ومزرعة إبليس، وترك الأدب، وركوب المعاصي، واحتقار الفقراء، وثقل النفس، وإدرار الشهوات، وزيادة الجهل، وكثرة فضول القول، ويزيد في حب الدنيا، وينقص الخوف، ويكثر الضحك، ويحبب العيش، وينسي ذكر الموت، ويهدم العبادة، ويقل الإخلاص، ويذهب بالحياء، ويهيج عادة السوء، ويطيل النوم، ويكثر الغفلة، ويسبب تفريق الأصحاب، ويحرج الأعمال، ويكدر الصفو، ويذهب الحلاوة من القلوب، ويحبب الشيطان، ويبغض الرحمن، ويكثر الغم يوم الحساب، ويقرب من النيران، ويبعد من الجنان، لأنه سبب المعاصي، ويحرك الكبر، ويثبت الجسد، ويقل الشكر، ويذهب الصبر. فهذه خمسون خصلة تهيج من الشبع، وكثرة الأكل. ويقال : إن المعدة قدر الطعام، ونارها حرارة الكبد، فإذا لم ينطبخ، كان سبب الأمراض المختلفة. فحسب ابن آدم، أكلات تعمر بطنه، فإن غلبت الآدمي نفسه، فثلث للطعام، وثلث للشراب، وثلث للنفس »[٨٠].

ب ـ أما ابن خلدون، فيظهر في هاته المسألة، وكأنه طبيب بارع وضالع في الطب ـ حتى أنه نقد الأطباء[٨١] ـ والعالم بالأمراض والآفات التي تصيب جسم الكائن البشري والحيواني، على السواء، بسبب كثرة الأكل ونوعيته، والعارف بفضائل الجوع وبالعلاجات والأدواء. فهو يقول :

١ ـ « إن كثرة الأغذية، وكثرة الأخلاط الفاسدة العفنة، ورطوباتها، تولد في الجسم فضلات رديئة، ينشأ عنها بعد أقطارها في غير نسبة، ويتبع ذلك انكساف الألوان، وقبح الأشكال، من كثرة اللحم، كما قلناه، وتغطي الرطوبات على الأذهان والأفكار، بما يصعد إلى الدماغ من أبخرتها الرديئة، فتجيء البلادة والغفلة، والانحراف عن الاعتدال بالجملة. واعتبر ذلك في حيوان القفر، ومواطن الجذب من الغزال والنعام والمها، والزرافة، والحمر الوحشية، والبقر مع أمثالها من حيوان التلول والأرياف،

---

(٨٠) إخوان الصفاء : الرسائل، م ١، ص ص ٣٥٨ ـ ٣٥٩، وراجع أيضا، م ٤، ص ٢٥٤.

(٨١) راجع : ابن خلدون : المقدمة، ص ١٥٦.

والمراعي الخصبة، كيف تجد بينها بونا بعيدا في صفاء أديمها، وحسن رونقها وأشكالها، وتناسب أعضائها، وحدة مداركها (...). إن الخصب في التلول، فعل في أبدان هذه من الفضلات الرديئة، والأخلاط الفاسدة ما يظهر عليها أثره. والجوع لحيوان القفر، حسن في خلقها وأشكالها، ما شاء. واعتبر ذلك في الأدميين أيضا : فإنا نجد أهل الأقاليم المخصبة العيش، الكثيرة الزرع والضرع والأدم والفواكه، يتصف أهلها، غالبا، بالبلادة في أذهانهم، والخشونة في أجسامهم »[٨٢].

٢ ـ « واعلم أن أثر هذا الخصب في البدن وأحواله، يظهر حتى في حال الدين والعبادة. فنجد المتقشفين من أهل البادية، أو الحاضرة، ممن يأخذ نفسه بالجوع، والتجافي عن الملاذ، أحسن دينا وإقبالا على العبادة، من أهل الترف والخصب. بل نجد أهل الدين قليلين في المدن والأمصار، لما يعمها من القساوة والغفلة المتصلة بالإكثار من اللحام والأدم، ولباب البر. ويختص وجود العباد والزهاد، لذلك، بالمتقشفين في غذائهم من أهل البوادي »[٨٣].

٣ ـ « إن المنغمسين في الخصب، المتعودين للأدم، والسمن خصوصا، تكتسب من ذلك أمعاؤهم، رطوبة فوق رطوبتها الأصلية المزاجية، حتى تجاوز حدها، فإذا خولف بها العادة، بقلة الأقوات، وفقدان الأدم واستعمال الخشن غير المألوف من الغذاء، أسرع إلى المعي اليبس والإنكماش، وهو عضوضعيف في الغاية، فيسرع إليه المرض، ويهلك صاحبه دفعة، لأنه من المقاتل. فالهالكون في المجاعات، إنما قتلهم الشبع المعتاد السابق، لا الجوع الحادث اللاحق. وأما المتعودون للعيمة[٨٤]، وترك الأدم والسمن، فلا تزال رطوبتهم الأصلية واقفة عند حدها، من غير زيادة، وهي قابلة لجميع الأغذية الطبيعية، فلا يقع في معاهم تبدل الأغذية يبس ولا إنحراف، فيسلمون في الغالب من الهلاك، الذي يعرض لغيرهم بالخصب، وكثرة الأدم في المآكل »[٨٥].

٤ ـ « واعلم ان الجوع أصلح للبدن من إكثار الأغذية، بكل وجه، لمن قدر عليه،

---

(٨٢) نفسه، ص ص ١٥٢ـ١٥٣.

(٨٣) نفسه، ص ١٥٤.

(٨٤) شهوة اللبن (قاموس).

(٨٥) نفسه، ص ص ١٥٤ـ١٥٥.

أو على الإقلال منها، وأن له أثرا في الأجسام، والعقول في صفائها وصلاحها، كما قلنـــــاه. واعتبر ذلك، بآثار الأغذية التي تحصل عنها في الجسوم. فقد رأينـا المتغـذين بلحـوم الحيوانـات الفـاخرة العظيمـة الجـثمان، تنشـأ أجيـالهم كـذلك. وهـذا مشـاهد في أهـل الباديـة مـع أهـل الحاضرة. وكـذا المتغـذون بألبـان الإبـل، ولحومهـا أيضـا، مـع مـا يـؤثر في أخلاقهـم مـن الصـبر والاحتمال والقدرة على حمل الأثقال، الموجود ذلـك للإبـل، وتنشـأ أمعـاؤهم أيضـا عـلى نسـبة أمعاء الإبل في الصحة والغلظ، فلا يطرقها الوهن، ولا الضعف، ولا ينالها من مضار الأغذيـة، مـا ينال غيرهم »[٨٦].

* * *

إن المتأمل في مضمون هذه النصوص، يتبين له أنها قد عالجت موضـوعا واحـدا، يتعلـق بصحة الإنسان، الجسمية والعقلية والخلقية، في آن. وأنهـا في عمومهـا، تـرى في كـثرة الأكـل، أو الشبع، مجلبة للعديد من المضار المهلكة للصحة، وفي الجوع، مجلبة للكثير من المنافع، المفيـدة لها.

وإذا ما حاولنا التمييز بين النصوص ـ في الظاهر ـ فإننا نجد نص إخوان الصفاء، قد صيغ في شكل مجموعة من النصائح والمواعظ ـ وهو أسلوب رسائلهم عـلى العمـوم ـ بيـنما صـيغت نصوص ابن خلدون في أسلوب من التحليـل والإسـتنباط والإسـتنتاج، مـما يشـاهده في الواقـع ـ وهو منهجه المتميز به ـ على أن ذلك، لا يعني ـ في رأينا ـ عـدم إطلاعـه عـلى مـا كتبـه إخـوان الصفاء، في مسألة آفات الشبع، وفي غيرها من المسائل السابقة.

ومهما يكن من أمر، فإنه إذا كانت علاقة ابن خلـدون، بـإخوان الصـفاء، يشـوبها ضرب من الغموض ـ وهي لذلك تستحق بحثا مستقلا، ـ كـما سـبقت الإشـارة ـ فـإن هـذه النصـوص والمسائل التي أشرنا إليها، قد تساعد في إلقاء بعض الضوء، على تلك العلاقة.

مفهوم الدولة عند إخوان الصفاء :

ـ ٨٩ ـ

على الرغم من أن الباحثين الذين درسوا آراء إخوان الصفاء السياسية، لم يتطرقوا أيضـا ـ كما كان شأنهم مع الفارابي ـ إلى دراسة مفهوم الدولة عند مؤلفي (الرسائل)، فإنه

---

(٨٦) نفسه، ص ١٥٧.

مع ذلك، يمكن للمتفحص أن يميز في هذا الصدد، بين ثلاث اتجاهات :

١ ـ اتجاه الفارابي، الذي اقتصرت دراسته السياسية، على المدينة، كوحدة سياسية، دون الدولة.

٢ ـ اتجاه إخوان الصفاء الذين درسوا المدينة، والدولة، معا. لذلك اتفقت نظرتهم، مع الفارابي، من حيث تطرقهم للمدينة، باعتبارها وحدة اجتماعية وأخلاقية ـ وسياسية من بعض الوجوه ـ أو : «كانت نظرتهم في ذلك مشبهة لنظرة الفارابي » [٨٧].

وكذلك اختلفت نظرتهم معه، من حيث تطرقهم للدولة. مما يعني أن إخوان الصفاء، يفرقون بين معنى (المدينة)، ومعنى (الدولة)، ويعني في نفس الوقت، الإشارة: من جهة، إلى أن معنى (المدينة)، يختلف عند الإسلاميين ـ بما فيهم الفارابي ـ عن معنى الدولة. ومن جهة أخرى، إلى أن الفارابي، قد تعمد عدم التعرض للدولة ـ كما سبقت الإشارة ـ ولذلك يجوز التأكيد، بأن تعرض إخوان الصفاء، لظاهرتي: المدينة والدولة، قد يساعد الباحث في التماس تصورهم لمفهوم الدولة.

٣ ـ اتجاه ابن خلدون، الذي درس المدينة، من حيث أنها وحدة اجتماعية، واقتصادية ـ صناعية، ودرس الدولة من حيث تعبيرها عن نظام سياسي معين. وهو في ذلك، يقترب من اتجاه إخوان الصفاء، ويبتعد من اتجاه الفارابي ـ كما سنرى في مفهوم الدولة عند ابن خلدون ـ

إن التفكير السياسي عند إخوان الصفاء، ينبني على أساس ثنائي. فهو ينبثق مما هو ديني، ومما هو إنساني، أو بشري، معا. فليس من ريب، بالنسبة لإخوان الصفاء، في أن: « علم السياسة، علما إلهيا، من تأثير الدين، أو الإسلام، فحسب، ولكنه من تأثير الفلسفة اليونانية أيضا » [٨٨]. ولذلك كان شعارهم، أنه : « متى انتظمت الفلسفة اليونانية، والشريعة العربية، فقد حصل الكمال » [٨٩]. ولعل هذا الأساس الثنائي، في تفكيرهم السياسي، هو الذي أفضى بهم إلى تأليههم علم السياسة [٩٠] أي جعله علما

---

(٨٧) حنا الفاخوري وخليل الجر : تاريخ الفلسفة العربية، ص ٢٠٢، بيروت ١٩٦٦.

(٨٨) حسن صعب :علم السياسة، ص ٨٣، ط ٣، بيروت ١٩٧٢.

(٨٩) إخوان الصفاء : نقلا عن نفس المرجع السابق والصفحة.

(٩٠) راجع : نفس المرجع، ص ٨٢.

إلهيا، لأنهم يعتقدون أن الكمال والسعادة، إنما يكمنان في تكامل الإنساني والإلهي.

ولقد استمد إخوان الصفاء، هذه الثنائية، في النظر السياسي، من أفلاطون، الذي حاول أن يلائم في الاتجاه الإنساني بين طبيعة الحكومات، والطبيعة الفلسفية. فتبين له أن ذلك التلاؤم، غير ممكن، إلا إذا اقتربت ـ أو تكاملت ـ طبيعة الفلسفة، من الطبيعة الإلهية : «وهكذا تعجز الطبيعة الفلسفية عن الاحتفاظ بخصائصها المميزة، وتتحول إلى طبيعة أخرى. أما لو وجدت الفلسفة حكومة تتفق طبيعتها، وإياها، فعندئذ سيتضح أنها إلهية بحق، على حين أن جميع الطبائع، والمهام الأخرى، إنسانية فحسب »[٩١]. أو بمعنى آخر، فإن الإنساني، لا يكتمل إلا بالإلهي، في رأي أفلاطون.

ويؤكد أفلاطون، ثنائية الإنساني والإلهي ـ التي استمدها منه إخوان الصفاء ـ ومبدأ ضرورة تكاملهما، في نص آخر، من (الجمهورية). إذ يقول : « إن الفيلسوف الذي يناجي النظام الإلهي، يصبح نظاميا، وإلهيا، بقدر ما تمكنه طاقته الإنسانية (...) والدولة لا تكون سعيدة، إلا إذا صاغها فنانون صياغة تحاكي النمط الإلهي (...) فيرنون بأبصارهم إلى الأعلى والأدنى، وينظرون، أولا إلى العدالة المطلقة، والجمال والاعتدال، وينظرون بعد ذلك إلى النسخة الإنسانية (...) فيصوغون الدولة، وفقا لتلك الصورة العليا التي يدعوها هوميروس، حين توجد بين البشر، صورة الله وشبهه »[٩٢].

أنواع السياسة

-٩٠-

انطلاقا من هاته الرؤية الأفلاطونية، قام إخوان الصفاء، بتقسيمها إلى خمسة أنواع، وعرفوا كل نوع منها، مبتدئين بالسياسة النبوية، باعتبارها صورة للسياسة الإلهية. ثم ألحقوا بها السياسات البشرية، على النحو الآتي :

١ ـ السياسة النبوية، ويسميها الفقهاء : «سياسة مطلقة »[٩٣]، وهي خاصة بالأنبياء

---

(٩١) أفلاطون : الجمهورية، ترجمة ودراسة فؤاد زكريا، ص ٣٩٧، القاهرة ١٩٨٥.

(٩٢) أفلاطون : الجمهورية. نقلا عن حسن صعب :علم السياسة، مرجع سابق، ص ص ٨٣ـ٨٤. ونفس النص في ترجمة فؤاد زكريا للجمهورية (المصدر السابق)، ص ص ٤٠١ـ٤٠٢، مع بعض الاختلاف في صياغة الترجمة.

(٩٣) أحمد عبد السلام : دراسات في مصطلح السياسة عند العرب، ص ١٢، تونس ١٩٨٥.

والرسل، ومعناها : « معرفة كيفية وضع النواميس [٩٤] المرضية، والسنن الزكية بالأقاويل الفصيحة، ومداواة النفوس المريضة، من الديانات الفاسدة، والآراء السخيفة » [٩٥].

٢ ـ السياسة الملوكية، خاصة بخلفاء الأنبياء، والأئمة المهديون، أي برؤساء الدول، ومعناها : « معرفة حفظ الشريعة على الأمة، وإحياء السنة في الملة، بالأمر بالمعروف والنهي عن المنكر، بإقامة الحدود، وإنفاذ الأحكام، التي رسمها صاحب الشريعة، ورد المظالم، وقمع الأعداء، وكف الأشرار، ونصرة الأخيار » [٩٦].

فمن خلال تعريفهم للسياسة النبوية، والملوكية، نرى أنهم يعنون بالأولى، السياسة الإلهية، التي ينفذها الأنبياء والرسول، بنشر الشرائع بين البشر. وبالثانية، سياسة الدولة العامة التي ينفذها الخلفاء والأئمة والرؤساء في الأمة، والتي ينبغي ان تتكامل سياستهم مع السياسة الإلهية، بأن تكون صورة لها، في حفظ الشريعة والسنة، بالأمر بالمعروف والنهي عن المنكر. إن هذا التفكير لإخوان الصفاء ينبع من اعتقادهم، في ما كان يعتقده أفلاطون، من أن الدولة، لا تكون منظمة وكاملة وسعيدة، إلا إذا شاكل نظامها، النظام الإلهي، وهذا النظر الأفلاطوني في علاقة الإنساني بالإلهي،الذي اعتمده إخوان الصفاء، يتداخل بلا ريب، مع النظر الإسلامي، في نظام السياسة الشرعية.

٣ ـ السياسة العامية. وهي خاصة بطبقة المسؤولين في الدولة، الذين هم أقل درجة في المسؤولية السياسية، من الخلفاء والرؤساء. ويمكن أن يعبر عنهم برؤساء الجهاز التنفيذي في الدولة، أو كما يسمون اليوم : (الموظفون السامون). مثل ولاة الأقاليم، وقادة الجيوش، ورؤساء المدن، والقرى. وهذه السياسة، تعني في رأيهم : «الرياسات على الجماعات كرياسة الأمراء على البلدان والمدن، ورياسة الدهاقين على أهل القرى، ورياسة قادة الجيوش على العساكر، وما شاكلها » [٩٧].

من هذا النوع من السياسة، عند إخوان الصفاء، ندرك أنهم يفرقون بين : سياسة

---

(٩٤) النواميس، بمعنى الشرائع.

(٩٥) إخوان الصفاء : الرسائل، م ١، مصدر سابق، ص٢٧٣.

(٩٦) نفسه، م ١، ص ص ٢٧٣ـ٢٧٤.

(٩٧) نفسه، م ١، ص ٢٧٤.

(المدينة)، وسياسة (الدولة) ـ عكس الفارابي الذي يرى أن السياسة متعلقة فقط بالمدينة ـ على أن هذه التفرقة بين السياستين، نادرة في الفكر السياسي الإسلامي، وغير الإسلامي.

٤ ـ السياسة الخاصية، ومجالها علاقة الفرد مع محيطه، أو مع غيره. « فهي معرفة كل إنسان كيفية تدبير منزله، وأمر معيشته، ومراعاة أمر خدمه وغلمانه وأولاده ومماليكه، وأقربائه، وعشرته مع جيرانه، وصحبته مع إخوانه، وقضاء حقوقهم، وتفقد أسبابهم، والنظر في مصالحهم من أمور دنياهم وآخرتهم »(٩٨).

٥ ـ السياسة الذاتية. ومجالها علاقة الإنسان مع ذاته، « فهي معرفة كل إنسان نفسه، وأخلاقه، وتفقد أفعاله وأقاويله، في حال شهواته، وغضبه ورضاه، والنظر في جميع أموره »(٩٩).

من الواضح أن النوعين الآخرين من السياسة، عند إخوان الصفاء، ينتميان، في الحقيقة، إلى الأخلاق، لا إلى السياسة، في مفهومها العام. ويبدو من تقسيمهم الخماسي للسياسة، أنهم أولوا عناية خاصة، بالسياستين : الدنيوية، والآخروية، أو (المادية والروحية)، وذلك لاعتقادهم في مثنوية الإنسان وكونه مركب من جسد جسماني أو مادي ونفس روحانية(١٠٠)، وأيضا لكي يؤكدوا، من جهة، رؤية أفلاطون، في ضرورة تكامل الإنساني والإلهي، في نظام الدولة ـ كما سبقت الإشارة ـ ومن جهة أخرى، الرؤية الإسلامية، التي تقرر ذلك أيضا، أي ضرورة تحقيق النظام الشرعي، وإقامته في الدولة. ومن ثم، اعتبروا تكامل المادي والروحي، في الإنسان، هو كمال إنسانيته. يقولون : «إعلم أن منفعة الإنسان، تكون من وجهتين، لا ثالث لهما : دنيوية، وآخروية، وجسمانية، ونفسانية، وإذا كملت للإنسان هاتان السياستان، استحق إسم الإنسانية، وتهيأت نفسه لقبول الصور الملكية، والانتقال إلى الرتبة السماوية، عند مفارقة الجسد بالحال، التي تسمى الموت، النازل عليه، والاضمحلال الواصل إليه »(١٠١).

---

(٩٨) نفس المصدر والصفحة.

(٩٩) نفس المصدر والصفحة.

(١٠٠) راجع : نفس المصدر، م ١، ص ٢٥٩ وما بعدها.

(١٠١) نفس المصدر، م ٤، ص ٢٥١.

تعقيب :

- ٩١ -

والحقيقة، أنه رغم تلك التفصيلات لأنواع السياسة، عند إخوان الصفاء، فإن هناك صعوبة في ضبط تعريف واضح للسياسة عندهم، وبالتالي، في تحديد مفهومهم للدولة. إلا أنه مع ذلك، يمكن من خلال النصين الآتيين، أن نتبين حقيقة تصورهم لمعنى السياسة، ولمفهوم الدولة على السواء.

أولا : بخصوص معنى السياسة، يقولون : « إعلم أن الجسد مسوس، والنفس سائس، فأي نفس ارتاضت في سياسة جسدها كما يجب، أمكنها سياسة الأهل والخدام والغلمان ؛ ومن ساس أهله بسيرة عادلة، أمكنه أن يسوس قبيلة، ومن ساس قبيلة كما يجب، أمكنه أن يسوس أهل المدينة كلهم، ومن ساس أهل المدينة، كما يجب، أمكنه أن يسوس الناموس الإلهي ؛ ومن ساس الناموس الإلهي، أمكنه الصعود إلى عالم الأفلاك، وسعة السماوات، عالم الدوام، ليجازى هناك بما عمل من خير» [(١٠٢)].

يشير إخوان الصفاء في هذا النص، أولا، إلى أنواع السياسات التي أكدوها من قبل ـ عدا النبوية ـ . وثانيا، إلى معنى السياسة.

أ ـ وهكذا يقررون بأن السياسة النفسية [(١٠٣)] أو الذاتية، هي التي تنتهجها النفس مع الجسد. والسياسة الخاصية، هي التي يقوم بها الفرد، إزاء غيره، من الأهل والأفراد. والسياسة العامية، أو العامة، هي التي يتولاها الأمراء والولاة، في المدن، وإزاء القبائل والجماعات. والسياسة الملوكية، هي التي يتولاها الخلفاء والرؤساء، فيسوسون بها الناموس الإلهي، أي يحفظونه بواسطتها ويحققونه بطريقها في نظام الدولة، التي هم على رأسها.

إن هذا الترتيب التصاعدي، في سلم أنواع السياسات، يعبر عن اعتقادهم، في أن: «السياسة والاجتماع، في كل حال، لا يقومان إلا على سلطة عليا، تكون بمثابة الرأس للبدن. فالرأس هو الرابط بين الأعضاء، وهو الذي يدبر شؤون الأعضاء،

---

(١٠٢) نفس المصدر، م ٣، ص ٤٨.

(١٠٣) راجع : أحمد عبد السلام : دراسات في مصطلح السياسة عند العرب، مرجع سابق، ص ١٢.

ويوجهها، إلى كل صالح »[١٠٤]. وتأكيدا لهذا المعنى السياسي في القيادة، وتعبيرا عنه أخلاقيا، من حيث التوجيه، يقول إخوان الصفاء : « وسبيل الرعية أن يسمعوا ويطيعوا، لأن الملك من الرعية، بمنزلة الرأس من الجسد، والرعية والجنود، بمنزلة الأعضاء من البدن. فمتى قام كل واحد منها بما يجب من الشرائط، انتظمت الأمور واستقامت، وكان في ذلك صلاح الجميع، وفلاح الكل »[١٠٥].

ب ـ ويشير النص كذلك، إلى معنى السياسة. وذلك من حيث الدلالة الإصطلاحية، التي يعبر عنها لفظ (سائس). لأن السائس، له الأمر والنهي، على من يسوسه[١٠٦]. سواء كان (المسوس) : ذاتا، أو أفرادا، أو جماعات، أو دولا. كما له حق التصرف في استصلاحه وفي إرشاده : « إلى الطريق المنجي في الدنيا والآخرة »[١٠٧]، وحق: « تدبير المعاش بإصلاح أحوال جماعة مخصوصة، على سنن العدل والاستقامة»[١٠٨]. ومن ثم، ومن خلال ما يعبر عنه النص من دلالات اصطلاحية، فإن (السياسة)، تدل عند إخوان الصفاء، على معنى القيادة الراشدة، والتدبير المنظم.

ثانيا : بخصوص مفهوم الدولة. يقولون : « واعلم بأن الغرض من الملك، هو حفظ الناموس على أهله، أن لا يندرس بتركهم القيام بموجباته، لأن أكثر أهل الشرائع النبوية والفلسفية، لو لا خوف السلطان لتركوا الدخول، تحت أحكام الناموس، وحدوده، وتأدية فرائضه، واتباع سننه، واجتناب محارمه، واتباع أوامره ونواهيه.

وأعلم بأن الغرض من حفظ الناموس، هو طلب صلاح الدين والدنيا جميعا، فمتى ترك القيام بواجباته، انفسدا جميعا، وبطلت الحكمة، ولكن السياسة الإلهية، والعناية الربانية، لا تتركهما ينفسدان، لأنها هي العلة الموجبة لوجودهما وبقائهما ونظامهما وتمامهما وكمالهما »[١٠٩].

---

(١٠٤) حنا الفاخوري وخليل الجر : تاريخ الفلسفة العربية، مرجع سابق، ص ٢٠١.

(١٠٥) إخوان الصفاء : الرسائل، م ٢، نقلا عن نفس المرجع السابق، ونفس الصفحة.

(١٠٦) راجع : أحمد عبد السلام : دراسات في مصطلح السياسة عند العرب، مرجع سابق، ص ١٢.

(١٠٧) نفس المرجع والصفحة.

(١٠٨) نفس المرجع والصفحة.

(١٠٩) إخوان الصفاء : الرسائل، م ١، ص ٢٩٢.

يتبين من النص، أن مفهوم الدولة، أو (الملك) ـ حسب تعبير إخوان الصفاء ـ لا يرتبط بالمعنى السياسي (السلطوي والنظامي) فحسب، بل بالمعنى الأخلاقي أيضا، من أجل تقويم السلوك الروحي للأفراد. إن هذا النظر المزدوج لطبيعة الملك أو الدولة، يبدو أنه نابع من اعتقادهم في مثنوية الإنسان[110]، وفي ضرورة (تكامل) الدنيوي والآخروي فيه. وبمعنى آخر، يمكن القول، بأن عدوى (المثنوية)، قد إنتقلت، عند إخوان الصفاء، من الإنسان، إلى الدولة، طالما أن الأساس الذي تقوم عليه الدولة، في رأيهم، هو أساس (مثنوي). بمعنى أن الدولة ليست فقط مؤسسة سياسية، تقوم سلطتها بتنظيم ما هو مادي في حياة الإنسان، وإنما هي مؤسسة أخلاقية أيضا، تحقق للفرد ما هو روحي. ثم هي بعد هذا، وذاك، تحافظ على الكل، بمعاونة : « السياسة الإلهية، والعناية الربانية ». وهكذا يلتقي ـ تقريبا ـ في الدولة (المثلى)، كل من السياسي والأخلاقي، ويسيران جنبا إلى جنب، وكأنهما أمر واحد ـ عكس ما آرتأته المكيافلية في نهاية العصور الوسطى، تماما.

إن هذا التصور المزدوج لطبيعة الدولة، في الوقت الذي يعكس، فيه آراء أفلاطون، في الخير المطلق، وآراء الدين، في حث المؤمن على فعل الخير، يعبر كذلك، عند إخوان الصفاء، عن نزعة (إصلاحية)، في مفهوم الدولة، وفي بنائها، بحيث تقوم تلك النزعة، على أساس (معالجة) الشر، بالوحي، و(تقويم) المادي، بالروحي، سواء، بتغليب الروحي على المادي، أو بخلق نوع من التوازن بينهما، ـ على الأقل ـ في كيان الأفراد. فإذا ما تم ذلك، تحقق صلاح المجتمع، وأمكن قيام نظام (دولة أهل الخير). ذلك أن تأسيس الدولة، وقيامها، إنما هو، في رأيهم، بغرض : « صلاح الدين والدنيا جميعا ». فالدولة إذن، ووجودها على هذا النحو، ليست غاية في ذاتها ـ بعكس رأي هيجل ـ وإنما الغاية منها، تحقيق بناء الأفراد، على أسس روحية، ومادية سليمة.

على أن عناية إخوان الصفاء، بالجانب الروحي للأفراد، قد قام في الحقيقة، على حساب الجانب المادي. بمعنى أن اهتمامهم بتكوين الأفراد، دينيا، وعقديا، ومعرفيا، وأخلاقيا، كان على حساب تكوينهم في المجال السياسي والاجتماعي، وهذا هو الأساس الذي يميز نظريتهم السياسية. وقد نتج عن هذا الاتجاه، في تفكيرهم السياسي، عدم

---

(١١٠) راجع نفس المصدر، م ١، ص ٢٥٩.

دقتهم في دراسة نظام الدولة، وعدم اكتراثهم بوظائفها ـ خلافا لما قام به ابن خلدون في نظرية وظيفة الدولة ـ

من ذلك، مثلا، أنهم تعرضوا لوظائف الدولة، بصورة تقليدية، لا أثر فيها لاجتهاد، أو لرأي. فقالوا : « فأما خصال الملك، فأولها أخذ البيعة على الأتباع المستجيبين، وترتيب الخاص والعام، مراتبهم، وجباية الخراج، والعشر، والجزية من الملة، وتفريق الأرزاق على الجند والحاشية، وحفظ الثغور، وتحصين البيضة، وقبول الصلح والمهادنة، من الملوك والرؤساء، من الأمور المستحبة، والهدايا، لتأليف القلوب، وشمل الألفة. وما شاكل هذه الخصال المعروفة بين الرؤساء والملوك » [١١١].

إن سرد وظائف الدولة بهذه الصورة، دون تمثيل، ودون مناقشة أو تعليق، لمما يترجم عدم الاهتمام بها، أصلا، ويدل، في نفس الوقت، على اهتمامهم بالروحانيات وعلى اقتناعهم، بأن دولة (أهل الشر)، لا تخدم الأفراد، روحيا، ولا ماديا. ولعل اعتقادهم في فساد (الملك)، في عصرهم، قد نتج عنه، معارضتهم للماديات، وفي نفس الوقت، معارضتهم للنظام السياسي القائم. وهو الأمر الذي يمكن أن يعلل توجههم نحو البحث عن دولة مثالية (فاضلة)، ويعلل كذلك، ربطهم مفهوم الدولة (الصالحة)، بالإلهيات. بدليل أن الدولة، في ذاتها، كجهاز منظم للمجتمع، لم تكن تعنيهم، بقدر ما كان يعنيهم، في المقام الأول ـ كجماعة معارضة ـ إصلاح المجتمع، بهدف القضاء على دولة (أهل الشر)، وإقامة دولة (أهل الخير) ([١١٢])، ولن يتأتى ذلك، في رأيهم، إلا بتنشئة الفرد، وبنائه، تنشئة روحية، وعقدية، وأخلاقية، وعلمية أيضا، حتى يمكن له ان يبني تلك الدولة (الخيرة) ويكون فيها عضوا نافعا، وعنصرا صالحا.

ليس مستبعدا، أن يكون هذا التفكير لإخوان الصفاء، في خلق جيل من الأفراد، والأتباع، مكونا تكوينا روحيا وفكريا، وعلميا سليما، مستمدا من نظام أفلاطون التربوي، الذي وضعه لأبناء دولة المدينة الفاضلة. لأن أفلاطون نفسه، كان ينزع إلى إصلاح نظام الدولة، في أثينا، بواسطة إصلاح الفرد. لاعتقاده أنه إذا صلح الفرد، تبعه

---

(١١١) إخوان الصفاء : الرسائل، م ٤، نقلا عن : حنا الفاخوري وخليل الجر : تاريخ الفلسفة العربية، مرجع سابق، ص ٢٠١.

(١١٢) راجع : إخوان الصفاء : الرسائل، م ١، ص ١٨١.

صلاح المجتمع والدولة. وهذا المنحى (الإصلاحي) عند أفلاطون، نجده يتجلى عند إخوان الصفاء، أيضا، لا فقط في مفهوم الدولة، وإنما في مشروع رسائلهم، بصفة عامة، وذلك فيما تناولته تلك (الرسائل)، من مواضيع، قصد بها إصلاح كل شيء، في حياة الفرد، والمجتمع، والدولة.

ثم إنه إذا كانت آراء أفلاطون السياسية، في الدولة (الفاضلة)، هي رد فعل، ضد نظام اسبرطة الاستبدادي[١١٣]،فإن آراء إخوان الصفاء، السياسية، في الدولة (الصالحة)، كانت أيضا، رد فعل، ضد فساد السلطة والمجتمع، في العصر العباسي الثالث.

---

(١١٣) راجع : برتراند رسل : تاريخ الفلسفة الغربية، ترجمة زكي نجيب محمود، ج ١، فصل ١٢ (تأثير اسبرطة)، ص ١٦٠، ط ٢، القاهرة، ١٩٦٧..

الفصل الثالث

مفهوم الدولة عند ابن خلدون

- القسم السابع : المفهوم المعنوي.
- القسم الثامن : المفهوم المادي.
- القسم التاسع : الدولة ومفهوم القوة.

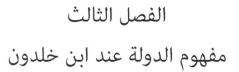

المفهوم المعنوي

توطئة عامة

- ٢٩ -

الدولة ظاهرة سياسية، قديمة. تناول المفكرون أسباب نشأتها، وظهورها، ومفهومها، والعناصر المركبة لطبيعتها، وبنيتها. كما تناول المفكرون أيضا، أشكالها، وعلاقتها بالسلطة والسيادة، وأنظمة الحكم فيها، ووظيفتها.

ومن أبرز المفكرين الذين اهتموا بدراسة موضوع الدولة، في القديم، أرسطو، في كتابه : (السياسة)، وابن خلدون، في (المقدمة). وفي العصور الحديثة، فلاسفة مدرسة العقد الاجتماعي، وهيجل.

ومفهوم[١] الدولة، باعتباره صورة من صور تحديد هويتها وطبيعتها، يختلف باختلاف آراء المفكرين. فمن خلال الدراسات المنجزة في حقل الفلسفة السياسية [٢]،

---

(١) المفهوم :

أ ـ هو : «الصورة الذهنية، سواء وضع بإزائها اللفظ، أولا، كما أن المعنى، هو الصورة الذهنية، من حيث وضع بإزائها اللفظ.(أبو البقاء)». عبد المنعم الحفني : المعجم الفلسفي، ط ١، ص ٢٧٧، بيروت ١٩٩٢.

ب ـ «يعني رأيا، أو منطقا أو مجموعة معتقدات، حول شيء معين». دنكن ميتشيل : معجم علم الاجتماع، ترجمة حسان محمد الحسن، ط ١، ص ٥٤، بيروت ١٩٨١.

ج ـ هو : «صورة التفكير التي تعرف بواسطتها السمات الأساسية، للأشياء والظواهر الواقعية ». عبد الرزاق مسلم الماجد : مذاهب ومفاهيم في الفلسفة والاجتماع، ص ١٠٤، صيدا، بيروت (؟).

(٢) وذلك باعتبار الفلسفة السياسية، هي : "تفسير ظاهرة السلطة"، أي : "بمعنى التفسير الذاتي للظاهرة السياسية". فهي بذلك : «تختلف عن علم السياسة، الذي يعني : «التجميع المجرد لمجموعة العلاقات التي تخضع لها التطورات الارتباطية، للظاهرة السياسية ».

راجع : حامد عبد الله ربيع : (فقه السياسة في الفلسفة ابن خلدون الاجتماعية)، في : أعمال مهرجان ابن خلدون، مرجع سابق، ص ٢٦٧، وص ٢٨٩.

لظاهرتي : السلطة والدولة، قديما وحديثا، يلاحظ وجود ثلاث اتجاهات عامة:

الاتجاه الأول :

يتمثل في الدراسات السياسية التي أنجزت في العهد اليوناني، في نظرية الدولة. وخاصة عند أفلاطون وأرسطو. وتتميز تلك الدراسات، بغموض العلاقة بين الدولة، والمجتمع، ويتداخل مفهوم كل منهما في الآخر، وبقيام الدولة في (المدينة)، دون الوطن، وأيضا، بتحفظ أفلاطون وأرسطو، من تقديم مفهوم واضح للدولة، بالرغم من شمولية دراساتهما لموضوعها. ففي الوقت الذي بحث فيه هذا الاتجاه، موضوع الدولة، ودرس فيه أسباب نشأتها، وعوامل قيامها، وطبيعة السلطة فيها، وضرورتها للمجتمع المدني ـ أو الحضري بتعبير ابن خلدون ـ إلا أنه قد اقتصر، في الغالب، في تحديد مفهوم الدولة، على الوصف الخارجي لبنيتها، وسلطتها العامة، ووظيفتها.

الاتجاه الثاني :

يتمثل في الدراسات السياسية، التي أنجزها ابن خلدون، في القرن الرابع عشر. فقد عرفت نظرية الدولة، في (المقدمة)، دراسات جديدة، متميزة عن دراسات اليونان. حيث فصل ابن خلدون، بين المجتمع والدولة : فدرس نشأة الجماعات، وتطورها، ثم درس كيفية قيام السلطة السياسية، والدولة، في تلك الجماعات، على أساس القوة المعنوية، والقوة المادية، كالعصبية، والمال، مثلا. وبالتالي، فقد عرف مفهوم الدولة، أيضا، تطورا جديدا، واكتسب معنى مغايرا، للمعنى الذي ألفه الفكر السياسي اليوناني.

الاتجاه الثالث :

ويتمثل هذا الاتجاه، في الدراسات الحديثة، لظاهرة الدولة، التي أنجزت ابتداء من عصر النهضة، حتى القرن التاسع عشر. وأبرز من مثله، رواد نظرية العقد، وهيجل. وقد تميزت الدراسات السياسية في هذا الاتجاه، بالفصل بين الدولة، والظاهرة السياسية، ثم بين الدولة والمجتمع، أي بتحديد العلاقات والمفاهيم بين هذه الظواهر الثلاث. كما توسعت تلك الدراسات، في بحث مصادر السلطة السياسية، وفي طبيعة الدولة. ومن ثم يمكن القول، بأن مفهوم الدولة، في الاتجاه الثالث، قد تطور، نتيجة تطور الدراسات في نظرية الدولة، فأصبح مفهومها، يشمل بنيتها الداخلية والخارجية، أي جميع علاقات الدولة، في الداخل وفي الخارج، مع الفرد، والمجتمع والمؤسسات، والدول.

في إطار الاتجاه الثاني الخلدوني، يمكن الإشارة إلى بعض الحقائق التي تتعلق خاصة بأرسطو، وابن خلدون، والتي قد تساعد في تصور السمات العامة، لاتجاه صاحب (المقدمة) في مفهوم الدولة.

لقد رأينا في مفهوم أرسطو للدولة، أنه يؤكد حقيقتين:

الأولى :

أن الظاهرة السياسية، هي الدولة، وهي المجتمع، معا. « ذلك أن الفكر السياسي، اعتبر، في الماضي، أن الظاهرة السياسية، هي الدولة »[٣]. بمعنى أن الدولة، والمجتمع، في رأي أرسطو، يعبران عن حقيقة واحدة : « لأن الدولة غاية تلك الجماعات »[٤]. ولأنها كذلك، مؤسسة طبيعية[٥]. معنى ذلك أنه قد حصر السلطة في الدولة، وحرم منها المجتمع. أو أنه، بعبارة أخرى، جعل السلطة السياسية، حكرا على الحكام في دولة المدينة، دون المحكومين. وإذا كان الأمر كذلك، فالدولة عنده، في مفهومها العام، شكل من أشكال الإكراه.

الثانية :

أن الدولة، في مفهومها الخاص، تتحدد، عند أرسطو، بكونها (سلطة قسرية)، منظمة للحياة العامة، في مجتمع ـ المدينة.

في ضوء الحقيقتين السابقتين، يمكن القول، إنه إذا كان أرسطو ـ كما رأينا ـ قد ربط بين المجتمع المدني، والدولة، بشكل يكتنفه الغموض، واعتبر الدولة ظاهرة طبيعية، فإن ابن خلدون، على العكس من ذلك، لم يربط الدولة بالمجتمع، بالشكل الذي قرره أرسطو، ولم يعتبر الدولة، ظاهرة طبيعية مستقلة، وإنما ربط طبيعيتها، بطبيعية العصبية، فقرر أن الدولة (أو الملك)، والعصبية، معا، يشكلان ظاهرة واحدة :

---

(٣) حسن صعب :علم السياسة، مرجع سابق، ص ١٣٢.

(٤) أرسطو : السياسيات، مصدر سابق، ص ٨. في هذا المعنى، يلاحظ أن هيجل سوف ينطلق من هذا المبدأ الأرسطي، في تحديد مفهومه للدولة.

(٥) راجع : نفس المصدر والصفحة.

طبيعية، لـ : « أن الملك غاية طبيعية للعصبية »[٦]. وإذ قد قرر ابن خلدون ذلك، فلأنه من ناحية، يعتقد أن الدولة، والعصبية، توأمتان طبيعيتان، أي أن الدولة، لا تقوم إلا على العصبية. ومن ناحية أخرى، يعتقد في مبدأ تعدد السلطات بين العصبيات، وذلك نتيجة قيام السلطة السياسية، في رأيه على العصبية أو العصبيات.

على أن تقرير ابن خلدون، لطبيعية ظاهرة العصبية ـ الدولة، ولمبدأ تعدد السلطات، يؤكد من جهة، تعارض آرائه، مع آراء أرسطو في مفهوم الدولة، ويؤكد من جهة أخرى، غرض ابن خلدون، في خلق مبررات (طبيعية)، لنظريته في نسبية الدولة، في المجتمعات البشرية، ولمفهومه في فشل استمرارية دولة الوحدة، التي فقدها العالم العربي ـ الإسلامي، من بغداد، إلى قرطبة. وهو الأمر الذي قد يبرر كذلك، تنظيراته في تحديد عمر الدولة، وتحديد عدد أجيالها، ومراحل حياتها.

على الرغم من أن (المقدمة)، تناولت بالدراسة، ثلاثة محاور أساسية، هي : العصبية، والدولة، والعمران. وعلى الرغم من تنوع الدراسات حول فكر ابن خلدون، فإنه من النادر جدا، أن نجد دراسة تتعلق بمفهوم الدولة في (المقدمة). فقد انصب اهتمام الدارسين، لفكر ابن خلدون، على محور العصبية، خاصة، ربما لـ : « أن مفهوم العصبية، يشكل بحق عصبا من الأعصاب الرئيسية تتضمنها (المقدمة). والعلة في ذلك، أن ابن خلدون، جعل منه مفتاح الحركية الاجتماعية »[٧].

لكن إذا كان ابن خلدون، قد انطلق في بحوثه السياسية، من العصبية، فلأنه كان يرى فيها، القوة المعنوية الأولى، التي تشكل حجر الأساس في بناء المجتمع والدولة والعمران. كما كان يرى أنه توجد ـ إلى جانب تلك القوة ـ قوة أخرى مادية، كالمال والجيش والإدارة، تساهم أيضا، في بناء الحياة الاجتماعية والسياسية. وتنشأ القوة الثانية المادية، من فوز الأولى، المعنوية، أي من نجاح العصبية، ومدى قدرتها على التحكم في الجماعات. وفي هذا المعنى، تتبلور نظرية (القوة) عند ابن خلدون[٨]، ويتبلور معها تصوره لمفهوم الدولة ـ كما سنرى ـ

---

(٦) ابن خلدون : المقدمة، ص ٣٥٨.

(٧) عبد الغني مغربي : الفكر الاجتماعي عند ابن خلدون، مرجع سابق، ص ١٤٣.

(٨) راجع : إدريس خضير : التفكير الاجتماعي الخلدوني، وعلاقته ببعض النظريات الاجتماعية، ص١٣٧، الجزائر ١٩٨٣.

إلا أنه ما دام الأمر يتعلق أساسا، ببحث هذا المفهوم، فإننا نشير مرة أخرى، إلى أن (المقدمة)، لم تحدد تعريفا واضحا للدولة. باستثناء النص الآتي، الذي يحاول من خلاله ابن خلدون، الاقتراب من معنى الدولة. يقول : « لأن الدولة بالحقيقة الفاعلة، في مادة العمران، إنما هي العصبية والشوكة »(٩). ففي هذا النص، يشير ابن خلدون، من جهة، إلى المفهومين المحددين، في رأيه، لمعنى الدولة، وهما : المفهوم المعنوي، المتمثل في العصبية، والمفهوم المادي، المتمثل في الشوكة. كما يشير النص، من جهة أخرى، إلى مبدأ (القوة)، الذي يعتقد ابن خلدون، أنه ضروري لوجود الدولة، بصفتها ظاهرة تنظيمية.

وسوف نتناول هذه العناصر الثلاث : المعنوي، والمادي، والقوة، بشيء من التفصيل.

- ٩٤ -

أشرنا في القسم الاول، والرابع، إلى العناصر المعنوية، والمادية، المؤسسة للدولة. وسنتعرض الآن، إلى تلك العناصر نفسها، مرة أخرى، بصيغة جديدة، وأسلوب آخر، لكي ننظر من خلالها، إلى معاني : الضرورة الطبيعية، والإكراه، والقوة، في مفهوم ابن خلدون للدولة، باعتبارها ظاهرة نظامية.

عناصر المفهوم المعنوي

يتشكل المفهوم المعنوي للدولة، عند ابن خلدون، من عدة عناصر، من بينها على الخصوص، عنصر العصبية، ولواحقه أو توابعه، كالولاء والحلف، يليه عنصر الدين، أو : « الوازع الديني »(١٠)، والدعوة الدينية.

أولا : العصبية كقوة طبيعية وضرورية

من معاني العصبية، صلة الرحم، ورابطة النسب، واللحمة، والمصاهرة، والقرابة، والألفة، والتعاضد والتناصر، وأيضا، التضامن والتعاون(١١). وفي معنى

---

(٩) ابن خلدون : المقدمة، ج ٣، ص ٨٨٤ (البيان).

(١٠) ابن خلدون : المقدمة، ص ٣٧٤.

(١١) راجع عبد القادر جغلول : الإشكالية التاريخية في علم الاجتماع السياسي، عند ابن خلدون، ترجمة فيصل عباس / ص ١٤٢، ط ٤، بيروت ١٩٨٧.

العصبية، يقول ابن خلدون نفسه : « ولا يصدق دفاعهم وذيادهم إلا إذا كانوا عصبية، وأهل النسب واحد، لأنهم بذلك، تشتد شوكتهم، ويخشى- جانبهم. إذ نعرة[١٢] كل أحد على نسبه وعصبيته أهم، وما جعل الله في قلوب عباده، من الشفقة والنعرة، على ذوي أرحامهم وقربائهم، موجودة في الطبائع البشرية،وبها يكون التعاضد والتناصر»[١٣]، إذ: « أن شأن العصبية وقوتها إنما هي بالقرابة والرحم، لما جعل الله في ذلك »[١٤].

والعصبية، من مفردات القرآن. فقد استدل ابن خلدون على معناها، بما : « حكاه القرآن عن إخوة يوسف عليه السلام، حين قالوا لأبيه : ﴿ قالوا لئن أكله الذئب، ونحن عصبة، إنا إذا لخاسرون ﴾[١٥]. والمعنى أنه، لا يتوهم العدوان على أحد، مع وجود العصبة له »[١٦]. لذلك فإن مفهوم الدولة، مرتبط، بصورة من الصور، عند ابن خلدون، بمعاني المفردات السياسية التي اعتمدها من القرآن.[١٧]

وتعتبر العصبية، عند صاحب (المقدمة)، قوة طبيعية، معنوية[١٨]، باطنة، كامنة في كيان كل فرد، لا غنى له عنها، تدفعه (تلك القوة) إلى القيام بالواجب العصباني ـ إن صح القول ـ أي : الواجب الذي يمليه شعور الفرد، وإحساسه، من أجل نصرة ذوي الأرحام والقربى. أو بتعبير آخر، تعتبر العصبية قوة، تدفع الفرد إلى إنجاز ما يمليه: «الوازع العصباني »[١٩] ـ بلغة ابن خلدون ـ : « وذلك أن صلة الرحم طبيعي في البشر، إلا في الأقل. ومن صلتها النعرة على ذوي القربى، وأهل الأرحام، أن ينالهم ضيم أو

---

(١٢) النعرة، بمعنى : « التعصب لأولي الأرحام ». وقد تعني أيضا : شعور المرء بالنجدة والنصرة والمدافعة والحماية نحو ذوي الأرحام والأقرباء.

(١٣) ابن خلدون : المقدمة، ص ٢٢٤.

(١٤) نفسه، ص ص ٥٢٢ ـ ٥٢٣.

(١٥) يوسف / ١٤.

(١٦) ابن خلدون : المقدمة، ص ٢٢٤.

(١٧) تناولنا موضوع المفردات السياسية الخلدونية، وعلاقتها بمفردات القرآن، في القسم المتعلق بـ(المصادر الأصلية) لتفكير ابن خلدون، في البحث الذي نعده، عن : (نظرية الدولة عند ابن خلدون وهيجل).

(١٨) بخصوص العصبية كقوة سياسية واجتماعية وكقيمة أخلاقية، راجع : محمد محمود ربيع : النظرية السياسية لابن خلدون ص ص ٩٠-١٠١، ط ١،(؟) ١٩٨١.

(١٩) ابن خلدون : المقدمة، ص ٣٧٤.

تصيبهم هلكة (...) نزعة طبيعية في البشر مذ كانوا »[٢٠].

وإذا كانت العصبية، قوة طبيعية، فمعنى ذلك أنها أيضا ضرورة طبيعية، في تكون المجتمع، وفي نشأة الدولة، ووجود العمران : « لأن الاجتماع [٢١] والعصبية، بمثابة المزاج في المتكون »[٢٢]. فابن خلدون يعتقد، في حتمية العصبية، وفي شموليتها للأفراد والجماعات، وفي ضروريتها للوجود الإنساني، لأنها أمر إيجابي، لتحقيق كل ما يحمل الناس عليه : « وإن الشرائع والديانات، وكل أمر يحمل عليه الجمهور، فلا بد فيه من العصبية، إذ المطالبة، لا تتم إلا بها، كما قدمناه. فالعصبية ضرورية للملة، وبوجودها يتم أمر الله منها. وفي الصحيح : (ما بعث الله نبيا إلا في منعة من قومه) »[٢٣].

يبدو أن ابن خلدون، في تقريره لـ (حتمية العصبية)، يريد القول، بأنها قانون طبيعي عام. وهو أمر لا مناص من تأكيده، رغم بعض الانتقادات التي وجهت لابن خلدون، فيما يتعلق بعلاقة العصبية بالدين [٢٤]. ذلك أن المتأمل، في طبيعة سلوك الآدميين ـ وحتى في طبيعة سلوك الحيوانات غير الناطقة ـ وفي تصرفاتهم تجاه بعضهم بعضا، وتجاه المؤسسات العامة والخاصة، وحتى في تصرفات الحكام في تشكيل الحكومات، وتولي المناصب، في جميع المجتمعات البشرية، ليتيقن من طبيعية العصبية، في جميع الكائنات الحية. حتى ليمكن القول، بأن العصبية، قاعدة من قواعد القانون الطبيعي الغير مكتوب، التي يسير على هداها، كل كائن حي، في صمت، ودون الإعلان عن ذلك. ولعل هذا بالضبط هو ما قصده ابن خلدون، من تقريره طبيعية العصبية، وضرورتها للإنسان والدولة، ومن ثم، تأكيده على أنها قوة معنوية فاعلة في كيان الأفراد والدولة، وفي سلوكهم. لأنها والاجتماع : "بمثابة المزاج في المتكون".

---

(٢٠) نفسه، ص ٢٢٥.

(٢١) الاجتماع هنا، يعني شبكة العلاقات ومختلف الصلات وأنواع الترابطات التي تتم بين الأفراد، أي بمعنى العمران في أوسع صوره.

(٢٢) نفسه، ص ٢٣١.

(٢٣) نفسه، ص ٣٥٨. وراجع أيضا، ص ٢٢٥.

(٢٤) راجع مثلا : محمد رشيد رضا : الخلافة، الفصل الختامي : (قاعدة ابن خلدون في العصبية مخالفة للإسلام)، مرجع سابق، ص ٢٢٩، وما بعدها.

- ٩٥ -

يعتبر كل من الولاء والحلف، من متممات العصبية، لأنهما من مكوناتها، في رأي ابن خلدون. فالولاء، يعني الانتماء من غير علاقة نسبية (بفتح الأولين). كأن تنتمي جماعة من الأفراد إلى أفراد عصبية ما، دون، أن يكون أفراد الجماعة، من نسب أفراد العصبية. وأما الحلف، فهو التعاهد والاتفاق بين الجماعات والعصائب. يقول في هذا المعنى، ابن خلدون : « إذا اصطنع أهل العصبية، قوما من غير نسبهم، أو استرقوا العبدان والموالي، والتحموا بهم، كما قلناه، ضرب معهم أولئك الموالي والمصطنعون بنسبهم في تلك العصبية، ولبسوا جلدتها، كأنها عصبتهم، وحصل لهم من الانتظام في العصبية، مساهمة في نسبها، كما قال صلى الله عليه وسلم : (مولى القوم منهم). وسواء كان مولى رق، أو مولى اصطناع وحلف، وليس نسب ولادته، بنافع له في تلك العصبية » [٢٥].

ويعتبر ابن خلدون، الولاء والحلف من متممات العصبية، ومن ثم فهما من القوى المعنوية الفاعلة في الأفراد والجماعات والدول. وغني عن البيان، أن الأفراد والجماعات، تحتاج إلى الولاء وإلى الحلف ـ كما هو الشأن اليوم بالنسبة للأحزاب السياسية، مثلا ـ كما أن الدولة، باعتبارها شخصا معنويا، تحتاج أيضا، إلى الولاءات، وإلى الأحلاف، لتقوية جانبها، وحماية مصالحها وكيانها. وفي تأكيد ابن خلدون، على عصبية الولاء والحلف، يقول : « ومن هذا الباب، الولاء والحلف، إذ نعرة كل أحد عن أهل ولائه وحلفه، للألفة التي تلحق النفس، من اهتضام جارها، أو قريبها، أو نسيبها، بوجه من وجوه النسب، وذلك لأجل اللحمة الحاصلة من الولاء، مثل لحمة النسب أو قريبا منها » [٢٦].

ففي معنى هذا النص، يندرج مفهوم القوة المعنوية، في الدولة، المتمثل، في علاقاتها الداخلية، مع القوى الفاعلة في المجتمع، ومع الأحزاب. وفي علاقاتها الخارجية، بإبرامها للمعاهدات والاتفاقيات مع الدول الأخرى.

---

(٢٥) ابن خلدون : المقدمة، ص ص ٢٣٧ ـ ٢٣٨.

(٢٦) نفسه، ص ٢٢٦.

ثالثا : الدين

يقرر ابن خلدون، أن الدين ـ الذي تساعده العصبية على التحقق، كما رأينا ـ ليس ضروريا للإنسان، باعتباره كذلك، فحسب، بل هو ضروري للدولة، أيضا. وذلك لأن من وظائف الدين، تأليف القلوب، وجمع الأهواء، وتوحيد الآراء، والتقليل من الخلاف، وكسر روح التنافس والتحاسد بين الناس، ودفعهم إلى التعاون والتعاضد والتناصر. فالوازع الديني[٢٧]، إذا استحكم في نفوس الأفراد، يشكل، بطبيعته، ضربا من الترابط الذي تفتقر الدولة إليه، ونمطا من الوحدة التي تسعى دائما إلى تحقيقها بين رعاياها. إلا أن : « جمع القلوب وتأليفها، إنما يكون بمعونة من الله في إقامة دينه. قال تعالى : ﴿ لو أنفقت ما في الأرض جميعا، ما ألفت بين قلوبهم ﴾ »[٢٨]. وعلى هذا، يعتبر الدين أيضا، ـ إلى جانب العصبية ـ عند ابن خلدون، قوة معنوية، ضرورية، لأنه من عوامل توحيد الأفراد حول الدولة[٢٩].

والاعتقاد في ضرورة الدين للدولة، باعتباره قوة معنوية، تعضدها، وتساعد كيانها على التماسك، لم يكن مقتصرا على ابن خلدون، وحسب، بل ساد هذا الاعتقاد عند غيره من المفكرين. أمثال :

أ ـ أبو الحسن علي الماوردي الذي سبق ابن خلدون، في تقرير ضرورة الدين للدولة. إلا أنه فاضل في نفس الوقت، بين الحكم الشرعي، والحكم العقلي، في الدولة، وأيد الأول، لأنه الأمثل، في رأيه، في حماية حقوق الأفراد ومصالحهم، ـ كحق المساواة، مثلا ـ يقول : « أرشد الولاة من حرس بولايته الدين، وانتظم بنظره صلاح المسلمين، لأن الدين يصلح سرائر القلوب، ويمنع من ارتكاب الذنوب، ويبعث على التأله والتناصف، ويدعو إلى الألفة والتعاطف (...). وليس في العقل، ما يجمعهم على حكم يتساوى فيه قويهم وضعيفهم، ويتكافأ فيه شريفهم ومشروفهم. فلذلك وقفت

---

(٢٧) راجع نفسه، ص ص ٣٧٣ ـ ٣٧٤.

(٢٨) الأنفال / ٦٣. وابن خلدون : المقدمة، ص ٢٧٧. وراجع أيضا، ص ٢٧٩.

(٢٩) يعتقد ابن خلدون، أن السياسة، ليست من أغراض الدين. يقول : « والدولة إن كان قيامها بالدين، فإنه بعيد عن منازع الملك ». المقدمة، ص ٥١٤.

مصالحهم على دين يقودهم إلى جمع الشمل، واتفاق الكلمة »[٣٠].

والماوردي يفاضل أيضا بين قوة الدين، وقوة الجند، في الدولة. ويعتقد في خطأ بعض الملوك الذين يغترون، بالقوة المادية وحدها - كالجند - فيعولون عليها، دون قوة الدين المعنوية. فيضيف، في لهجة الموجه الناصح : « وربما أهمل بعض الملوك، الدين، وعول في أموره، على قوته وكثرة أجناده، وليس يعلم أن أجناده، إذا لم يعتقدوا وجوب طاعته في الدين، كانوا أضر عليه من كل ضد مباين، لاقتراحهم عليه ما لا ينهض به »[٣١].

ب - جان جاك روسو، الذي أكد ما ذهب إليه ابن خلدون، في شأن ضرورة الدين للدولة. حيث قال : « إنه مما يهم الدولة، تماما، أن يعتنق كل مواطن دينا يدفعه إلى حب واجباته، ولكن عقائد هذا الدين، لا تهم الدولة، ولا أعضاءها، إلا بقدر ارتباطها بالأخلاق والواجبات التي يجب على معتنقها أن يقوم بها تجاه الآخرين »[٣٢].

رابعا : الدعوة الدينية[٣٣]

- ٩٦ -

ومن القوى المعنوية، أيضا، الدعوة الدينية، فبالإضافة إلى الصبغة الدينية المحضة، وما يتضمنه الدين من إيمان وتشريع وأحكام، يعتقد ابن خلدون، أن الدعوة إلى الدين، بين الناس، كالأمر بالمعروف والنهي عن المنكر، من طرف العلماء والفقهاء، والمخلصين للعقيدة الدينية، من شأنها أن تضاعف قوة العصبية، لما يحصل من تلك الدعوة، من الوعي بالحق، والاستبصار فيه. ومثل ذلك أيضا، الدعوات ذات الصبغة الدينية، التي يقوم بها من حين لآخر، بعض أدعياء الحق، ففي تلك الدعوات، قوة معنوية كامنة،

---

(٣٠) أبو الحسن الماوردي : تسهيل النظر، وتعجيل الظفر، في أخلاق الملك وسياسة الملك، تحقيق محي هلال السرحان، ص ١٤٦، بيروت ١٩٨١.

(٣١) نفسه، ص ١٤٧.

(٣٢) جان جاك روسو: العقد الاجتماعي (مع لوك وهيوم)، بترجمة عبد الكريم أحمد (سلسلة الألف كتاب رقم ٤١٩)، ص ٢٣٨، القاهرة (؟). وراجع أيضا بهذا الخصوص، المقال القيم للباح: ناصيف نصار : (في العلاقة بين سلطة الدولة وسلطة الدين)، في مجلة : (الفكر العربي المعاصر)، ص ص ٢٨ - ٣٦، عدد شهر شباط، رقم ٢٤، بيروت ١٩٨٣.

(٣٣) راجع رأي ابن خلدون، في وظيفة الدعوة الدينية : المقدمة، ص ص ٢٧٨ - ٢٨٤.

تدفع المنتمين إليها، إلى القتال، من أجل انتشارها، وانتصارها. لأن « كل أمر يحمل الناس عليه، من نبوة أو إقامة ملك أو دعوة (...) إنما يتم بالقتال عليه، لما في طباع البشر ـ من الاستعصاء، ولا بد في القتال، من العصبية »[٣٤]. وقد مثل ابن خلدون لذلك، بدعوة المهدي الدينية، التي تبنتها قبيلة (المصامدة) فقال : « فلبسوا صبغتها، وتضاعفت قوة عصبيتهم بها، فغلبوا على زناتة، أولا، واستتبعوهم، وإن كانوا من حيث العصبية والبداوة، أشد منهم. فلما خلوا عن تلك الصبغة الدينية، انتقضت عليهم زناتة من كل جانب، وغلبوهم على الأمر، وانتزعوه منهم »[٣٥]. ثم مثل بدعوة : « ابن قسي، شيخ الصوفية، وصاحب كتاب : خلع النعلين في التصوف. ثار بالأندلس داعيا إلى الحق، وسمي أصحابه بالمرابطين (...) وكانت ثورته تسمى ثورة المرابطين »[٣٦]، وغير ذلك من الدعوات الدينية، التي مثل لها ابن خلدون، في (المقدمة). إلا أن المراد من ذلك، هو أن تلك الدعوات، تعتبر قوة معنوية، إضافية، مساعدة لقوة العصبية، ومؤثرة في قوة الدولة، إما إيجابا، وإما سلبا :

أ ـ فقد يكون لتلك الدعوات أثر إيجابي، بأن تدعم سلطة الدولة. كما كان الأمر، مع شيخ الصوفية، ابن قسي، الذي كان من المرابطين، ثم : « لم يلبث حين استولى الموحدون على المغرب، أن أذعن لهم ودخل في دعوتهم، وتابعهم من معقله بحصن أركش، وأمكنهم من ثغره، وكان أول داعية لهم بالأندلس »[٣٧].

ب ـ وقد يكون لتك الدعوات أثر سلبي، بأن تشاغب الدولة، وتتمرد عليها فتقوم الدولة بالقضاء على أصحاب تلك الدعوات : « فإن كثيرا من المنتحلين للعبادة، وسلوك طرق الدين، يذهبون إلى القيام على أهل الجور من الأمراء، داعين إلى تغيير المنكر والنهي عنه، والأمر بالمعروف، رجاء في الثواب عليه من الله. فيكثر أتباعهم والمتشبثون بهم، من الغوغاء والدهماء، ويعرضون أنفسهم في ذلك للمهالك، وأكثرهم يهلكون في تلك السبيل مأزورين غير مأجورين، لأن الله سبحانه، لم يكتب ذلك عليهم، وإنما أمر

---

(٣٤) ابن خلدون : المقدمة، ص ٢٢٥.

(٣٥) نفسه، ص ٢٧٩.

(٣٦) نفسه، ص ٢٨٠.

(٣٧) نفسه، ص ٢٨٠.

به، حيث تكون القدرة عليه. قال صلى الله عليه وسلم : (من رأى منكم منكرا، فليغيره بيده، فإن لم يستطع، فبلسانه، فإن لم يستطع فبقلبه). وأحوال الملوك والدول راسخة قوية، لا يزحزحها، ويهدم بناءها، إلا المطالبة القوية، التي من ورائها عصبية القبائل والعشائر»[٣٨]. ومما يلاحظ في معنى هذا النص، أن ابن خلدون، لا يعتبر الخروج على سلطة الدولة، في المجتمع الإسلامي، جهادا.

وهكذا، يتأسس المفهوم المعنوي للدولة، في رأي ابن خلدون، من هذه العناصر. وهي عناصر، وإن كانت تحمل في ذاتها، معاني طبيعية (صلة الدم)، ودينية، وعقدية، وسياسية وأخلاقية، إلا أنها جميعا، تضفي على الدولة، طابع الوحدة، والترابط والقوة والنظام.

---

(٣٨) نفسه، ص ص ٢٨٠ ـ ٢٨١.

المفهوم المادي

توطئة

- ٩٧ -

يتشكل المفهوم المادي للدولة، عند ابن خلدون، من عدة عناصر، أيضا. من بينها: الوطن [١]، والرعية أو المجتمع [٢]، ثم الجند، والمال. وقد تناولنا العنصرين الأولين، في القسم الاول، ونتناول في هذا القسم، العنصرين الأخيرين.

وتبدو واقعية ابن خلدون، وتفكيره العملي، خاصة، في أنه لا يتصور وجود الجماعة أو العصبية، المؤسسة للدولة، بدون جند أو أتباع أو أشياع، يدافعون عما تطمح إليه عصبية الدولة، أو ـ كما يقول ـ : « عصابة الدولة » [٣]. كما لا يتصور وجود تلك (العصابة)، بدون مال، باعتبار المال وسيلة حيوية، من وسائل وجودها. فإذا لم تستطع عصبية الدولة، توفير هذين العنصرين، فلا أمل في تأسيسها الدولة، ولا أمل في استمرار وجودها. وبتعبير آخر، فإن الجند والمال، في رأيه، شرطان أساسيان في وجود الدولة. ولذلك أكد ابن خلدون، بـ « أن الاجتماع والعصبية، بمثابة المزاج في المتركب » [٤]، و: « أن العصبية بها تكون الحماية، والمدافعة والمطالبة، وكل أمر يجتمع عليه » [٥]. بمعنى أنه لا يتصور وجود (اجتماع) أي تجمع بشري، بدون من يحميه، ويدافع عنه، أو بدون تمويل ذلك المدافع، بالمال.

---

(١) من ذلك قول ابن خلدون : «إن كل دولة لها حصة من الممالك والأوطان، لا تزيد عليها». المقدمة، ص ٢٨٥، وقوله أيضا : «إن كل أمة، لا بد لهم من وطن هو منشأهم، ومنه أولية ملكهم». المقدمة، ص ٦٦٨.

(٢) من ذلك قوله أيضا : « فحقيقة السلطان، أنه المالك للرعية، القائم في أمورهم عليهم. فالسلطان من له رعية، والرعية من لها سلطان ». المقدمة، ص ٣٣٤.

(٣) نفسه، ص ٢٨٥، وص ٥٢٧.

(٤) نفسه، ص ٢٣١.

(٥) نفسه، ص ٢٤٤.

- ٩٨ -

أولا : الجند

إن المفهوم العام، لمصطلح (الجند)، عند ابن خلدون، يمكن تحديد معناه، بأنه كل من هو مكلف - بطريق مباشر أو غير مباشر - بحماية سلطة الدولة، وبالدفاع عن وجودها. يستوي في ذلك، أفراد عصبية الدولة، ذاتها، وجنودها، وحاشية السلطان، وبطانته، والأتباع والأشياع، والموالي والمصطنعين، أو المرتزقة. أو كما يقول: « ويكفي صاحبها[٦]، بما حصل لها، في تمهيد أمرها، الأجراء عن الحامية، من جندي ومرتزق»[٧]. «ويستعين على أمره بالأجراء من المرتزقة »[٨]. وبتعبير آخر، فإن المراد بالجند، هم الأعوان، على وجه التعميم، وأفراد الجيش. لأن هؤلاء، هم المكلفون، أصلا، بعملية الدفاع عن كيان الدولة، والموكل إليهم أمر حمايتها.

ويقرر ابن خلدون، أن الجند أو الجيش، من القوى المادية الضرورية في بناء الدولة، وفي مفهومها. لأنه من البديهي، أن الأشخاص والمؤسسات العامة والخاصة، في المجتمع، لا تنشىء لنفسها جيشا، وإنما الجيش من مكونات الدولة وحدها. وإذا كان كذلك، وكان الجيش مؤسسة تابعة للدولة، أي من العناصر المادية، المركبة لجسمها، فإن معناه، ملازم لمعناها، وهو : (القوة)، بمعنى أنه، لا دولة بدون جيش، ولا جيش بدون دولة. ولذلك نرى ابن خلدون، قد ربط، في مفهوم الدولة، ثلاث قوى ببعضها بعضا : الأولى، قوة الجند، المادية، - التي يسميها أيضا، بـ (الشوكة) - والثانية، قوة المال، المادية كذلك، والثالثة، قوة العصبية (المعنوية). فقال : « إن مبنى الملك (بضم الميم وسكون اللام)[٩] على أساسين، لا بد منهما : فالأول : الشوكة والعصبية، وهو المعبر عنه بالجند. والثاني : المال، الذي هو قوام أولئك الجند، وإقامة ما يحتاج إليه الملك (بفتح

(٦) أي : صاحب الدولة.

(٧) نفسه، ص ٥٢٤.

(٨) نفسه، ص ٢٧٥.

(٩) يلاحظ في هذا النص : كيف وظف ابن خلدون، لفظ (ملك) في معنيين : الاول، بمعنى الدولة، والثاني، بمعنى السلطان.

الميم وكسر اللام)، من الأحوال »[١٠].

ومما يلاحظ في معنى هذا النص، أن ابن خلدون، يربط في مفهوم الدولة، أيضا، بين العصبية والجند، وكأنهما أمر واحد. لأنه لا يتصور، كائنا من كان، إلا وروح العصبية، تسري في دمه وعروقه. والمتتبع لآرائه في ظاهرة العصبية، ثم لمعنى النص، يدرك، بأنه يريد القول، بأن الجند في الدولة، ليسوا بمعزل عن العصبية، ولا يمكنهم التملص منها، وأن علاقتهم بها، ليست إلا مرحلة من مراحل تطورها وبالتالي، فإبن خلدون، يتصور العصبية، بنفس الصورة التي تصور بها (عضوية) الدولة ـ كما رأينا ـ فكأن العصبية كائن عضوي يمر بمراحل النشوء والنمو والارتقاء، والقوة، ثم الضعف والشيخوخة. ولذلك فالعصبية، في رأيه، تنشأ في الفرد، وتتطور، فتبدأ من صلة الرحم، أي من الأسرة، ثم تتوسع، لتشمل أنواع القرابات، والجيرة، والعقيدة، والولاء والحلف، ثم الجند، في الدولة. وعلى هذا، فبالإضافة إلى عنصري : الوطن والمجتمع ـ كما رأينا[١١] ـ يشكل عنصر الجند أو الجيش، في رأي ابن خلدون، أحد العناصر المادية، الأساسية، والضرورية، في تصوره لمفهوم الدولة.

ثانيا : المال

أما بالنسبة للمال، فإن ابن خلدون، يعتقد في أنه عنصر ـ مادي ضروري أيضا، لحفظ حياة الدولة، واستمرار وجودها. وكيف لا، وقد نوه القرآن بالمال، وسماه (الخير)[١٢]، باعتباره (قوة) مفيدة للإنسان. فقال تعالى : ﴿ المال والبنون زينة الحياة الدنيا ﴾[١٣]. كما ذمه، لأنه قد يفضي إلى الفتنة[١٤].

وتبدو ضرورة المال للدولة، في نظر ابن خلدون، في أن أعوانها وجنودها، لا يمكن أن يقوموا بوظائفهم ومهماتهم في المحافظة على أمنها واستقرارها، على وجه

---

(١٠) نفسه، ص ٥٢١.

(١١) راجع القسم الأول من هذا البحث.

(١٢) أنظر الآية (٨) من سورة العاديات.

(١٣) الكهف / ٤٦.

(١٤) أنظر الآية (٢٨) من سورة الأنفال. والآية (٢٠) من سورة الحديد.

صحيح، إلا إذا وفرت لهم الدولة المال الكافي، لأعطياتهم وتجهيزاتهم الميدانية. وفي هذا المعنى، يقول ابن رشد : « وليس على الجيش، واجب غير السهر على حرس الأمة. وما يحدث لو أكلت كلاب الراعي غنمه ؟ وتعد إقطاعات الجيش، آفة الدول »(١٥). ولذلك، نرى ابن خلدون، أيضا، يؤكد على ضرورة المال، في وجود الدولة، ويربطه بحاجات الجند والسلطان، معا. وذلك عندما أكد، بأن الدولة، تنبني على أساس العصبية، والجند، ثم : « المال الذي هو قوام أولئك الجند، وإقامة ما يحتاج إليه الملك (السلطان)، من الأحوال »(١٦). وقد اجتهد ابن خلدون في بيان المراحل أو الأوقات التي تحتاج فيها الدولة إلى المال. فأكد أنها في مرحلة البداوة، أي في بداية تأسيسها : « لا تحتاج الدولة إلى كثرة المال »(١٧)، ويكون : « الرفق بالرعايا، والقصد في النفقات، والتعفف عن الأموال»(١٨)، من خلقها. أما إذا كانت الدولة، في مرحلة التوسع، ومد سلطانها، وفرض عظمتها وفي حالة إزدهارها، فإن ذلك يدعوها إلى الترف، وكثرة النفقة : «فتعظم نفقات السلطان، وأهل الدولة على العموم، بل يتعدى ذلك إلى أهل المصر، ويدعو ذلك إلى الزيادة في أعطيات الجند، وأرزاق أهل الدولة»(١٩)، الأمر الذي يضطر: «السلطان إلى ضرب المكوس، على أثمان البياعات في الأسواق لإدرار الجباية »(٢٠) وذلك تغطية : « لما يحتاج هو إليه من نفقات سلطانه، وأرزاق جنده »(٢١).

يتبين من هذا، أن المال، يعتبره ابن خلدون، من العناصر المادية، المكملة، للعناصر المشكلة، لمفهوم الدولة.

---

(١٥) نقلا عن : إرنست رينان : ابن رشد والرشدية، ترجمة عادل زعيتر، ص ١٧٠، القاهرة ١٩٥٧.

(١٦) ابن خلدون : المقدمة، ص ٥٢١.

(١٧) نفسه، ص ٥٢٥.

(١٨) نفس المصدر والصفحة.

(١٩) نفس المصدر والصفحة.

(٢٠) نفس المصدر والصفحة.

(٢١) نفس المصدر والصفحة.

الـدولـة ومفهـوم القـوة

أولا : ضرورة الدولة :

- ١٠٠ -

إن المتأمل في العديد من نصوص (المقدمة)، يتأكد من أن ابـن خلـدون، يعتقـد، أولا، في عدوانية الإنسان الطبيعية، وثانيا، في ضرورة وجـود الدولـة، كـوازع لـه عـن التظـالم. وثالثـا، في العصبية، كمصدر للسلطة السياسية. وتبعا لهذه الأفكار المحورية، فـإن ابـن خلـدون، يـدعو في كتاباته إلى أن تمـارس الدولـة، عـلى الإنسـان، شـكلا مـن أشـكال الضـغط والإكـراه، أو السـلطة القسرية، كما يحاول تبرير ممارسة الدولة للقوة عـلى العمـوم. ومـن ثـم، فإنـه، سـوف لا يـولي مسألة الحقـوق الفرديـة، (الطبيعيـة)، والمدنيـة، والسياسـية، كبـير اهـتمام، باسـتثناء الحـق في العدالة والحرية، والمساواة، والأمن والملكية وحرية التجارة ـ كما سنرى ـ.

وإذا كان البحث في مفهوم الدولة، عند ابن خلدون، يمر، منطقيا، من خلال تلك الأفكـار المحورية، فإنه ينبغي في ذلك، العودة إلى نصوصه ذاتها. لكن قبل ذلـك، ينبغـي أيضـا، التـذكير ببعض آرائه وأفكاره الأساسية، المشار إليها :

- ١٠١ -

أولا : فيما يتعلق بعدوانية الإنسان، يرى ابن خلدون، أنه مطبوع على الظلم والعدوان : « لما في طباع البشر من العدوان، تمتد أعينهم إلى تملك ما بيده»[١]. و: « لما في طبائع البشر من الاستعصاء»[٢]، إذ:«النفوس بطباعها متطاولة إلى الغلب والرياسة» [٣].

---

(١) نفسه، ج ٣، ص ٨٧١ (البيان). والضمير في (يده)، يعود على صاحب المال.

(٢) نفسه، ص ٢٢٥.

(٣) نفسه، ص ٦٧٣.

ويعتقد ابن خلدون،في علاقة الإنسان بالشر،وبالظلم، مستدلا بآيتين قرآنيتين[٤]، ومستشهدا ببيت المتنبي :

والظلم من شيم النفوس فإن تجد ذا عفة فلعلة لا يظلم.

فيقول : « والشر أقرب الخلال إليه إذا أهمل في مرعى عوائده، ولم يهذبه الإقتداء بالدين (...) ومن أخلاق البشر، فيهم الظلم والعدوان، بعض على بعض. فمن إمتدت عينه إلى متاع أخيه، امتدت يده إلى أخذه، إلا أن يصده وازع »[٥]. وقد يكون ذلك الوازع، سلطانا عادلا، لـ : « أنهم مكبوحون بحكمة القهر والسلطان عن التظالم »[٦].

ويظهر من معاني هاته النصوص، نزعة ابن خلدون التشاؤمية، وسحب ثقته من الإنسان. لأسباب، منها اعتقاده في عدوانيته الطبيعية، واعتقاده كذلك في أن كل شيء هالك وسيزول : « ومن هنا تشاؤم ابن خلدون، وعدم اعتقاده في الإصلاح الاجتماعي، لأن المجتمع في تطوره، ذاهب لا محالة إلى الانحلال والهرم (...) فتشاؤمه أساسه بيولوجي حيوي، هو التشبيه بمصير الكائنات الحية عموما »[٧].

- ١٠٢ -

ثانيا : إن ابن خلدون يعتقد كذلك، ويقرر أن الإنسان كائن اجتماعي وسياسي، بطبعه. لأن من طبيعته (الاجتماع)، أي التجمع مع بني جنسه. لكن ذلك التجمع، يفرض على الإنسان ـ بحكم علاقاته المختلفة مع الآخرين ـ أن يكون سياسيا. وإذا كان الأمر كذلك، فهو حيوان سياسي، بطبيعة تجمعه مع أفراد جنسه. وبالتالي، فالتجمع والسياسة، ظاهرتان طبيعيتان، فيه. بمعنى أن الإنسان، باعتباره كذلك، تعبير عن الظاهرة الاجتماعية والسياسية،معا.

ثم إذا كانت الدولة، تعبيرا عن ظاهرة السلطة في (التجمع)، أو المجتمع، فهي بدورها، ظاهرة طبيعية، ضرورية لوجود الإنسان السياسي. لأن الدولة ـ في هذه الحال ـ

---

(٤) هما قوله تعالى: ﴿ وهديناه النجدين ﴾ سورة البلد / ١٠. وقوله تعالى: ﴿ فالهمها فجورها وتقواها ﴾ سورة الشمس / ٨.

(٥) ابن خلدون : المقدمة، ص ٢٢٣.

(٦) نفسه، ص ٢٢٤.

(٧) عبد العزيز عزت : تطور المجتمع البشري عند ابن خلدون، في (أعمال مهرجان ابن خلدون)، مرجع سابق، ص ٤٣.

هي (الوعاء) الطبيعي، الذي يمارس فيه الإنسان طبيعته السياسية. أو بتعبير آخر، هي الحقل الطبيعي الذي تمارس فيه، الظاهرة السياسية، وظيفتها.

إن هذه المعاني، تؤكدها - في رأينا - هذه النصوص الخلدونية :

١ - « لما كان الملك طبيعيا للإنسان، لما فيه من طبيعة الاجتماع (...) والملك والسياسة، إنما كانا له، من حيث هو إنسان، لأنها خاصة للإنسان لا للحيوان »[٨].

٢ - « إن الإنسان رئيس بطبعه، بمقتضى الاستخلاف الذي خلق له، ومثله في الحيوانات المفترسة »[٩].

٣ - « لما كانت حقيقة الملك، أنه الاجتماع الضروري للبشر، ومقتضاه التغلب والقهر، اللذان هما من آثار الغضب والحيوانية، كانت أحكام صاحبه، في الغالب، جائرة عن الحق، مجحفة بمن تحت يده من الخلق في أحوال دنياهم »[١٠].

ففي هذا النص، يحاول ابن خلدون، أن يبرر استعمال الحاكم للسلطة القسرية، تجاه الرعية. وذلك انطلاقا من مبدأ التسلط والتغلب الذي تنطوي عليه طبيعة الإنسان نفسها. ومن مبدأ ضرورة السياسة والوازع الحاكم، أو الدولة، لذلك الإنسان. كما هو واضح من النصوص التالية :

٤ - « إن الملك غاية طبيعية للعصبية، ليس وقوعه عنها باختيار، إنما هو بضرورة الوجود وترتيبه »[١١].

٥ - « وقدمنا أن الآدميين بالطبيعة الإنسانية، يحتاجون في كل اجتماع، إلى وازع وحاكم، يزع بعضهم من بعض »[١٢].

٦ - « ومن ضرورة الاجتماع، التنازع لازدحام الأغراض. فما لم يكن الحاكم الوازع، أفضى ذلك إلى الهرج، المؤذن بهلاك البشر، وانقطاعهم. مع أن حفظ النوع من مقاصد الشرع الضرورية »[١٣].

---

(٨) نفسه، ص ص ٢٥٠ - ٢٥١.
(٩) نفسه، ص ٢٦٠.
(١٠) نفسه، ص ٣٣٦.
(١١) نفسه، ص ٣٥٨.
(١٢) نفسه، ص ٢٤٤.
(١٣) نفسه، ص ٣٤٠.

فابن خلدون، يبرر، هنا، ضرورة وجود الدولة، من الشرع ذاته.

٧ ـ « وتجيء العصبية، المفضية إلى الهرج والقتل [١٤]. فوجب أن يرجع في ذلك إلى قوانين سياسية مفروضة، يسلمها الكافة، وينقادون إلى أحكامها » [١٥].

يؤكد ابن خلدون، هنا، ضرورة وجود الدولة الوضعية، التي يتشكل نظامها السياسي، من قوانين وضعية. وكأنه يرى، في هذه الدولة، وفي هذا النظام، بديلا، عن دولة الخلافة، ونظامها الشوروي.

٨ ـ « فالدولة دون العمران، لا تتصور، والعمران، دون الدولة والملك، متعذر، بما في طباع البشر ـ من العدوان، الداعي إلى الوازع، فتتعين السياسة لذلك » [١٦].

وفي هذا النص، يؤكد أيضا، طبيعية ظاهرة الدولة، وظاهرة السياسة، وضرورتهما للإنسان.

٩ ـ « فتبقى الرعايا في ملكتهم، كأنها فوضى دون حكم (بضم الحاء، وسكون الكاف). والفوضى مهلكة للبشر، مفسدة للعمران، بما ذكرناه، من أن وجود الملك (بضم الميم وسكون اللام) خاصة طبيعية للإنسان، لا يستقيم وجودهم، واجتماعهم إلا بها» [١٧].

وإذا كان ابن خلدون، يؤكد في هذه النصوص، على طبيعة الإنسان الاجتماعية، والسياسية، وعلى ضرورة وجود الدولة، له، فإن الماوردي، قد تصور أيضا ـ قبل ابن خلدون ـ ضرورة وجود الدولة للإنسان، لأنه بدونها ـ كما يرى ـ لا تستقيم حياته ودنياه. إذ يقول : «لا تصلح الدنيا، إلا بها [١٨]، ولا يستقيم الخلق، إلا عليها، وإنما السلطنة زمام لحفظها، وباعث على العمل بها » [١٩].

---

(١٤) إن معنى (العصبية) في هذا النص، يرادف، معنى (الفتنة).

(١٥) نفسه، ص ٣٣٧.

(١٦) نفسه، ص ٦٧٠.

(١٧) نفسه، ص ٢٦٤.

(١٨) الضمير يعود على (السلطنة)، التي تعني الدولة.

(١٩) أبو الحسن علي الماوردي : تسهيل النظر، وتعجيل الظفر، في أخلاق الملك وسياسة الملك، مصدر سابق، ص ١٤٦.

على أن فكرة ضرورة وجود الدولة، قد أكدها ـ بعد الماوردي وابن خلدون ـ في العصور الحديثة، كل من ميكيافللي، ونظرية العقد الاجتماعي، وهيجل، وغيرهم من رواد الفكر السياسي.

ـ ١٠٣ ـ

ثالثا : إن مصدر السلطة السياسية، عند ابن خلدون، ليس هو الجمهور، أو الرعية، أو المجتمع، أو حتى الدولة، باعتبارها كذلك، وإنما هو (عصبية معينة) من العصبيات. وهي تلك التي أطلق عليها، تارة، مصطلح (العصبية الكبرى)، إذ : « لا بد من عصبية كبرى جامعة » [٢٠]، تستتبعها العصائب الأخرى : « وتلتحم جميع العصبيات فيها، وتصير كأنها عصبية واحدة كبرى، وإلا وقع الافتراق، المفضي إلى الاختلاف والتنازع» [٢١]، وتارة أطلق عليها مصطلح : « عصبية صاحب الدولة » [٢٢]. وهذا النوع من العصبية، هو في رأيه، أساس السلطة السياسية، أو هو مصدر القرار، في الدولة. ولذلك نراه يؤكد هذا المعنى، في عنوان الفصل الأول من الباب الرابع، في (المقدمة) الذي خصصه لبناء المدن وتشييدها. إذ يقول : « في أن الدول أقدم من المدن والأمصار، وأنها إنما توجد ثانية عن الملك » [٢٣]، بمعنى أن السلطة السياسية، تنشأ من العصبية، التي ستكون الدولة [٢٤] في المرحلة النهائية من التجمع البدوي [٢٥]، قبل تشييد المدن في مرحلة التجمع الحضري [٢٦]. ومن ثم، فمفهوم السلطة والدولة، سابق في الوجود، عن وجود المدينة.

---

(٢٠) ابن خلدون : المقدمة، ص ٥٢٢.

(٢١) نفسه، ص ٢٤٥.

(٢٢) نفسه، ص ٥٢٢.

(٢٣) نفسه، ص ٦٠٩

(٢٤) لأنه : «ليس الملك لكل عصبية». المقدمة، ص ٣٣٣.

(٢٥) وقد أكد ابن خلدون ذلك بقوله : «فطور الدولة من أولها بداوة» : المقدمة، ص ٣٠٤. و«أن الدولة في أولها تكون بدوية» : المقدمة، ص ٥٢٥. و«عندما تكون الدولة في شعار البداوة وخشونة البأس» : المقدمة، ص ٥٢٧. و: « البداوة هي شعار العصبية ». المقدمة، ص ٥١٤.

(٢٦) وقد أكد ابن خلدون ذلك أيضا بقوله : «إن الضروري، أقدم من الحاجي والكمالي وسابق عليه (...) فالبدو أصل للمدن والحضر». المقدمة : ص ص ٢١٣ ـ ٢١٤.

ثانيا : نظرية القوة عند ابن خلدون

ـ ١٠٤ ـ

لئن ذهبت المدرسة البروسية، في القرن التاسع عشر إلى تأكيد : « أسبقية الدولة على الفرد » [٢٧]، فإن ابن خلدون ذهب عكس ذلك، وأكد أن وجود الفرد، سابق على وجود الدولة - بما أن هذه لا تنشأ في الطور الطبيعي، وإنما في نهاية الطور البدوي، ـ كما سبق القول-. لكن ابن خلدون، يعتقد في نفس الوقت : « أن الدول، قد أتت إلى الوجود، من خلال القهر أو الإجبار المادي » [٢٨]. لقوله، مثلا : « وأما الملك، فهو التغلب والحكم بالقهر » [٢٩]، و: « أن الرياسة، لا تكون إلا بالغلب والغلب إنما يكون بالعصبية » [٣٠]، و: « أن الدولة (...) إنما هي العصبية والشوكة » [٣١].

فمن هذه الزاوية، وباستثناء قول أرسطو : « ان الغلبة تتصف دائما بمزية بعض الخير وتفوقه. ولقد يبدو من ثم، أن العنف لا يخلو من الفضل » [٣٢]، فإن ابن خلدون، يعتبر أول من وضع الأساس، النظري والعملي، أو المعنوي والمادي، لنظرية القوة، في ظهور الدولة، وفي تركيبها، وماهيتها، ومفهومها، طالما أنه يعتقد، أن الدولة قامت: «على أساس من الصراع، المبني على القوة المادية والمعنوية » [٣٣] بحيث : « تتجسد القوة التي تمثلها الدولة في عنصريها : المادي والأخلاقي، عند نشوء الدولة في العصبية، التي تحمل لواء التأسيس والبناء » [٣٤].

وعلى هذا، فإن ابن خلدون، يتصور أن الدولة، ظاهرة طبيعية ضرورية، للفرد والجماعة، ويتصور كذلك، وكأنها تولد ـ بالمعنى المجازي ـ من أبوين : الأب، وهو

---

(٢٧) محمد عبد المعز نصر : في النظريات والنظم السياسية، ص ١٠٧، بيروت ١٩٧٢.

(٢٨) نفسه، ص ١٠٢.

(٢٩) ابن خلدون : المقدمة، ص ٢٤٤.

(٣٠) نفسه، ص ٢٣١.

(٣١) نفسه، ج ٣، ص ٨٨٤ (البيان).

(٣٢) أرسطو : السياسيات، مصدر سابق، ص ١٨.

(٣٣) محمد عبد المعز نصر : في النظريات والنظم السياسية، مرجع سابق، ص ١٠٢.

(٣٤) محمد عبد المعز نصر : فلسفة السياسة عند ابن خلدون، في : (أعمال مهرجان ابن خلدون)، مرجع سابق، ص ٣٢٥.

(التجمع) ـ أو الاجتماع بتعبيره ـ والأم، وهي (العصبية) : « لأن الاجتماع والعصبية، بمثابة المزاج في المتركب» [٣٥]. فمن ذلك (المزاج)، المتركب من قوتين : قوة التجمع، وقوة العصبية، تتولد قوة ثالثة، هي : الدولة. ثم يعتقد ابن خلدون، في أنه إذا ضعف الأبوين، بسبب الترف والنعيم، والحضارة، وأيضا بسبب الظلم والقهر، ضعف بذلك، وليدهما، واضمحل نهائيا. فالدولة بهذا الشكل ـ وهي جهاز عضوي وسلطوي، في رأيه ـ تعبير عن ضرب من ضروب القدرة والقسر والإكراه. وطالما أنها كذلك، في حقيقة أصلها وطبيعتها، فهي أيضا، تعبير عن ظاهرة (القوة)، في أدق معانيها: « لأن الدولة لا تكون، إلا حيث تكون لها سلطة مطاعة » [٣٦]. بمعنى أن الدولة، هي : « المؤسسة الوحيدة في المجتمع، المخولة حق استعمال سلطتها، لفرض إرادتها على التابعين لها، وحملهم على طاعتها، ولا تكون الدولة بدون هذه السلطة القسرية، التي يدعوها ابن خلدون : الحكم بالقهر [٣٧] » [٣٨]. وفي هذا المعنى، تتداخل مفاهيم : القدرة والسلطة والدولة، في لغة ابن خلدون، تداخلا كليا. ويظهر هذا التداخل، في أنه يجعل (القدرة) أو (الشوكة) [٣٩] تعبيرا عن (القوة) يقول : « فلا بد أن يكون متغلبا عليهم بتلك العصبية وإلا لم تتم قدرته على ذلك. وهذا التغلب هو الملك » [٤٠]. وبمعنى آخر، فإن القدرة، والقوة، تعبران عن ظاهرتي : السلطة والدولة، معا. لأن : « الحكم بالقهر، إما أن يكون مشروعا، أي قائما على إرادة المحكومين، فتصطنع الدولة فيه السلطة، والقدرة، معا وإما أن يكون قسريا صرفا، فتكون أداته القدرة وحدها، أو القوة. فالقدرة، هي إذا، قاسم مشترك بين الدولة والسلطة » [٤١].

ـ ١٠٥ ـ

في سياق ما سبق، نشير إلى أن ابن خلدون، قد صنف الدول إلى صنفين، من

---

(٣٥) ابن خلدون : المقدمة، ص ٢٣١.

(٣٦) حسن صعب :علم السياسة، مرجع سابق، ص ١٣٥.

(٣٧) إشارة الى عبارة ابن خلدون : (وأما الملك فهو التغلب والحكم بالقهر). المقدمة، ص ٢٤٤.

(٣٨) حسن صعب :علم السياسة، مرجع سابق، ص ص ١٣٦ ـ ١٣٧.

(٣٩) راجع : المقدمة، ص ٥٢١، ٦٧١.

(٤٠) نفسه، ص ٢٤٤.

(٤١) حسن صعب :علم السياسة، مرجع سابق، ص ١٣٧.

حيث تفضيله لشكل الحكم الممارس من طرف الدولة. ويظهر ذلك في قوله : « فالدولة دون العمران، لا تتصور، والعمران دون الدولة والملك، متعذر، بما في طباع البشر من العدوان، الداعي إلى الوازع. فتتعين السياسة [٤٢] لذلك : أما الشريعة، أو الملكية [٤٣] وهو معنى الدولة ؛ وإذا كانا لا ينفكان، فاختلال أحدهما، مؤثر في اختلال الآخر، كما كان عدمه مؤثرا في عدمه » [٤٤]. وفي هذا، يبدو أن مفهوم القسر والإكراه، ثابت في كلا الصنفين : الشرعي والملكي، في رأيه، ويظهر ذلك، من معنى ضرورة وجود (الوازع)، الذي يفرض (القوة)، في الدولة والملك والعمران، ويمنع من التنازع والتقاتل، فيحفظ بذلك بقاء النوع الإنساني.

وفي ضوء نص ابن خلدون السابق، يرى أحد الباحثين، بأن : « الدول عنده صنفان رئيسيان: الخلافة التي لا تخلو من العصبية، ولكن السيادة فيها للشرع. والملك الذي يخلو من الشرع، ولكن السيادة فيه للعصبية، ومنشأ الصنفين معا، الحاجة إلى الوازع الذي يحول دون تقاتل الناس. ولكن هذا الوازع، يكون في دولة الشرع، ذاتيا، أي إقناعيا، بينما يظل في دولة العصبية، خارجيا، أي قهريا » [٤٥].

ثم يرى الباحث، بأن ابن خلدون، يفضل الدولة الأولى على الثانية. لكن لا نرى، لهذا الرأي، وجها للصواب. ذلك أن ابن خلدون، مقتنع بأن الدولة الأولى، أي دولة الشرع، لم يعد ممكنا قيامها، بعد الخلفاء الأربعة [٤٦]. بدليل قوله : « فالتغلب الملكي [٤٧] غاية للعصبية» [٤٨]. وقوله أيضا: «والدولة إن كان قيامها بالدين [٤٩] فإنه بعيد

---

(٤٢) يقصد بالسياسة، هنا، نوع نظام الحكم، ونوع الدولة أيضا، التي تمارس ذلك النوع من النظام.

(٤٣) يلاحظ أن ابن خلدون، يميل الى هذين النوعين من أشكال الحكم (لأنه رفض الاستبدادي، وكذلك المدني الذي افترضه أفلاطون في المدينة الفاضلة ـ كما سبق القول ـ)، لكنه يرى أن الشرعي والملكي (الوضعي)، يتأثر أحدهما بالآخر، ربما بسبب علاقتهما بالدين.

(٤٤) ابن خلدون: المقدمة، ص ٦٧٠. وراجع أيضا، ص ٥٤١، حيث يميز بين السياسة الشرعية، والسياسة الملوكية.

(٤٥) حسن صعب :علم السياسة، مرجع سابق، ص ٣١٩.

(٤٦) راجع خاصة : فصل : (في إنقلاب الخلافة الى الملك)، في المقدمة.

(٤٧) أي تغلب دولة العصبية.

(٤٨) ابن خلدون : المقدمة، ص ٢٤٥.

(٤٩) أي بالشرع.

عن منازع الملك »[٥٠]. وغير ذلك من النصوص الدالة على هذا الرأي عنده.

ومهما يكن، فإن المتأمل في نصوص (المقدمة)، يتأكد من أن لإبن خلدون، نظرية في (القوة)، تتفرع من نظريته في الدولة، وتتشكل من المفهومين السالفين : المعنوي والمادي، معا. وقد حدد في ضوئها، علاقة الدولة بالفرد، أي أنه تصور من خلالها، أن علاقة الدولة بالفرد، في المجتمع، تنطلق من مفهوم القدرة أو القوة، التي يراها ضرورية للفرد. وفي ضوء هذا المعنى، أكد أحد الباحثين، أن ابن خلدون : « لم يكن موضوع علمه، هو الدولة المثلى، التي يوحي بها قانون ديني، أو تأمل فلسفي، بل كان الدولة، التي تقام بواسطة الغزووالقوة، بواسطة العصبية، أو الإرادة الجماعية، إرادة القوة والسيطرة. ولقد توقف كثيرون من قراء ابن خلدون، ونقاده، عند هذه النقطة، وعدوه من أجلها فيلسوفا ماديا »[٥١].

على أن النصوص الدالة، على معنى (القوة)، عنده، هي في الغالب، تلك التي ضمنها رأيه في طبيعة الإنسان العدوانية، وفي طبيعة الدولة باعتبارها جهاز ردع وتنظيم. ولعل هذه النماذج من النصوص، تؤكد ما ذهب إليه، وهو ضرورة أن تعبر الدولة عن (القوة). أو بتعبير آخر، اقتران مفهوم الدولة، عنده، بمعنى (القوة) : يقول :

١ ـ « وسياسة الملك والسلطان، تقتضي أن يكون السائس، وازعا بالقهر، وإلا لم تستقم سياسته »[٥٢].

٢ ـ وفي معرض كلامه عن تشييد المدن، واختطاطها، وضرورة ترجيح المصلحة العامة، على المصلحة الخاصة، يقول : « فالمدن والأمصار (...) وهي موضوعة للعموم، لا للخصوص، فتحتاج إلى اجتماع الأيدي، وكثرة التعاون. وليست من الأمور الضرورية للناس، التي تعم بها البلوى، حتى يكون نزوعهم إليها، اضطرارا. بل لا بد من إكراههم على ذلك، وسوقهم إليه مضطهدين بعصا الملك، أو مرغبين في الثواب والأجر، الذي لا يفي بكثرته، إلا الملك، والدولة »[٥٣].

---

(٥٠) نفسه، ص ٥١٤.

(٥١) أروين روزانتال (Erwin Rosenthal)، أوردت النص : زينب الخضري : فلسفة التاريخ عند ابن خلدون، ص ص ٢٠٢ ـ ٢٠٣، القاهرة ١٩٨٨.

(٥٢) نفسه، ص ٢٦٧.

(٥٣) نفسه، ص ٦٠٩.

إن الذي يقرأ هذا النص يحس كأن ابن خلدون، يتكلم بلهجة رجل الدولة، المسؤول عن مجتمعه وأمته، الخبير بنوازع رعاياه، العارف بطوايا نفوسهم. ترى، لماذا يتقمص شخصية الراعي لشؤون العباد ؟

٣ ـ « لما كانت حقيقة الملك أنه الاجتماع الضروري للبشر، ومقتضاه التغلب والقهر، اللذان هما من آثار الغضب والحيوانية، كانت أحكام صاحبه، في الغالب جائرة على الحق، مجحفة بمن تحت يده من الخلق في أحوال دنياهم »[٥٤].

٤ ـ « فقد ظهر أن الملك، هو غاية العصبية، وأنها إذا بلغت إلى غايتها، حصل للقبيلة الملك، إما بالاستبداد أو بالمظاهرة »[٥٥].

٥ ـ « إن الرياسة، لا تكون، إلا بالغلب، والغلب إنما يكون بالعصبية »[٥٦].

٦ ـ « إذا حصل التغلب بتلك العصبية على قومها، طلبت بطبعها التغلب على أهل عصبية أخرى، بعيدة عنها (...) وهكذا حتى تكافئ بقوتها قوة الدولة »[٥٧].

٧ ـ « أما الملك فهو التغلب والحكم بالقهر »[٥٨].

٨ ـ « إن الملك إنما يحصل بالتغلب، والتغلب إنما يكون بالعصبية »[٥٩].

٩ ـ « والنفوس بطباعها متطاولة إلى الغلب والرياسة، فتطمح المشيخة، لخلاء الجو من السلطان، والدولة القاهرة »[٦٠].

تعقيب

ـ ١٠٦ ـ

يستخلص من معاني النصوص السابقة، أن ابن خلدون :

أولا : يستعمل جملة من الألفاظ والمصطلحات، الدالة على (القوة). مثل :

---

(٥٤) نفسه، ص ٣٣٦.

(٥٥) نفسه، ص ٢٤٦.

(٥٦) نفسه، ص ٢٣١.

(٥٧) نفسه، ص ٢٤٥.

(٥٨) نفسه، ص ٢٤٤.

(٥٩) نفسه، ص ٢٧٧.

(٦٠) نفسه، ص ٦٧٢.

غلب، وتغلب، وإكراه، وقوة، وقهر، واستبداد، وشوكة، واضطهاد، وعصا الملك، والوازع بالقهر، والدولة القاهرة.

ثانيا : يعتقد في ضرورة أن تكون الدولة، معبرة عن (القوة)، أي : ممثلة لظاهرة (القوة). إذ : « يقدم لنا ابن خلدون، نظرية في الدولة، تقوم على القوة الآلية، بدلا من النمو الطبيعي، والعضوية »[٦١].

على أنه في هذا الصدد، تجدر الإشارة، إلى أن ابن خلدون، لا يعتقد في (آلية) الدولة، ولم يؤكدها ـ كما يظن الباحث ـ وإنما يعتقد في نموها الطبيعي (التطوري)، أي: في عضويتها. ولقد أكد هذا في مناسبتين :

الاولى : عندما تعرض لنشأة الدولة. فأكد أنها تنشأ في الجيل الثالث من طور البداوة، أو كما قال : « فطور الدولة، من أولها بداوة »[٦٢]. بمعنى أنها تبدأ في النشوء والنمو، مع نمو قوة العصبية، في الطور الأخير للبداوة. ثم تستمر الدولة، في التطور، وتكتمل في الطور الحضري، أي في المجتمع المدني.

إضافة الى ذلك، فقد قسم ابن خلدون، مراحل حياة الدولة ـ كما رأينا في القسم الثالث ـ الى ثلاث مراحل كبرى، هي : البداوة، والحضارة، فالاضمحلال. ثم الى أطوار خمسة، صغرى، في نظرية (التعاقب الدوري). وهذا دليل على اعتقاده في نمو الدولة، الطبيعي، باعتبارها ـ في رأيه ـ جسما ماديا عضويا، لا (آلي)، تنشئه قوة معنوية فاعلة، هي : العصبية ـ كما سبقت الإشارة ـ

الثانية : عندما تعرض لعمر الدولة، وشبهه، بعمر الشخص. في قوله : « إن الدولة في الغالب، لا تعدو أعمار ثلاثة أجيال، والجيل هو عمر شخص واحد من العمر المتوسط»[٦٣]. وكذلك، عندما شبه تلاشي جسم الدولة ـ أو أمرها ـ بتلاشي حرارة البدن، في قوله : « ثم لا يزال أمر الدولة كذلك، وهي تتلاشى، في ذاتها، شأن الحرارة

---

(٦١) محمد عبد المعز نصر : فلسفة السياسة عند ابن خلدون، في : (أعمال مهرجان ابن خلدون)، مرجع سابق، ص ٣٢٢. وراجع أيضا بخصوص (عضوية) الدولة عند ابن خلدون : عبد العزيز عزت : تطور المجتمع البشري، عند ابن خلدون، في (أعمال مهرجان ابن خلدون)، مرجع سابق، ص ص ٤٢ ـ ٤٣.

(٦٢) ابن خلدون : المقدمة، ص ٣٠٤.

(٦٣) نفسه، ص ٣٠١.

الغريزية في البدن،العادم للغذاء، إلى أن تنتهي إلى وقتها المقدور(...) ولكل دولة أمد»[٦٤]. فهذا دليل أيضا، على أن ابن خلدون، يعتبر الدولة، كائنا عضويا، تجري عليه عوارض التغير الطبيعي، كما تجري على باقي الكائنات العضوية، ومع ذلك، فإن عضوية الدولة، في رأي ابن خلدون، لا تنفي كونها تقوم على (القوة)، وخاصة قوة العصبية، والجند والمال، وأيضا، العدل، لأن : « الظلم مؤذن بخراب العمران »[٦٥]، الذي منه الدولة.

ثالثا : يؤيد حق استعمال الدولة للسلطة القسرية، على رعاياها، « التي يدعوها ابن خلدون : الحكم بالقهر »[٦٦]. إذ يقول : « فلا بد أن يكون متغلبا عليهم (...) وإلا لم تتم قدرته على ذلك. وهذا التغلب هو الملك »[٦٧].

وإذا كان ابن خلدون، قد أيد استعمال الدولة للقوة، فلأنه يعتقد في عدوانية الإنسان الطبيعية. وإذا كان كذلك، فقد : « استحال بقاؤهم فوضى دون حاكم يزع بعضهم عن بعض »[٦٨]. لأن : « الفوضى مهلكة للبشر، مفسدة للعمران »[٦٩]. « وإذا فسد الإنسان في قدرته ثم في أخلاقه ودينه، فقد فسدت إنسانيته، وصار مسخا على الحقيقة »[٧٠].

فكأن تأييد ابن خلدون، لاستعمال الدولة للقوة، ضد الأفراد، هو نوع من الدفاع عن وجودهم نفسه. ومن ثم، فقد حاول تبرير استعمال القوة، بكونها في صالح الإنسان، لا ضده : دينيا لضرورة حفظ النوع الإنساني وبقائه، ولضرورة استخلافه في الأرض. وطبيعيا: «بالطبيعة الحيوانية»[٧١] التي فيه، أي : بحيوانية الإنسان الطبيعية والسياسية.

معنى هذا، أن ابن خلدون، لم يدع إلى تقديس الدولة، لأنها كذلك ـ كما فعل هيجل ـ ولم يمجد القوة من أجل القوة ـ كما فعل ميكيافللي وهوبز ـ مثلا، وإنما أيد ودعا إلى تلك القوة في الدولة، التي تعمل في اتجاهين :

الأول : من أجل صالح الإنسان، باعتباره كذلك، بأن تحفظ قوة الدولة، نوعه،

---

(٦٤) نفسه، ص ٥٢٥.
(٦٥) نفسه، ص ٥٠٧.
(٦٦) حسن صعب :علم السياسة، مرجع سابق، ص ١٣٧.
(٦٧) ابن خلدون : المقدمة، ص ٢٤٤.
(٦٨) نفسه، ص ٣٣٣.
(٦٩) نفسه، ص ٢٦٤.
(٧٠)نفسه، ص ٦٦٦.
(٧١) نفسه، ص ٢٩٤.

وكرامته، في إطار من العدل والنظام، اللـذين لا يتحققـان بـين النـاس، إلا في ظـل القـوة المقيدة، بالحكمة والمصلحة العامة. أما القوة المطلقة فهي: « جور وعدوان » [٧٢] في رأيـه، لأنهـا تعني، الاستبداد الأعمى، الذي يحكم : « بمقتضى القهـر والتغلـب وإهـمال القـوة العصـبية في مرعاها » [٧٣]، أي : بـ « مقتضى الغرض والشهوة » [٧٤].

الثاني : من أجل أن تفرض الدولة ذاتها وشخصيتها على الأفراد. كأن تفرض عليهم هيبتها وسـلطتها، في حـدود القـانون. وأن تفـرض كـذلك سـيادتها عـلى الأجنبـي في الخـارج. إذ : « أن الخاصية التي تتميز بها الدولة، دون سائر النظم الاجتماعية، هو القهر والغلب والإكراه، وإنهـا عن طريق ذلك، تحقق السيادة المتمثلة في وجهيها : الداخلي والخارجي، بفرض إرادتها على كل من يعيش في كنفها من الأفراد والهيئات، ودفع الأجنبي، ومنعه من أن يفرض إرادته عليها مـن الخارج » [٧٥].

إن ما يؤكد هذا المعنى، عند ابن خلدون، هـو أنـه رفـض شـكل النظـام الاسـتبدادي، في الدولة، والذي أسماه بـ « الملك الطبيعـي » [٧٦] ـ كـما رأينـا ـ فهـو يعتقـد في ضرورة أن تمـارس الدولة، تلك (القوة)، التي تفرض العمل والنظام، على الأفراد، بوجه من وجوه العدل، من أجـل مصالحهم العامة، لا الخاصة، ومن أجل إعمار الأرض، لأنه يـرى أن البشر مكلفـون بـذلك مـن السماء. ومن هذا المعنى، ينتقل مفهوم الدولة، في تصـوره، مـن ضرورة الاجـتماع السـياسي، إلى ضرورة تنظيمه بواسطة الدولة، لأنه يرفض الفوضى، بكل أشكالها : « إن رؤيته تكمن في البحث عن النظام الخفي، وراء الفوضى الظاهرة » [٧٧]. فالدولة حينئذ، برأي ابن خلدون، ليست جهـاز قمع، وإنما هي جهاز ردع عن التظالم. وإذا كان كذلك، فهي ظاهرة نظامية، وتنظيمية، في نفس الآن، أي أنها جهاز ضبط وتحكم في المجتمع، وأداة لتنظيم الأفراد فيه، طوعا أو كرها.

---

(٧٢) نفسه، ص ٣٣٨.

(٧٣) نفسه، ص ٣٣٨.

(٧٤) نفس المصدر والصفحة.

(٧٥) محمد عبد المعز نصر : فلسفة السياسية عند ابن خلدون، في : (أعمال مهرجان ابن خلدون)، مرجع سـابق، ص ٣١٨.

(٧٦) إبن خلدون : المقدمة، ص ٣٣٨.

(٧٧) عبد القادر جغلول : الإشكالية التاريخية في علم الاجتماع السياسي عند ابن خلدون، ترجمـة فيصـل عبـاس، مرجع سابق، ص ١١٤.

الفصل الرابع
وظائف الدولة

- القسم العاشر : مواقف بعض المذاهب من وظيفة الدولة

- القسم الحادي عشر : الوظائف العامة للدولة

مواقف بعض المذاهب من وظيفة الدولة

توطئة : تطور مفهوم الوظيفة

-١٠٧-

من الثابت أن العلوم الاجتماعية، والسياسية، قد استعارت «مفهوم الوظيفة، من لغة علم الأحياء (...)، ومن لغة المنظمات » [١]، مثل الدولة باعتبارها : « منظمة سياسية متعددة الجوانب » [٢]. وفي هذا المعنى، يمكن تحديد مفهوم الوظيفة، في (منظمة) الدولة، أي من الناحية السياسية، هكذا : إن الوظيفة، هي تلك الأعمال التي تمارسها الدولة، من أجل المصلحة العامة، للوطن وللمجتمع، كأعمال الدفاع الخارجي بواسطة الجيش، للمحافظة على كيانها. وأعمال الأمن الداخلي، بواسطة الشرطة، وغيرها [٣]. وكذلك الخدمات التي تقوم بها، في سبيل المواطن، فتحقق من خلال ذلك كله، التقدم والتطور في الأمة. لأن : « الدولة، كنظام من صنع البشر، إنما قامت لتحقيق الخير لجموع الأفراد الذين ينتسبون إليها » [٤]. وعلى هذا، فمصطلح (وظيفة) يعني أيضا، في العرف السياسي، (سلطة)، والوظائف، تعني السلطات في الدولة [٥].

وتختلف وظيفة الدولة، باختلاف العصور، والدول، والأمم. أي : باختلاف أشكال الدول، وطبيعة أنظمتها في كل عصر. فهي ليست واحدة. في كل عصر أو في كل الدول : « ففي الأزمان المبكرة جدا، كانت الوظيفة الوحيدة للحكومة، هي الوظيفة

---

(١) ر. بودون، وف. بوريكو: المعجم النقدي لعلم الاجتماع، ترجمة سليم حداد، ص ٦٠٢، الجزائر ١٩٨٦.

(٢) حماد محمد شطا: تطور وظيفة الدولة، الكتاب الاول: نظرية المرافق العامة، ص ١١، الجزائر ١٩٨٤.

(٣) راجع : محمد كامل ليله : النظم السياسية، مرجع سابق، ص ٢٨٦.

(٤) سليمان الطماوي : السلطات الثلاث، ص ١٣، ط ٣، القاهرة ١٩٧٤.

(٥) راجع : محمد عبد المعز نصر: في النظريات والنظم السياسية، ص ص ٥١٢ ـ ٥١٣، بيروت ١٩٧٢.

التنفيذية، بمعنى أوسع مما هي عليه اليوم. ولم يكن تشريع القوانين، يعد عندئذ وظيفة من وظائف الحكومة »[٦].

ولقد ميز أرسطو بين وظائف الحكومة، أو سلطاتها، واعتبرها ثلاثا : تشريعية، وتنفيذية، وقضائية. فقال : « إن الأحكام السياسية، كلها تنطوي على ثلاثة عناصر، لا بد للمشترع الحصيف من أن ينظر في ما يلائم كلا منها (...). فأحد هاتيك العناصر الثلاثة، هو مجلس الشورى (التشريعية)، الذي ينظر في الشؤون العامة. وثانيها، هو الهيئة الحاكمة (التنفيذية)، أي الأشخاص الذين تناط بهم السلطة والصلاحيات التي يخولونها، وطريقة إنتخابهم. وثالثها، هو مجلس القضاء (القضائية)»[٧].

وفي العصر الروماني، قام كل من بوليب وشيشرون، وغيرهما، بالتمييز بين الوظائف الثلاث التقليدية للدولة : التشريعية والتنفيذية والقضائية[٨] : « ولكنه ينبغي ألا يستقر في الأذهان، أن أي انفصال معين بين السلطات، قد وجد فعلا في اليونان القديمة، أو في روما. ففي الواقع كانت (...) الجمعية العامة في أثينا، تمارس جميع السلطات، أو الوظائف الثلاث. كما كان مجلس الشيوخ، في روما، يملك السلطات التشريعية والتنفيذية »[٩]. وفي العصور الوسطى، لم يوضع تقسيم لتلك الوظائف في الدولة، بل كانت جميعها محصورة في يد الملك.

وفي بداية العصر ـ الحديث، حاول بودان[١٠] ـ بعد ابن خلدون ـ التمييز بين تلك الوظائف، ودعا إلى انفصال السلطة القضائية، عن التنفيذية، لأنه ـ حسب رأيه ـ لا يمكن أن يكون : « الملك مشرعا للقانون، وقاضيا في نفس الوقت »[١١]. إلا أن منتيسكيو، في القرن الثامن عشر ـ ومثله بلاكستون الانجليزي ـ قد ميز في دراساته بين الوظائف التقليدية للدولة، ودعا في كتابه : (روح القوانين) إلى الفصل بينها[١٢].

---

(٦) نفسه، ص ٥١١.

(٧) أرسطو:السياسيات،مصدر سابق،ص٢٢٣. وراجع أيضا في نفس المصدر،تفصيلات إضافية بخصوص السلطتين : التنفيذية والقضائية في الفصل الخامس، من الباب السادس، ص ٣٤١ وما بعدها.

(٨) راجع : محمد عبد المعز نصر : في النظريات والنظم السياسية، مرجع سابق، ص ٥١٢.

(٩) نفس المرجع والصفحة.

(١٠) جان بودان : Jean Bodin (١٥٣٠ ـ ١٥٩٦) قانوني وكاتب سياسي، فرنسي.

(١١) نفس المرجع والصفحة.

(١٢) راجع : نفس المرجع، ص ٥١٤.

بعض المواقف المذهبية :

- ١٠٨ -

لقد تمخضت الآراء السابقة، في وظائف الدولة، وسلطاتها، عن ظهور ثلاثة مذاهب رئيسية، في العصر الحديث، دعا كل منها إلى مبادئ معينة، في علاقة الدولة، بالحياة العامة في المجتمع. فمن تلك المذاهب، المذهب الفردي، الذي دعا إلى عدم تدخل الدولة في الحياة العامة للأفراد، إلا في حدود ضيقة. ومنها المذهب الإشتراكي، الذي طالب بالتدخل المطلق للدولة، تقريبا، وأخيرا المذهب الاجتماعي، الذي نادى بتدخلها في حدود معينة.

ونستعرض الآن، مواقف تلك المذاهب الثلاث، من وظائف الدولة، بشيء من الايجاز :

١ ـ المذهب الفردي :

نشأ المذهب الفردي ـ الذي يدعى أيضا، المذهب الحر ـ أساسا، متأثرا بأفكار نظرية القانون الطبيعي، التي أحياها غروتيوس، في بداية القرن السابع عشر ـ كما سبقت الإشارة [١٣] ـ ثم تبنت نظرية العقد الاجتماعي، معظم آراء المذهب الفردي [١٤]، الذي يقوم أصلا على أساسين :

الأول : مبادئ عامة، مصدرها القانون الطبيعي. منها على الخصوص :

١ ـ عدم تدخل الدولة في نشاطات الأفراد، وفي أعمالهم. على أن تقوم وظيفتها

---

(١٣) ألمعنا سابقا الى أن غروتيوس، يعتبر مؤسسا لقواعد القانون الدولي، وأنه استمد آراءه في ذلك من مبادئ القانون الطبيعي. وفي هذا الصدد أشار المستشار علي علي منصور، الى أن أفكار غروتيوس في القانون الدولي، مستمدة من الشرع الإسلامي، مستندا في ذلك إلى رأي الباحث الهولندي : ميتشيل دي توب، أستاذ القانون الدولي العام في أكاديمية العلوم الدولية في لاهاي. يقول علي منصور: « إن أستاذ القانون الدولي العام في أكاديمية العلوم الدولية في لاهاي بهولندا والذي كان وزير خارجيتها سنة ١٩٣٦م، أثبت أن فيتوريا وسوارس، أول من فكرا في قواعد القانون الدولي، إلا أنهما كانا يتمثلان ويتتبعان القواعد الدولية في الشرع الإسلامي، وأن غروتيوس أبو القانون الدولي، نقل عنهما، وعنه نقل جميع فقهاء القانون الدولي الحديث ». علي علي منصور: مقارنات بين الشريعة الإسلامية والقوانين الوضعية، ص ٩١، ط ١، بيروت ١٩٧٠.

(١٤) راجع : محمد كامل ليله : النظم السياسية، مرجع سابق، ص ٢٤٢.

الأساسية، على المحافظة على الاستقرار والنظام والدفاع، أي بتحقيق الأمن في الداخل، ورد الاعتداءات الخارجية.

٢ ـ عدم التعارض،في الغالب،بين المصلحة الشخصية للأفراد،والمصلحة العامة للجماعة.

٣ ـ الحرية الاقتصادية، أي التأكيد على ضرورة حرية النشاط الاقتصادي للأفراد: «وترك الأمور للمنافسة بينهم » [١٥].

٤ ـ التأكيد على حق الأفراد في الملكية الخاصة، باعتبارها من الحوافز الأساسية، في دفع الفرد إلى العمل. بمعنى : « امتلاكه وحيازته لملكه وانتفاعه به، وتمتعه به تمتعا كاملا، وجواز حيازته لأي شيء يرغب فيه، ويجوز له حيازته » [١٦].

الثاني : آراء عامة تتمحور حول ما يسمى بالحقوق الطبيعية للأفراد. من ذلك، مثلا :

١ ـ « حق التنازع على البقاء » [١٧].

٢ ـ حق « الحرية الشخصية أو ما يسمي بالحرية المدنية » [١٨]. ويتضمن هذا الحق : الحق في الأمن، والإقامة والتنقل، وحق الملكية (الخاصة)، وحرمة المسكن، وحرية العمل والتجارة والصناعة ـ وهو ما أكده ابن خلدون، كما سنرى ـ يضاف إلى ذلك، حرية الاعتقاد، والاجتماع، والتعليم، والتعبير، وتكوين الجمعيات [١٩].

٣ ـ حق المساواة المدنية، ويتضمن : المساواة أمام القانون، وأمام القضاء، وفي الضرائب، و: « أمام وظائف الدولة، ويراد بذلك أن تقلد الوظائف في الدولة، حق لجميع المواطنين » [٢٠].

٢ ـ المذهب الاشتراكي :

ظهر المذهب الاشتراكي، في أوربا، إبان القرن التاسع عشر، نتيجة طغيان النظام الاقتصادي الرأسمالي، ونتيجة الصراع بين : « طبقتين متميزتين في الدول الصناعية :

---

(١٥) أحمد سويلم العمري : أصول النظم السياسية المقارنة، ص ٢١٧، القاهرة ١٩٧٦.

(١٦) نفس المرجع، ص ٢١٦.

(١٧) علي علي منصور: نظم الحكم والإدارة، ص ٥٦، ط ٢، بيروت ١٩٧١.

(١٨) أحمد العمري : أصول النظم السياسية المقارنة، مرجع سابق، ص ٢١٦.

(١٩) راجع : محمد كامل ليله : النظم السياسية، مرجع سابق، ص ٢٤٣، هامش (٢).

(٢٠) نفس المرجع والصفحة، والهامش وما يليه، في ص ٢٤٤.

طبقة أصحاب الأعمال، وطبقة العمال، أو الأجراء، وازدادت الهوة اتساعا، بين الطبقتين. فكبار رؤوس الأموال، ازدادوا غنى (...) ووصل كثير من العمال، إلى درجة من البؤس والشقاء، تتنافى مع جميع القيم الإنسانية. وقد ترتب على هذه الحالة، أن بدأ المفكرون، يهاجمون مبدأ الحرية الاقتصادية، وعدم التدخل، وولدت لذلك المذاهب الاشتراكية المعاصرة »[٢١]. وقد تشعب المذهب الاشتراكي إلى شعب وفروع، أهمها : الشيوعية، والجماعية، والإصلاحية[٢٢]. ودون التطرق الى لتفاصيل الآراء، في ذلك، نستعرض مباشرة، أهم المبادئ التي يقوم عليها، المذهب :

١ ـ في المجال السياسي، يقرر وضع المصالح العامة للمجتمع، فوق المصالح الخاصة للأفراد.

٢ ـ في لمجال الاجتماعي، يقرر العمل : « على إلغاء الفوارق بين الطبقات، وإلغاء أنواع التمييز بين الأفراد »[٢٣].

٣ ـ في المجال الاقتصادي، يقرر : « القضاء على الرأسمالية، وإلغاء الملكية لأموال الإنتاج، وتحويلها إلى ملكية عامة »[٢٤].

وغني عن البيان، أن موقف المذهب الاشتراكي من وظيفة الدولة، هي أنها تقوم على أساس تحقيق تلك المبادئ، في المجتمع، الأمر الذي يفضي- إلى التدخل المباشر للدولة، في كل المجالات الحيوية، التي تمس حياة المجتمع، السياسية، منها، والاجتماعية، والاقتصادية.

٣ ـ المذهب الاجتماعي :

يعتبر المذهب الاجتماعي من المذاهب التوفيقية، المعتدلة التي حاولت التوفيق، بين المذهبين السابقين : الفردي والاشتراكي. لذلك فإن موقف المذهب الاجتماعي، من تدخل الدولة في الحياة العامة للمجتمع، كان موقفا وسطا. فأكد على ما يأتي :

١ ـ على الصعيد الاجتماعي والسياسي، أكد على أنه ينبغي على الدولة، التدخل

---

(٢١) سليمان الطماوي : السلطات الثلاث، مرجع سابق، ص ١٧.

(٢٢) راجع : محمد كامل ليله : النظم السياسية، مرجع سابق، ص ص ٢٩٤ ـ ٢٩٨.

(٢٣) سليمان الطماوي : السلطات الثلاث، مرجع سابق، ص ١٧.

(٢٤) نفس المرجع والصفحة.

لإصلاح المجتمع لكن على أساس الحفاظ على : « الدين والأسرة، والملكية الفردية، وحرية التعاقد » [٢٥].

٢ ـ وعلى الصعيد الاقتصادي، أكد على ضرورة، ان تعمل الدولة، بمبدأ : الاقتصاد الموجه. كأن : « تقوم ببعض المشروعات بنفسها مباشرة، وتراقب المشروعات الأخرى، التي يتولاها الأفراد» [٢٦]. وقد أطلق : « على هذا الرأي، اسم: اشتراكية الدولة. فتقدم الدولة على القيام بأعمال، كان من الممكن، تركها لنشاط الأفراد، ولكن هيمنة الدولة عليها (...) يحقق للمجتمع، فوائد أكثر، مما لو ترك الأمر بيد الأفراد » [٢٧]. وعلى أية حال، فإن المذهب الاجتماعي، وغيره من المذاهب المعتدلة ـ كمذهب التضامن، والمذهب التاريخي ـ ترى أن من وظائف الدولة الأساسية، التدخل في حياة المجتمع، السياسية والاجتماعية والاقتصادية، لأجل تحقيق أغراض معينة، كالنهوض بالاقتصاد القومي، بطريق إقامة مشاريع تنموية، في أجال محددة، ومحاربة البطالة، وفرض إجبارية التعليم، ومجانيته، وتحقيق نوع من التوازن الاجتماعي بين الطبقات، أو تحقيق ما يسمى: بالعدالة الاجتماعية، بين الأفراد.

ولعله من المفيد، الإشارة في هذا الصدد، إلى أن ابن خلدون، يمكن اعتباره نصيرا لمذهبين متعارضين، هما :

أ ـ المذهب الفردي. لكون ابن خلدون، من المدافعين عن حرية التجارة، وحرية تنقل الأموال، وخفض الضرائب والجبايات، لاعتقاده بأن ذلك من عوامل قوة الدولة.

ب ـ المذهب الاشتراكي. إذا أخذنا بعين الاعتبار، نزوع ابن خلدون، إلى مبدأ الإكراه أو القوة المقيدة بالعدل [٢٨]، أي : إلى ضرورة هيمنة الدولة على المصالح العامة للأفراد في المجتمع، وإلى ضرورة : « إكراههم على ذلك، وسوقهم إليه مضطهدين بعصا الملك » [٢٩]. وذلك لاعتقاده في (عدوانية) الإنسان، وعدم ثقته فيه ـ كما سبقت الإشارة ـ

---

(٢٥) نفسه، ص ١٩.

(٢٦) محمد كامل ليله : النظم السياسية، مرجع سابق، ص ٢٠٧.

(٢٧) نفسه، ص ص ٢٠٧ ـ ٢٠٨.

(٢٨) راجع : نهاية القسم التاسع : (الدولة ومفهوم القوة)، من هذا البحث.

(٢٩) ابن خلدون : المقدمة، ص ٦٠٩.

الوظائف العامة للدولة

أنماط الوظائف

- ١٠٩ -

بالتأمل في الوظائف العامة، التي تمارسها الدولة في المجتمع - خاصة على المستوى التنظيمي والسياسي والاجتماعي والاقتصادي - تتراءى لنا ثلاثة أنماط مختلفة، من الوظائف : الاولى، هي ما يمكن تسميتها بالوظائف السلطوية (التقليدية). والثانية، هي الوظائف الجوهرية أو الأصلية. والثالثة، هي الوظائف الثانوية. وسنتناول هذه الأنماط، بشيء من التفصيل.

النمط الأول : الوظائف السلطوية :

تتمثل الوظائف السلطوية، في جهاز الدولة، في الهيئات أو السلطات الثلاث [1]: التشريعية، والتنفيذية والقضائية. وهذه الهيئات، مجتمعة، هي التي تشكل أساس الدولة، وجوهرها :

(١) من الثابت أن السلطات أربعة، وليس ثلاثة. فالسلطة الأولى، التي تنفرع منها السلطات الثلاث التقليدية، هي المعبر عنها، بـ(السلطة التأسيسية)، أي : « سلطة وضع القانون الأساسي للدولة، أو - كما يطلق عليه عادة - الدستور (...). هذه السلطة هي صاحبة الحق في وضع الدستور أو تعديله، أو إلغائه. ومن المبادئ المقررة في الفقه الدستوري الحديث، أن الأمة باعتبارها، صاحبة السيادة، تملك السلطة التأسيسية، أي أنها تستطيع دائما أن تنتخب جمعية تأسيسية، - أو جمعية وطنية - (...) لوضع دستور جديد (...). وفي الإسلام، بعد القانون الأساسي - أو الدستور - تشريعا إلهيا، مستمدا من القرآن والسنة ». عبد الحميد متولي : مبادئ نظام الحكم، مرجع سابق، ص ١٩٤.

ويرى أحد الباحثين المعاصرين، رأيا آخر أيضا، مفاده وجود سلطة أخرى في الدولة، هي : (السلطة الأدبية)، التي تتمثل في : « رئاسة الدولة، أو مؤسسة الخلافة » : أبو يعرب المرزوقي : الاجتماع النظري الخلدوني، والتاريخ العربي المعاصر، ص ١٧٨، تونس ١٩٨٣.

أ ـ الهيئة التشريعية.

تعرف الهيئة التشريعية، بأنها : « السلطة التي تملك حق عمل القوانين» [٢]. بمعنى أنها الجهاز الذي له الحق في وضع التشريع، وسن القواعد القانونية، التي يسير على هداها مجموع المواطنين في الدولة. وتعتبر هذه الهيئة، أهم الهيئات المشكلة لكيان الدولة. وتتمثل أهميتها، في قوتها وفي نفوذها، على جهاز الحكم. لأن هذه الهيئة، تستمد قوتها ونفوذها، من كونها وصلت إلى وظيفتها بطريق الإنتخاب، لا التعيين. بمعنى أنها تستمد قوتها من الإرادة العامة ـ بتعبير روسو ـ ومن ثم، فهي، في الواقع، تعبير عن إرادة المواطنين. ولذلك فإن الهيئة التشريعية، باعتبارها أكثر تمثيل للإرادة العامة، تعتبر بحق : « السلطة العليا وتعتبر الهيئة التنفيذية، تابعة للهيئة التشريعية، ومسؤولة أمامها » [٣]. وما دامت الهيئة التشريعية، تعتبر سلطة عليا، في الدولة، فهي لذلك تتمتع بوظائف مختلفة. من بينها :

١ ـ التشريع. وهو الوظيفة الأساسية للهيئة التشريعية. ومعناه : وضع القوانين في ضوء ما ينص عليه، دستور الدولة. وتتطلب هذه الوظيفة من المشرعين : « عدم التعجل في إصدار القوانين » [٤]، وعدم الخضوع للضغوط والعواطف والأهواء، والتجرد عند صياغة القواعد، ومراعاة صلاحيتها للمواطنين. وفي هذا المعنى، وصف أرسطو، السلطة التشريعية، بأنها : « العقل مجردا عن الهوى » [٥]. وبما أن عمل الهيئة التشريعية، يؤثر في المواطن، مباشرة، وجب من أجل ذلك، أن يتحرى المشرع، في صياغة القانون، وإصداره، الدقة والتأني والاستشارة، والاستعانة بآراء المواطنين، والخبراء وآراء فقهاء القانون، قبل البت في الصيغة النهائية للقواعد القانونية.

وفي هذا الإطار، نشير إلى أن المشرع، في الهيئة التشريعية، مناط به أيضا، تعديل القوانين، وإلغاؤها، عند اقتضاء الضرورة، باقتراح من الهيئة التنفيذية، أو من بعض

---

(٢) بطرس غالي، ومحمود خيري عيسى : المدخل في علم السياسة، مرجع سابق، ص ٧٢٩.

(٣) محمد عبد المعز نصر : في النظريات والنظم السياسية، مرجع سابق، ص ٥٣٦.

(٤) بطرس غالي ومحمود عيسى : المدخل في علم السياسة، مرجع سابق، ص ٧٣١.

(٥) نقلا عن نفس المرجع ونفس الصفحة.

النواب، أو من غيرهم، مثلا. ولن يتأتى ذلك إلا بعد الدراسة والتمحيص للقواعد القانونية، المقترح تعديلها أو إلغاؤها، ومعرفة مدى صلاحية القواعد الجديدة، المقترح سنها، لمصلحة المواطن، ومصلحة الدولة، معا. مما يتطلب اجتهادا خاصا من المشرع، وبذل الكثير من الجهد في سبيل الوصول إلى سن قواعد تشريعية، من شأنها حماية المصالح العامة.

على أنه في الظروف الاستثنائية، والطارئة ـ كظروف الحرب، والنكبات الطبيعية، مثلا ـ قد تمنع الهيئة التشريعية من التشريع [٦]. وقد جرت العادة أن ينص دستور الدولة، على الحالات الاستثنائية، التي لا يجوز التشريع فيها.

٢ ـ المناقشة، أو المداولة. فمن وظائف الهيئة التشريعية، أن يناقش أعضاؤها مشاكل المواطنين، وحاجات الأفراد والمؤسسات في المجتمع، ويتداولون، في الحلول القانونية الممكنة، لتلك المشاكل والحاجات، وهو أمر لا يتم عادة، إلا بعد أن يقدم بعض النواب، أو بعض المسؤولين في المؤسسات والوزارات، أو حتى بعض المواطنين، أحيانا، اقتراحات بذلك، إلى الهيئة المشرعة. كما قد يناقش الأعضاء بعض القرارات الصادرة من الهيئة التنفيذية، ويتخذون فيها قرارات أخرى، وفي هذه الحال، تعتبر قرارات الهيئة التشريعية، مجرد توصيات، بمعنى أنها غير ملزمة للهيئة التنفيذية.

٣ ـ مراقبة ميزانية الدولة، لأن المراقبة، من وظائف الهيئة التشريعية، التي تقوم غالبا، بهذه الوظيفة، دوريا، أي : في كل ستة أشهر، أو في كل عام، على الأقل، كما تقوم الهيئة التشريعية، في بعض الأنظمة الغربية، بمحاسبة الحكومة، بشكل دوري أيضا، على النفقات، والصفقات المالية، وفيما يتعلق بفرض الضرائب على المواطنين، وعلاقات الحكومة بالمؤسسات العامة والخاصة. وقد ساد العمل في بعض الأنظمة، بمنع الحكومة من سحب الأموال من الخزينة العامة للدولة، إلا بعد الترخيص المسبق لها بذلك، من قبل الهيئة التشريعية. ويتم ذلك، بأن تصدر الهيئة قرارا خاصا، يرخص للحكومة بإنفاق مبلغ معين، من أموال الخزينة. ومن أعمال المراقبة المالية، كذلك، للهيئة التشريعية، دراسة الميزانية السنوية للدولة، والمصادقة عليها.

---

(٦) تنص بعض الدساتير، على أنه في الحالات الاستثنائية، والطارئة، فإن رئيس السلطة التنفيذية، أي: رئيس الدولة، هو الذي يقوم بالتشريع، بطريق إصدار الأوامر.

٤ ـ مراقبة عمل الحكومة. ذلك أنه من حق الهيئة التشريعية، أن تراقب الأعمال التي تقوم بها الهيئة التنفيذية، والمشاريع التي تنوي إنجازها. كأن تطلب الهيئة من الحكومة، تقديم استفسارات حول بعض المشاريع التي تقوم بها، أو حول بعض القرارات المتخذة من قبلها. وفي هذا الإطار، قد تطلب الهيئة سماع رئيس الحكومة، أو بعض الوزراء، بخصوص إنجاز بعض المشاريع، أو تقتصر على أن يقدموا لها تقارير تفيدها في الكشف عن بعض العيوب في التسيير، وفي الإدارة ـ التي قد تضر بالمواطن، أو بالدولة.

ب ـ الهيئة التنفيذية :

ـ ١١١ ـ

تعرف الهيئة التنفيذية، بأنها : « السلطة التي تقوم بتنفيذ إرادة الشعب، التي تعبر عنها القوانين الصادرة عن السلطة التشريعية »(٧). فالهيئة التنفيذية، على هذا الأساس، تعتبر، هي أيضا، من أجهزة الدولة ذات الأهمية القصوى لكونها ألصق بالمواطن ـ بواسطة الإدارة ـ من غيرها من الهيئات. وتظهر أهميتها، خاصة، في كونها : « تشمل جميع الموظفين العموميين في الدولة، ما عدا القضاة. وعلى هذا يكون موظفو الدولة، من رئيس الجمهورية، إلى رجل الشرطة، هم الهيئة التنفيذية »(٨).

وإذا كان نفوذ الهيئة التنفيذية، يمتد من القمة إلى القاعدة، في المجتمع، بواسطة الجهاز الإداري، المنتشر عبر مؤسسات الحكومة أو الدولة، في الوطن، فلا عجب أن تتعدد وظائفها وتتنوع. وفي ما يأتي، نستعرض أهم تلك الوظائف :

١ ـ تحقيق الوحدة، في تنفيذ القرارات الإدارية الحكومية. لأن : « العمل التنفيذي، يمثل إرادة موحدة. ولذا وجب أن تقوم به هيئة واحدة، أو شخص واحد، ليحقق وحدة الغرض، مع السرية التامة، والسرعة في اتخاذ القرارات »(٩). ذلك أنه لو تعددت سبل تنفيذ القرار الواحد، مثلا، في الجماعة الواحدة، لفقد القرار قيمته ومحتواه،

---

(٧) بطرس غالي، ومحمود عيسى : المدخل في علم السياسة، مرجع سابق، ص ٧٣٦.

(٨) نفس المرجع والصفحة.

(٩) نفس المرجع، ص ٧٣٧.

ولأصبح القرار نفسه، سببا في نشوب اختلافات بين الموظفين، مما يفضي- إلى الفوضى، وعدم الاستقرار في التسيير الإداري.

٢ ـ الشؤون الخارجية. فإن الهيئة التنفيذية : « تضطلع بإدارة العلاقات مع الدول الأجنبية. ومن أجل هذا الغرض، تقيم السفارات والمفوضيات والقنصليات، وغيرها في البلاد الأخرى. وهي ترسل أيضا، بعثات خاصة من أنواع متباينة إلى الخارج كما ترى، وعندما ترى، أن ذلك ضروري. كما تقوم عادة بجميع التعيينات الخاصة بهذا النشاط، وتضع السياسة التي تتبع في إدارة الشؤون الخارجية »(١٠). وفي هذا الإطار، فإن الهيئة التنفيذية، تقوم أيضا، بإبرام « المعاهدات والمواثيق والاتفاقات بأنواعها المختلفة »(١١). على أنه في بعض الأنظمة السياسية، يكون من حق الهيئة التشريعية، الموافقة، والمصادقة ـ وكذلك التعديل ـ على المعاهدات والاتفاقات، التي تبرمها الهيئة التنفيذية، مع الدول الأخرى.

٣ ـ شؤون الدفاع. تضطلع الهيئة التنفيذية كذلك بالشؤون الدفاعية، والعسكرية، وقيادة القوات المسلحة، بأنواعها الثلاث، وتوكل مهمة الدفاع، في الغالب، إلى وزارة الدفاع، أو وزارة الحربية. ويتولى وظيفة القيادة العليا، لتلك القوات، رئيس الدولة نفسه، لأن ذلك يسمح للهيئة التنفيذية، من أن تسيطر على تنظيم القوات المسلحة، والتحكم في أجهزتها، وفي مراقبتها. وللهيئة التشريعية، في بعض الأنظمة السياسية، حق التصويت على ميزانية الدفاع، وحق الموافقة على تنظيم القوات العسكرية.

٤ ـ التنظيم الإداري، وتنفيذ القانون. بحيث تقوم الهيئة التنفيذية، بالإشراف على تنظيم الإدارة العامة، والدواوين الحكومية، والسهر على تنفيذ القوانين، ومراقبة أعمال الموظفين، ومراقبة النشاطات الاقتصادية المختلفة. وهي إذ تضطلع بهذه الوظائف المتعددة، فلأنها مخولة سلطات واسعة، تسمح لها بتعيين الموظفين، وفصلهم عند الضرورة، وبإصدار الأوامر التي تنظم أعمالهم، وتوجهها في ذات الوقت، وذلك لضمان الكفاية الإدارية.

---

(١٠) محمد عبد المعز نصر : في النظريات والنظم السياسية، مرجع سابق، ص ٥٢٩.

(١١) نفس المرجع والصفحة.

٥ ـ تنظيم التقاضي الإداري. فقد تضخم في العصر الحديث، عمل الإدارة، وازداد تعقيدا، فنشأت، بسبب ذلك، قضايا ومشاكل إدارية، لا يمكن حلها، إلا بواسطة التقاضي الإداري، أو (العدل الإداري)، كما يسمى أيضا [١٢]. ومؤدى ذلك، هو أن تقوم بعض الدواوين والإدارات ـ كما هو الحال في فرنسا، مثلا ـ بتكوين محاكم إدارية[١٣] تتمتع بسلطات قضائية. وتتألف في الغالب من الموظفين أنفسهم، للنظر في المخالفات الناشئة من تنفيذ الأوامر الإدارية، ومن عدم تطبيق القواعد التي وضعت للعمل الإداري، وخاصة في ميدان التجارة والصناعة. ولتلك المحاكم الإدارية، سلطة التقرير في القضايا المطروحة عليها. وهذا هو معنى التقاضي الإداري، الذي تقوم به الهيئة التنفيذية، في بعض الأنظمة السياسية. وقد لجأت الإدارة الحديثة، إلى هذا النوع من التقاضي، لأنه أنجع وأنفع، و« أقل تكلفة، وأسرع وأكثر فاعلية » [١٤]، مما لو لجأت إلى القضاء العادي.

٦ ـ التنظيم المالي. ومما تقوم به كذلك الهيئة التنفيذية، تنظيم الوظيفة المالية، وتنظيم مصالحها في الدولة. وتضطلع بذلك وزارة المالية في الحكومة التي يوكل إليها : «مهمة جمع الإيرادات، وتوزيع المصروفات » [١٥].

وقد أشار ابن خلدون، إلى وظيفة المال ـ أو « حفظ النقود »، بتعبيره ـ واعتبرها من وظائف السلطان، أي : الهيئة التنفيذية. فقال : « إن السلطان في نفسه ضعيف، يحمل أمرا ثقيلا، فلا بد له من الاستعانة بأبناء جنسه. (...) وهو محتاج إلى حماية الكافة من عدوهم بالمدافعة عنهم، وإلى كف عدوان بعضهم على بعض في أنفسهم بإمضاء الأحكام الوازعة فيهم، وكف العدوان عليهم في أموالهم بإصلاح سابلتهم، وإلى حملهم على مصالحهم، وما تعمهم به البلوى في معاشهم ومعاملاتهم من تفقد المعايش والمكاييل والموازين، حذرا من التطفيف، وإلى النظر في السكة بحفظ النقود التي يتعاملون بها من الغش » [١٦].

---

(١٢) راجع نفس المرجع، ص ٥٣٣.

(١٣) راجع نفس المرجع، ص ٥٤٥.

(١٤) نفس المرجع، ص ٥٣٣.

(١٥) بطرس غالي ومحمود عيسى : المدخل في علم السياسة، مرجع سابق، ص ٧٤٣.

(١٦) ابن خلدون : المقدمة، ص ٤١٦.

٧ ـ تنظيم القضاء والتشريع. تقوم الحكومة، باعتبارها سلطة تنفيذية، بتنظيم القضاء.كأن تقوم بوضع مشروعات قوانين، تقدمها إلى المجلس التشريعي. كما تقوم بتنظيم وسائل الدفاع، عن مصالح الحكومة، أمام القضاء، أو أمام المجلس التشريعي. وعلى هذا الأساس، فإن وظيفة التشريع، في الواقع، لا تقتصر على الهيئة التشريعية، وحسب ـ كما رأينا ـ وإنما تقوم ببعض أعبائها أو أعمالها، الهيئة التنظيمية، أيضا. إلا أن التشريعات التي تقوم بها، هذه الهيئة، قد تكون بطريق الأوامر، التي تنظم عمل الحكومة، في حالات خاصة، أو بطريق إصدار المراسيم، التي : « لها قوة القوانين»[١٧]، أو بطريق : « اللوائح المفسرة للقوانين»[١٨]. وفضلا عن ذلك، ف : « إن الهيئة التنفيذية لها سلطة أخرى، في وضع القوانين المؤقتة، في أوقات الطوارئ، أو الحاجة الخاصة، عندما لا تكون الهيئة التشريعية، منعقدة »[١٩].

في ضوء ما سبق، يبدو أن وظائف الهيئة التنفيذية، أكبر عددا وحجما، من جميع وظائف الهيئات الأخرى، ـ كما سنرى أيضا ـ إن لم نقل، بأن أغلبية الوظائف في جهاز الدولة، تضطلع بها الهيئة التنفيذية، وتقع على عاتقها.

ج ـ الهيئة القضائية

ـ ١١٢ ـ

تعرف الهيئة القضائية، باعتبارها من الهيئات السلطوية في الدولة، بأنها :«السلطة التي تفسر القانون، وتطبقه على الوقائع المعينة، التي تعرض أمامها »[٢٠]، ومن ثم فإن : « القاضي لا تعنيه عدالة القانون، أو جوره، وإنما كل مهمته، أن يطبقه. فوظيفته الأساسية، هي تفسير القانون »[٢١]. وبتعبير آخر، فإن : « القاضي يطلب إليه أن يفسر معنى القانون »[٢٢].

---

(١٧) بطرس غالي ومحمود عيسى : المدخل في علم السياسة، مرجع سابق، ص ٧٤٤.

(١٨) نفس المرجع والصفحة.

(١٩) محمد عبد المعز نصر : في النظريات والنظم السياسية، مرجع سابق، ص ٥٣٥.

(٢٠) بطرس غالي، ومحمود عيسى : المدخل في علم السياسة، مرجع سابق، ص ٧٤٥.

(٢١) نفس المرجع والصفحة.

(٢٢) محمد عبد المعز نصر : في النظريات والنظم السياسية، مرجع سابق، ص ٥٤٤.

في هذا الصدد، تجدر الإشارة، إلى أن النظام الدستوري، في أي بلد، وفي كل دولة، لا يكتمل إلا بوجود هيئة قضائية، تكون مستقلة عن باقي الهيئات. ولذلك يعتبر وجود هذه الهيئة في الأنظمة المتطورة مدنيا، ضرورة تمليها الحاجة إلى حماية المواطن، ضد الأحكام التعسفية، التي قد تمس بحقوقه. وفي هذا السياق، يلاحظ، بالنسبة للماضي، أنه إذا : « كانت وظيفة القاضي، في الأزمان القديمة، جزءا من وظيفة رجل الدين »[٢٣]، لأن الجرائم، كانت تعتبر جرائم ضد العدالة ـ باعتبار العدالة، أحد الصفات الإلهية ـ فإن الجرائم في الدولة الحديثة، تعتبر جرائم ضد الدولة، باعتبارها كذلك[٢٤]. وربما لأن : « العدل وظيفة الدولة »[٢٥]، أي : باعتباره من صفات الدولة، أيضا، كما أكد ذلك ابن خلدون[٢٦].

على أن طرق اختيار القضاة، في الهيئة القضائية، تختلف باختلاف الأنظمة السياسية. ففي النظام السويسري مثلا، يتم اختيار القضاة من طرف الهيئة التشريعية، وفي الولايات المتحدة، يتم اختيارهم، بواسطة الانتخاب المباشر من طرف المواطنين ـ (عدا قضاة الاتحاد الفيدرالي، الذين يعينون من طرف الهيئة التنفيذية) ـ أما في باقي الأنظمة والدول، فإن الطريقة السائدة، هي تعيين القضاة من طرف الهيئة التنفيذية[٢٧].

ويتبين من المقارنة، بين وظائف الهيئتين : التنفيذية والقضائية، أن وظائف الهيئة الأخيرة، محدودة، بحيث لا تتجاوز، في الغالب، المجالات الأربع الآتية :

١ ـ تطبيق القانون. الذي يعتبر الوظيفة الأساسية للقاضي. إلا أنها، في ذات الوقت، وظيفة مزدوجة، لأن القاضي، مطالب، من جهة، بتطبيق القانون، ومطالب، من جهة أخرى، بالاجتهاد فيه، أي : بتفسيره. ومرد هذه الازدواجية، أن القاضي قد يواجه أثناء تأدية وظيفته، قضايا، يكون النص القانوني، بالنسبة إليها، من العسير تطبيقه، لغموضه، وعدم وضوحه. ومن ثم، يطلب من القاضي، أن يفسر النص،

---

(٢٣) نفس المرجع، ص ٥٤٣.

(٢٤) راجع نفس المرجع والصفحة.

(٢٥) نفس المرجع، ص ٥٤٤.

(٢٦) راجع : القسم الثالث عشر، من هذا البحث.

(٢٧) راجع: بطرس غالي ومحمود عيسى: المدخل في علم السياسة، مرجع سابق، ص ص ٧٤٦ ـ ٧٤٩.

وأن يجتهد فيه، بغرض الوصول إلى أحكام قضائية، في إطار قواعد العدالة، يمكن تطبيقها في تلك القضايا، والحالات المعروضة عليه. ومما يلاحظ في هذا الشأن، انه في بعض البلدان، قد تجمع اجتهادات القضاة، في مجموعات، يطلق عليها، إسم (قانون القاضي) أو (قانون القضايا) [٢٨]. على أن تلك الاجتهادات القانونية، قد تستمد أصول قواعدها، من مبادئ القانون الطبيعي، وقواعد العدالة.

٢ ـ حماية الأفراد. إذ يندرج في إطار عمل الهيئة القضائية، حماية الأفراد، بواسطة القانون، ضد اعتداء الدولة [٢٩]، من جهة، ثم حماية حقوقهم وحرياتهم : « ضد الموظفين العموميين » [٣٠]. وفي هذا الشأن، تضاربت الآراء حول المفاضلة، بين التقاضي أمام القانون العام، أو التقاضي أمام القانون الإداري، وهو التقاضي الذي أقامت له الهيئة التنفيذية، في بعض الدول، محاكم إدارية، تنفيذية ـ كما سبقت الإشارة ـ وأساس الخلاف هو الاعتقاد، بأن القاضي في المحاكم الإدارية، ليس من ذوي الاختصاص في القضاء، ولكنه من ذوي الخبرة الإدارية. ومن ثم، فـ : « إن العدالة في المحاكم الإدارية، توجه لصالح الإدارة، أو ذوي السلطان» [٣١]. ولهذا السبب، فضلت بعض الآراء، التقاضي أمام القانون العام، على التقاضي أمام القانون الإداري، لأن الأول يضمن حماية الأفراد، أكثر من الثاني.

٣ ـ تفسير الدستور، بمعنى أنه في حالة ظهور قوانين صادرة من الهيئة التنفيذية، أو التشريعية، يقوم القضاة بتفسير نص الدستور، لمعرفة مدى مطابقة نصه لتلك القوانين. وعند التأكد من مخالفتها لنص الدستور، يعلن القضاة بطلانها. وتوكل هذه الوظيفة، في الغالب، إلى قضاة المحاكم (العليا) الدستورية، في الدولة. وهي المحاكم التي يطلق عليها في بعض الدول، إسم (المحكمة الدستورية)، وفي بعضها الآخر، إسم : (المجلس الدستوري).

---

(٢٨) راجع : محمد عبد المعز نصر : في النظريات والنظم السياسية، مرجع سابق، ص ٥٤٤.

(٢٩) راجع نفس المرجع، ص ٥٤٥.

(٣٠) نفس المرجع والصفحة.

(٣١) نفس المرجع والصفحة.

في هذا الصدد، يلاحظ أن بعض الأنظمة السياسية، تلجأ إلى تكليف، صنف قضاة المحاكم العليا، وظيفة أخرى، هي : حماية الدستور : « ضد الاعتداءات الممكنة للهيئة التنفيذية، أو الهيئة التشريعية »[٣٢].

٤ ـ لا يقتصر نشاط الهيئة القضائية، على الوظائف السابقة، فحسب، وإنما يشمل نشاطها أيضا، وظائف أخرى ثانوية، حددها أحد الباحثين الغربيين ـ وهو جارنر Garner ـ في إحدى عشرة وظيفة، نذكر منها على وجه الخصوص، الأمثلة الآتية : « إصدار أوامر وإنذارات، قضائية (...). النطق بأحكام إعلانية (...). إعطاء رأي استشاري في مسائل قانونية، عند ما يطلب ذلك بواسطة الهيئة التنفيذية، أو الهيئة التشريعية. إصدار الأحكام القضائية، في مسائل السلطان المتنازع عليها في الدساتير الفيدرالية. تعيين موظفي المحكمة المحليين، واختيار الموظفين الكتابيين »[٣٣]، وغير ذلك من النشاط القضائي، الذي تظهر آثاره، خاصة في أجهزة القضاء، في المجتمعات الغربية المعاصرة.

تعقيب

ـ١١٣ـ

في ضوء ما سبق، وبالنظر إلى تعدد الوظائف السلطوية في الدولة المعاصرة، وتقسيمها إلى ثلاث هيئات أو السلطات، وبالنظر كذلك، إلى وحدة السلطة السياسية وعدم إمكانية، تعددها، في الدولة، فإنه يمكن التساؤل عن الأصل في تعدد تلك الوظائف ؟ وللإجابة، لقد رأينا من جهة، كيف كانت كل وظائف الدولة، في القديم، مجمعة في إطار الهيئة التنفيذية. ورأينا أيضا، من جهة أخرى، أنه في النظام الاشتراكي، لا توجد استقلالية حقيقية، لتلك الوظائف. الأمر الذي يعني، أن الحكومة، باعتبارها هيئة تنفيذية، تهيمن في الغالب، ـ سواء في الأنظمة القديمة، أو في النظام الإشتراكي ـ على باقي الهيئات والوظائف. ولذلك يمكن القول، بأن موضوع تقسيم الوظائف، تقسيما ثلاثيا، لم تظهر الدعوة إليه، من طرف المفكرين، إلا في القرن الثامن عشر، وفي أوربا.

---

(٣٢) نفس المرجع، ص ٥٤٦.

(٣٣) نفس المرجع، ص ص ٥٤٦ ـ ٥٤٧.

بالذات [٣٤]، انتصارا لمبادئ القانون الطبيعي، ونتيجة لتطور مبادئ المذهب الفردي، الذي نادى بمبدأ فصل السلطات في الدولة[٣٥]. ومن ثم، فإن التقسيم الثلاثي للسلطات، والمطالبة باستقلالية كل سلطة عن الجهاز المركزي للدولة، أو عن مصدر القرار السياسي، لم يوجد إلا في الأنظمة السياسية الحديثة، وخاصة، في تلك التي أخذت بمباديء المذهب الفردي، أي : في الأنظمة الغربية، أو في الأنظمة المقلدة لها.

إضافة إلى ذلك، فإن مبدأ فصل السلطات، أو الوظائف، في الدولة، وإن كانت الغاية منه، هي ـ بالخصوص ـ التمكن من فرض نوع من الرقابة، على جهاز الدولة المركزي : « كضمان للحرية، ولشرعية الدولة »[٣٦]، أو لـ : « ضمان الحرية والشرعية، وتقسيم العمل »[٣٧]. وبعبارة أخرى، فإن الغاية من فصل السلطات أو الوظائف، هي منع الاستبداد، بطريق تحقيق مباديء : الشرعية، والحقوق الفردية، وتقسيم العمل بين الأفراد والمؤسسات. إلا أنه على الرغم من ذلك، فإن العلاقات بين تلك السلطات الثلاث، في الدولة، تبقى يشوبها ضرب من الغموض، من جراء التداخل في الوظائف. لأن نفوذ الهيئة التنفيذية، على باقي الهيئات [٣٨]، هو الذي يسود تلك العلاقات، في الغالب. وذلك على الوجه الآتي، مثلا :

أ ـ تتداخل، أحيانا، الوظائف الثلاث، في أغلب الانظمة، تداخلا كليا، كالحال في النظم الاشتراكية. وكالحال أيضا، في النظم الغربية، الآخذة بمبادئ المذهب الفردي، وذلك عندما تقوم الهيئة التنفيذية، بالتشريع في غياب انعقاد جلسات الهيئة التشريعية، أو في حضورها، عندما تصدر ـ الهيئة التنفيذية ـ أوامر ومراسيم، لها قوة القانون، أو تصدر لوائح. وعندما تقوم تلك الهيئة أيضا، بتعيين القضاة.

---

(٣٤) من المفكرين المنادين، بتطبيق مبدأ فصل السلطات في الدولة : مونتسكيو(١٦٨٩ ـ ١٧٥٥). راجع نظريته، في: محمد عبد المعز نصر: في النظريات والنظم السياسية، مرجع سابق، ص ٥١٣ وما بعدها.

(٣٥) راجع : سليمان الطماوي : السلطات الثلاث، مرجع سابق، ص ٤٤٧ وما بعدها.

(٣٦) نفس المرجع، ص ٦٠٠. وراجع كذلك، ص ٦٠٢.

(٣٧) نفس المرجع، ص ٦٠٥.

(٣٨) بخصوص تأثير الهيئة التنفيذية، على باقي الهيئات، راجع : نفس المرجع، ص ٥٠٢.

ب ـ وأحيانا : « تمارس الهيئة التشريعية، وظائف خاصة، على الهيئة القضائية »[٣٩].

ج ـ وأحيانا : « تغتصب الواحدة منهما (...) وظيفة الأخرى [٤٠]، ومن ثم فيكون لها شيء من نفوذ الرقابة، على أنشطة الأخرى »[٤١].

لهذا، فإن الغاية التي أنشئت من أجلها تلك السلطات الثلاث، وهي رقابة الجهاز المركزي للدولة، ومنع استبدادها، تبقى بعيدة التحقيق.

النمط الثاني : الوظائف الجوهرية

ـ ١١٤ ـ

لئن نعت الباحثون هذا النمط من وظائف الدولة، بقولهم : وظائف جوهرية، وأصلية، وأساسية، ورئيسية، فعددوا بذلك النعوت، إلا أن المنعوت دائما واحد، وهو: وظيفة الدولة.

وأساس البحث في هذا النمط من الوظائف، كان نتيجة لما دار من جدال بين المفكرين، حول أمرين : الأول هو : أسبقية الأفراد، أو عدم أسبقيتهم، في الوجود، عن الدولة. والثاني هو : الغاية من وجود الدولة. فإذا كان وجود الأفراد، سابقا عن وجود الدولة ـ كما هو مقرر ـ فإن الغاية من وجودها، ترتبط مباشرة بحقوق رعاياها. وإذا كان كذلك، فإن تلك الغاية للدولة، لا تعدو أن تكون حماية تلك : « الحقوق، وصيانتها، ومنع التعارض بينها (...)، وهي مقيدة بضرورة مراعاة تلك الحقوق، عند مباشرتها لسيادتها. ومن ثم، فلا يصح للدولة، أن تعتدي على حقوق الأفراد، فتحاول الانتقاص، والحد منها، أو إهدارها. وهي إن فعلت ذلك، تكون قد خرجت عن حدود سيادتها، وتجاوزت نطاق وظيفتها (...) وأهدرت الغاية من وجودها. فسلطان الدولة، ليس مطلقا، وإنما هو مقيد، بحقوق الأفراد »[٤٢].

في هذا المعنى العام، يعتقد المفكرون، أنه إذا كانت الغاية من وجود الدولة،

---

(٣٩) محمد عبد المعز نصر : في النظريات والنظم السياسية، مرجع سابق، ص ٥٤٧.

(٤٠) المقصود من (منهما) : الهيئتان : التشريعية والقضائية.

(٤١) محمد عبد المعز نصر : في النظريات والنظم السياسية، ص ٥٤٧.

(٤٢) محمد كامل ليله : النظم السياسية : الدول والحكومات، ص ٢٤١، بيروت.١٩٦٩

تتحدد في حماية الأفراد، وحفظ حقوقهم، فإن هذا لا يمكن أن يتم إلا في إطار تحقيق الدولة، للوظائف الجوهرية الآتية :

الوظيفة الأولى : تحقيق النظام.

تعتبر هذه الوظيفة، أهم الوظائف الجوهرية، التي ينبغي ان تكرس لها، أية دولة، كل طاقاتها، باعتبارها وظيفة حيوية، لا بالنسبة للأفراد، وحسب، وإنما بالنسبة للدولة ذاتها أيضا. بمعنى أن أولى مهام الدولة، تتمثل في إقرارها للأمن في الداخل، وتحقيقه بين الأفراد. لأن : « المحافظة على النفس، وعلى الملكية الخاصة، من الضروريات اللازمة لرفاهة المجتمع »(٤٣). ولذلك تعتبر وظيفة تحقيق النظام أو الأمن في داخل المجتمع، هي أم الوظائف المناطة بالدولة، ومن أخص خصائصها.

وقد أشار ابن خلدون، إلى وظيفة الأمن الداخلي، في الدولة، واعتبرها من وظائف (السلطان) أي : الدولة. فقال : « وهو محتاج (...) إلى كف عدوان بعضهم على بعض، في أنفسهم، بإمضاء الأحكام الوازعة فيهم »(٤٤).

الوظيفة الثانية : تحقيق الأمن الخارجي.

أما وظيفة الأمن الخارجي، فتعتبر في المرتبة الثانية، من حيث أهميتها لوجود المجتمع والدولة. فالمعنى العام لهاته الوظيفة، يتمثل في أن تقوم الدولة، من جهة، بـ : «المحافظة على الأمن في الخارج، أي القيام بشؤون الدفاع عن الإقليم»(٤٥)، وأن تقوم من جهة أخرى، بـ : « الدفاع عن نفسها، ورد العدوان الذي يقع عليها من الخارج»(٤٦).

ومما يلاحظ، أن وظيفة الأمن الخارجي، وظيفة حيوية، كالوظيفة الاولى، لأنها مرتبطة بها، لكون الأمن الخارجي، لا يتحقق، إلا إذا كان الأمن في الداخل، متحققا، بمعنى أن تحقق الثاني، مشروط بتحقق الأول. وقد يكون العكس صحيحا أيضا، إذ أن إقرار الأمن في الداخل، مرتبط بإقراره في الخارج كذلك. فإذا كانت الدولة، مهددة من

---

(٤٣) بطرس غالي، ومحمود عيسى : المدخل في علم السياسة، مرجع سابق، ص ٤٨٤.

(٤٤) ابن خلدون : المقدمة، ص ٤١٦.

(٤٥) علي علي منصور: نظم الحكم والإدارة، ص ٥٥، ط ٢، بيروت ١٩٧١.

(٤٦) محمد كامل ليله : النظم السياسية، مرجع سابق، ص ٢٨٥.

الخارج، فإن أمن الأفراد في الداخل، يضطرب، لشعورهم بالتهديد من الخارج. فيفسد النظام تبعا لذلك، ويكون دليلا على ضعف الدولة، الذي قد يفضي- إلى طمع بعض الدول، في التدخل في شؤونها، والاستيلاء عليها.

وقد أكد ابن خلدون، المعنى السابق، من وجهين :

الأول : عندما تكلم على وظيفة السلطان. فقال : « وهو محتاج إلى حماية الكافة من عدوهم، بالمدافعة عنهم »[٤٧].

والثاني : عندما قرر أن ضعف عصبية الدولة، يفضي إلى ضعف الدولة ذاتها، ويؤدي إلى طمع الدول والعصبيات الأخرى في الاستيلاء عليها. يقول في ذلك : «وتسقط العصبية، بالجملة، وينسون الحماية والمدافعة والمطالبة »[٤٨]. مضيفا قوله : «فتضعف الحماية لذلك، وتسقط قوة الدولة، ويتجاسر عليها من يجاورها من الدول، أو من هو تحت يديها من القبائل والعصائب »[٤٩].

بهذا يكون ابن خلدون، قد تطرق إلى وظيفة الأمن والنظام، سواء على المستوى الداخلي، أو على المستوى الخارجي، وربط المستويين ببعضهما، لتأثر أحدهما بالآخر.

الوظيفة الثالثة : تحقيق العدل.

يعتبر : « العدل وظيفة الدولة»[٥٠] الأساسية، ومؤدى ذلك أن تقوم الدولة، بإقامة العدل بين الناس، لأن : « إقامة العدالة، شرط أساسي، لتحقيق الغاية من وجود الدولة »[٥١]. وقد أكد ابن خلدون، هذه الوظيفة للدولة[٥٢]. واعتبرها جوهرية في استمرار وجود الدولة، وفي بقائها، لـ : « أن الظلم مؤذن بخراب العمران »[٥٣]، الذي منه الدولة، في رأيه.

---

(٤٧) ابن خلدون : المقدمة، ص ٤١٦.

(٤٨) نفسه، ص ٣٠٢.

(٤٩) نفسه، ص ٢٩٨.

(٥٠) محمد عبد المعز نصر : في النظريات والنظم السياسية، مرجع سابق، ص ٥٤٤.

(٥١) بطرس غالي ومحمود عيسى : المدخل في علم السياسة، مرجع سابق، ص ٤٨٧.

(٥٢) راجع : القسم الثالث عشر، من هذا البحث.

(٥٣) ابن خلدون : المقدمة، ص ٥٠٧.

الوظيفة الرابعة : تحقيق التقدم.

يعتقد بعض الكتاب، أن من بين الأعراض التي تسعى إليها الدولة، هو تحقيق التقدم الاجتماعي والفكري والاقتصادي والصناعي، في المجتمع الذي تحكمه. وقد عبر ابن خلدون، عن هذا المعنى، بما أسماه، بتشييد الدولة، عند استقرارها، للمدن والهياكل العظيمة، وإقامة الصنائع، وبث العمران [٥٤].

الوظيفة الخامسة : تحقيق السعادة.

يذهب أنصار المذهب الفردي، إلى أن من وظائف الدولة، تحقيق السعادة للأفراد، وذلك بناء على مبدئهم القائل : « أكبر قسط من السعادة، لأكبر عدد من الأفراد » ([٥٥]).

أما ابن خلدون، فلا يرى في أن الدولة تجلب السعادة للأفراد، إلا في حالة واحدة، وهي حالة خضوع الفرد وتملقه للسلطان. إذ ـ كما يقول ـ : « تجد كثيرا من السوقة، يسعى في التقرب من السلطان، بجده ونصحه، ويتزلف إليه بوجوه خدمته، ويستعين على ذلك، بعظيم من الخضوع والتملق له، ولحاشيته، وأهل نسبه، حتى يرسخ قدمه معهم، وينظمه السلطان في جملته، فيحصل له بذلك حظ عظيم من السعادة » [٥٦].

ومع ذلك فإن ابن خلدون، لا يؤمن بهذا اللون من السعادة الشكلية، الذي يأتي بطريق الخنوع والتزلف والتذلل، وإنما يؤمن بلون آخر من السعادة، يعتبره جوهريا، وحقيقيا، وهو الذي يأتي نتيجة للجهد الذي يبذله الإنسان في الأعمال الصالحة، وفي خدمة الآخرين. يقول فيما معناه : « وعلى قدر عمله وشرفه بين الأعمال، وحاجة الناس إليه، يكون قدر قيمته. وعلى نسبة ذلك، نمو كسبه، أو نقصانه » [٥٧]. ويرى ابن خلدون، أن مبنى ذلك، هو أن : « الكمال لا يورث » [٥٨] ـ وهو عين السعادة ـ ولا يوهب، لا من طرف السلطان أو الدولة، ولا من طرف الطبيعة نفسها، وإنما الكمال، أمر مكتسب، يكتسبه الإنسان، بكفاحه، وبعرق جبينه.

---

(٥٤) راجع : نفس المصدر، ص ٦١٣ وما بعدها.

(٥٥) بطرس غالي ومحمود عيسى : المدخل في علم السياسة، مرجع سابق، ص ٤٨٦.

(٥٦) ابن خلدون : المقدمة، ص ص ٦٩٩ ـ ٧٠٠.

(٥٧) نفسه، ص ٦٩٥.

(٥٨) نفسه، ص ٦٩٨.

الوظيفة السادسة : تحقيق المصلحة العامة أو (المنفعة).

من الشائع بين بعض الكتاب أن الدولة، تسعى أيضا، إلى تحقيق ما يسمى في المجتمعات الغربية، بـ(المنفعة) المتعلقة بالأفراد، أو ما يسمى في الفقه الإسلامي، بـ(المصلحة العامة). وقد يكون هذا الرأي،منطقيا، لأن عكسه، لا يبدو كذلك. فلا يعتقد، مثلا، في أن من أغراض الدولة، الإضرار بالمواطنين، فلو كان الحال كذلك، لأضرت الدولة بنفسها، وهو أمر غير متصور، باعتبار وجود الدولة، مرتبطا بوجود المواطنين. ثم إن واقع الحال، على عكس ذلك، إذ يؤكد بأن جميع الحكومات والدول، تسعى دوما، إلى إرضاء المواطنين، بشكل أو بآخر، وذلك بتحقيق منافع ومصالح معينة لهم. كشق الطرق، وبناء المطارات، والمستشفيات، مثلا، وغير ذلك من المصالح.

الوظيفة السابعة : تحقيق الأخلاق.

تؤكد بعض الآراء، أن من أغراض الدولة، أيضا، حماية أفراد المجتمع، من الانحلال الخلقي، بإقرار، أو تحقيق الأخلاق العامة. ذلك أن الدولة لها : « سلطان على المظهر الخارجي لأخلاق الأفراد. أما ما يكمن في نفوسهم، فلا سلطان للدولة عليه »[٥٩]. فالمقصود، إذن، بالأخلاق والآداب، المنوطة حمايتها بالدولة، هي : « مجموع الأسس الأخلاقية الضرورية، لكيان المجتمع، وبقائه سليما من الانحلال »[٦٠].

وتأكيدا على أن تحقيق الأخلاق العامة في المجتمع، من وظائف الدولة، ما قرره القانون الوضعي، في القواعد (الآمرة)، الملزمة للأفراد، والمتعلقة بقواعد النظام العام والآداب. فمن قبيل تلك القواعد، مثلا، عدم جواز الاتفاق، على : « منع تعديل الشروط التعسفية، أو الإعفاء منها، في عقود الإذعان »[٦١]، لاتصال ذلك بالمصالح الأساسية للجماعة. وكذلك، بطلان : « التعهد باعتناق، أو عدم اعتناق دين

---

(٥٩) بطرس غالي ومحمود عيسى : المدخل في علم السياسة، مرجع سابق، ص ٤٨٧.

(٦٠) حسن كيرة : المدخل الى القانون، مرجع سابق، ص ٥١.

(٦١) نفس المرجع والصفحة. ومثل عقود الإذعان، تلك التي تصدر من إدارة مصلحة المياه، أو من شركة الكهرباء،وتوجه للمستهلكين الذين ينفذون شروطها، دون مناقشة. فمن صفات تلك العقود، إبرامها من طرف جهة واحدة، وبشروطها الخاصة، دون أن تكون للجهة الثانية، وهي (المستهلك)، أية إرادة فيها، سوى الخضوع والإذعان.

معين»[٦٢]. ومن قبيل قواعد الآداب والأخلاق، كذلك، عدم جواز الاتفاق، على : «إنشاء أو استمرار العلاقات الجنسية، غير المشروعة »[٦٣].

على هذا الأساس، تعتبر حماية أفراد المجتمع من الانحلال الخلقي، وضرورة المحافظة على الأخلاق والآداب العامة للجماعة، من الوظائف الجوهرية للدولة.

تعقيب

-١١٥-

مما يلفت النظر، بخصوص الوظائف السابقة، هو أنها تبدو مزدوجة الغاية : فإذا كان من واجب الدولة، حماية الأفراد، في حياتهم، وفي ممتلكاتهم، وفي حقوقهم، فإن من واجبها أيضا، حماية ذاتها وكيانها. ومن ثم، تبدو ازدواجية الغاية جلية، في الوظائف الجوهرية للدولة : فالدولة، ملزمة، من جهة، بالعمل على سلامة ذاتها، وملزمة، من جهة أخرى، وفي ذات الوقت، بالعمل على سلامة الأفراد، وذلك بإقرار النظام العام، إلا أن : « إقرار النظام، لازم لحفظ كيان الدولة »[٦٤] أيضا. وإذا كان كذلك، فإن الأصل في حقيقة ذلك (النظام)، أنه يحقق مصلحة الطرفين : بمعنى سلامة أفراد المجتمع، والدولة، معا.

النمط الثالث : الوظائف الثانوية.

-١١٦-

يقصد بالوظائف الثانوية، في الغالب، الأعمال الاقتصادية والاجتماعية والثقافية، التي تقوم الدولة بها في المجتمع، والتي : « تهدف من ورائها، إلى تحقيق خير الجماعة وإسعادها، ورفع مستواها. وهذه الأعمال، موضع خلاف بين الفقهاء والكتاب، من حيث ضرورة، أو عدم ضرورة، قيام الدولة بها »[٦٥].

ولقد قام أحد المسؤولين الغربيين، في نهاية القرن التاسع عشر (١٨٨٩) ـ وهو

---

(٦٢) نفس المرجع، ص ٤٨.

(٦٣) نفس المرجع، ص ٥٢.

(٦٤) بطرس غالي ومحمود عيسى : المدخل في علم السياسة، مرجع سابق، ص ٤٨٤.

(٦٥) محمد كامل ليله : النظم السياسية،مرجع سابق، ص ٢٨٧.

الرئيس الأمريكي ولسن ـ بتحديد هذه الوظائف، وبتوضيحها. ونحن ننقلها إلى القارئ، كما جاءت، من نص التصريح الذي أدلى به هذا المسؤول. وهي :

١ ـ « تنظيم التجارة والصناعة. وهذه الوظيفة تشتمل على إصدار صك النقود، وأوراق المالية، وتنظيم المقاييس والمكاييل والموازين. وإصدار الترخيصات التجارية والصناعية، وكل ما يختص بالضرائب والجمارك، وقوانين الملاحة.

٢ ـ تنظيم العمل.

٣ ـ تنظيم وسائل المواصلات الداخلية.

٤ ـ الإشراف على إدارة البريد والبرق.

٥ ـ استخراج النفط، وتوزيعه، والإشراف على مرفق مياه الشرب.

٦ ـ مراقبة الصحة العامة.

٧ ـ تنظيم التعليم، والإشراف عليه.

٨ ـ العناية بالفقراء والعاجزين.

٩ ـ زراعة الغابات، وتعهدها، والعناية بالثروة المائية »[٦٦].

تعقيب

ـ١١٧ـ

في هذا الإطار، تجدر الإشارة إلى أن ابن خلدون، قد تعرض إلى معظم هذه الوظائف[٦٧] ـ قبل تعرض ولسن لها بقرون ـ فقد تعرض إلى تنظيم التجارة العامة، وإلى فساد تجارة السلطان[٦٨]، وإلى نظام الضرائب والجبايات[٦٩]، ومقادير الدرهم والدينار[٧٠] وإلى ضرب المكوس[٧١] ـ أي : إصدار النقود وأوراق المالية ـ كما تعرض إلى

---

(٦٦) بطرس غالي ومحمود عيسى : المدخل في علم السياسة، مرجع سابق، ص ٤٩٤.

(٦٧) راجع القسم الثالث عشر من هذا البحث : (وظيفة الدولة عند ابن خلدون).

(٦٨) راجع : ابن خلدون : المقدمة، ص ٤٩٧.

(٦٩) راجع : نفس المصدر، ص ٤٩٣.

(٧٠) راجع : نفس المصدر، ص ٤٦٥.

(٧١) راجع : نفس المصدر، ص ٤٩٦.

احتكار الأموال[٧٢] وإلى الأسواق والأسعار [٧٣]، واعتبر الدولة، هي السوق العام للرعية. فقال في هذا الصدد، بالخصوص :

١ ـ « إن الدولة، كما قلناه، هي السوق الأعظم، أم الأسواق كلها، وأصلها ومادتها في الدخل والخرج (...). وأيضا، فالمال إنما هو متردد بين الرعية والسلطان [٧٤] منهم إليه، ومنه إليهم، فإذا حبسه السلطان عنده، فقدته الرعية » [٧٥].

٢ ـ وقال في معرض كلامه على وظائف السلطان، الممثل للدولة، أو للهيئة التنفيذية: «وإلى حملهم على مصالحهم، وما تعمهم به البلوى في معاشهم، ومعاملاتهم، من تفقد المعايش والمكاييل، والموازين، حذرا من التطفيف، وإلى النظر في السكة، بحفظ النقود، التي يتعاملون بها، من الغش » [٧٦].

على أن الوظائف الثانوية، التي أشار إليها الرئيس ولسن، وإن اختلفت الدول في كيفية ممارستها، إلا أنه من الملاحظ أن بها أوجه نقص متعددة. ففي الوظيفة الثالثة، مثلا، لا تنظم الدولة، وسائل المواصلات الداخلية، وحسب ـ كما يقول ـ بل تنظم أيضا، وسائل المواصلات الخارجية، بما فيها شبكة خطوط الطيران المدني، وخطوط النقل البحري. إضافة إلى ذلك، فإن نشاط الدولة، لا يقتصر على تنظيم الوظائف (التسع) السابقة، فقط، وإنما يشمل نشاطها أيضا، ميادين تنظيم وظائف الصيد البحري، واستخراج المعادن، وتنظيم قطاع السياحة، والصناعات التقليدية، والضمان الاجتماعي، وإقراض المزارعين، وغير ذلك من النشاطات، التي يطول حصرها. حتى أنه يمكن القول، بأن الأنماط الثلاثة للوظائف التي تعرضنا إليها، تعبر في الواقع، عن (نماذج) فقط من النشاط الممارس من قبل الدولة، ولا تعبر بالضرورة عن كل أنشطتها، في داخل المجتمع أو في خارجه.

---

(٧٢) راجع : نفس المصدر، ص ٥١٢.

(٧٣) راجع : نفس المرجع، ص ٦٤٦.

(٧٤) يقصد بالسلطان : الدولة.

(٧٥) ابن خلدون : المقدمة، ص ص ٥٠٦ ـ ٥٠٧.

(٧٦) نفس المصدر، ص ٤١٦.

الفصل الخامس

وظيفة الدولة في المجتمع العربي

- القسم الثاني عشر : حول وظيفة الدولة في الإسلام.
- القسم الثالث عشر : وظيفة الدولة عند ابن خلدون.

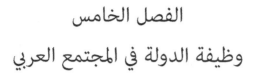

حول وظيفة الدولة في الإسلام

توطئة

- ١١٨ -

بما أن ابن خلدون ينتمي إلى المجتمع العربي - الإسلامي، ومختص في الشرعيات، وتطرق في (المقدمة) إلى نظام الخلافة في الإسلام، فإنه من المنطق، أن نمهد للبحث في وظائف الدولة عنده، بعرض سريع، عن وظيفة الدولة في الإسلام، حتى يتمكن القارئ، من الموازنة بين رأي الشرع في تلك الوظائف وبين رأي ابن خلدون فيها. على أننا سنتعرض إلى رأي الإسلام في وظيفة الدولة، دون تفصيل، وباختصار شديد، لأن التوسع فيه، يتجاوز حدود البحث الذي نحن بصدد إنجازه.

لقد أجمع الباحثون، على أن الدولة في الإسلام، مارست وظائف مختلفة، أغلبها تتفق مع وظائف الدولة، في العصر الحديث، وقد تتجاوزها، باعتبار الشريعة، من مصادر التشريعات الوضعية الحديثة، وباعتبار الفقه الإسلامي، واجتهادات الأئمة فيه، قد اشتمل على جميع القواعد والتفصيلات، التي تستوعب قواعد القانون الوضعي الحديث. ففي إطار الوظائف السلطوية، مارست الدولة في الإسلام، جميع السلطات : التأسيسية منها، والتشريعية، والتنفيذية والقضائية[1]. وفي إطار الوظائف الجوهرية، مارست أيضا، وظائف إقرار النظام والأمن الداخلي والخارجي، والعدالة، - وهي شرط في الخليفة - وما يتصل بمصالح الأفراد العامة، وحماية حقوقهم - كالعدالة والحرية والمساواة [2] - والمحافظة على معتقداتهم وأخلاقهم [3] والعمل على تطورهم وإسعادهم.

---

(١) راجع تفصيل تلك السلطات، في : محمد عبد الحميد متولي : مبادئ نظام الحكم في الإسلام،ص ص ١٩٤ - ٢٣٨، ط ٢، الاسكندرية ١٩٧٤.

(٢) راجع نفس المرجع، ص ص ٢٦٦ - ٤٠٦.

(٣) راجع: محمد المبارك: نظام الإسلام : الحكم والدولة، ص ٨٩ وما بعدها، ط ٤، بيروت ١٩٨١.

أما فيما يتعلق بالوظائف الثانوية، فقد تناولها فقه المعاملات، وفصلها تفصيلا، أكثر مما فصلها الفقه القانوني الغربي.

وظائف الدولة الأساسية في الإسلام

- ١١٩ -

بالإضافة إلى ذلك، فإنه يمكن إجمال وظائف الدولة في الإسلام - وخاصة الوظائف الجوهرية،منها - على الوجه الآتي :

١ - وظيفة الأمن الداخلي. وقد عبر الماوردي على هذه الوظيفة بقوله : «الدفاع عن الرعية من خوف واختلال (...) إن أهملوا أفسدوا وأفسدوا، وإن حيف [(٤)] عليهم، هلكوا وأهلكوا، فلن يستقيم ملك، فسدت فيه أحوال الرعايا » [(٥)]. ثم أضاف في نفس المعنى، ناصحا الوزير : « أن تحوطهم بكف الأذى عنهم، ومنع الأيدى الغالبة منهم، لتكون لهم كالأب الرؤوف ويكونوا لك، كالأولاد البررة، فإنك كافل مسترعي، ومسؤول مؤاخذ » [(٦)].

وعن نفس الوظيفة، قال القاضي أبو يعلى الحنبلي : « حماية البيضة، والذب عن الحوزة، ليتصرف الناس في المعايش، وينتشروا في الأسفار آمنين » [(٧)].

٢ - وظيفة الأمن الخارجي. قال تعالى في معنى الدفاع ضد الأعداء : ﴿ **وأعدوا لهم ما استطعتم من قوة، ومن رباط الخيل ترهبون به عدو الله وعدوكم** ﴾ [(٨)]. وقال: ﴿ **فمن اعتدى عليكم فاعتدوا عليه بمثل ما اعتدى عليكم** ﴾ [(٩)]. وقال الماوردي، ناصحا الوزير : « دفاعه عن المملكة من أعدائها، وأعداء الممالك من انفرد بملك أو

---

(٤) الحيف، هو الظلم، وحيف عليهم، أي ظلموا.

(٥) أبو الحسن علي الماوردي: الوزارة، تحقيق محمد سليمان داود، وفؤاد عبد المنعم أحمد، ص ٨٣، ط ١، الإسكندرية، ١٣٩٦هـ/١٩٧٦م.

(٦) نفسه، ص ٨٤.

(٧) نقلا عن : محمد المبارك : نظام الإسلام : مرجع سابق، ص ٨٧.

(٨) الأنفال / ٦٠.

(٩) البقرة / ١٩٤.

امتنع بقوة»[١٠]. أما أبو يعلى، فقد عبر، هو الآخر، عن هذه الوظيفة، بقوله : « تحصين الثغور بالعدة المانعة، والقوة الدافعة، حتى لا تظفر الأعداء بغرة ينتهكون بها محرما، أو يسفكون فيها دما لمسلم أو معاهد » [١١].

٣ ـ وظيفة العدل [١٢]. قال تعالى : ﴿ إن الله يأمر بالعدل والإحسان ﴾ [١٣]. وقال أيضا : ﴿ وإذا حكمتم بين الناس أن تحكموا بالعدل ﴾ [١٤]. وأكد الماوردي، على العدل، ونصح به، فقال : « لن تستغزر موادك إلا بالعدل والإحسان (...) لأن العدل استثمار دائم، والجور استئصال منقطع » [١٥]. وقسم أبو يعلى وظيفة العدل إلى قسمين، أحدهما هو : « إقامة الحدود لتصان محارم الله تعالى عن الانتهاك، وتحفظ حقوق عباده من إتلاف واستهلاك » [١٦]، وثانيهما، هو : « تنفيذ الأحكام بين المتشاجرين، حتى تظهر النصفة، فلا يتعدى الظالم، ولا يضعف المظلوم » [١٧].

٤ ـ وظيفة المال. قال تعالى : ﴿ والذين يكنزون الذهب والفضة ولا ينفقونها في سبيل الله، فبشرهم بعذاب أليم ﴾ [١٨]. وقال : ﴿ وما تنفقوا من خير لأنفسكم[١٩]﴾[٢٠]. وقال : ﴿ وأنفقوا من ما رزقناكم من قبل أن يأتي أحدكم الموت ﴾ [٢١]. وأكد

---

(١٠) الماوردي : الوزارة، مصدر سابق، ص ٧٣.

(١١) نقلا عن : محمد المبارك : نظام الإسلام : مرجع سابق، ص ٨٧.

(١٢) للتوسع في هذه الوظيفة، راجع : محمد عبد الحميد متولي : مبادئ نظام الحكم في الإسلام، مرجع سابق، ص ٢٦٦ وما بعدها.

(١٣) النحل / ٩٠.

(١٤) النساء / ٥٨.

(١٥) الماوردي: الوزارة، مرجع سابق، ص ٥١. وقد قسم العدل الى ثلاثة أقسام: العدل في الأموال، والعدل في الأقوال، والعدل في الأفعال.

(١٦) نقلا عن : محمد المبارك : نظام الإسلام مرجع سابق، ص ٨٧.

(١٧) نفس المرجع والصفحة.

(١٨) التوبة / ٣٤.

(١٩) الخير، بمعنى المال.

(٢٠) البقرة / ٢٧٢.

(٢١) المنافقون / ١٠.

الماوردي في المال، قوله : « فعدلك في الأموال أن تؤخذ بحقها، وتدفع إلى مستحقيها، لأنك في الحقوق سفير مؤتمن، وكفيل مرتهن، عليك عزمها ولغيرك غنمها »[٢٢].

وتشتمل وظيفة المال في الإسلام، على مجالين :

أ ـ الموارد المالية، التي تستوفيها بيت المال من أصحابها. وقد أشار أبو يعلى إلى هذا المجال، بقوله:«جباية الفيء والصدقات على ما أوجبه الشرع نصا واجتهادا من غير عسف»[٢٣].

ب ـ المصروفات والنفقات العامة، التي أشار إليها أبو يعلى، أيضا، بقوله: «تقدير العطاء وما يستحق في بيت المال من غير سرف، ولا تقصير فيه، ودفعه في وقت، لا تقديم فيه ولا تأخير »[٢٤].

٥ ـ الوظيفة الاقتصادية. تتضمن هذه الوظيفة عدة مجالات، منها: « تحديد الأسعار والأجور، حيث يجب التحديد، ومنع الإحتكار، والإستغلال، والإجبار على البيع، والتأجير والعمل، حيث يكون ذلك، ضروريا، وكتأمين معيشة الشعب، حين القحط والجدب(...) وما شابه ذلك من أعمال وتأمين الكفاية للعاجزين عن بلوغها»[٢٥]. وقد تناول هذه الوظيفة الاقتصادية، مؤلفو كتب (الأحكام السلطانية)، في باب الحسبة، بالتفصيل.

٦ ـ حرية العقيدة وحمايتها. تعتبر حرية الاعتقاد، من الحقوق التي أكدها الإسلام، للأفراد[٢٦] والدولة مكلفة بحمايتها. قال تعالى : ﴿ من كفر، فعليه كفره ﴾[٢٧]. وقال : ﴿ أفأنت تكره الناس حتى يكونوا مؤمنين ﴾[٢٨]. وقال : ﴿ فمن شاء فليؤمن ومن شاء فليكفر ﴾[٢٩]. وقال : ﴿ لا إكراه في الدين، قد تبين الرشد من الغي ﴾[٣٠].

---

(٢٢) الماوردي : الوزارة، مصدر سابق، ص ٥٢.

(٢٣) نقلا عن : محمد المبارك : نظام الإسلام : مرجع سابق، ص ٨٨.

(٢٤) نفس المرجع والصفحة.

(٢٥) نفس المرجع والصفحة.

(٢٦) راجع : محمد عبد الحميد متولي : مبادئ نظام الحكم في الإسلام، مرجع سابق، ص ٢٨٧ وما بعدها.

(٢٧) الروم / ٤٤.

(٢٨) يونس / ٩٩.

(٢٩) الكهف / ٢٩.

(٣٠) البقرة / ٢٥٦.

على أن وظيفة حرية العقيدة وحرمتها، وإن تأكدت في الدولة الإسلامية، طوال تاريخها - ونظام أهل الذمة، دليل على ذلك - إلا أن الدولة في الوقت نفسه، مكلفة أيضا، بـ : « منع انتشار العقائد الباطلة كسائر أنواع الوثنية والإلحاد (...) ومنع الانحراف والتشويه والخرافات »[٣١]. ولعل الصوفيين : أبو منصور الحلاج، والسهروردي المقتول، وغيرهما لم يلقيا حتفهما، إلا بسبب محاربة الدولة، للمعتقدات التي قد تراها باطلة والتي قد تثير الجمهور ضدها أيضا.

٧ - حماية الأخلاق. من المؤكد أن الإسلام حث على القيم الأخلاقية، وعد تلك القيم من النظام العام، لأنها أساسا، ترتبط بمبادى الشرع، وبالعقيدة الدينية ذاتها، ومن ثم، فإن حماية الأخلاق، ومنع ما يخالفها، يقع على كاهل الدولة، المستمد حكمها من الشرع. إضافة إلى ذلك، فإن الشرع الإسلامي - وحتى بعض القوانين الوضعية، كما سبقت الإشارة - قررت فرض عقوبات معينة، على الأفراد الذين يخالفون القيم الأخلاقية، سواء بطريق إقامة الحد، أو بطريق التعزير، لمنع تكرار وقوع المخالفات اللاأخلاقية. وفي هذا السياق، وتأكيدا له، فقد جاء في الحديث، أن الرسول عليه السلام، قال: « بعثت لأتمم حسن الأخلاق »[٣١م].

٨ - وظيفة الجهاد. لقد فرض الإسلام الجهاد، فقال تعالى : ﴿ يا أيها النبي جاهد الكفار والمنافقين ﴾[٣٢]. وقال تعالى : ﴿ وجاهدوا في الله حق جهاده ﴾[٣٣]. ويبدو أن غاية هذه الوظيفة، أمران : الأول، منع الجماعات غير الإسلامية، من الاعتداء على المسلمين. والثاني : « حماية نشر الدعوة إلى الإسلام ونظامه »[٣٤]، أي باعتباره عقيدة، ونظام.

وقد تطرق الفقهاء إلى وظيفة الجهاد، واعتبروها، من واجبات الخليفة، أي

---

(٣١) محمد المبارك : نظام الإسلام، مرجع سابق، ص ٩٠.

(31 مكرر) مالك ابن أنس : الموطأ وشرحه تنوير الحوالك، لجلال الدين الأسيوطي، ج٢، ص ٢١١، القاهرة ١٩٥١/١٣٧٠

(٣٢) التوبة / ٧٣. والتحريم / ٩.

(٣٣) الحج / ٧٨.

(٣٤) محمد المبارك : نظام الإسلام، الحكم والدولة مرجع سابق، ص ٩٣.

الدولة، كما اعتبروا الهدف منها، هو حماية المسلمين، وحماية عقيدة الإسلام ونظامه. فأكد الماوردي وأبو يعلى، مثلا، على أن هذه الوظيفة، تتمثل في : « جهاد من عاند الإسلام، بعد الدعوة، حتى يسلم، أو يدخل في الذمة»[٣٥]. ونفس هذا النص، بكلماته وحروفه، نجده عند محمد أبو يعلى بن الفراء الحنبلي [٣٦]. على أن النص، يحمل معنى الجهاد، على أنه : « فرض كفاية، أي يسقط عن المسلمين، إذا قام به البعض »[٣٧].

تعقيب

-١٢٠-

في ضوء ما سبق، يتبين أن معنى الجهاد، هو محاربة الأعداء. وإذا كان كذلك، فإنه ينبغي التفرقة بين نوعين من الحرب :

أ ـ الحرب الدفاعية. كأن تغير : « قوات الأعداء على المسلمين »[٣٨] ففي هذا النوع: « يصبح الجهاد فرض عين، يلتزم به كل قادر على القتال »[٣٩].

ب ـ الحرب الهجومية. وفي هذا النوع، فإن الجهاد : « قد لا يتفق مع السلام، وحرية العقيدة، وهو ما يدعو إليه الإسلام »[٤٠].

على أن الجهاد، باعتباره وظيفة من وظائف الدولة، في الإسلام : « يجب أن يفهم في ضوء الاعتبارات التاريخية، التي أدت إليه. ولهذا فإن الفقهاء، يقيدون شرعية الجهاد ـ كحرب هجومية ـ بالقيود التالية : أولا أن يستهدف غرضا دينيا، لا استدمارا، بمعناه الحالي. ثانيا، يجب أن يكون المسلمون قادرين على تحقيق الهدف بنجاح. ثالثا، أنه فرض كفاية، بالمعنى السابق. رابعا، للخليفة أن يستبدل بالحرب، إبرام معاهدات صلح »[٤١].

---

(٣٥) الماوردي : الأحكام السلطانية، مصدر سابق، ص ١٤.

(٣٦) أورد نص أبي يعلى من (احكامه السلطانية): محمد المبارك: نظام الإسلام: مرجع سابق، ص٩٣.

(٣٧) سليمان الطماوي : السلطات الثلاث، مرجع سابق، ص ٣٨٣.

(٣٨) نفس المرجع والصفحة.

(٣٩) نفس المرجع والصفحة.

(٤٠) نفس المرجع والصفحة، هامش (٣).

(٤١) نفس المرجع والصفحة والهامش. والمؤلف قد لخص ذلك الرأي من مؤلف عبد الرزاق السنهوري : الخلافة.

ورغم أن الأوربيين، قد عرفوا (الجهاد)، أيضا، كما عرفه المسلمون، وجربوه خاصة، في الحروب التي أطلقوا عليها، إسم : (الحروب المقدسة) أو (الحروب الصليبية)، فإن مفهوم الجهاد - كحرب دفاعية - في إطار النص السابق، هو مفهوم الحرب التحريرية، أي : الحرب القومية، التي تهدف إلى تحرير الوطن، من العدو المغتصب.

ونخلص من هذا إلى القول، بأن الجدل بين الكتاب حول موضوع وظيفة الجهاد، قد تزامن، تقريبا، مع الجدل حول موضوع الخلافة، وخاصة في القرن التاسع عشر، الذي استفحل فيه الاستدمار [٤٢] الحديث. ولذلك أسباب، على ما يبدو، منها :

١ - أن الجهاد، قد تغير مفهومه عند الجمهور بمرور الزمن. فنظرة القدماء إليه، ليست هي نظرة المحدثين. فإذا كان في الماضي، ينظر إلى الجهاد، على أنه أمر شرعي مقدس، ففي الحاضر، ينظر اليه، تقريبا، على أنه (اعتداء)، - وخاصة عند الغربيين، منذ الحروب الصليبية - بمعنى أن النظر إلى مفهوم الجهاد، قد تطور سلبا، كتطور النظر إلى مفهوم الخلافة، نفسها. فكأن تطور مفهوم الجهاد، قد صاحبه تطور مفهوم الخلافة. بدليل أن الجهاد كوظيفة للدولة - بالمعنى الهجومي - لم يعد ممارسا في العصور الحديثة، كالخلافة بالضبط. ورأي ابن خلدون الذي يقرر فيه بأن : « وظيفة الجهاد، بطلت ببطلانه (...) لدثور الخلافة ورسومها » [٤٣]، يؤكد هذه الوجهة من النظر. ولذلك نراه يدرج الجهاد في باب الحروب التقليدية بين الأمم [٤٤].

٢ - إن الجهاد - باعتباره وظيفة من وظائف الدولة في الإسلام - لا يخلو من حالين :

الأول : أن يكون حربا دفاعية. ففي هذه الحال، يعتبر الجهاد، مشروعا من الناحية

---

(٤٢) الإستدمار (la colonisation)، مصطلح مستحدث، رغم أصالته في العربية، وهو من إقتراح الكاتب الجزائري الراحل مولود قاسم. ويؤدي معناه، معنى كلمة (إستعمار)، التي استعملت خطأ في هذا المعنى - نتيجة الخطأ في ترجمة اللفظ الأجنبي السابق - حيث وردت في القرآن، في قوله تعالى : ﴿ **هو أنشأكم من الارض واستعمركم فيها** ﴾ (هود / ٦١)، بمعنى الإسكان والإعمار، أي : جعلكم تسكنون الارض وتعمرونها. وهذا المعنى مخالف لمعنى كلمة la colonisation الأجنبية، التي تدل على (الإستدمار) بجميع صوره، ولا تدل على (الإستعمار) الذي يعني في العربية :إعمار الأرض وعمرانها.

(٤٣) المقدمة، ص ٤٠٠.

(٤٤) راجع نفسه، ص ٤٧٩.

النظرية والعملية، لدى جميع الدول والأمم. وهو رأي ابن خلدون ـ كما سبقت الإشارة ـ.

الثاني : أن يكون حربا هجومية. وفي هذه الحال، لو افترضت مشروعيته، فإنه من الناحية العملية، لم تعد ممارسته ممكنة في العصر الحديث، لعدة أسباب سياسية وعسكرية واقتصادية. منها باختصار :

أ ـ أن الحروب الهجومية، أي حروب (الاستيلاء) ـ بتعبير ابن خلدون ـ على الأراضي والأقطار، واحتلال شعوبها بالقوة، واستيطان أراضيها، والتصرف في مصيرها من غير أهلها، لم تعد مقبولة أو مستعملة، منذ الحرب العالمية الثانية، تقريبا، ونشأة منظمة الأمم المتحدة.

ب ـ تطور صناعة أسلحة الدمار، عند غير المسلمين، مما جعل الدول الصغرى، في خوف مستمر من الدول الكبرى.

ج ـ تطور مفهوم حقوق الإنسان في الدول الكبرى، في النصف الثاني من القرن العشرين. واتخاذها تلك الحقوق، ذريعة للتدخل في شؤون الدول الصغرى، لإخضاعها لإرادتها، والسيطرة عليها، سياسيا واقتصاديا. وغير ذلك من الأسباب. فإذا كان الأمر على غير هذا الوجه، فإن الجهاد (الهجومي) كوظيفة من وظائف الدولة، يصبح شكلا من أشكال الانتحار، والانتحار ـ كما هو معلوم ـ قد حرمه الإسلام (٤٥).

ومن الآراء الموضوعية، التي قيلت، في وظيفة الجهاد، في هذا العصر، الرأي الآتي : « ولما كانت روح العصر، تأبى الحروب الدينية، بالمعنى الهجومي، فإن واجب الخليفة، في هذا المقام، ينحصر في أمرين : الأول، الدفاع عن كافة الأقطار الإسلامية، إذا تعرضت لهجوم. الثاني، الدعوة إلى الإسلام، بطرق سلمية » (٤٦).

---

(٤٥) لأن قتل النفس ـ بعد الشرك بالله ـ من الكبائر السبع المتفق على تحريمها في الإسلام. لقوله تعالى: ﴿ ولا تقتلوا النفس التي حرم الله إلا بالحق ﴾ أي : إلا بالعدل. (الإسراء / ٣٣).

وقوله تعالى أيضا : ﴿ ولا تلقوا بأيديكم الى التهلكة ﴾ (البقرة / ١٩٥).

(٤٦) سليمان الطماوي : السلطات الثلاث، مرجع سابق، ص ٣٨٤.

القسم الثالث عشر

وظيفة الدولة عند ابن خلدون

توطئة

- ١٢١ -

من الملفت للنظر، بادئ ذي بدء، أنه على الرغم من تعدد الدراسات، وكثرة الأبحاث، التي كتبت وأنجزت عن فكر ابن خلدون السياسي، وغير السياسي[١]، فإننا لم نعثر على دراسة واحدة، تتعلق بوظيفة الدولة، عنده [٢]. مع أن نظرية الدولة، من المواضيع الأساسية، في (المقدمة)، ومع أن موضوع (وظيفة الدولة) فيها، يمكن أن يشكل بدوره موضوع دراسة مستقلة.

ومهما يكن من أمر، فإنه في ضوء الدراسة السابقة عن وظائف الدولة، من الناحية العامة، ثم في الإسلام، يتحدد موقف ابن خلدون، من وظائف الدولة. فبالرغم من « أن الخلافة بمعناها الشرعي انقلبت إلى الملك، ورجعت إلى اعتماد العصبية، خلافا لما أوجبه الشرع، من ذم العصبية الجاهلية، واعتبار التقوى أساس الكرامة الإنسانية » [٣]. وبالرغم من أن ابن خلدون، قد درس موضوع : « وظائف الدولة الرئيسية» [٤] في (المقدمة)، مقسما إياه إلى : « الوظائف الدينية المحضة » [٥]، والوظائف السلطانية العامة، فإنه لذلك عمد إلى دراسة النمطين : الديني، والوضعي، وميز بين الوظائف الخلافية (الدينية) والوظائف السلطانية (الوضعية) [٦]. وهو إذ فعل ذلك، فلأنه عند بحثه في

---

(١) نقصد بالخصوص : دراسات ساطع الحصري، وعلي وافي، ومحمد عابد الجابري، وغيرها.

(٢) باستثناء إشارة سريعة، في صفحة ونصف، في مؤلف : صبحي محمصاني : المجاهدون في الحق، ص ص ٢٠٩ - ٢١٠، ط ١، بيروت ١٤٠٠هـ/١٩٧٩م.

(٣) نفس المرجع، ص ٢٠٩.

(٤) نفس المرجع والصفحة.

(٥) نفس المرجع والصفحة.

(٦) راجع : ساطع الحصري : دراسات عن مقدمة ابن خلدون، مرجع سابق، ص ٢٣٨. وقد أشار الحصري، فقط، الى تمييز ابن خلدون بين النمطين من الوظائف، دون أن يدرسهما.

موضوع : معنى الخلافة والإمامة [٧]، وكيف انقلبت الخلافة إلى الملك السياسي [٨]، وفي موضوع أشكال الحكم في الدولة [٩] قد اكتشف صلاحية نظامين، وأيدهما، وحاول التوفيق بينهما [١٠] وهما : نظام الخلافة الشرعي، والنظام الوضعي (العقلي) -أو العقدي، كما يسميه البعض [١١] ـ وقد علل تأييده لهذين النظامين، بكون الخلافة شاملة للدين والدنيا، وبكون الأحكام الشرعية، تتعلق بجميع أفعال العباد. أي : سواء كانوا محكومين بالنظام الشرعي، أو بالنظام الوضعي. إذ يقول : « إن الوظائف السلطانية، في هذه الملة الإسلامية، مندرجة تحت الخلافة، لاشتمال منصب الخلافة على الدين والدنيا، كما قد مناه. فالأحكام الشرعية، متعلقة بجميعها، وموجودة لكل واحدة منها في سائر وجوهها، لعموم تعلق الحكم الشرعي بجميع أفعال العباد » [١٢].

في هذا المعنى، نعتقد أن تأييد ابن خلدون للنظام الشرعي الخلافي، إنما كان مجرد (تقية)، لأنه مقتنع، تمام الاقتناع بأن هذا النظام، قد اندثر، وبطل، كما بطل الجهاد، لقوله ـ الذي أشرنا إليه منذ حين ـ أن : « وظيفة الجهاد، بطلت ببطلانه (...) لدثور الخلافة ورسومها » [١٣]. فهو إذن، وإن تعرض لدراسة الوظائف الخلافية، فإنما لرغبته في أن يؤرخ لها، لا لكونه يعتقد في إمكانية ممارسة تلك الوظائف في الواقع العملي، بدليل تأكيده على أنه تعرض للوظائف الخلافية، فقط من باب التمييز بينها وبين الوظائف السلطانية [١٤]. وأيضا، بدليل أنه أكد اندراج : « رسوم الخلافة، في رسوم الملك » [١٥] وعلى هذا فابن خلدون، يؤمن بأن نظام الخلافة، لم يعد له وجود، منذ عهده.

---

(٧) راجع : ابن خلدون : المقدمة، ص ٣٣٦ وما بعدها.

(٨) راجع : نفسه، ص ٣٥٨.

(٩) راجع : نفسه، ص ٥٤٠.

(١٠) راجع :التعقيب الذي في نهاية القسم الرابع من هذه الدراسة.

(١١) راجع : محمد عبد المعز نصر : فلسفة السياسة عند ابن خلدون، في : (أعمال مهرجان ابن خلدون)، مرجع سابق، ص ٣٤٤.

(١٢) ابن خلدون : المقدمة، ص ص ٤١٧ ـ ٤١٨.

(١٣) نفسه، ص ٤٠٠.

(١٤) راجع : المقدمة، ص ٤١٨.

(١٥) المقدمة، ص ٤٠٠.

وعلى أية حال، فقد ميز بين الوظائف الخلافية والوضعية، رغم اندماج الأولى في الثانية ـ لدثور الخلافة ـ : « إذ لا بد للفقيه من النظر في جميع ذلك لما قدمناه من انسحاب حكم الخلافة الشرعية، في الملة الإسلامية، على رتبة الملك [١٦] والسلطان. إلا أن كلامنا في وظائف الملك [١٧] والسلطان، ورتبته، إنما هو بمقتضى طبيعة العمران، ووجود البشر، لا بما يخصها من أحكام الشرع، فليس من غرض كتابنا (...) وإنما تكلمنا في الوظائف الخلافية، وأفردناها، لنميز بينها وبين الوظائف السلطانية، فقط، لا لتحقيق أحكامها الشرعية » [١٨].

إذن، فإبن خلدون قد درس نمطين من الوظائف : النمط الخلافي، والنمط السلطاني، مستقلا كل منهما عن الآخر، رغم اعتقاده، بتداخلهما منذ انقلاب الخلافة إلى الملك السياسي. أو كما قال : « وبالجملة قد اندرجت رسوم الخلافة، ووظائفها، في رسوم الملك والسياسة، في سائر الدول، لهذا العهد » [١٩].

فكأن ابن خلدون يريد القول، بأن الوظائف الخلافية، وإن مارستها الدولة، في الماضي، إلا أنها لم تعد تمارسها في عهده، وأن جميع الوظائف والسلطات، قد هيمنت عليها السلطة التنفيذية في النظام الوضعي.

النمط الأول : الوظائف الخلافية

ـ ١٢٢ ـ

من الملاحظ، في هذا الخصوص، تقلب ابن خلدون، في استعمال جملة من الألفاظ، بمعنى واحد مترادف. كاستعماله لألفاظ : خطط، ومراتب، ووظائف، ورسوم. فهو يقول، مثلا : "الخطط الدينية الشرعية " [٢٠]. و"الخطط الدينية الخلافية" [٢١].

---

(١٦) هكذا بضم الميم، في طبعة بيروت الثانية (للمقدمة) ١٩٦١.

(١٧) هكذا بفتح الميم وكسر اللام، في طبعة بيروت الثانية (للمقدمة) ١٩٦١.

(١٨) المقدمة، ص ٤١٨.

(١٩) نفسه،ص ٤٠٠.

(٢٠) نفسه، ص ٣٨٧.

(٢١) نفسه، ص ٣٨٦.

و"الخطط السلطانية" [٢٢]. و"مراتب الملك والسلطان" [٢٣]. و"تكلمنا في الوظائف الخلافية، وأفردناها لنميز بينها وبين الوظائف السلطانية" [٢٤]. و"اندمجت رسوم الخلافة ووظائفها، في رسوم الملك والسياسة" [٢٥]. فهو لا يستقر، في أسلوبه ومنهجه، على ألفاظ واحدة، محددة المعاني، وإنما ينقل القارئ، عبر عدة ألفاظ، مترادفة المعنى، الأمر الذي لا يؤدي إلى رصد أفكاره بسهولة ـ كما سبقت الإشارة ـ

وقد صنف ابن خلدون الوظائف في الدولة الخلافية، إلى خمسة وظائف. هي :

الأولى : وظيفة إمامة الصلاة :

وهي التي يعتبرها ابن خلدون، أسمى جميع الوظائف، حتى وظيفة الملك نفسه. يدل على ذلك استخلاف أبي بكر الصديق رضي الله عنه في السياسة،قياسيا على استخلافه في الصلاة من طرف الرسول صلى الله عليه وسلم . ثم قسم ابن خلدون، مساجد الصلاة في المدينة، إلى كبرى، وصغرى. حيث توجد فيها : « مساجد عظيمة، كثيرة الغاشية، معدة للصلوات المشهودة، وأخرى دونها مختصة بقوم أو محلة، وليست للصلوات العامة » [٢٦].

وإذا كانت المساجد الصغرى، موكول أمرها إلى أهل الحي، المقامة فيه، فإن المساجد الكبرى، موكول أمرها إلى الخليفة نفسه : « أو من يفوض إليه من سلطان أو وزير، أو قاض. فينصب لها الإمام في الصلوات الخمس، والجمعة والعيدين والكسوفين، والاستسقاء » [٢٧]، لأن ذلك، وإن كان من باب الاستحسان ـ في رأي ابن خلدون ـ إلا أن الجمهور، يعتبره من المصالح العامة، التي ينبغي على الخليفة رعايتها. ثم ألمع ابن خلدون، إلى أن من الفقهاء، من يقول بوجوب نصب إمام الصلاة، في هذا النوع من المساجد، قياسا على : « من يقول بوجوب إقامة الجمعة » [٢٨].

---

(٢٢) نفسه، ص ٤١٩.

(٢٣) نفسه، ص ٤١٦.

(٢٤) نفسه، ص ٤١٨.

(٢٥) نفسه، ص ٤٠٠.

(٢٦) نفسه، ص ٣٨٨.

(٢٧) نفس المصدر والصفحة.

(٢٨) نفس المصدر والصفحة.

أما الشروط المتعلقة، بمن يولى هذه الولاية، أي إمامة الصلاة، فقد أحال ابن خلدون، القارئ، على كتب الفقه، أو كتب : الأحكام السلطانية، ليرجع إليها في ذلك، إن شاء.

الثانية : وظيفة الفتيا :

الفتيا، أو الإفتاء، من أفتى، بمعنى أبان الحكم الشرعي في المسألة[٢٩]، أو : «الإخبار عن حكم شرعي من غير إلزام » [٣٠]. وهذه الوظيفة أعتبرها ابن خلدون : «من مصالح المسلمين في أديانهم. فتجب عليه (الخليفة) مراعاتها لئلا يتعرض لذلك من ليس له بأهل، فيضل الناس » [٣١]. إذ الخليفة هو الذي يعين من يتولى وظيفة الفتيا للناس، وله أن يختار من بين العلماء والمدرسين الأكفاء، من يقوم بذلك. على أن المدرسين في المساجد، وإن كان لهم حق الفتيا، إلا أن فتيا المدرسين في المساجد الكبرى، الموكول أمرها للخليفة، مشروطة بموافقته، حيث : « لا بد من استئذانه في ذلك » [٣٢]. أما المدرسون في المساجد العامة : « فلا يتوقف ذلك على إذن » [٣٣]، منه.

إضافة إلى ذلك، فقد قيد ابن خلدون، وظيفة الفتيا، بقيد أخلاقي لا علاقة له بالخليفة. وهو أنه أشترط على المدرس الذي يرغب في ممارسة وظيفة الفتيا، أن يكون له : « زاجر من نفسه، يمنعه من التصدي لما ليس له بأهل » [٣٤] بمعنى أن لا يرشح نفسه لهذه الوظيفة، إذا تأكد من عدم قدرته عليها، ومن عدم كفاءته فيها. والحق أن هذا الشرط، من الصعب تحقيقه، اللهم إلا إذا كان المترشح للفتيا، واعيا بخطورة هذه الوظيفة، وارتباطها بمصالح الأفراد العامة، وكان له رادع ذاتي، هو ضميره الأخلاقي، الذي يمنعه من أن يضلل الناس بفتواه.

والحقيقة أن هذا الشرط (الأخلاقي)، قل من يلتزم به من الفقهاء والمدرسين. ولعل

---

(٢٩) راجع : محمد إسماعيل إبراهيم: معجم الألفاظ والأعلام القرآنية، ج ٢، مرجع سابق، ص ١٠٤.

(٣٠) مصطفى الرافعي : حضارة العرب، في العصور الإسلامية الزاهرة، ص ١٤٦، بيروت ١٩٧٨.

(٣١) ابن خلدون : المقدمة، ص ٣٨٩.

(٣٢) نفس المصدر والصفحة.

(٣٣) نفس المصدر والصفحة.

(٣٤) نفس المصدر والصفحة.

هذا هو السبب، في أن ابن خلدون، أدرجه كشرط للفتيا، لأنه يعلم ضرورته لسلامة هذه الوظيفة، ويعلم كذلك، أن الإنسان، في الغالب، مجبول بطبعه على تقديم مصلحته الذاتية، على المصلحة العامة.

الثالثة : وظيفة القضاء :

يعرف ابن خلدون القضاء، بأنه : « الفصل بين الناس في الخصومات، حسما للتداعي، وقطعا للتنازع، إلا أنه بالأحكام الشرعية، المتلقاة من الكتاب والسنة » (٣٥). والعلة في أن القضاء، من الوظائف الخلافية، هي أن الخلافة في أصلها، سياسة شرعية، تحكم بأحكام الشرع، التي في الكتاب والسنة. لأن : « القضاء في الأصل كان تطبيقا للأحكام التي جاءت في القرآن الكريم » (٣٦). ولما استعرض ابن خلدون، تطور وظيفة القضاء في صدر الإسلام، من الناحية التاريخية، وأحال القارئ على كتب الفقه، والأحكام السلطانية، لمعرفة أحكام وشروط هذه الوظيفة. تكلم على ثلاث وظائف، مرتبطة بالقضاء، ومتفرعة عنه، وهي :

أولا ـ المظالم.

والمظالم، نوع من التقاضي، كان يشرف عليه الخليفة، مباشرة. فكان قاضي المظالم، يعين من قبل الخليفة بمرسوم : « يقرأ سجله في المسجد الجامع، حيث كان يعقد جلساته، عادة » (٣٧). والحقيقة، فإن هذا النوع من القضاء، كان خاصا بمحاكمة ذوي الجاه والسلطة، والنفوذ. فـ : « كانت محكمة المظالم (...) تعرض عليها القضايا، إذا عجز القاضي، عن تنفيذ حكمه، في قضية رجل من علية القوم، أو إذا لجأ إليها المتقاضون، إذا اعتقدوا أن القاضي لم يحكم بينهم بالعدل. وكان الغرض الأساسي، من إنشاء محكمة المظالم، هو وقف تعدي ذوي الجاه والحسب. ولهذا كانت رئاسة ديوان المظالم، تسند لرجل جليل القدر، كثير الورع، يعرف بإسم قاضي المظالم » (٣٨). إذن، فمحكمة المظالم، محكمة غير عادية ـ أو هي محكمة خاصة ـ لأنها لا تنظر في القضايا العامة، وإنما

---

(٣٥) نفسه، ص ٣٩٠.

(٣٦) عمر فروخ : تاريخ صدر الإسلام والدولة الأموية، ص ٨٦، بيروت ١٩٧٠.

(٣٧) حسن إبراهيم حسن، وعلي إبراهيم حسن: النظم الإسلامية، ص ٣١٠، ط ٤، القاهرة ١٩٧٠.

(٣٨) نفسه، ص ص ٣١٠ ـ ٣١١.

في قضايا معينة، سبق الفصل فيها. ثم هي محكمة، تتميز بمحاكمة فئة خاصة من أهل النفوذ. ولهذا أكد ابن خلدون، بأن وظيفة المظالم : « وظيفة ممتزجة من سطوة السلطة، ونصفة القضاء، وتحتاج إلى علو يد، وعظيم رهبة، تقمع الظالم من الخصمين، وتزجر المعتدي، وكأنه يمضى ما عجز القضاة أو غيرهم عن إمضائه »[٣٩].

على أن اختصاصات وظيفة قاضي المظالم، كانت تقريبا، محصورة فيما يأتي :

١ ـ « النظر في تعدي الولاة على الرعية، وأخذهم بالعسف في السيرة »[٤٠].

٢ ـ مراقبة أجور العمال، والنظر في أعطياتهم.

٣ ـ مراقبة أعمال كتاب الدواوين.

٤ ـ النظر في قضايا تأخر أعطيات المرتزقة.

٥ ـ النظر في قضايا اغتصاب الأملاك، سواء من ذوي النفوذ، أو من غيرهم[٤١].

٦ ـ مراقبة الأملاك الموقوفة.

٧ ـ تنفيذ الأحكام التي عجز القضاة عن تنفيذها.

٨ ـ تنفيذ ما عجز عنه : « الناظرون من الحسبة في المصالح العامة، كالمجاهرة بمنكر ضعف عن دفعه، والتعدي في طريق، عجز عن منعه، والتحيف في ما لم يقدر على رده»[٤٢].

٩ ـ مراقبة مراعاة العبادات : « كالجمع والأعياد والحج والجهاد، من تقصير فيها، وإخلال بشروطها »[٤٣].

١٠ ـ « النظر بين المتشاجرين، والحكم بين المتنازعين (...) ولا يسوغ أن يحكم بينهم، إلا بما يحكم به الحكام والقضاة »[٤٤].

---

(٣٩) ابن خلدون : المقدمة، ص ٣٩٢.

(٤٠) الماوردي : الأحكام السلطانية، مصدر سابق، ص ٧١.

(٤١) راجع : نفسه، ص ٧٣.

(٤٢) نفسه، ص ٧٤.

(٤٣) نفس المصدر والصفحة.

(٤٤) نفس المصدر والصفحة.

ثانيا : الشرطة.

والشرطة : « هي وظيفة أخرى دينية، كانت من الوظائف الشرعية في تلك الدول، توسع النظر فيها عن أحكام القضاء قليلا »[٤٥]. وكان إختصاص هذه الوظيفة، محددا في النظر إلى : « الجرائم، وإقامة الحدود »[٤٦]. فمن حق صاحب الشرطة، أن : «يفرض العقوبات الزاجرة، قبل ثبوت الجرائم، ويقيم الحدود الثابتة في محالها (...) ويقيم التعزير والتأديب في حق من لم ينته عن الجريمة »[٤٧].

إضافة إلى ذلك، لاحظ ابن خلدون، أن وظيفتي : المظالم والشرطة، قد تطورتا بتطور أمر الخلافة. فأصبحت وظيفة المظالم من اختصاص الوالي[٤٨] سواء : « كان له تفويض من الخليفة أولم يكن »[٤٩] كما أصبحت وظيفة الشرطة، فرعين :

الأول : اختص بـ « وظيفة التهمة على الجرائم، وإقامة حدودها، ومباشرة القطع والقصاص حيث يتعين »[٥٠]. وعين على رأس هذا الفرع، حاكم : « يحكم فيها (الجرائم) بموجب السياسة، دون مراجعة الأحكام الشرعية »[٥١].

الثاني : اختص بوظيفة : « التعازير، وإقامة الحدود في الجرائم الثابتة شرعا »[٥٢]. وعين على هذا الفرع، قاضي.

ومما يلاحظ في هذا السياق، أن ابن خلدون، قد ألحق بهذه الوظائف الفرعية، مسألة : « إخراج الفقهاء والقضاة من الشورى »[٥٣]، من طرف الملوك، لا لكي يدرس

---

(٤٥) ابن خلدون : المقدمة، ص ٣٩٣.

(٤٦) نفس المصدر والصفحة.

(٤٧) نفس المصدر والصفحة.

(٤٨) بخصوص إسم (الوالي)، يلاحظ أن ابن خلدون، أسماه في أول النص ـ الموالي ـ بـ(السلطان)، أي الوالي بالمعنى السياسي. ثم أسماه في نهاية النص، بـ(الوالي) أو (الشرطة). فقال : «ويسمى تارة بإسم الوالي، وتارة بإسم الشرطة» راجع : نفس المصدر والصفحة.

(٤٩) نفس المصدر والصفحة.

(٥٠) نفس المصدر والصفحة.

(٥١) نفس المصدر والصفحة.

(٥٢) نفس المصدر والصفحة.

(٥٣) نفسه، ص ٣٩٥.

نظام الشورى، في الدولة الخلافية، ولكن لكي يساند الرأي الذي رجح إخراج القضاة منها. لأنه يرى أن مقتضيات « طبيعة العمران »[٥٤] التي يستند إليها حكم الملوك والسلاطين، لا تسمح لهم، بإسناد الشورى إلى القضاة والفقهاء، لإرتباط الشورى بالعصبية : « لأن الشورى والحل والعقد، لا تكون إلا لصاحب عصبية، يقتدر بها على حل أو عقد، أو فعل أو ترك. وأما من لا عصبية له[٥٥] ولا يملك من أمر نفسه شيئا، ولا من حمايتها، وإنما هو عيال على غيره، فأي مدخل له في الشورى، أو أي معنى يدعو إلى اعتباره فيها ؟ اللهم إلا شوراه، فيما يعلمه من الأحكام الشرعية، فموجودة في الإستفتاء[٥٦] خاصة »[٥٧].

ثالثا : العدالة.

يعرف ابن خلدون هذه الوظيفة، المتفرعة من القضاء، بأنها : « القيام عن إذن القاضي بالشهادة بين الناس فيما لهم وعليهم، تحملا عند الإشهاد. وأداء عند التنازع، وكتبا في السجلات، تحفظ به حقوق الناس، وأملاكهم، وديونهم، وسائر معاملاتهم»[٥٨]. فمعنى العدالة، عند ابن خلدون، ليس هو إصدار الأحكام العادلة من طرف القاضي، ضد الخصوم، أو المتنازعين ـ كما يمكن أن يفهم ـ وإنما هو الإشهاد، أو أداء الشهادة بين الناس أمام القاضي، وبإذن منه، فيما يتصل بمعاملاتهم. وهؤلاء الشهود، هم في الحقيقة، صنف من الموظفين، يقومون بعمل مزدوج : فهم يقومون بالإشهاد بين الناس، من جهة، ويقومون، كذلك ومن جهة أخرى، بكتابة تلك الإشهادات أو الشهادات في سجلات خاصة، لحفظها، ولذلك يسمون، بـ(العدول) : «كأنهم مختصون بالعدالة، وليس كذلك، وإنما العدالة من شروط اختصاصهم بالوظيفة»[٥٩].

---

(٥٤) نفس المصدر والصفحة. وهوهنا يقصد بطبيعة العمران : طبيعة العصبية.

(٥٥) أي لا قوة له.

(٥٦) أي في الفتيا.

(٥٧) نفس المصدر والصفحة.

(٥٨) نفسه، ص ٣٩٧.

(٥٩) نفس المصدر والصفحة.

وفي هذا الإطار، عدد ابن خلدون، طائفة من الشروط التي ينبغي ان تتوفر في الشاهد العدل، منها : « الإتصاف بالعدالة الشرعية، والبراءة من الجرح. ثم القيام بكتب السجلات والعقود، من جهة عبارتها، وإنتظام فصولها، ومن جهة إحكام شروطها الشرعية وعقودها، فيحتاج حينئذ، إلى ما يتعلق بذلك من الفقه »[٦٠]. ثم أكد على أن من وظيفة القاضي، في هذا الأمر، مراقبة هؤلاء الموظفين (العدول)، بـ : « تصفح أحوالهم، والكشف عن سيرهم، رعاية لشرط العدالة فيهم، وأن لا يهمل ذلك، لما يتعين عليه من حفظ حقوق الناس. فالعهدة عليه في ذلك كله، وهو ضامن دركه »[٦١].

تعقيب : موقف ابن خلدون من العدل

-١٢٣-

في هذا الخصوص، نشير إلى أن كلا من أفلاطون وأرسطو، قد عالجا موضوع العدل، في إطار نظري وعملي، معا. فعالج أفلاطون موضوع : « العدالة في الدولة، والفرد »[٦٢]، في الكتاب الثاني، والثالث والرابع، من (الجمهورية)[٦٣]. كما عالج أرسطو نفس الموضوع، وقرر بأن العدالة : « هي فضيلة الدولة، أكثر منها فضيلة الفرد»[٦٤]. وقسم العدل، إلى :

أ ـ عام : وهو : « احترام الشرائع والقوانين، على العموم »[٦٥]. أو هو : « الذي يسود علاقات الجماعة بالأفراد باعتبارهم أعضاء فيها، أيا كان من يجب له العدل، هو الجماعة أم الأفراد »[٦٦].

---

(٦٠) نفس المصدر والصفحة.

(٦١) نفس المصدر والصفحة.

(٦٢) أفلاطون : الجمهورية، ترجمة ودراسة : فؤاد زكرياء، مصدر سابق، ص ٥٢. وراجع أيضا : ص ٥٦ و٨٣ (من الدراسة).

(٦٣) راجع نفس المصدر، ص ص ١٧٤ ـ ٢٩٢.

(٦٤) والتر ستيس : تاريخ الفلسفة اليونانية، ترجمة مجاهد عبدالمنعم مجاهد، ص ٢٦١، القاهرة ١٩٨٤. ونفس النص، في: أحمد أمين، وزكي نجيب محمود: قصة الفلسفة اليونانية، ص ٢٦٤، القاهرة ١٩٤٩.

(٦٥) أحمد عبد السلام : ابن خلدون والعدل، ص ٢٣، تونس ١٩٨٩.

(٦٦) حسن كيرة : المدخل الى القانون، ص ١٦٥،ط ٥، الاسكندرية ١٩٧٤.

ب ـ وخاص، وهو : « الذي يسود علاقات الأفراد، باعتبارهم أفرادا، وهو يقوم على أساس من المساواة التامة باعتبار أن كل فرد، يساوي الأخر، فيما له من كيان مستقل »[٦٧].

ثم قسم أرسطو، العدل الخاص، إلى :

١ ـ عدل تبادلي، وهو الذي « يجب للفرد على الفرد »[٦٨]، أو هو « الذي يسود علاقات الأفراد »[٦٩].

٢ ـ عدل توزيعي، وهو العدل الذي : « يجب للفرد على الجماعة »[٧٠]، أو هو : «الذي يسود علاقات الأفراد بالجماعة، من حيث وجوبه على الجماعة للأفراد »[٧١] أو هو أيضا : « إسباغ التكريم والمكافآت وفق قيمة الأفراد المستحقين »[٧٢].

٣ ـ عدل اجتماعي أو قانوني، وهو العدل الذي : « يجب للجماعة على الفرد »[٧٣] أو هو : « العدل الذي يسود علاقات الأفراد بالجماعة، ولكن من حيث وجوبه على الأفراد للجماعة »[٧٤]. ويسمي البعض هذا الصنف، بالعدل التصحيحي، لكونه يتناول : « الجزاء والعقاب، فإذا حصل الإنسان فدية، دون وجه حق، فإن الأشياء، يجب أن تتعادل، بأن تفرض عليه مساوئ مماثلة »[٧٥].

إضافة إلى ذلك، هناك عدل قصاصي، أكده القرآن، في قوله تعالى : ﴿ ولكم في القصاص حياة يا أولي الألباب ﴾[٧٦]. وقد صنف مسكويه، العدل، إلى : إلهي وطبيعي

---

(٦٧) نفس المرجع والصفحة.

(٦٨) نفس المرجع، ص ١٥٩.

(٦٩) نفس المرجع والصفحة.

(٧٠) نفس المرجع والصفحة.

(٧١) نفس المرجع، ص ١٦١

(٧٢) والتر ستيس : تاريخ الفلسفة اليونانية، مرجع سابق، ص ٢٦١.

(٧٣) نفس المرجع، ص ١٥٩.

(٧٤) نفس المرجع، ص ١٦٣.

(٧٥) والتر ستيس : تاريخ الفلسفة اليونانية،مرجع سابق، ص ٢٦١.

(٧٦) البقرة / ١٧٩.

ووضعي واختياري[٧٧].

أما ابن خلدون، فإنه من ناحية، تناول العدل، في الغالب، من خلال الألفاظ اللغوية المقابلة له، كلفظ (ظلم) و(جور)[٧٨]. ثم إنه من ناحية أخرى، لم يهتم بتصنيف العدل، إلى أصناف ـ كما فعل أرسطو ومسكويه ـ وكأنه يعتبره واحدا، لا يتجزأ. كذلك، تناول موضوع العدل، في إطار عملي خالص، على مستويين ـ على الأقل ـ : القضاء والدولة.

أ ـ فبالنسبة للمستوى الأول، تعرض للعدل في وظيفة القضاء، وأكد على اشتراطه في القاضي، على أساس أن : « العدل في القضاء، يتلخص في المساواة بين الخصمين، وفي الحكم بما يوافق الشرع »[٧٩]، وكذلك : « في معاملة القاضي للخصمين وتحريه في تلقي البينة، وحجج الخصمين، والإمهال والصبر، ثم إذا ما تم الحكم، الحزم في تنفيذه »[٨٠].

ب ـ وبالنسبة للمستوى الثاني، وهو الدولة، فقد عالج موضوع العدل في فصول مختلفة من (المقدمة)، وخاصة في فصل عنوانه : (في أن الظلم مؤذن بخراب العمران). واهتم بالعدل في الأموال، لـ « أن العدوان على الناس في أموالهم، ذاهب بآمالهم في تحصيلها واكتسابها، لما يرونه، حينئذ من أن غايتها، ومصيرها، انتهابها من أيديهم»[٨١]، وأكد على أن الفساد في المال، أو « وباله، عائد على الدولة »[٨٢].

وفي هذا المعنى، يعتقد ابن خلدون، أن (العدل)، ونقيضه (الظلم)، مرتبط كل منهما بالملك أو بالدولة، ومن توابعه. فقال : « واعلم أن الشرع لم يذم الملك لذاته، ولا حظر القيام به، وإنما ذم المفاسد الناشئة عنه من القهر والظلم والتمتع بالذات. ولا شك أن في هذه مفاسد محظورة، وهي من توابعه. كما أثنى على العدل والنصفة، وإقامة

---

(٧٧) راجع : أحمد عبد السلام : ابن خلدون والعدل، مرجع سابق، ص ص ٢٩ ـ ٣١.

(٧٨) راجع : نفسه، ص ٦٩.

(٧٩) نفسه، ص ٨٦.

(٨٠) نفسه، ص ٧٢.

(٨١) ابن خلدون : المقدمة، ص ٥٠٧.

(٨٢) نفسه، ص ٥١٠.

مراسم الدين والذب عنه، وأوجب بإزائها الثواب، وهي كلها من توابع الملك. فإذا، إنما وقع الذم للملك على صفة وحال، دون حال أخرى، ولم يذمه لذاته، ولا طلب تركه»[(٨٣)].

يبدو أن ابن خلدون، في هذا النص الهام، المتميز بتعدد المعنى وعمقه، يحاول تأكيد أمرين :

الأول : فهو يحكم العقل، ويجتهد في تبرير قيام نظام الملك السياسي (الوضعي)، بعد نظام الخلافة. لأنه يقول، في موضع آخر، بهذا الخصوص : « إذا نظرت سر الله في الخلافة، لم تعد هذا، لأنه سبحانه إنما جعل الخليفة نائبا عنه في القيام بأمور عباده ليحملهم على مصالحهم، ويردهم عن مضارهم، وهو مخاطب بذلك، ولا يخاطب بالأمر، إلا من له قدرة عليه (...) ثم إن الوجود شاهد بذلك. فإنه لا يقوم بأمر أمة أو جيل، إلا من غلب عليهم. وقل أن يكون الأمر الشرعي، مخالفا للأمر الوجودي » [(٨٤)]. فكأنه هنا، يحاول التوفيق بين الروحي والزمني، ويريد القول بأن ما هو شرعي، يتفق مع ما هو واقعي.

الثاني : وهو في نفس الوقت يريد أن يقرر بأن العدل والظلم، من توابع الدولة، لا الأفراد، سواء كان النظام السياسي فيها، خلافيا أو وضعيا. فالدولة، في رأيه، هي المسؤولة عن وجود العدل والظلم، في المجتمع، بقطع النظر عن شكل الحكم فيها. وبعبارة أخرى، فإنه يرى أن العدل والظلم يوجدان في نظام الخلافة، كما يوجدان في النظام الوضعي. بمعنى أنهما لا ينشآن من طبيعة النظام السياسي في ذاته ـ باعتبار أن كل نظام سياسي، باستثناء الاستبدادي، يخطط ويصبو إلى تحقيق العدل ـ ولكنهما ينشآن من طبيعة العصبية الحاكمة في الدولة، بمعنى : من المسؤولين عن الحكم فيها، أي : من طبيعة الإنسان نفسه.

ومن الطريف حقا، اعتبار ابن خلدون، انعدام العدل، أو الظلم والعدوان في المال والمعاش والكسب، من أسباب خراب العمران، ثم اختلال نظام الدولة، تبعا لفساد العمران. لأن الدولة، في رأيه، هي صورة العمران ومادته على الارض. يقول في هذا

---

(٨٣) نفسه، ص ٣٤١.

(٨٤) نفسه، ص ٣٤٧.

الشأن : « فإذا قعد الناس عن المعاش وانقبضت أيديهم عن المكاسب [٨٥]، كسدت أسواق العمران، وانتقضت الأحوال، وابذعر [٨٦] الناس في الآفاق، من غير تلك الإيالة في طلب الرزق، فيما خرج عن نطاقها، فخف ساكن القطر، وخلت دياره، وخربت أمصاره، واختل باختلاله، حال الدولة والسلطان، لما أنها صورة للعمران، تفسد بفساد مادتها ضرورة » [٨٧]. فإبن خلدون هنا، لا يبحث في الظلم الذي يقع من الأفراد، حيال بعضهم بعضا، أي في انعدام العدل الأخلاقي بين الأفراد الذي أساسه التربية السليمة، وإنما يبحث في الظلم الذي قد تمارسه السلطة الحاكمة على الأفراد، أي في انعدام العدل السياسي.

إذن فإبن خلدون، يعتقد في أن انعدام العدل في المجتمع، ليس مصدره الأفراد، باعتبارهم كذلك، وإنما مصدره أهل السلطة والنفوذ، أي أنه من مسؤولية رجال الحكم في الدولة. ذلك : « أن الظلم، لا يقدر عليه، إلا من يقدر عليه، لأنه إنما يقع من أهل القدرة والسلطان (...). ومن أشد الظلامات وأعظمها في إفساد العمران، تكليف الأعمال، وتسخير الرعايا بغير حق، وذلك أن الأعمال من قبيل المتولات [٨٨] كما سنبين في باب الرزق، لأن الرزق والكسب أنما هو قيم أعمال أهل العمران » [٨٩].

ولكي يميز ابن خلدون، بين العدل والظلم، من خلال القدرة، ذهب إلى التفرقة بين قدرتين : قدرة الظالم، وقدرة المحارب، وقرر أن : « قدرة الظالم، اليد المبسوطة، التي لا تعارضها قدرة، فهي المؤذنة بالخراب ؛ وأما قدرة المحارب (...) فليست من القدر المؤذن بالخراب » [٩٠]. وهكذا، فخراب العمران، في رأيه، أساسه الظلم السياسي الصراح، وليس أساسه الحرب، أو قدرة المحارب، التي : « هي إخافة يجعلها ذريعة

---

(٨٥) يقصد : بسبب الظلم والعدوان.

(٨٦) ابذعر الناس، بمعنى : تفرقوا.

(٨٧) نفسه، ص ص ٥٠٧ ـ ٥٠٨.

(٨٨) المتولات، جمع تولة (بكسر التاء وضمها، وفتح الواو واللام)، ويجمع أيضا على : تولات (بضم فسكون)، بمعنى كل عمل سحري، أو ما فيه استعمال الحيلة. فالمتولات، هي الأعمال التي تنطوي على استخدام السحر، أو الحيلة والذكاء.

(٨٩) نفسه، ص ٥١١.

(٩٠) نفس المصدر والصفحة.

لأخذ الأموال »[٩١]، لأن الدفاع عن المال، مقرر: « شرعا وسياسة »[٩٢]. وبتعبير آخر، فإن العمران، تخربه المظالم، ولا تخربه الحروب. فالحرب ـ مهما كانت ـ هي شكل من أشكال الدفاع، الذي قد يبرره الشرع، كما قد تبرره السياسة.

وإذا كان ابن خلدون، قد اعتبر العدل واحدا ـ كما سبقت الإشارة ـ فإنه على العكس من ذلك، قد اعتبر الظلم، متعدد الصور والأشكال. فقال : « ولا تحسبن الظلم إنما هو أخذ المال أو الملك من يد مالكه من غير عوض ولا سبب، كما هو المشهور، بل الظلم أعم من ذلك. وكل من أخذ ملك أحد أو غصبه[٩٣] في عمله، أو طالبه بغير حق، أو فرض عليه حقا لم يفرضه الشرع، فقد ظلمه. فجباة الأموال بغير حقها، ظلمة، والمعتدون عليها ظلمة، والمنتهبون لها ظلمة، والمانعون لحقوق الناس ظلمة، وغصاب الأملاك على العموم ظلمة، ووبال ذلك كله عائد على الدولة بخراب العمران، الذي هو مادتها لإذهابه الآمال من أهله »[٩٤]. ثم أبان عن العلة في تحريم الشرع للظلم، وهي فساد العمران، وانقطاع النوع البشري. وأدرج ذلك، في مقاصد الشرع الخمسة : « من حفظ الدين والنفس والعقل والمال »[٩٥].

لقد عالج ابن خلدون ـ كما رأينا ـ موضوع العدل، على مستوى السياسة والدولة، إلا أنه يمكن التساؤل : لماذا لم يتناوله على مستوى الفرد أو الأفراد، كما فعل أرسطو في أصنافه التي مرت ؟ وللإجابة، يمكن القول، بأن ابن خلدون : إما أنه قد جعل ذلك، من خصوصيات أخلاقية الفرد، المتمثلة في الواجب أو الوازع الديني، أو القيم الدينية، وفي تربية الفرد، وتعلمه، وهي أمور ذاتية، تقريبا، لأن التربية، مثلا ـ أو التعليم ـ لم تكن من وظائف الدولة، في المجتمعات الإسلامية، حتى عصر ابن خلدون. وإما أنه أراد

---

(٩١) نفس المصدر والصفحة.

(٩٢) نفس المصدر والصفحة.

(٩٣) في الطبعتين البيروتيتين : الثانية والثالثة (للمقدمة)، لعامي : ١٩٦١ و١٩٦٧، كتب اللفظ هكذا : (غضبه) بالضاد، وهو خطأ. والصواب (غصبه) بالصاد، كما هو مكتوب في طبعة لجنة البيان العربي. راجع : مقدمة ابن خلدون، تحقيق علي عبد الواحد وافي، ج ٢، ص ٨٥١، سطر ٢١، ط ٢، القاهرة، ١٩٦٦ (البيان).

(٩٤) نفسه، ص ٥١٠.

(٩٥) نفس المصدر والصفحة.

إحالة القارئ، بخصوص موضوع العدل الأخلاقي ـ المتعلق بالفرد ـ إلى الفصول التي كتبها، في الباب السادس من (المقدمة)، والخاصة بالتربية والتعليم، على أساس أن الفرد المتعلم، تعلما سليما، يمكنه الاهتداء، في حياته الاجتماعية ـ أي : في علاقاته مع الآخرين ـ إلى طريق الحق والعدل والإنصاف.

الرابعة : وظيفة الحسبة

ـ ١٢٤ـ

الحسبة من الوظائف الخلافية، عرفها الماوردي بقوله : « أمر بالمعروف إذا ظهر تركه، ونهي عن المنكر إذا أظهر فعله »[٩٦]. وقرر بـ « أن الحسبة واسطة بين أحكام القضاء، وأحكام المظالم »[٩٧]. أما ابن خلدون، فأكد بأنها : « وظيفة دينية من باب الأمر بالمعروف، والنهي عن المنكر، الذي هو فرض على القائم بأمور المسلمين »[٩٨]. وفي هذين التعريفين، إشارة واضحة إلى قوله تعالى : ﴿ ولتكن منكم أمة، يدعون إلى الخير، ويأمرون بالمعروف وينهون عن المنكر ﴾[٩٩].

وبالنظر إلى أن وظيفة الحسبة، تشتمل على اختصاصات مختلفة، فقد عرفها بعض الباحثين، بـ : « أنها نظام للرقابة على سير الحياة الاقتصادية، والاجتماعية والثقافية، بطريقة تجعلها في إطار قواعد الشرع الإسلامي، وفي نطاق المصلحة العامة للمجتمع»[١٠٠]. وبهذا المعنى، تصبح الحسبة، نظاما للرقابة العامة في الدولة الخلافية، بما أن وظيفتها متعلقة بمراقبة حسابات الدولة، والمواريث والموازين والمكاييل، ونظام الأسواق، والآداب العامة[١٠١]. فنظام الحسبة، في الدولة الخلافية، يتداخل مع نظام الشرطة في الدولة الحديثة، من حيث التفتيش والرقابة العامة.

ويطلق على من يقوم بهذه الوظيفة، بـ(المحتسب)، كما يطلق لفظ (القاضي) على

---

(٩٦) الماوردي : الأحكام السلطانية، مصدر سابق، ص ٢٠٧.

(٩٧) نفسه، ص ٢٠٨.

(٩٨) ابن خلدون : المقدمة، ص ٣٩٨.

(٩٩) آل عمران / ١٠٤.

(١٠٠) موسى لقبال : الحسبة المذهبية في بلاد المغرب العربي، ص ٢١، ط ١، الجزائر ١٩٧١.

(١٠١) راجع نفسه، ص ص ٢٠ ـ ٢١.

من يقوم بوظيفة القضاء. حتى أن عمل المحتسب، يشبه عمل القاضي، إلى حد ما. ذلك أن : « القضاء والحسبة يستندان في بعض الأحيان، إلى رجل واحد، مع ما بين العملين من التباين : فعمل القاضي، مبني على التحقيق والأناة في الحكم. أما عمل المحتسب، فمبني على الشدة والسرعة في الفصل » (١٠٢). وإذا كانت وظيفة الحسبة، فرضا على القائم بالخلافة - كما يقرر ابن خلدون - فإن الخليفة هو الذي : « يعين من يراه أهلا له، فيعين فرضه عليه » (١٠٣).

وحسب ما ورد في (المقدمة)، يمكن حصر الاختصاصات التي أنيطت بالمحتسب، في الدولة الخلافية، على الوجه الآتي :

١ - تعيين المحتسب للأعوان المساعدين له في وظيفته.

٢ - رصد المخالفات والمنكرات، والبحث فيها.

٣ - القيام بالتعازير والتأديب للمخالفين.

٤ - إلزام الناس بمراعاة المصالح العامة في المدينة. مثل ذلك :

أ - منع المضايقات في الطرقات.

ب - مراقبة السفن وأصحابها وحمولاتها، وعمالها والحمالين للسلع والبضائع، ولا سيما منع الإكثار من حمولات السفن.

ج - « الحكم على أهل المباني المتداعية للسقوط بهدمها » (١٠٤).

د - إزالة أنقاض تلك المباني، في حالة ضررها بالمارة.

هـ - معاقبة المعلمين الذين يضربون الصبيان المتعلمين والفصل في المنازعات الطارئة.

ز - منع الاعتداء ومعاقبة المعتدين.

ح - محاربة : « الغش والتدليس في المعايش، وغيرها » (١٠٥).

ط - مراقبة المكاييل والموازين.

ي - ردع المتهاونين في الحق.

---

(١٠٢) حسن إبراهيم حسن : النظم الإسلامية، مرجع سابق، ص ٣١٣.

(١٠٣) ابن خلدون : المقدمة، ص ٣٩٨.

(١٠٤) نفس المصدر والصفحة.

(١٠٥) نفس المصدر، ص ٣٩٩.

وجملة القول، فإن المحتسب : « النظر والحكم فيما يصل إلى علمه من ذلك، ويرفع إليه » [١٠٦].

وقد فرع ابن خلدون من الحسبة، وظيفة ثانوية، هي وظيفة السكة. ومؤداها : «النظر في النقود المتعامل بها بين الناس، وحفظها مما يداخلها من الغش أو النقص، إن كان يتعامل بها عددا، أو ما يتعلق بذلك، ويوصل إليه من جميع الاعتبارات، ثم في وضع علامة السلطان على تلك النقود (...) فيوضع على الدينار، بعد أن يقدر، ويضرب عليه بالمطرقة، حتى ترسم فيه تلك النقوش، وتكون علامة على جودته » [١٠٧].

وقد تطرق ابن خلدون، إلى تطور وظيفة السكة، في الدولة الخلافية، وأكد على أنها : « كانت تندرج في عموم ولاية القاضي، ثم أفردت لهذا العهد، كما وقع في الحسبة» [١٠٨]. بمعنى أنها انفصلت عن وظيفة الحسبة، وأصبحت وظيفة قائمة بذاتها، وذلك : « لما انفردت وظيفة السلطان عن الخلافة، وصار نظره عاما في أمور السياسة» [١٠٩]. أو بتعبير آخر، وقع انفصال وظيفة السكة عن وظيفة الحسبة، بعد تحول الخلافة إلى ملك سياسي.

الخامسة : وظيفة الجهاد [١١٠]

سبق أن تعرضنا إلى هذه الوظيفة، وموقف ابن خلدون منها، عند تعرضنا إلى وظائف الدولة في الإسلام. ولكن يمكن الإشارة هنا فقط، إلى تقرير ابن خلدون، بأن وظيفة الجهاد، قد بطلت، لاندثار نظام الخلافة. ولذلك اعتبر الجهاد، حربا دفاعية، من جملة الحروب التي تنشب لصد العدوان، وأدرجه في (المقدمة) في فصل : (الحروب ومذاهب الأمم في ترتيبها). فقسم تلك الحروب، إلى أربعة أصناف، وجعل الجهاد، ثالثها. فأولها : حروب القبائل المتناظرة. وثانيها : عدوان الأمم الوحشية على بعضها.

---

(١٠٦) نفس المصدر والصفحة.

(١٠٧) نفس المصدر والصفحة.

(١٠٨) نفس المصدر، ص ٤٠٠.

(١٠٩) نفس المصدر، ص ٣٩٩.

(١١٠) راجع : التعقيب، في (وظائف الدولة الأساسية في الإسلام)، في هذا البحث.

وثالثها : « المسمى في الشريعة، بالجهاد» [111]. ورابعها : هو ما يسمى، في العصر الحديث، بالحروب الأهلية، أو كما يقول ابن خلدون : « حروب الدول مع الخارجين عليها والمانعين لطاعتها » [112]. ثم حصر هذه الأصناف الأربعة، في صنفين : « الأولان منها، حروب بغي وفتنة، والصنفان الأخيران، حروب جهاد وعدل » [113]، لكونها حروب دفاع عن النفس.

في ضوء ما سبق، يمكن الإشارة إلى الملاحظات الآتية :

الأولى : إن ابن خلدون يعتقد في أن هذه الوظائف الخلافية، كانت من اختصاصات الخلافة، لأن : « الخلافة، إنما هي دين ليست من السياسة الملكية في شيء» [114]، بمعنى أنها نظام ديني. ولما اندثرت الخلافة، وتحولت إلى : « الملك العضوض » [115]، تحولت معها تلك الوظائف، و« اندرجت في وظائف الملك، وأفردت بالولاية » [116]، أي أن تلك الوظائف، أصبحت تابعة للنظام السلطاني، وجزءا من سلطاته وولاياته، أو من وظائفه ـ إن صح القول ـ

الثانية : أن الوظائف الخلافية، كالقضاء، ومتفرعاته، والحسبة، والسكة، كلها، تقريبا، مختصة ـ في رأي ابن خلدون ـ بتنظيم الحياة العامة، وخاصة بتحقيق النظام الأمني، والاقتصادي للدولة.

الثالثة : اندماج السلطة القضائية في التنفيذية، في النظام الخلافي. أما السلطة التشريعية، فهي في نظام الخلافة الديني، ليست من وضع البشر، وإنما هي من وضع الله تعالى، ورسوله صلى الله عليه وسلم وهي المعبر عنها في الفقه الإسلامي، بالكتاب والسنة. بمعنى أنه في صدر الإسلام، أو في النظام الخلافي : « لا يمكن التحدث عن سلطات ثلاث متميزة (...) لأن المصدر الرئيسي للتشريع هو القرآن » [117].

---

(١١١) نفس المصدر، ص ٤٧٩.

(١١٢) نفس المصدر والصفحة.

(١١٣) نفس المصدر، ص ٤٨٠.

(١١٤) نفس المصدر، ص ٤٢١.

(١١٥) نفس المصدر، ص ٤٩٤، وص ٧٠٣.

(١١٦) نفس المصدر، ص ٤٩٩.

(١١٧) سليمان الطماوي : السلطات الثلاث، مرجع سابق، ص ص ٣٠٢ ـ ٣٠٣.

النمط الثاني : الوظائف السلطانية

- ١٢٥ -

لئن كانت الوظائف الخلافية السابقة، تعبر عن النظام الشرعي، عند ابن خلدون، فإن الوظائف السلطانية - التي أخر دراستها عن الأولى، باعتبار السلطانية جاءت بعد الخلافية - تعبر بدورها عنده، عن نظام الملك السياسي، أو النظام الوضعي - بالتعبير الحديث -.

وحسب الترتيب الذي وضعه ابن خلدون في (المقدمة) للوظائف السلطانية، فإنه يمكن تصنيفها - موازاة، بما سبق في الوظائف العامة للدولة -، إلى صنفين : وظائف جوهرية، وأخرى ثانوية، وكلا هذين الصنفين، يمثلان، في رأيه، السلطة التنفيذية المركزية.

الصنف الأول : الوظائف الجوهرية

- ١٢٦ -

تعتبر الوظائف الجوهرية أساسية، لأنها هي التي تعبر عن حقيقة الدولة وعن مفهومها، في مجتمعها، وفي المجتمعات الدولية. وقد صنفها ابن خلدون، إلى خمسة أصناف، هي : الوزارة، والحجابة، والمالية، والكتابة، والجيش.

أولا : الوزارة

توطئة

إن الوزارة، كلفظ : « عرفت في بني إسرائيل » [(١١٨)] ومذكور لفظها في القرآن[(١١٩)]، وإن عدها بعض الكتاب فارسية الأصل [(١٢٠)]. والوزارة، من الوظائف الأساسية، في النظام السياسي الوضعي (السلطاني)، بل تعتبر الوظيفة الأم في السلطة التنفيذية [(١٢١)]. ولذلك عدها الماوردي، الأولى، في أنواع الولايات الأربع، وهي :

---

(١١٨) حسن إبراهيم حسن، وعلي إبراهيم حسن: النظم الإسلامية، مرجع سابق، ص ١٢٩.

(١١٩) أنظر الآية في : طه / ٢٩.

(١٢٠) راجع نفس المرجع والصفحة. وأيضا:سليمان الطماوي:السلطات الثلاث،مرجع سابق،ص٣٩٥.

(١٢١) راجع : نفس المرجع الأخير، ونفس الصفحة.

أ ـ الوزراء. أي : « من تكون ولايته عامة في الأعمال العامة، وهم الوزراء، لأنهم يستنابون في جميع الأمور من غير تخصيص »[١٢٢].

ب ـ أمراء الأقاليم والبلدان. وولايتهم : « عامة في أعمال خاصة »[١٢٣].

ج ـ قاضي القضاة ونقيب الجيوش، وحامي الثغور ومستوفي الخراج، وجابي الصدقات[١٢٤]. وولاية هؤلاء، خاصة في الأعمال العامة.

د ـ قضاة المدن والأقاليم، والقائمون بالخراج، وجباية الصدقات، وحماة الثغور، ونقباء الجنود. وولاية هؤلاء : « خاصة في الأعمال الخاصة »[١٢٥].

وقد قسم الماوردي، الوزارة، إلى قسمين :

١ ـ وزارة تفويض، وهي : « أن يستوزر الإمام من يفوض إليه تدبير الأمور برأيه، وإمضاءها على اجتهاده »[١٢٦]. وهذه الوزارة، تشتمل على جميع الاختصاصات المناطة بالخليفة، تقريبا، من حيث حرية التصرف، باستثناء ثلاثة أمور، هي : ولاية العهد، بأن يعهد ـ أو يعين ـ الخليفة، الى من يراه أهلا، لما يعهد إليه. واستعفاء : «الأمة من الإمامة، وليس ذلك للوزير »[١٢٧]. ثم عزل من عينه الوزير.

٢ ـ وزارة تنفيذ. والوزير فيها : « وسط بينه (الإمام) وبين الرعايا والولاة. يؤدي عنه ما أمر، وينفذ عنه ما ذكر، ويمضي ما حكم، ويخبر بتقليد الولاة، وتجهيز الجيوش، ويعرض عليه، ما ورد من مهم، وتجدد من حدث ملم، ليعمل فيه ما يؤمر به. فهو معين في تنفيذ الأمور، وليس بوال عليها، ولا متقلدا لها »[١٢٨].

وحسب هذا المعنى، فإن وزير التفويض، أشبه ما يكون برئيس الوزراء، في هذا العصر، أما وزير التنفيذ، فأشبه بوزير من وزراء الحكومة، لأنه ينفذ أوامر وقرارات الحكومة، في إطار وزارته. فيعتبر واسطة، بين السلطة المركزية، والرعية.

---

(١٢٢) أبو الحسن الماوردي : الأحكام السلطانية، مصدر سابق، ص ١٩.

(١٢٣) نفس المصدر والصفحة. وراجع أيضا : سليمان الطماوي : السلطات الثلاث، ص ٣٩٥.

(١٢٤) راجع نفس المصدر والصفحة.، ونفس المرجع والصفحة.

(١٢٥) نفس المصدر والصفحة.

(١٢٦) نفسه، ص ٢٠.

(١٢٧) نفسه، ص ٢٣.

(١٢٨) نفس المصدر والصفحة.

على أن المراد بالوزارة، أصلا، إنما هو : « استعانة الأمير أو السلطان، بمن يشد أزره، أو يعاونه في الحكم »[١٢٩]. وفي هذا المعنى، يؤكد ابن خلدون، أن إسم الوزارة نفسه : « يدل على مطلق الإعانة (...) وهو راجع إلى المعاونة المطلقة »[١٣٠]. ثم يعلل ذلك ويقول : « إن السلطان في نفسه ضعيف، يحمل أمرا ثقيلا، فلا بد من الاستعانة بأبناء جنسه. وإذا كان يستعين بهم في ضرورة معاشه، وسائر مهنه، فما ظنك بسياسة نوعه، ومن استرعاه الله من خلقه وعباده »[١٣١].

- ١٢٧ -

وإذا كان الماوردي، قد اعتبر الوزارة، هي أم الولايات، وقسمها إلى : تفويض وتنفيذ - كما سبقت الإشارة - فإن ابن خلدون، لم يأخذ بتقسيم الماوردي، ولكنه اعتبر الوزارة، مثله، أسمى الوظائف والرتب، من حيث الأهمية، ومن حيث تمثيلها للسلطة التنفيذية.

فقد صنف ابن خلدون، الوظائف الأساسية في السلطة التنفيذية، أو كما يقول: «أحوال السلطان وتصرفاته »[١٣٢]، إلى أربعة أصناف :

أ - الوزير. ووظيفته : « حماية الكافة وأسبابها، من النظر في الجند والسلاح والحروب، وسائر أمور الحماية والمطالبة »[١٣٣]. وهذه الوظيفة، تناظر في هذا العصر، وظيفة كل من رئيس الوزراء ووزير الدفاع.

ب - الكاتب. ووظيفته : « مخاطباته لمن بعد عنه[١٣٤] في المكان، أو في الزمان، وتنفيذه الأوامر، فيمن هو محجوب عنه »[١٣٥]. وتناظر هذه الوظيفة في الدولة، اليوم، الأمانة العامة للرئاسة، والأمانة العامة للحكومة.

---

(١٢٩) حسن إبراهيم حسن، وعلي إبراهيم حسن: النظم الإسلامية، مرجع سابق، ص ١٢٩.

(١٣٠) ابن خلدون : المقدمة، ص ٤١٩.

(١٣١) نفسه، ص ٤١٦.

(١٣٢) نفسه، ص ٤١٩.

(١٣٣) نفس المصدر والصفحة.

(١٣٤) أي : بعد عن الخليفة.

(١٣٥) نفس المصدر والصفحة.

ج ـ صاحب المال والجباية ـ وقد يسمى أيضا، بالوزير، كما لاحظ ابن خلدون [(١٣٦)] ـ ووظيفته : « جباية المال وإنفاقه، وضبط ذلك من جميع وجوهه أن يكون بمضيعة»[(١٣٧)]. وبما أن هذه الوظيفة، خاصة بالشؤون المالية والاقتصادية، فإنها تناظر، في هذا العصر، وظيفة وزير المالية، ووزير الاقتصاد.

د ـ صاحب الباب ـ أو الحاجب ـ ووظيفته : « مدافعة الناس ذوي الحاجات، عنه، أن يزدحموا عليه، فيشغلوه عن فهمه » [(١٣٨)]. وتناظر هذه الوظيفة، اليوم، وظيفة الحرس الجمهوري، ووظيفة (الأمن الخاص) بالدولة.

ثم أكد ابن خلدون، على أهمية وظيفة الصنف الأول، التي تتعلق بالوزير، أو الوزارة ـ بما أن الوزير مكلف : « بسائر أمور الحماية والمطالبة » ـ فقال : « إلا أن الأرفع منها (الأصناف) ما كانت الإعانة فيه عامة فيما تحت يد السلطان من ذلك الصنف، إذ هو يقتضي مباشرة السلطان، دائما، ومشاركته، في كل صنف من أحوال ملكه»[(١٣٩)].

وما عدا هذه الأصناف الأربعة من الوظائف (الجوهرية)، يعتبرها ابن خلدون، وظائف ثانوية.

على أنه بعد أن حدد وظيفة الوزير، من الناحية العامة قام ابن خلدون بعرض شامل لتطور هذه الوظيفة، عبر تاريخ الدولة العربية، في المشرق، وفي المغرب. واتضح له أن طبيعتها كانت تختلف من دولة، إلى أخرى. ومما لاحظه في تطورها، أنه في صدر الإسلام: « لم يكن لفظ الوزير يعرف بين المسلمين، لذهاب رتبة الملك بسذاجة الإسلام» [(١٤٠)]. وفي العهد الأموي : « كان النظر للوزير، عاما في أحوال التدبير والمفاوضات، وسائر أمور الحمايات والمطالبات، وما يتبعها من النظر في ديوان الجند، وفرض العطاء بالأهلية، وغير ذلك » [(١٤١)]. ولما اتسع نطاق الدولة، وكثرت فيها المدن

---

(١٣٦) راجع نفس المصدر والصفحة.

(١٣٧) نفس المصدر والصفحة.

(١٣٨) نفس المصدر والصفحة.

(١٣٩) نفسه، ص ص ٤١٩ ـ ٤٢٠.

(١٤٠) نفسه، ص ٤٢٠.

(١٤١) نفسه، ص ٤٢٢.

والأمصار، ظهرت وظيفة جديدة هي وظيفة (المستشار)، وسمي صاحبها بالوزير أيضا. أو كما يقول ابن خلدون : « ثم استفحل الملك بعد ذلك، فظهر المشاور والمعين في أمور القبائل والعصائب، واستئلافهم، وأطلق عليه إسم الوزير »[١٤٢].

أما في العصر العباسي، فكانت الوزارة تستبد بالسلطان، حينا، والسلطان يستبد بها، حينا آخر. ولذلك انقسمت وظيفتها، إلى تنفيذ وتفويض : فوظيفة التنفيذ، عليها وزير، إلا أن السلطان يستبد بها، وتكون تحت يده. أما وظيفة التنفيذ، فعليها وزير أيضا، إلا أنه يستبد بها على السلطان[١٤٣]. وقد استمر الأمر كذلك، و: « استمر الاستبداد، وصار الأمر لملوك العجم، وتعطل رسم الخلافة، ولم يكن لأولئك المتغلبين، أن ينتحلوا ألقاب الخلافة (...) فتسموا بالإمارة والسلطان. وكان المستبد على الدولة، يسمى أمير الأمراء، أو بالسلطان، إلى ما يحليه به الخليفة من ألقابه »[١٤٤]. حتى أصبح إسم الأمير، يطلق على : « صاحب الحروب، والجند، وما يرجع إليها، ويده مع ذلك عالية، على أهل الرتب، وأمره نافذ في الكل، إما نيابة[١٤٥] أو استبدادا[١٤٦] »[١٤٧]. فالأمير حينئذ، هو بمثابة وزير الحرب، اليوم، أو وزير الدفاع.

وإذا كانت وظيفة الوزارة، تتميز بالشمول والنفوذ، باعتبارها الوظيفة الأم، في السلطة التنفيذية ـ كما سبق القول ـ وكان : « النظر للوزير عاما في أحوال التدبير والمفاوضات، وسائر أمور الحمايات والمطالبات »[١٤٨]، فإن دولة الأندلس، في عصر بني أمية، قد عمدت إلى تقسيم وظيفة الوزارة، إلى عدة اختصاصات ـ كما هو الحال في هذا العصر، تقريبا ـ فجعلت لكل اختصاص، وزيرا. ويجتمع الوزراء، في (بيت) خاص، برئاسة « واحد منهم » ـ هو رئيس الوزراء ـ أطلق عليه إسم (الحاجب)، لأنه :

---

(١٤٢) نفسه، ص ص ٤٢١ ـ ٤٢٢.

(١٤٣) راجع نفسه، ص ٤٢٣.

(١٤٤) نفسه، ص ٤٢٣.

(١٤٥) أي : باعتباره منفذا كأنه مكلف بوظيفة التنفيذ.

(١٤٦) أي : باعتباره مفوضا كأنه مكلف بوظيفة التفويض.

(١٤٧) نفسه، ص ٤٢٤.

(١٤٨) نفسه، ص ٤٢٢.

« يحجب السلطان عن الخاصة والعامة، ويكون واسطة بينه وبين الوزراء » [149]. فقد : «أنفوا إسم الوزير في مدلوله، أول الدولة. ثم قسموا خطته أصنافا، وأفردوا لكل صنف وزيرا : فجعلوا لحسبان المال وزيرا، وللترسل وزيرا، وللنظر في حوائج المتظلمين، وزيرا، وللنظر في أحوال أهل الثغور وزيرا. وجعل لهم بيت، يجلسون فيه على فرش منضدة لهم، وينفذون أمر السلطان. هناك، كل فيما جعل له. وأفرد للتردد بينهم وبين الخليفة، واحد منهم، ارتفع عنهم بمباشرة السلطان، في كل وقت، فارتفع مجلسه عن مجالسهم، وخصوه بإسم الحاجب » [150].

فإبن خلدون، يصور في هذا النص، كيف نظمت وظيفة الوزارة في الأندلس، تنظيما جديدا، يشكل في أساسه، هيئة تنفيذية، تعدد فيها الوزراء، والوزارات، بتعدد الاختصاصات والوظائف : بحيث شمل التنظيم الجديد، على وزارة للمالية، ووزارة للاتصالات، ووزارة للعدل، وأخرى للبحرية. ومن هذه الوزارات، ووزراؤها، تتشكل حكومة، يرأسها، (حاجب)، هو رئيس الوزراء. ومن الملاحظ، أن هذا التنظيم ـ العربي الأندلسي ـ لوظيفة الهيئة التنفيذية، هو نفسه ـ تقريبا ـ المعمول به حاليا، في كل أنحاء العالم.

ثانيـا : الحجابة.

الحجابة لقب يطلق في الأصل على وظيفة : « من يحجب السلطان عن العامة، ويغلق بابه دونهم، أو يفتحه لهم على قدره في مواقيته » [151]. فالحجابة، بهذا المعنى، هي وظيفة خاصة، متعلقة بالخلفاء والسلاطين، تناط إلى موظف سام : « يشبه كبير الأمناء» [152].

وقد تطورت وظيفة الحجابة، بتطور الأزمنة والأمكنة، والأنظمة السياسية، والعوائد والأحوال. ففي العصر الأموي، كانت الحجابة كوظيفة إدارية وسياسية، محدودة بكونها جعلت لتأدية أعمال خاصة، نيابة عن الخليفة الذي كان يعين من يقوم

---

(١٤٩) نفسه، ص ٤٢٦.

(١٥٠) نفسه، ص ٤٢٤.

(١٥١) نفسه، ص ٤٢٦.

(١٥٢) حسن إبراهيم حسن، وعلي إبراهيم حسن: النظم الإسلامية، مرجع سابق، ص ١٦٢.

بها، وهو الحاجب. فالحاجب يقوم بعمل الموظف الخاص، فهو الأمين العام للخليفة، لأنه أمين سره، والمسؤول عن أمنه وعلاقاته بالرعية. وفي العصر العباسي، تطورت الحجابة، وشملت الاستشارة السياسية، وارتفعت وظيفة الحاجب : « فأصبح يستشار في كثير من أمور الدولة »[(١٥٣)]. فهو حاجب ومستشار، في نفس الوقت. وفي عصر الموحدين، اختفى لقب الحاجب، واستعيض عنه، بلقب الوزير، الذي كان : « الكاتب المتصرف المشارك للسلطان في خاص أمره »[(١٥٤)]. وفي عهد الحفصيين، سمت وظيفة الحجابة حتى أصبح الحاجب، يعرف بإسم : « وزير الرأي والمشورة »[(١٥٥)]، فكان هو الرجل الثاني في الدولة، بعد السلطان مباشرة، فاتسع نفوذه، وشملت وظيفته، تعيين الولاة، وعزلهم، وقيادة الجيش[(١٥٦)]، فكان بمثابة رئيس الوزراء ووزير الدفاع أو الحرب. وفي الدولة المرينية، أطلق على المكلف بوظيفة الحجابة، لقب (المزوار) بدل (الحاجب). فالمزوار، هو المتصرف : « بباب السلطان في تنفيذ أوامره »[(١٥٧)]. أما : « رياسة الحرب والعساكر»[(١٥٨)]، فقد أسندت إلى موظف آخر، أدنى من المزوار رتبة، وهو الوزير.

وهكذا اختلفت طبيعة وظيفة الحجابة، من عصر إلى آخر، ومن دولة إلى أخرى. لكنها في جميع الأحوال، مرتبطة بالخليفة أو السلطان، أي بالسلطة العليا التنفيذية. فوظيفة الحجابة في العصور السالفة، تشبه إلى حد كبير في هذا العصر، وظيفة (الأمانة العامة) للرئاسة.

ثالثا : الوظيفة المالية.

اهتم ابن خلدون، بهذه الوظيفة، اهتماما خاصا، كاهتمامه بوظيفة الوزارة، أو أكثر، ربما لأنه يعتقد في أن العامل الاقتصادي، أو المالي، من عوامل وجود الدولة، وقوتها واستمرارها ـ كما سبقت الإشارة ـ ولذلك أكد بأن : « هذه الوظيفة من الوظائف

---

(١٥٣) نفسه، ص ١٦٣.

(١٥٤) ابن خلدون : المقدمة، ص ٤٢٧.

(١٥٥) نفس المصدر والصفحة.

(١٥٦) راجع نفس المصدر والصفحة.

(١٥٧) نفسه، ص ٤٢٨.

(١٥٨) نفس المصدر والصفحة.

الضرورية للملك » [159]. وهي تتعلق أساسا، بإكمال الجبايات، التي اعتبرها ابن خلدون من « حقوق الدولة » [160]، أي بالنظام المالي للدولة، المتمثل في الدخل والخرج، أو بما يسمى بالموارد والمصارف المالية.

ومنذ نشأة الدولة العربية في صدر الإسلام، انشؤت للمال بيت، من أجل : «صيانته وحفظه، والتصرف فيه » [161] لصلح المجتمع، تسمى : بيت المال وأهم موارد بيت المال، في العصور الإسلامية الأولى، هي : « الخراج والجزية، والزكاة، والفيىء، والغنيمة، والعشور» [162]، وكذلك : « الأموال التي لا يعلم لها مستحق، كاللقطة[163] ومال من يموت، وليس له وارث، والأموال التي صالح عليها المسلمون أعداءهم » [164].

أما مصارف بيت المال، في تلك العصور أيضا، فأهمها : صرف أعطيات الجند[165]، و« أرزاق القضاة والولاة والعمال، وصاحب بيت المال، وغيرهم من الموظفين» [166]. وكذلك إيجار الأنهار، وإصلاحها، وحفر الترع، والنفقة على السجناء والأسرى، والتجهيزات الحربية، ومنح الأدباء والعلماء [167].

وقرر ابن خلدون أن وظيفة المال، تعظم قيمتها وأهميتها خاصة عند توسع الدولة، بالغلب والاستيلاء. فقال : « إن هذه الوظيفة، إنما تحدث في الدول، عند تمكن الغلب والاستيلاء، والنظر في أعطاف الملك، وفنون التمهيد » [168]. ولذلك أنشأت الدولة للمال، ديوانا خاصا، هو ديوان الأعمال والجبايات، مكلف بالتنظيم الاقتصادي والمالي.

---

(١٥٩) نفسه، ص ٤٣٠.

(١٦٠) نفس المصدر والصفحة.

(١٦١) حسن إبراهيم حسن، وعلي إبراهيم حسن: النظم الإسلامية، مرجع سابق، ص ٢٣٧.

(١٦٢) نفس المرجع والصفحة.

(١٦٣) اللقطة (بضم اللام وفتح القاف والطاء) هي : «الشيء الذي تجده ملقى فتأخذه». مجمع اللغة العربية : المعجم الوسيط، ج ٢، مرجع سابق، ص ٨٤١.

(١٦٤) حسن إبراهيم حسن: النظم الإسلامية، ص ٢٥٥.

(١٦٥) راجع : ابن خلدون : المقدمة، ص ٤٣٠.

(١٦٦) حسن إبراهيم حسن: النظم الإسلامية، ص ٢٦٣.

(١٦٧) راجع : نفسه، ص ص ٢٦٣ ـ ٢٦٥.

(١٦٨) ابن خلدون : المقدمة، ص ٤٣١.

وهو بمثابة وزارة المالية، في هذا العصر ـ وقد أنيطت وظيفة هذا التنظيم، بموظف خاص، هو بمثابة وزير المالية، وعرف بعدة ألقاب، فعرف في العصور الأولى، بصاحب بيت المال، ثم في الدولة الموحدية والحفصية، بصاحب الأشغال، وفي دولة الترك، بالوزير(١٦٩).

ويعتقد ابن خلدون، في أن أهم عمل في هذه الوظيفة، هو القيام بالحسابات الدقيقة من طرف موظفين أكفاء. وكتابتها في سجلات خاصة، حسب القوانين المعمول بها في الدولة : « وهي كلها مسطورة في كتاب شاهد بتفاصيل ذلك، في الدخل والخرج، مبني على جزء كبير من الحساب، لا يقوم به إلا المهرة من أهل تلك الأعمال »(١٧٠). ثم إن الوظيفة المالية، بجميع مصالحها، قد تسند إلى موظف واحد، وقد تقسم إلى مصالح، على كل مصلحة، موظف خاص. فـ : « قد تفرد هذه الوظيفة بناظر واحد، ينظر في سائر هذه الأعمال، وقد يفرد كل صنف منها بناظر، كما يفرد في بعض الدول النظر في العساكر وإقطاعاتهم، وحسبان أعطياتهم، وغير ذلك، على حسب مصطلح الدولة، وما قرره أولوها »(١٧١). بمعنى على حسب طبيعة النظام السياسي، المطبق في الدولة.

رابعـا : الكتابة.

لا شك أن الوظائف السابقة، كالوزارة، والحجابة، والنظام المالي، والدواوين، وجميع المصالح التي تنشئها الدولة، لتنظيم الحياة الاجتماعية والمالية، والاقتصادية، في المجتمع، تحتاج إلى الكتاب المهرة، والموظفين الأكفاء، لكتابة السجلات، وتحرير الرسائل والمخاطبات. لذلك أنشأت الدولة، منذ الصدر الأول، ديوانا لهذا الغرض أطلق عليه : (ديوان الرسائل والكتابة).

وقد أكد ابن خلدون، حاجة الدولة إلى الكتابة، من أجل التنظيم الإداري. فصنف الوظائف العامة الضرورية لنظام الدولة، الى أربعة أصناف، من بينها (الكتابة) ـ كما رأينا في وظيفة الوزارة ـ فقال : « إن أحوال السلطان، وتصرفاته لا تعدو أربعة : لأنها إما أن

---

(١٦٩) راجع نفس المصدر، ص ص ٤٣٤ ـ ٤٣٥.

(١٧٠) نفسه، ص ٤٣٠.

(١٧١) نفسه، ص ٤٣١.

تكون في أمور حماية الكافة، وأسبابها من النظر في الجند والسلاح والحروب، وسائر أمور الحماية والمطالبة، وصاحب هذا هو الوزير (...). وإما أن تكون في أمور مخاطباته لمن بعد عنه في المكان، أو في الزمان، وتنفيذه الأوامر فيمن هو محجوب عنه، وصاحب هذا هو الكاتب. وإما أن تكون في أمور جباية المال وإنفاقه، وضبط ذلك من جميع وجوهه، أن يكون بمضيعة، وصاحب هذا هو صاحب المال، والجباية (...). وإما أن يكون في مدافعة الناس ذوي الحاجات، عنه أن يزدحموا عليه، فيشغلوه عن فهمه وهذا راجع لصاحب الباب، الذي يحجبه. فلا تعدو أحواله، هذه الأربعة بوجه. وكل خطة، أو رتبة من رتب الملك والسلطان، فإليها ترجع »[١٧٢].

إن هذه الوظائف الأربع، التي اعتبرها ابن خلدون، وظائف أساسية، في الدولة، يمكن أن تترجم في هذا العصر، كالآتي : الوزير، هو رئيس الوزراء (ممثلا للهيئة التنفيذية). والكاتب، يمثل الأمين العام للحكومة. وصاحب المال، هو وزير المالية أو الاقتصاد. والحاجب، هو الأمين العام للرئاسة.

ومما يلاحظ في هذا الصدد، أن لإبن خلدون، رأيان في وظيفة (الكتابة)، يعارض أحدهما الآخر :

الرأي الأول : يقول فيه : « وهذه الوظيفة (الكتابة)، جزء عظيم من الملك، بل هي ثالثة أركانه، لأن الملك، لا بد له من الجند، والمال، والمخاطبة، لمن غاب عنه، فاحتاج صاحب الملك إلى الأعوان في أمر السيف، وأمر القلم، وأمر المال»[١٧٣]. فالكتابة هنا، هي الركن الثالث، من أركان الدولة، لا تستطيع الاستغناء عنه، بمعنى أنه يضع السيف والمال والقلم، جنبا إلى جنب، في قيام الدولة.

الرأي الثاني : يقول فيه : « هذه الوظيفة (الكتابة) غير ضرورية في الملك، لاستغناء كثير من الدول عنها رأسا، كما في الدول العريقة في البداوة، التي لم يأخذها تهذيب الحضارة، ولا استحكام الصنائع. وإنما أكد الحاجة إليها في الدولة الإسلامية، شأن اللسان العربي والبلاغة في العبارة، عن المقاصد »[١٧٤].

(١٧٢) نفسه، ص ٤١٩.

(١٧٣) نفسه، ص ٤٣٣.

(١٧٤) نفسه، ص ٤٣٦.

إن هذا الرأي الأخير، يبدو متفقا، وما قرره، بشأن شروط تأسيس الدولة. فقد ذكر في موضع آخر من (المقدمة) تلك الشروط، لكن دون شرط القلم. فقال:« إن مبنى الملك على أساسين، لا بد منهما : فالأول الشوكة والعصبية، وهو المعبر عنه بالجند. والثاني، المال، الذي هو قوام أولئك الجند، وإقامة ما يحتاج إليه الملك[١٧٥] من الأحوال»[١٧٦].

وهكذا، فإنه بمقارنة الرأي الأول، مع الثاني، نجد ابن خلدون، يؤكد مرة على القلم، كوظيفة أساسية في الدولة، لا يمكن الاستغناء عنها. ويؤكد مرة أخرى، على عدم ضرورتها، لإمكانية الاستغناء عنها، في قيام الدولة، وخاصة في الدول المتبدية. فهل يعني ذلك، أن ابن خلدون، يجعل وظيفة القلم والكتابة، من خصائص الجماعات الحضرية، التي ذم سلوكها ـ كما سبق القول ـ ؟

ومن الطريف، في هذا المجال، أنه على الرغم من تأكيد ابن خلدون، على ضرورة تخير أهل الكفاءات الثقافية والعلمية والأخلاقية لممارسة وظيفة الكتابة، إلا أنه مع ذلك، لاحظ وجود حالة استثنائية ـ أو شاذة ـ في بعض الدول. وهي تلك الحالة التي تسند فيها الدولة، رتبة الكتابة، إلى قواد الجيش وضباطه. وقد علل ذلك، بعزوف الدولة، بطبعها عن العلم والتعليم والثقافة، لسذاجة العصبية، المتحكمة في الدولة. فقال : « وقد تكون الرتبة في بعض الدول، مستندة إلى أرباب السيوف، لما يقتضيه طبع الدولة، من البعد عن معاناة العلوم، لأجل سذاجة العصبية، فيختص السلطان، أهل عصبيته بخطط دولته، وسائر رتبه، فيقلد المال والسيف والكتابة منهم. فأما رتبة السيف، فتستغني عن معاناة العلم. وأما المال والكتابة فيضطر إلى ذلك، للبلاغة في هذه، والحسبان في الأخرى»[١٧٧].

يشير ابن خلدون في نهاية هذا النص، إلى أن صاحب الدولة، في هذه الحالة، وإن استغنى عن العلم والتعليم، فإن بإمكانه ذلك، بالنسبة إلى الجيش الذي قد لا يتطلب مهارات علمية ـ في ذلك الزمان ـ ولكنه، بالنسبة إلى المال والكتابة، فإنه يضطر إلى توظيف المهارات العلمية الخاصة، اضطرارا، لما تتطلبه الحسابات المالية من خبرة، وأساليب الكتابة، من سلامة في التعبير عن المراد.

---

(١٧٥) بفتح الميم، وكسر اللام.

(١٧٦) نفسه، ص ٥٢١.

(١٧٧) نفسه، ص ٤٣٨.

خامسا : الجيش.

أضاف ابن خلدون، إلى وظائف الدولة الجوهرية الأربعة السابقة، وظيفة خامسة، هي وظيفة الجيش، معتبرا إياها من الوظائف الأساسية في الدولة. وقد أسماها بإسم الموظف أو القائد، وهو (صاحب السيف). ولقد أشار ابن خلدون، في (المقدمة) إلى الجيش، وضرورته للدولة، في أكثر من موضع، وعبر عنه بـ(الجند)، فقال بـ « أن الملك، لا بد له من الجند»[(١٧٨)]. وأكد بأن الملك، لا يقوم إلا على أساس : « الشوكة والعصبية، وهو المعبر عنه بالجند »[(١٧٩)]. وعند تعرضه إلى الوظيفة المالية، أو إلى (ديوان الأعمال والجبايات)، تكلم عن ضرورة : « حفظ حقوق الدولة في الدخل والخرج، وإحصاء العساكر بأسمائهم، وتقدير أرزاقهم، وصرف أعطياتهم في إباناتها »[(١٨٠)]. وفي فصل : (الحروب ومذاهب الأمم في ترتيبها)، تطرق ـ بالإضافة إلى أشكال الحروب، وطبائع الأمم في ممارستها ـ إلى القيادة المثلى في الجيش، وإلى كيفية تنظيم الجند، قبل المعركة، وأثناءها[(١٨١)].

والأساس في هذا كله، هو أن ابن خلدون، يعتقد في أن الدولة ـ كقوة معنوية ومادية معا ـ تحتاج إلى قوة تحميها، كقوة الجيش، ومن ثم فإن قوتها مرهونة بقوته، وخاصة في طور نشأتها وفي طور ضعفها، لأن : « السيف شريك في المعونة (...) وكذلك في آخر الدولة، حيث تضعف عصبيتها(...). فتحتاج الدولة إلى الاستظهار بأرباب السيوف، وتقوى الحاجة إليهم في حماية الدولة، والمدافعة عنها، كما كان الشأن أول الأمر في تمهيدها (...). وأما في وسط الدولة، فيستغني صاحبها، بعض الشيء، عن السيف»[(١٨٢)].

وقد ألحق ابن خلدون، بوظيفة الجيش، وظيفتين متفرعتين عنها، هما : الشرطة والقوات البحرية، أو قيادة الأساطيل[(١٨٣)].

---

(١٧٨) نفسه، ص ٤٣٣.

(١٧٩) نفسه، ص ٥٢١.

(١٨٠) نفسه، ص ٤٣٠.

(١٨١) راجع : نفس المصدر، ص ٤٧٩ وما بعدها.

(١٨٢) نفسه، ص ٤٥٥.

(١٨٣) راجع : صبحي محمصاني : المجاهدون في الحق، مرجع سابق، ص ٢١٠.

١ ـ الشرطة.

تناول ابن خلدون، وظيفة الشرطة، واعتبرها فرعا من وظيفة الجيش. فأكد بأنها : «وظيفة مرؤوسة لصاحب السيف في الدولة، وحكمه نافذ في صاحبها في بعض الأحيان»[(١٨٤)]. وقد أطلق على مسؤول الشرطة، عبر التاريخ، عدة ألقاب، منها : الحاكم، وصاحب المدينة، والوالي، وصاحب الشرطة. وأول ظهور هذه الوظيفة، في الإسلام، كان في الدولة العباسية. وكانت أهم اختصاصاتها، وقتئذ، تنفيذ أحكام الجرائم، وإقامة الحدود، والنظر فيها أحيانا، بدل القاضي، و« الضرب على أيدي الرعاع والفجرة »[(١٨٥)].

وفي الأندلس، عرفت وظيفة الشرطة، تنظيما آخر، فقد « نوعت إلى شرطة كبرى، وشرطة صغرى »[(١٨٦)]، فأختصت الكبرى، بالتحري في إنحرافات الخاصة، كأهل المراتب العليا، وأصحاب الجاه، وأقاربهم، ثم متابعة هؤلاء ومعاقبتهم. وأسندت ولاية هذا النوع من الشرطة : « للأكابر من رجالات الدولة، حتى كانت ترشيحا للوزارة والحجابة »[(١٨٧)]. أما الشرطة الصغرى، فقد اختصت، بتتبع مخالفات العامة وردعهم ومعاقبتهم.

٢ ـ قيادة الأساطيل (القوات البحرية)

تعتبر قيادة الأساطيل، أو القوات البحرية، من الوظائف الحيوية للدول المطلة على البحار، كالأندلس والمغرب العربي، ومصر والشام، وشبه الجزيرة، لذلك أدرجها ابن خلدون ضمن وظيفة الجيش، لأنها كانت أساسا ـ ولا زالت ـ : « مرؤوسة لصاحب السيف، وتحت حكمه في كثير من الأحوال »[(١٨٨)].

على أن مصطلح (قيادة الأساطيل) الخلدوني، يتضمن معنيين ـ على الأقل ـ :

الأول : المعنى العسكري. الذي يقصد به القوات البحرية، التي تنشئها الدولة،

---

(١٨٤) ابن خلدون : المقدمة، ص ٤٤٥.

(١٨٥) نفس المصدر والصفحة.

(١٨٦) نفس المصدر والصفحة.

(١٨٧) نفسه، ص ٤٤٦.

(١٨٨) نفسه، ص ٤٤٧.

بغرض الدفاع، عن نفسها، من جهة البحر. ـ وهو المعنى الذي يقصده ابن خلدون، من إلحاقه قيادة الأسطول بالجيش ـ

الثاني : المعنى التجاري. والمقصود به الأسطول التجاري الذي تنشئه الدولة، أو المؤسسات والشركات، بغرض نقل البضائع والسلع التجارية بين تلك الدولة، وغيرها من الدول.

وأثناء استعراض ابن خلدون للتطورات التي عرفتها هذه الوظيفة، في أمم الشرق والغرب ـ وبخاصة في أمم البحر المتوسط، ودور البحرية العربية، في عصر الفتوحات ـ أكد بأن القوات البحرية، كوظيفة من وظائف الدولة، كانت من أخص خصائص الدول المغاربية، ـ أي : إفريقية، والأندلس ـ لارتباط أغلب حدودها الجغرافية بالبحار، كالمتوسط والأطلسي ـ : « وإنما اختصت هذه الرتبة بملك إفريقيا والمغرب، لأنهما جميعا، على ضفة البحر الرومي (المتوسط)، من جهة الجنوب»[١٨٩]. ولا ريب في أن ابن خلدون، كان مقتنعا بأهمية القوات البحرية للدولة. فقد استشهد ببناء (دار الصناعة)، بتونس، لبناء السفن، أو كما يقول : « لإنشاء الآلات البحرية »[١٩٠]، من طرف والي إفريقية، في العصر الأموي : حسان بن نعمان. كما أشار، إلى الضخامة والقوة اللتين كان عليهما الأسطول الأندلسي والإفريقي، في القرن الرابع الهجري. حيث : « انتهى اسطول الأندلس، أيام عبد الرحمن الناصر، إلى مائتي مركب، أو نحوها، وأسطول إفريقيا كذلك مثله أو قريبا منه (...) ومرفأها للحط والإقلاع : بجاية والمرية »[١٩١]. ثم استعرض ابن خلدون، بعد هذا، نماذج من الغزوات والحروب البحرية، التي وقعت في حوض المتوسط، بين الدول الإسلامية، والنصرانية، وأوضح كيف كانت تلك الحروب سجالا بينها.

بهذه الصورة، تناول ابن خلدون، الوظائف الجوهرية في الدولة، المعبرة عن السلطة التنفيذية فيها. على أنه عالج السلطة القضائية، في الوظائف الخلافية. وأما التشريعية، فلأنها ممثلة في مصادر الشرع الإسلامي، وأصوله.

---

(١٨٩) نفسه، ص ٤٤٧.

(١٩٠) نفسه، ص ٤٤٩.

(١٩١) نفس المصدر والصفحة.

الصنف الثاني : الوظائف الثانوية

- ١٢٨ -

تعرض ابن خلدون، إلى دراسة طائفة أخرى من الوظائف في الدولة، تعتبر ثانوية - بالقياس إلى الوظائف الجوهرية - لكنها في الأصل، متفرعة عنها. وقد أشار في (المقدمة)، إلى بعض الوظائف الثانوية، فقال : « وأما ما كان خاصا، ببعض الناس، أو ببعض الجهات، فيكون دون الرتبة الأخرى، كقيادة ثغر، أو ولاية جباية خاصة، أو النظر في أمر خاص، كحسبة الطعام، أو النظر في السكة، فإن هذه كلها، نظر في أحوال خاصة، فيكون صاحبها تبعا لأهل النظر العام، وتكون رتبته مرؤوسة لأولئك » [١٩٢]. فهو يفرق هنا، بين صنفين من الوظائف : عامة، وخاصة. فالعامة، كالوظائف الأساسية أو الجوهرية. والخاصة، هي ما تدعى ثانوية، وقد ذكر طائفة منها غير قليلة في (المقدمة)، نتناول بعضا منها بإيجاز :

١ - وظيفة الخاتم [١٩٣]

الخاتم أو الختم، هو أداة كانت تصنع من الشمع أو من الطين : « يعرف بطين الختم، وكان يجلب من سيراف» [١٩٤]. فتنقش عليها كلمات وتختم بها المكاتبات الرسمية، كالرسائل والصكوك، المتضمنة للأوامر الصادرة من الخليفة، باعتباره المسؤول الأول في الدولة. فتتم : « صحة ذلك المكتوب ونفوذه » [١٩٥].

ويقرر ابن خلدون أن وظيفة الخاتم، نشأت تاريخيا، قبل الإسلام، وأنها متعلقة أساسا بالملوك والسلاطين، وكانت تابعة لديوان الرسائل[١٩٦]. على أن الأوائل، كانوا يكتبون على الأختام، كلمات يتفق عليها، كما فعل الرسول صلى الله عليه وسلم ، عندما أمر بأن ينقش على الختم، عبارة : (محمد رسول الله) [١٩٧]. ولا زال هذا التقليد (الإداري)، معمولا

---

(١٩٢) نفسه، ص ٤٢٠.

(١٩٣) راجع نفسه، ص ٤٦٧. وأيضا: حسن إبراهيم حسن: النظم الإسلامية، مرجع سابق، ص ١٨٧.

(١٩٤) ابن خلدون : المقدمة، ص ٤٧١.

(١٩٥) نفسه، ص ٤٦٩.

(١٩٦) راجع نفسه، ص ٤٧١.

(١٩٧) راجع نفسه، ص ٤٦٨.

به، إلى اليوم، في جميع إدارات الدولة. فيكتب على الختم إسم المصلحة والمؤسسة، المصدرة للوثيقة، مما يضفي عليها الصفة الرسمية، أو صفة النفاذ. إلا أن وظيفة الخاتم، كصناعة، لم تعد اليوم من اختصاص مصالح الدولة، كما كانت في الماضي، وإنما أصبحت من الحرف التجارية الحرة والعامة، يقوم بها اختصاصيون، لصالح الإدارات، عندما يطلب منهم ذلك.

٢ ـ وظيفة الطراز [١٩٨]

ومعناها أن تطرز أو تنسج أسماء الخلفاء والملوك والسلاطين، في ألبستهم الخاصة بالاستقبالات العامة. وكانت العادة، أن تطرز أسماؤهم بخيط يخالف لون أثوابهم، كخيط الحرير والديباج والذهب، وغير ذلك. وقد اعتبر ابن خلدون هذه الوظيفة، من مظاهر القوة والعظمة في الدولة، و: « من أبهة الملك والسلطان » [١٩٩]. حتى أن الخلفاء في الدولة الأموية، والعباسية، أقاموا دورا خاصة لهذه الوظيفة، وعينوا من يقوم بها، وأسموه (صاحب الطراز) وحددوا عمله في الإشراف على : « أمور الصباغ والآلة والحاكة فيها، وإجراء أرزاقهم، وتسهيل آلاتهم ومشارفة أعمالهم » ([٢٠٠]).

وفي هذا الصدد، أشار ابن خلدون، إلى أن الدولة الموحدية، قد ألغت هذه الوظيفة، بتأثير من الإمام محمد بن تومرت، ولتورع رجالها : « عن لباس الحرير والذهب » ([٢٠١]). على أن وظيفة الطراز، قد زالت تقريبا، في هذا العصر لزوال الحاجة إليها، لأن الدولة، أصبحت اليوم، تعبر عن القوة والعظمة، بما تملك من أنواع الأسلحة، لا بما يلبس ملوكها ورؤساؤها من أنواع الحرير أو الذهب.

٣ ـ وظيفة السكة [٢٠٢].

أشرنا في الوظائف الخلافية، إلى أن ابن خلدون تطرق إلى موضوع السكة، عند

---

(١٩٨) راجع : ابن خلدون : المقدمة، ص ٤٧١ وما بعدها. وأيضا : حسن إبراهيم حسن: النظم الإسلامية، ص ١٨٨ وما بعدها.

(١٩٩) ابن خلدون : المقدمة، ص ٤٧١.

(٢٠٠) نفسه، ص ٤٧٢.

(٢٠١) نفسه، ص ٤٧٣.

(٢٠٢) راجع : ابن خلدون : المقدمة، ص ٣٩٩، ٤٦٢. وأيضا : حسن إبراهيم حسن: النظم الإسلامية، مرجع سابق، ص ص ١٩١ ـ ١٩٢.

كلامه على وظيفة الحسبة، وإلى أنه اعتبر السكة فرعا من الحسبة، وبالتالي فهي وظيفة ثانوية، في نظره، لأنها أساسا متعلقة بـ : « النظر في النقود المتعامل بها بين الناس »[٢٠٣]. ثم تناول ابن خلدون، مرة ثانية، موضوع السكة، عند تعرضه إلى (شارات الملك والسلطان)، فعرف السكة، بأنها : « الختم على الدنانير والدراهم، المتعامل بها بين الناس، بطابع حديد، ينقش فيه صور أو كلمات مقلوبة، ويضرب بها على الدينار أو الدرهم، وتخرج رسوم تلك النقوش عليها، ظاهرة مستقيمة، بعد أن يعتبر عيار النقد من ذلك الجنس في خلوصه بالسيك، مرة بعد أخرى، وبعد تقدير أشخاص الدراهم والدنانير بوزن معين صحيح يصطلح عليه (...) ولفظ السكة، كان إسما للطابع، وهي الحديدة المتخذة لذلك »[٢٠٤].

على أن وظيفة السكة ـ وإن كانت قائمة في الأمم القديمة، كالفرس، والروم، مثلا ـ فإنها لم تعرف في صدر الإسلام : « لسذاجة الدين، وبداوة العرب »[٢٠٥]. إذ كان الناس : « يتعاملون بالذهب والفضة وزنا »[٢٠٦]. فلما كان العهد الأموي، ظهرت وظيفة السكة، في الدولة العربية[٢٠٧] وأنشئت لها دار « لضرب النقود بدمشق»[٢٠٨].

وقد اهتم ابن خلدون بوظيفة السكة، حتى كاد يدرجها ضمن الوظائف الجوهرية للدولة. فهي في رأيه : « وظيفة ضرورية للملك، إذ بها يتميز الخالص من المغشوش بين الناس في النقود عند المعاملات ويتقون في سلامتها الغش بختم السلطان عليها بتلك النقوش المعروفة »[٢٠٩]. معنى هذا أنه يقرر، أن لوظيفة السكة، دورا جوهريا في استقرار الحياة الاقتصادية في الأمة، يظهر ذلك، خاصة، في كون هذه الوظيفة، تحافظ على سلامة النظام النقدي للدولة، من الغش والتزوير، أثناء تداول العملات بين الناس. وفي إطار وظيفة السكة، تعرض ابن خلدون كذلك، إلى مقدار العملة المتداولة، من الناحية

---

(٢٠٣) ابن خلدون : المقدمة، ص ٣٩٩

(٢٠٤) نفسه، ص ٤٦٢.

(٢٠٥) نفس المصدر والصفحة.

(٢٠٦) نفس المصدر والصفحة.

(٢٠٧) كان ذلك في عهد عبد الملك بن مروان.

(٢٠٨) حسن إبراهيم حسن: النظم الإسلامية، مرجع سابق، ص ١٩١.

(٢٠٩) ابن خلدون : المقدمة، ص ٤٦٢.

الشرعية، كالدرهم والدينار، لعلاقة قيمتهما النقدية، بما يقرره الشرع : « في الزكاة والأنكحة والحدود »[٢١٠].

٤ ـ وظيفة الحجاب.

تعرض ابن خلدون، كذلك، إلى وظيفة الحجاب، وهي ما يطلق عليها بـ(الحراسة) الخاصة. وأكد أن الدولة، إذا استقرت، فإن صاحبها : « يطلب الانفراد عن العامة ما استطاع »[٢١١]. وبالتالي فإنه يحتاج إلى من يحميه ويحرسه : « على من لا يأمنه من أوليائه، وأهل دولته، ويتخذ حاجبا له عن الناس، يقيمه ببابه لهذه الوظيفة »[٢١٢]. ومن الملاحظ، أن هذه الوظيفة، مستمرة في جميع الدول، إلى اليوم، وتعرف بالحرس الملكي، أو الجمهوري، أو الرئاسي، حسب طبيعة نظام الحكم في الدولة.

٥ ـ وظائف مختلفة.

بالإضافة إلى ما سبق، فقد تناول ابن خلدون، وظائف أخرى مختلفة، يتعذر التعرض إلى جميعها، الآن، كالتجارة والإحتكار والفلاحة، والمكوس، والرايات والطبول في الحرب، والأخبية في البيوت، واتخاذ المقصورة في الصلاة، وبناء الهياكل العظيمة، والمساجد، وما إلى ذلك.

تعقيب

ـ ١٢٩ ـ

ولئن درس ابن خلدون ـ كما رأينا ـ وظائف الدولة، في إطارها الديني الخاص، كما هو الحال في الوظائف الخلافية، ثم درسها في إطارها الزمني العام، كما هو الحال في الوظائف السلطانية، فإن غيره ممن سبقوه ـ كالماوردي، وأبي يعلى بن الفراء، مثلا ـ قد اقتصرت دراسته لوظائف الدولة، على الوظائف الخلافية الدينية، تقريبا.

ومهما يكن، ومع اعتبار الفارق الزمني، بين مؤلفي (الأحكام السلطانية) وصاحب (المقدمة)، فإن ابن خلدون، يعتبر مجددا في دراسته لوظائف الدولة، وذلك من

---

(٢١٠) نفسه، ص ٤٦٥.

(٢١١) نفسه، ص ٥١٤.

(٢١٢) نفس المصدر والصفحة.

ثلاثة أوجه على الأقل :

الأول : اعتناؤه عناية خاصة بالوظائف الفاعلة، في الحياة الاقتصادية أي بالوظائف التي يقوم عليها اقتصاد الدولة. مثل جباية المال، وسك النقود والفلاحة والتجارة والاحتكار والمكوس، وعلاقة السلطان بالتجارة وبالمال والثروة [٢١٣]، وغير ذلك من الوظائف التي لها علاقة مباشرة بكيفية حصول الأفراد والجماعات على الرزق والمعاش. الأمر الذي يترجم، من جهة، إتجاهه العملي، ونظرته الواقعية للأشياء، ويتفق، من جهة أخرى، مع الواقع المادي والمجتمعي، الذي يعيشه الأفراد. ولذلك يمكن القول، بأن ابن خلدون، أول من أشار إلى أن تنظيم الدولة، يبدأ بتنظيم اقتصادها.

الثاني : ربطه في نظريته التطورية للمجتمع ـ الدولة : « بين المعاش، والسياسة، والأخلاق، في جميع الأطوار من الحياة الاجتماعية» [٢١٤]. فهو مثلا، يربط بين المادي والسياسي والأخلاقي، عند ما يؤكد بـ : « أن الملك (السياسي) منصب شريف ملذوذ، يشتمل على جميع الخيرات الدنيوية (المادية)، والشهوات البدنية، والملاذ النفسانية (الأخلاقية)،فيقع فيه التنافس،غالبا،وقل أن يسلمه أحد لصاحبه،إلا إذا غلب عليه» [٢١٥].

ونلمح كذلك في نظريته التطورية، أو نظرية البناء والهدم، ـ أو التعاقب الدوري، كما يسميها البعض ـ ذلك التفكير الثلاثي الخلدوني، أي تصوره قيام حياة الدولة، والحياة الاجتماعية، عامة، على ثلاث أثافي أو أسس، متماسكة، وهي : الأساس المادي، أو الاقتصادي، والأساس السياسي، والأساس الأخلاقي. ويظهر ذلك من خلال تحليلاته لقانون الأطوار الخمسة، في حياة الدولة.فهو يحاكم الدولة، أو يقيمها في تلك الأطوار، من الجوانب المادية والسياسية والأخلاقية ـ متناسيا دور الجانب العقدي أو الديني، في ذلك ـ ويشتمل الطور الخامس، خاصة، وهو « طور الإسراف والتبذير» [٢١٦]، على الجوانب، أو الأسس الثلاث [٢١٧].

---

(٢١٣) راجع : نفسه، ص ص ٧٠٥ ـ ٧٠٦. وص ص ٧١١ ـ ٧١٢.

(٢١٤) عبد المجيد مزيان : النظريات الاقتصادية عند ابن خلدون، ص ٢٩٠، الجزائر ١٩٨١.

(٢١٥) ابن خلدون : المقدمة، ص ٢٧١.

(٢١٦) نفسه، ص ٣١٢.

(٢١٧) راجع تلك الأطوار، في (المقدمة)، ص ص ٣١٠ ـ ٣١٣.

الثالث : فصله بين الوظائف الخلافية، والسلطانية، من جهة، ثم فصله في الوظائف السلطانية، بين صنفين : صنف اعتبره ضروريا وأساسيا للدولة، وصنف اعتبره مكملا للأول، أو ثانويا. وإذن يكون ابن خلدون، أول من تعرض ـ بعد أرسطو ـ إلى دراسة مبدأ فصل السلطات، بعد أن تأكد من انقلاب الخلافة، إلى الملك السياسي، ومن ثم، تقريره الفصل بين الوظائف الخلافية، والسلطانية.

ومع ذلك، ومع سبق أرسطو في طرح موضوع الفصل بين السلطات [٢١٨]، فإنه: « ينبغي ألا يستقر في الأذهان، أن أي انفصال معين بين السلطات، قد وجد فعلا، في اليونان القديمة، أو في روما » [٢١٩].

وإذا كان اهتمام ابن خلدون، قد انصب على وظيفة السلطة التنفيذية، من الوظائف السلطانية، فلأنه قد عاش في ظل نظام سياسي معين، هو النظام الفردي (المختلط)، أي : الذي ظاهره خلافي، وجوهره سلطاني، أو ملكي (وضعي)، ورغم ذلك، فهو غير مطالب، في القرن الرابع عشر، وفي ظل ذلك النظام الإسلامي (المختلط) بدراسة مبدأ الفصل بين السلطات. إذ أن الاهتمام بدراسة هذا المبدأ، لم يظهر بشكل واسع، إلا في العصر ـ الحديث، مع مونتسكيوفي القرن الثامن عشر [٢٢٠] في أوربا، نتيجة تأثره بمبدأ القانون الطبيعي [٢٢١]، ونتيجة للصراعات الحادة التي عرفها مجتمعه المسيحي، بين السلطة الكنسية (الدينية)، والسلطة الزمنية، وعلى هذا، يمكن القول، بأن أرسطو وابن خلدون، قد مهدا الطريق، لمنتسكيو ولغيره، من المحدثين، لدراسة نظرية الفصل بين سلطات الدولة.

---

(٢١٨) راجع : أرسطو : السياسيات، مصدر سابق، ص ٢٢٣، ٣٤١ وما يليهما.

(٢١٩) محمد عبد المعز نصر : في النظريات والنظم السياسية، مرجع سابق، ص ٥١٢.

(٢٢٠) راجع: بطرس غالي، ومحمود عيسى: المدخل في علم السياسة، مرجع سابق، ص ٢٧٣، ٦٨٣.

(٢٢١) راجع : نفسه، ص ٢٧٣.

خاتمة عامة

باستقراء آراء ابن خلدون السياسية، من خلال هذه الدراسة، وبتفحص أفكاره المتعلقة بأصل نشأة الدولة، وبمفهومها، وبطبيعة وظيفتها، ونشاطها في مجتمعها، وبالتدبر كذلك، في ما تضمنته الدراسة من مناقشات وتعليقات وتعقيبات، فإنه يمكن ضبط جملة من النتائج، أمكن التوصل إليها، على الوجه الآتي :

أولا :

تقرير ابن خلدون، أن (تجمع) الإنسان، مع بني جنسه، ظاهرة طبيعية، وجدت منذ وجد الإنسان. وأن (التعاون) بين الأفراد، الناتج عن تجمعهم، هو كذلك ظاهرة طبيعية، يمليها (قانون الحاجة)، أو المصلحة، الذي في طبائع البشر. وأن هذا القانون، هو الأصل في وجود العمران، الذي منه الدولة، لأن : « الدولة دون العمران، لا تتصور، والعمران دون الدولة والملك متعذر» [١].

ثانيا :

بما أن الإنسان، (حيوان سياسي) بطبيعته، فإن الدولة، هي الأخرى، ظاهرة سياسية طبيعية، طالما : « أن وجود الملك، خاصة طبيعية للإنسان، لا يستقيم وجودهم واجتماعهم، إلا بها » [٢]. بمعنى أن وجود الدولة، ضروري لحفظ النوع وبقائه.

ثالثا :

إذا كان مفهوم (السلطة السياسية)، ينشأ، في رأي ابن خلدون، في الجيل الثالث (المخضرم) [٣] من طور البداوة، قبل نشأة المدن والأمصار [٤]. فإن الدولة، في رأيه أيضا، تنشئها :

---

(١) ابن خلدون : المقدمة، ص ٢٧٠.

(٢) نفس المصدر، ص ٢٦٤.

(٣) لأن الجيل الثالث البدوي، في رأيه، هو المؤسس للجيل الأول الحضري، فهو (مخضرم) لأنه يعيش حالة انتقال بين التبدي و التحضر.

(٤) راجع : مقولة ابن خلدون : «إن الدول أقدم من المدن و الأمصار». المقدمة، ص ٦٠٩.

١ ـ (العصبية)، في ذلك الجيل نفسه، لـ : « أن الرئاسة، لأهل العصبية »[٥]، ولأن : «طور الدولة، من أولها بداوة »[٦].

٢ ـ وتنشئها كذلك، جملة من العناصر المتممة، أو المكملة للعصبية، وهي : الإقليم، والجند، والمال، والوازع الديني، وإقامة العدل.

رابعا :

وإذ قد تنشأ الدولة من تلك العناصر، فإن لها عمرا محدودا ـ تقريبا ـ تمر خلاله الدولة، عبر ثلاثة أجيال، وخمسة أطوار، لتنتهي بعد ذلك إلى السقوط والفناء، لأن : « الأمة إذا غلبت أسرع إليها الفناء »[٧]. والذي يغلب الدولة ـ أو الأمة ـ ويهدم قواها، ويفضي بها إلى الهرم والزوال، عاملين أساسيين، هما : « غريزة الترف »[٨] والنعيم، من جهة، ثم الظلم، من جهة أخرى، لأنه : « مؤذن بخراب العمران »[٩]، أو كما يقول أيضا : « فيحيط بهم هادمان، وهما : الترف والقهر»[١٠].

خامسا :

يعتقد ابن خلدون، في أن للدولة، عمرا محدودا، وأجلا معلوما ـ بما أنها كائن عضوي ـ لكنه وقف من عمرها موقفين مختلفين :

الأول : جدد فيه عمر الدولة تحديدا نسبيا، ومن ثم إمكانية أن يزيد عمرها، أو ينقص عن المائة وعشرين سنة.

الثاني : حدد فيه عمر الدولة، تحديدا مطلقا، بمائة وعشرين سنة. أو كما يقول : « ولا تعدو الدول في الغالب، هذا العمر، بتقريب قبله، أو بعده »[١١].

---

(٥) ابن خلدون : المقدمة، ص ٢٣٠.

(٦) نفس المصدر، ص ٣٠٤.

(٧) نفس المصدر، ص ٢٦٠.

(٨) نفس المصدر، ص ٢٥٦.

(٩) نفس المصدر، ص ٥٠٧.

(١٠) نفس المصدر، ص ٥٢٢.

(١١) نفس المصدر، ص ٣٠٣.

سادسا :

اعتقاد ابن خلدون، في أن الدولة، كائن عضوي، يجري عليها ما يجري على الكائنات الحية، بما أنها تتركب ـ كالإنسان ـ من طبيعتين : طبيعة معنوية، وطبيعة مادية.

سابعا :

وإذا كان ابن خلدون، قد أكد على أن مفهوم الدولة، ومعناها، يقوم على أساسين : معنوي ومادي، فإن فلاسفة السياسة، في العصر الحديث، وبوجه خاص، رواد المدرسة القانونية المعاصرة، قد تطابقت آراؤهم، مع رأي ابن خلدون ـ إن لم يتبنوه ـ في تشكل طبيعة الدولة، من الأساسين السابقين.

ثامنا :

تأكيد ابن خلدون، على أن الأصل في مفهوم الدولة،هو أنها جهاز ردع وتنظيم : تردع الأفراد، بواسطة (القوة) عن التظالم، وتنظم المجالات الحيوية، في حياتهم العملية،لأنها تأمر الناس بالمعروف وتنهاهم عن المنكر- بالمعنى السياسي -.

تاسعا :

إلى جانب اعتقاد ابن خلدون، في أن الدولة، ظاهرة سياسية طبيعية ـ كما سبقت الإشارة ـ تعبر عن حيوانية الإنسان السياسي، من حيث كونها تحقق رغبته في ممارسة الفعل السياسي، وفي تحقيق أمنه، وفي حماية ممتلكاته، وفي تنظيم حياته الإدارية، والاقتصادية والاجتماعية، فإنه إلى جانب ذلك، يعتقد أيضا في أن الدولة، ظاهرة أخلاقية ـ وفق ما ارتآه هيجل، وعكس ما ارتآه ميكيافللي بعده ـ لأنها تزع : « الناس بعضهم عن بعض »[(١٢)] عن التظالم، الذي هو من شيمهم، وتصدهم عن فعل المنكرات، وتفصل في منازعاتهم، وتثيب المطيع، وتعاقب العاصي. وبتعبير آخر، فإن الدولة، في تصور ابن خلدون، ضرورية، لأنها الجهاز العضوي المشكل لوحدة المجتمع.

---

(١٢) نفس المصدر، ص ٣١٠.

عاشرا :

إعراض ابن خلدون عن التطرق إلى مناقشة النظرية الشورويّة، في (المقدمة) ـ ربما بسبب انقلاب الخلافة إلى ملك عضوض ـ ثم تردده، تارة بين أفضلية النظام الخلافي، أو أفضلية النظام الوضعي، ـ ربما لاعتبارات سياسية ـ ومحاولته، تارة أخرى، التوفيق بين النظامين. أو كما يقول : « أما الشريعة، أو الملكية، وهو معنى الدولة ؛ وإن كانا لا ينفكان، فاختلال أحدهما، مؤثر في اختلال الآخر، كما كان عدمه، مؤثرا في عدمه»(١٣). وفي هذا الصدد، تجدر الإشارة، إلى أنه رفض شكل النظام الطبيعي (الاستبدادي)، وشكل النظام المدني، كما عبرت عنه نظرية (المدينة الفاضلة)، الافتراضية.

إحدى عشر :

مساهمة ابن خلدون، في الكشف عن الأسباب الحقيقية، لفتن الصدر الأول في الإسلام، لكن دون أن يتخذ موقفا صريحا من أصحاب الفتن، ومن مدبريها، صحابة كانوا أو تابعين. حتى ذهب إلى تبرئتهم جميعا، إما بالعصبية (الطبيعية)، وإما بالابتلاء الإلهي، وإما بالاجتهاد، رغم اختلاف الفقهاء في شرعية اجتهاد الصحابة ـ كما سبقت الإشارة إليه ـ

إثنا عشر :

من المحتمل أن يكون ابن خلدون قد استفاد من آراء كل من الفارابي وإخوان الصفاء:

١ ـ فبالنسبة للفارابي، قد يكون استفاد منه في مسائل : التجمع، والتعاون، وأحوال البدو، خاصة.

٢ ـ وبالنسبة لإخوان الصفاء، قد يكون استفاد منهم في مسائل : عمر الدولة، والتعاقب الدوري، والتجمع، والتعاون، والأقاليم الجغرافية، وتأثير الهواء والمناخ، في أمزجة الناس، وفي أخلاقهم، ومعتقداتهم، وسلوكهم.

---

(١٣) نفس المصدر، ص ٢٧٠.

ثلاثة عشر :

تأكيد ابن خلدون، شمولية نشاط الدولة في المجتمع، بحيث تشمل وظائفها : التنظيم الإداري، والسياسي، والاجتماعي، والاقتصادي. ويسيطر جهازها على جميع الأفراد والمنظمات والهيئات، بما في ذلك الهيئات السلطوية الفاعلة : كالهيئة التشريعية، والتنفيذية، والقضائية.

أربعة عشر :

عبد الرحمن بن خلدون، مفكر متشائم (١٤) لكن في صمت، حتى أنه مال إلى التصوف، وألف فيه كتاب : « شفاء السائل لتهذيب المسائل » (١٥). على أن تشاؤمه، قد يعود إلى عدة أسباب، نذكر منها على سبيل المثال، لا الحصر :

١ ـ اقتناعه بعدوانية الإنسان الطبيعية : « لما في طبائع البشر من الاستعصاء » (١٦).

٢ ـ اقتناعه بأن وجود الأشياء مؤقت، أو أن وجودها، مشروط بزوالها. فكل شيء في هذا الكون، في رأيه، هالك وزائل، بما في ذلك الدولة، ذاتها.

٣ ـ المصائب التي ألمت به في حياته : مثل هلاك والديه وشيوخه بالطاعون، وسجنه، وانتهابه مرتين، وغرق أهله وولده، وقد تجرع كل ذلك في صمت وكتمان.

خمسة عشر :

إن أفكار ابن خلدون السياسية، كان لها صدى واسعا، لدى المفكرين، في العالم العربي ـ الإسلامي، فكانت (المقدمة)، مصدرا لآراء الكثيرين منهم، منذ عصره، حتى نهاية القرن التاسع عشر، وبداية العشرين. إلا أن تلك الأفكار الخلدونية، وآراء من جاؤوا بعده، على السواء، لم تستطع جميعا، تكسير الجمود، الذي ألم بالمجتمع العربي، ولا تغيير نظمه : السياسية، والاجتماعية، والاقتصادية. ولو سألنا ابن خلدون، عن سبب ذلك، فانه يحتمل ان يكون جوابه على النحو الآتي : (إن

---

(١٤) راجع : عبد العزيز عزت : تطور المجتمع البشري عند ابن خلدون، محاضرة، في (أعمال مهرجان ابن خلدون)، مرجع سابق، ص ص ٤٢ ـ ٤٣.

(١٥) علق عليه : الأب أغناطيوس عبده خليفة، و نشره في بيروت، عام ١٩٥٩.

(١٦) ابن خلدون : المقدمة، ص ٢٢٥.

"مقدمتي"، وان كانت تمثل ذاتي الفانية، غير مسؤولة، لا عن ركود العالم العربي، ولا عن نهوضه، وإنما المسؤول عن ذلك ـ كما قررت ـ هو قانون التطور الطبيعي، الذي يتعاقب على الأفراد والجماعات، وعلى الأمم والدول، وعلى جميع الكائنات، في كل زمان ومكان).

تلك هي ـ بوجه عام، وبصورة موجزة ـ أهم النتائج التي تدعي هذه الدراسة، التوصل إليها.

ثبت بالمصادر والمراجع

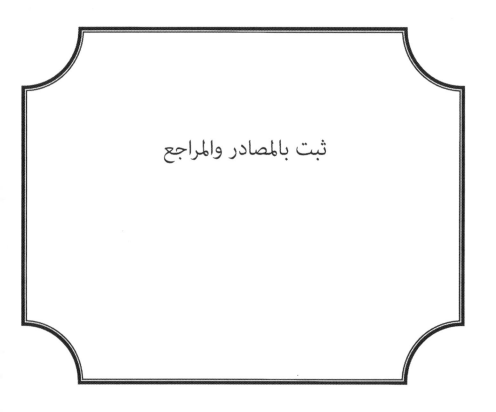

أولا : المصادر

أ ـ مصادر باللغة العربية (المؤلفات مرتبة أبجديا)

١ ـ القرآن.

٢ ـ التوراة : الكتاب المقدس، ترجم من اللغات الأصلية، وهي : العبرانية،الكلدانية، اليونانية، القاهرة ١٩٦٢.

٣ ـ ابن تيمية (تقي الدين): منهاج السنة النبوية، (أربعة أجزاء)، مطبعة بولاق،القاهرة ١٣٢٢ هـ/١٩٠٢م.

٤ ـ ابن حزم (علي الأندلسي) : طوق الحمامة، في الألفة والألاف، تحقيق فاروق سعد، دار مكتبة الحياة، بيروت ١٩٨٠.

٥ ـ ابن خلدون (عبد الرحمن) : تاريخ العلامة ابن خلدون (سبعة مجلدات)، المجلد الأول، (المقدمة)، مكتبة المدرسة، ودار الكتاب اللبناني، طبعة ثانية، بيروت ١٩٦١.

٦ ـ ابن خلدون (عبد الرحمن) : مقدمة ابن خلدون، تحقيق وشرح : علي عبد الواحد وافي (أربعة أجزاء)، لجنة البيان العربي، القاهرة، ج ١، ط ٢، ١٩٦٥/ ج ٢، ط ٢، ١٩٦٦ / ج ٣، ط ١، ١٩٦٠ / ج ٤، ط ١، ١٩٦٢.

٧ ـ ابن خلكان (شمس الدين) : وفيات الأعيان، تحقيق إحسان عباس، (ثمانية أجزاء)، دار الثقافة، بيروت (مقدمة المحقق للمجلد الرابع، ١٩٧١).

٨ ـ ابن عاشور (محمد الطاهر): تفسير التحرير والتنوير، (ثلاثون جزءا)، الدار التونسية للنشر، تونس ١٩٨٤.

٩ ـ ابن قتيبة الدينوري (عبد الله) : الإمامة والسياسة، أو (تاريخ الخلفاء)، تحقيق طه محمد الزيني، القاهرة ١٩٦٧.

١٠ ـ ابن هشام (أبو عبد الله عبد الملك المعافري) : السيرة النبوية، (أربعة أجزاء في قسمين)، تحقيق مصطفى السقا، وإبراهيم الأبياري، وعبد الحفيظ شلبي، الطبعة الثانية، شركة مكتبة ومطبعة مصطفى البابي الحلبي، القاهرة ١٣٧٥هـ/١٩٥٥م.

١١ ـ إخوان الصفاء وخلان الوفاء : رسائل إخوان الصفاء، (٤ مجلدات)، داربيروت، بيروت ١٤٠٣هـ/ ١٩٨٣م.

١٢ ـ أرسطو: السياسيات، نقله من الأصل اليوناني إلى العربية، الأب أوغسطينس بربارة البولسي- اللجنة الدولية لترجمة الروائع الإنسانية، بيروت ١٩٥٧.

١٣ ـ أفلاطون : الجمهورية، ترجمة ودراسة فؤاد زكريا، الهيئة المصرية العامة للكتاب، القاهرة ١٩٨٥.

١٤ ـ الآمدي (علي بن محمد): الإحكام في أصول الأحكام، (أربعة أجزاء)، تعليق عبد الرزاق عفيفي، طبعة ثانية، المكتب الإسلامي، بيروت ١٤٠٢ هـ.

١٥ ـ الباجوري (الشيخ إبراهيم) : تحفة المريد على جوهرة التوحيد، مكتبة ومطبعة محمد علي صبيح وأولاده، طبعة ثانية، القاهرة ١٩٦٤.

١٦ ـ روسو (جان جاك) : العقد الاجتماعي، أو مبادئ القانون السياسي، ترجمة: بولس غانم، مجموعة (روائع الإنسانية)، اللجنة اللبنانية لترجمة الروائع، بيروت ١٩٧٢.

١٧ ـ روسو (جان جاك) : العقد الاجتماعي (مع لوك وهيوم)، ترجمة عبد الكريم أحمد (سلسلة الألف كتاب، رقم ٤١٩)، دار سعد مصر للطباعة والنشر،القاهرة (؟).

١٨ ـ الزمخشري (الإمام محمود) : تفسير الكشاف، (ستة أجزاء)، دار المصحف، شركة مكتبة ومطبعة عبد الرحمن محمد، القاهرة ١٩٧٧.

١٩ ـ الشاطبي (إبراهيم أبو إسحاق) : الموافقات، في أصول الشريعة (٤ أجزاء)، حققه محمد عبد الله دراز، دار المعرفة، طبعة ثانية، بيروت ١٩٧٥.

٢٠ ـ الشهرستاني (محمد بن عبد الكريم) : الملل والنحل، (جزآن)، تحقيق محمد سيد كيلاني، دار المعرفة، بيروت ١٤٠٠ هـ/١٩٨٠م.

٢١ ـ الضبي (سيف بن عمر) : الفتنة ووقعة الجمل، جمع وتصنيف أحمد راتب عرموش،دار النفائس، طبعة أولى، بيروت ١٣٩١هـ/١٩٧٢.

٢٢ ـ الفارابي (أبو نصر) : آراء أهل المدينة الفاضلة، تقديم وتعليق البير نصري نادر، دار المشرق، طبعة ثامنية، بيروت ١٩٦٨.

٢٣ ـ الفارابي (أبو نصر) : كتاب الحروف، تحقيق محسن مهدي، دار المشرق، بيروت ١٩٧٠.

٢٤ ـ الفارابي (أبو نصر) : كتاب الملة ونصوص أخرى، تحقيق محسن مهدي، دار المشرق ١٩٦٨.

٢٥ ـ الفارابي (أبو نصر) : كتاب السياسة المدنية، الملقب بمبادئ الموجودات، تحقيق فوزي متري نجار، المطبعة الكاثوليكية، طبعة أولى، بيروت ١٩٦٤.

٢٦ ـ الفارابي (أبو نصر) : فصول منتزعة، تحقيق فوزي متري نجار، دار المشرق، بيروت ١٩٧١.

٢٧ ـ مالك ابن أنس : موطأ الإمام مالك، وشرحه تنوير الحوالك، لجلال الدين الأسيوطي (جزآن) مطبعة الحلبي وأولاده بمصر، الطبعة الأخيرة، القاهرة،١٣٧٠ / ١٩٥١.

٢٨ ـ الماوردي (أبو الحسن علي) : الأحكام السلطانية، والولايات الدينية، ديوان المطبوعات الجامعية، الجزائر ١٩٨٣.

٢٩ ـ الماوردي (أبو الحسن علي) : الوزارة، تحقيق محمد سليمان داود، وفؤاد عبد المنعم أحمد، دار الجامعات المصرية، طبعة أولى، الإسكندرية، ١٣٩٦هـ/١٩٧٦م.

٣٠ ـ الماوردي (أبو الحسن علي) : تسهيل النظر، وتعجيل الظفر، في أخلاق الملك وسياسة الملك، تحقيق محي هلال السرحان، بيروت ١٩٨١.

ب ـ مصادر باللغة الأجنبية

٣١ - ROUSSEAU (Jean-Jacques) : Le Contrat social, Coll. Classiques Larousse, Paris 1953.

٣٢ - HEGEL (G.W. Friedrich) : Principes de la Philosophie du Droit, Coll. Idées, Gallimard, Paris 1968.

ثانيا : المراجع (مرتبة أبجديا)

١ ـ أباظه (إبراهيم دسوقي) والغنام (عبد العزيز) : تاريخ الفكر السياسي، دارالنجاح، بيروت ١٩٧٣.

٢ ـ ابن عبد العالي (عبد السلام) : الفلسفة السياسية عند الفارابي، دار الطليعة، ط ٢، بيروت ١٩٨١.

٣ ـ أبو زهرة (محمد) : تاريخ المذاهب الإسلامية (جزآن)، دار الفكر العربي، القاهرة١٩٧١.

٤ ـ الألباني (محمد ناصر الدين) : غاية المرام في تخريج أحاديث الحلال والحرام، مكتبة النهضة الجزائرية، الجزائر (؟) ـ (طبعة دمشق سنة ١٣٩٩هـ).

٥ ـ أمين (أحمد) ومحمود (زكي نجيب) : قصة الفلسفة اليونانية، لجنة التأليف والترجمة والنشر، القاهرة .١٩٤٩.

٦ ـ أمين (أحمد) ومحمود (زكي نجيب) : قصة الفلسفة الحديثة (جزآن)،، لجنة التأليف والترجمة والنشر، ج ١، ط ٤، القاهرة .١٩٥٩.

٧ ـ الأنقر (محمد) : نظرية الجماعة في علم الاجتماع، الدار التونسية للنشر، تونس .١٩٧٤.

٨ ـ بدوي (عبد الرحمن) : مؤلفات ابن خلدون، دار المعارف، القاهرة .١٩٦٢.

٩ ـ بروكلمان (كارل) : تاريخ الشعوب الإسلامية، ترجمة نبيه أمين فارس، ومنير البعلبكي، دار العلم للملايين، ط ٦، بيروت ١٩٧٤.

١٠ ـ البهي (محمد) : الفكر الإسلامي، والمجتمع المعاصر، دار الكتاب اللبناني،بيروت ١٩٨٢.

١١ ـ التكريتي (ناجي) : الفلسفة الأخلاقية الأفلاطونية، عند مفكري الإسلام، دارالأندلس، ط ٢، بيروت ١٩٨٢.

١٢ ـ الجابري(محمد عابد):فكر ابن خلدون، العصبية والدولة، دار الطليعة، ط ٣، بيروت .١٩٨٢

١٣ـ الجزيري (عبد الرحمن) : كتاب الفقه على المذاهب الأربعة (أربعة أجزاء)، المكتبة التجارية الكبرى، ط ٥، القاهرة (؟).

١٤ ـ جعيط (هشام) : الفتنة، جدلية الدين والسياسة في الإسلام المبكر، ترجمة خليل أحمد خليل، دار الطليعة، بيروت ١٩٩٢.

١٥ ـ جغلول (عبد القادر) : الإشكالية التاريخية في علم الاجتماع السياسي، عند ابن خلدون، ترجمة فيصل عباس، دار الحداثة، ط ٤، بيروت ١٩٨٧.

١٦ ـ جمعة (محمد لطفي) : تاريخ فلاسفة الإسلام في المشرق والمغرب، مطبعة المعارف، القاهرة ١٩٢٧.

١٧ ـ جولدزيهر (أجناس) : العقيدة والشريعة في الإسلام، ترجمة محمد يوسف موسى وعلي حسن عبد القادر، وعبد العزيز عبد الحق، دار الكتب الحديثة بمصر ـ ومكتبة المثنى ببغداد، ط ٢، القاهرة، (مقدمة المترجمين، ١٩٥٩).

١٨ ـ حسن (حسن إبراهيم) : تاريخ الإسلام، السياسي والديني والثقافي والاجتماعي (أربعة أجزاء)، مكتبة النهضة المصرية، ط ٧، القاهرة ١٩٦٤.

١٩ ـ حسن (حسن إبراهيم) وحسن (علي إبراهيم) : النظم الإسلامية، مكتبة النهضة المصرية، ط ٤، القاهرة ١٩٧٠.

٢٠ ـ الخاقاني (محمد محمد طاهر آل شبير) : علم الاجتماع بين المتغير والثابت (قسمان)، دار مكتبة الهلال، ط ١، بيروت ١٩٨٧.

٢١ ـ الخربوطلي (علي حسني) : الإسلام والخلافة، دار بيروت، بيروت ١٩٦٩.

٢٢ ـ الخشاب (مصطفى) : علم الاجتماع ومدارسه، (أربعة كتب)، مكتبة الأنجلوالمصرية، القاهرة ١٩٧٥.

٢٣ ـ الخضري (زينب) : فلسفة التاريخ عند ابن خلدون، دار الثقافة للنشر والتوزيع، القاهرة ١٩٨٨.

٢٤ ـ الخضري (الشيخ محمد) : محاضرات تاريخ الأمم الإسلامية، (جزآن)، المكتبة التجارية الكبرى، ط ٣، القاهرة (؟).

٢٥ ـ خضير (إدريس): التفكير الاجتماعي الخلدوني، وعلاقته ببعض النظريات الاجتماعية، ديوان المطبوعات الجامعية، الجزائر ١٩٨٣.

٢٦ ـ خليل (محمد بكير) : دراسات في السياسة والحكم، مكتبة الأنجلو المصرية، ط ١، القاهرة ١٩٥٧.

٢٧ ـ الدوري (عبد العزيز) : مقدمة في تاريخ صدر الإسلام، المطبعة الكاثوليكية، ط ٢، بيروت ١٩٦١.

٢٨ ـ دي بور (ت.ج.): تاريخ الفلسفة في الإسلام، ترجمة محمد عبد الهادي ابو ريدة، لجنة التأليف والترجمة والنشر، ط ٤، القاهرة ١٩٥٧.

٢٩ ـ رابوبرت (أ. س.) : مبادئ الفلسفة، ترجمة أحمد أمين، دار الكتاب العربي، بيروت ١٩٦٩.
٣٠ ـ الرافعي (مصطفى) : حضارة العرب في العصور الإسلامية الزاهرة، دار الكتاب اللبناني ودار الكتاب المصري، بيروت ١٩٧٨.
٣١ ـ راندال (جون هرمان) : تكوين العقل الحديث (جزآن)، ترجمة جورج طعمه،دار الثقافة، بيروت ١٩٥٨.
٣٢ ـ ربيع (حامد عبد الله): محاضرات في فلسفة ابن خلدون السياسية، قسم الفلسفة، كلية الأداب، جامعة القاهرة، يناير ١٩٦٢.
٣٣ ـ ربيع (محمد محمود) : النظرية السياسية لابن خلدون، دراسة مقارنة في النظريات الإسلامية، والفكر السياسي الإسلامي، دار الهنا ـ(؟)ـ ١٩٨١.
٣٤ ـ رسل (برتراند) تاريخ الفلسفة الغربية، (جزآن)، ترجمة زكي نجيب محمود، لجنة التأليف والترجمة والنشر، ط ٢، القاهرة ١٩٦٧.
٣٥ ـ رضا (محمد رشيد) : الخلافة، المؤسسة الوطنية للفنون المطبعية، سلسلة (الأنيس)، الجزائر ١٩٩٢.
٣٦ ـ رونز (داجوبرت د.) : فلسفة القرن العشرين، ترجمة عثمان نوية (سلسلة الألف كتاب)، رقم ٤٦٤)، مؤسسة سجل العرب، القاهرة ١٩٦٣.
٣٧ ـ الريس (محمد ضياء الدين) : النظريات السياسية الإسلامية، مكتبة دار التراث، ط ٧، القاهرة ١٩٧٩.
٣٨ ـ رينان (إرنست) : ابن رشد والرشدية، ترجمة عادل زعيتر، دار إحياء الكتب العربية، عيسى البابي الحلبي، القاهرة ١٩٥٧.
٣٩ ـ زايد (سعيد) : الفارابي، سلسلة نوابغ الفكر العربي، رقم ٣١، دار المعارف، القاهرة ١٩٦٢.
٤٠ ـ سباين (جورج) : تطور الفكر السياسي (خمسة أجزاء)، ترجمة حسن جلال العروسي، وراشد البراوي ، دار المعارف، القاهرة ١٩٧١.
٤١ ـ ستيس (وولتر) : تاريخ الفلسفة اليونانية، ترجمة مجاهد عبد المنعم مجاهد، دار الثقافة للنشر-والتوزيع، القاهرة ١٩٨٤.
٤٢ ـ شرف (محمد جلال) : نشأة الفكر السياسي وتطوره في الإسلام، دار النهضة العربية، بيروت ١٩٨٢.
٤٣ ـ الشريف (أحمد إبراهيم) : الدولة الإسلامية الاولى، المكتبة التاريخية، رقم ١٥، دار القلم، القاهرة ١٩٦٥.

٤٤ ـ شطا (حماد محمد) : تطور وظيفة الدولة (كتابان)،ديوان المطبوعات الجامعية، الجزائر ١٩٨٤.
٤٥ ـ الشكعة (مصطفى) : الأسس الإسلامية في فكر ابن خلدون، ونظرياته، الدارالمصرية ـ اللبنانية، ط ١، القاهرة ١٩٨٦.
٤٦ ـ صعب (حسن) : علم السياسة، دار العلم للملايين، ط ٣، بيروت ١٩٧٢.
٤٧ ـ صعب (حسن) : إسلام الحرية، لا إسلام العبودية، دار العلم للملايين، ط ١، بيروت ١٩٧٤.
٤٨ ـ الطماوي (سليمان محمد) : السلطات الثلاث، في الدساتير العربية وفي الفكرالسياسي الإسلامي، دار الفكر العربي، ط ٣، القاهرة ١٩٧٤.
٤٩ ـ عبد الرازق (علي) : الإسلام وأصول الحكم، نقد وتعليق، ممدوح حقي، دارمكتبة الحياة، بيروت ١٩٦٦.
٥٠ ـ عبد السلام (أحمد) : دراسات في مصطلح السياسة عند العرب، الشركة النونسية للتوزيع، تونس ١٩٨٥.
٥١ ـ عبد السلام (أحمد) : ابن خلدون والعدل، الدار التونسية للنشر، تونس ١٩٨٩.
٥٢ ـ العلوي (هادي) : في الفلسفة الإسلامية (الفكر والممارسة)، دار الطليعة، ط ١، بيروت، ١٩٧٤.
٥٣ ـ العمري (أحمد سويلم) : أصول النظم السياسية المقارنة، الهيئة المصرية العامة للكتاب، القاهرة ١٩٧٦.
٥٤ ـ عوض (لويس) : دراسات في النقد والأدب، المكتب التجاري، ط ١، بيروت ١٩٦٣.
٥٥ ـ غالب (مصطفى) : في رحاب إخوان الصفاء وخلان الوفاء، منشورات حمد، ط ١، بيروت ١٩٦٩.
٥٦ ـ غالي (بطرس بطرس) وعيسى (محمود خيري) : المدخل في علم السياسة، مكتبة الأنجلو المصرية، ط ١، القاهرة ١٩٥٩.
٥٧ ـ الفاخوري (حنا) والجر (خليل) : تاريخ الفلسفة العربية، مؤسسة أ. بدران وشركاه، بيروت ١٩٦٦.
٥٨ ـ فروخ (عمر) : تاريخ الفكر العربي إلى أيام ابن خلدون، دار العلم للملايين، ط ٣، بيروت ١٣٩٢هـ/١٩٧٢م.
٥٩ ـ فروخ (عمر) : تاريخ صدر الإسلام والدولة الأموية، دار العلم للملايين، بيروت ١٩٧٠.
٦٠ ـ كرد علي (محمد) : الإسلام والحضارة العربية، (جزآن)، لجنة التأليف والترجمة والنشر، ط ٣، القاهرة ١٩٦٨.
٦١ ـ كرو (أبو القاسم محمد) : العرب وابن خلدون، دار مكتبة الحياة، ط ٢، بيروت ١٩٧١.

٦٢ ـ كوربان (هنري) : تاريخ الفلسفة الإسلامية، ترجمة نصير مروة، وحسن قبيسي، منشورات عويدات، ط ٣، بيروت ١٩٨٣.

٦٣ ـ كيرة (حسن) : المدخل الى القانون، منشأة المعارف، ط ٥، الإسكندرية ١٩٧٤.

٦٤ ـ إقبال (موسى) : الحسبة المذهبية في بلاد المغرب العربي، الشركة الوطنية للنشر والتوزيع، ط ١، الجزائر ١٩٧١.

٦٥ ـ ليله (محمد كامل):النظم السياسية،الدول والحكومات،دار النهضة العربية، بيروت ١٩٦٩.

٦٦ ـ الماجد (عبد الرزاق مسلم) : مذاهب ومفاهيم في الفلسفة والاجتماع، (ترجمة وتأليف)، دار المكتبة العصرية، صيدا، بيروت (؟).

٦٧ ـ ماكيفر (روبرت م.): تكوين الدولة، ترجمة حسن صعب، دار العلم للملايين، بيروت ١٩٦٦.

٦٨ ـ المبارك (محمد) : نظام الإسلام، الحكم والدولة، دار الفكر، ط ٤، بيروت ١٩٨١.

٦٩ ـ متولي (عبد الحميد) : مبادئ نظام الحكم في الإسلام، منشأة المعارف، ط٢، الاسكندرية ١٩٧٤.

٧٠ ـ المحامي (محمد فريد) : تاريخ الدولة العلية العثمانية، تحقيق إحسان حقي، دار النفائس، ط ١، بيروت ١٩٨١.

٧١ ـ محمد (محمد علي) : أصول الاجتماع السياسي، السياسة والمجتمع في العالم الثالث (جزآن)، دار المعرفة الجامعية، الإسكندرية ١٩٨٥.

٧٢ ـ محمصاني (صبحي) : فلسفة التشريع في الإسلام، دار العلم للملايين، ط ٣، بيروت ١٩٦١، وط ٥، بيروت ١٩٨٠.

٧٣ ـ محمصاني (صبحي) : المجاهدون في الحق، دار العلم للملايين، ط ١، بيروت، ١٤٠٠هـ/١٩٧٩م.

٧٤ ـ مدكور (إبراهيم): في الفلسفة الإسلامية، منهج وتطبيقه (جزآن)، دار المعارف، القاهرة ١٩٦٨.

٧٥ ـ مدكور (إبراهيم) وكرم (يوسف) : دروس في تاريخ الفلسفة، لجنة التأليف والترجمة والنشر، القاهرة ١٩٤٠.

٧٦ ـ المرزوقي (أبو يعرب) : الاجتماع النظري الخلدوني، والتاريخ العربي المعاصر، الدار العربية للكتاب، تونس/ليبيا ١٩٨٣.

٧٧ ـ مزيان (عبد المجيد) : النظريات الاقتصادية عند ابن خلدون، الشركة الوطنية للنشر والتوزيع، الجزائر ١٩٨١.

٧٨ ـ مغربي (عبد الغني) : الفكر الاجتماعي عند ابن خلدون، ترجمة محمد الشريف ابن دالي حسين، المؤسسة الوطنية للكتاب، الجزائر ١٩٨٦.

٧٩ ـ المنجد (صلاح الدين) : الإسلام والعقل، على ضوء القرآن الكريم والحديث النبوي، دار الكتاب الجديد، ط ١، بيروت ١٩٧٤.

٨٠ ـ منصور (علي علي) : مقارنات بين الشريعة الإسلامية والقوانين الوضعية، دار الفتح، ط ١، بيروت ١٣٩٠هـ/١٩٧٠م.

٨١ ـ منصور (علي علي) : نظم الحكم والإدارة في الشريعة الإسلامية، والقوانين الوضعية، دار الفتح، ط ٢، بيروت ١٣٩١هـ/١٩٧١م.

٨٢ ـ مونتغمري (وات) : الفكر السياسي الإسلامي (المفاهيم الأساسية)، ترجمة صيحي حديدي، دار الحداثة، ط ١، بيروت ١٩٨١.

٨٣ ـ نصار (ناصيف) : مفهوم الأمة بين الدين والتاريخ، دار الطليعة، ط ١، بيروت ١٩٧٦.

٨٤ ـ نصر(محمد عبد المعز): في النظريات والنظم السياسية، دار النهضة العربية، بيروت ١٩٧٢.

٨٥ ـ الوردي (علي) : منطق ابن خلدون في ضوء حضارته وشخصيته، الشركة التونسية للتوزيع، تونس ١٩٧٧.

٨٦ ـ اليازجي (كمال) وكرم (أنطون) : أعلام الفلسفة العربية، دار المكشوف، مكتبة أنطوان، ومكتبة لبنان، ط ٣، بيروت، ١٩٦٨.

مصادر ومراجع غير مرتبة أبجديا:

٨٧ ـ الشمالي (عبده) : دراسات في تاريخ الفلسفة العربية الإسلامية، دار صادر، ط ٤، بيروت ١٩٦٥.

٨٨ ـ أوروسيوس: تاريخ العالم (الترجمة العربية القديمة) تحقيق عبد الرحمن بدوي، المؤسسة العربية للدراسات والنشر، ط ١، بيروت، ١٩٨٢.

٨٩ ـ دوسن (كريستوفر) : تكوين أوربا، ترجمة ومراجعة سعيد عبد الفتاح عاشور، ومحمد مصطفى زيادة (سلسلة الألف كتاب رقم ٦٤٢)، مؤسسة سجل العرب، القاهرة ١٩٦٧.

٩٠ ـ فرنكل(تشارلز): أزمة الإنسان الحديث، ترجمة نقولا زيادة، مكتبة الحياة، بيروت، ١٩٥٩.

٩١ ـ حسين (طه): الفتنة الكبرى (جزآن) ط١، بيروت، ١٩٦٧.

٩٢- بودون (ر.) و بوريكو (ف.): المعجم النقدي لعلم الاجتماع، ترجمة سليم حداد، الجزائر، ١٩٨٦.

٩٢- رونز (داجوبرت د.): فلسفة القرن العشرين، ترجمة- عثمان نوية، (سلسلة الألف كتاب)، القاهرة، ١٩٦٣.

ثالثا : دوائر المعارف

ـ وجدي (محمد فريد) : دائرة معارف القرن العشرين، (عشرة مجلدات)، دار المعرفة، ط ٣، بيروت ١٩٧١.

رابعا : المعاجم (مرتبة أبجديا)

١ ـ إبراهيم (محمد اسماعيل) : معجم الألفاظ والأعلام القرآنية، (جزآن)، دار الفكر العربي، ط ٢، القاهرة ١٩٦٩.

٢ ـ ابن ظهير (أحمد بن محمد بن علي المقري الفيومي) : المصباح المنير (جزآن)، تصحيح مصطفى السّقا، مصطفى البابي الحلبي وأولاده، القاهرة ١٩٥٠.

٣ ـ بودون (ر.) وبورّيكو(ف.) : المعجم النقدي لعلم الاجتماع، ترجمة سليم حداد، ديوان المطبوعات الجامعية، والمؤسسة الجامعية للدراسات والنشر والتوزيع، ط ١، الجزائر، ١٤٠٦هـ/١٩٨٦م.

٤ ـ الحنفي (عبد المنعم) : المعجم الفلسفي، دار ابن زيدون، ط ١، بيروت ١٩٩٢.

٥ ـ دار المشرق : المنجد في اللغة والأعلام، دار المشرق، (في اللغة : ط ٢١، في الأعلام : ط ٧)، بيروت ١٩٧٣.

٦ ـ الرازي (الإمام محمد بن أبي بكر بن عبد القادر) : مختار الصحاح. عني بترتيبه محمود خاطر، المطبعة الأميرية، بولاق، وزارة المعارف، القاهرة ١٣٥٨هـ/١٩٣٩م.

٧ ـ مجمع اللغة العربية بالقاهرة : المعجم الوسيط، (جزآن)، مطبعة مصر، القاهرة ١٩٦١.

٨ ـ ميتشيل (دنكن) : معجم علم الاجتماع، ترجمة إحسان محمد الحسن، دار الطليعة، ط ١، بيروت ١٩٨١.

٩ ـ نخبة من الأساتذة : معجم العلوم الاجتماعية، الشعبة القومية للتربية والعلوم والثقافة (يونسكو)، الهيئة المصرية العامة للكتاب، القاهرة ١٩٧٥.

10 - Petit Larousse illustré, Librairie Larousse, Paris 1967.

خامسا : المؤتمرات والملتقيات

١ ـ المركز القومي للبحوث الاجتماعية والجنائية : أعمال مهرجان ابن خلدون، المنعقد بالقاهرة، من ٢ إلى ٦ يناير، القاهرة ١٩٦٢.

٢ ـ المركز الوطني للدراسات التاريخية : أعمال الملتقى الدولي الثاني عن ابن خلدون (جزآن)، فرندة (الجزائر)، من ١ إلى ٤ يوليو ١٩٨٦.

سادسا : الدوريات

١ ـ المجلة المصرية للقانون الدولي، المجلد ٤١، القاهرة ١٩٨٥.

٢ ـ مجلة : الفكر العربي المعاصر، عدد شهر شباط، رقم ٢٤، بيروت ١٩٨٣.

٣ ـ مجلة:الجامعة الإسلامية،السنة الأولى،العدد الرابع، تشرين الأول ـ كانون الأول، لندن ١٩٩٤.

THEORIE DE L'ÉTAT

dans la pensée

d'IBN KHALDOUN

par

Dr Ali SADALLAH

Professeur de Philosophie

Université de Constantine

1ère édition, 2003

Majdalaoui, éditeur

Amman / Jordanie

T0208199

Printed in the United States
By Bookmasters